코로나19 데카메론2

경희대학교 인문학연구원
HK+통합의료인문학연구단
통합의료인문학 교양총서 02

경희대학교 인문학연구원
HK+통합의료인문학연구단 지음

코로나19 데카메론2

코로나 시대
사소하고
깊은 이야기

　　2020년 5월 말 『코로나19 데카메론』을 내면서 이렇게 빨리 두 번째 책을 내리라는 예상은 하지 못했습니다. 늦어도 가을이면 일상으로 돌아갈 수 있으리라 전망했습니다. 여름이 되면 바이러스의 독성이 약화되리라는 추정도 나오고 있었습니다. 지금 생각해 보면 안이한 판단이었습니다. 하지만 당시는 그랬습니다. 코로나19는 우리의 상상을 넘어 사회를, 세계를 흔들고 있었습니다. 아니, 예상보다 더 크고 강하게 세상을 바꾸고 있었습니다.

　　코로나19가 확산되면서 의료가 세상의 전면에 나서기 시작했습니다. 사회의 의료화라는 용어가 이미 오래전부터 사용되고 있었지만, 그 실상을 매일 목격하게 되었습니다. 자가 격리, 치료제, 백신이라는 용어를 매일 듣게 되었습니다. 매일같이 확진자의 추이에 주목하게 되었습니다. 바이러스에 대한, 항체에 대한 지식을 습득하게 되었습니다. 나아가 우리는 감염병 전문가들이 판단하고 결정하는 사회에 살게 되었습니다. 의료는 사회의 모든 것을 결정하고 있었습니다.

　　코로나가 확산되던 지난 여름 감염병의 역사를 추적하는 기획물에 글을 한 편 게재한 적이 있습니다. 식민지 시기 총독부가 진행한 방역 정책을 평가하는 글이었는데, 말미에 이런 질문을 던졌습니다. "역사학을 포함한 인문학이 코로나 시대에 무슨 의미를 지닐 수 있는가?" 그리고 이렇게 자답했습니다. "인문학은 의료에 사회를, 사람을 이해시키는 일을 해야 한다." 자칫 인문학의 위상에 어긋나는 답변일 수 있지만, 현실은 엄정했습니다.

그렇게 우리는 인문학의 의미와 역할을 고민하기 시작했습니다. 우리 연구단의 과제인 의료인문학은 코로나19를 자양분 삼아 성장하고 있었습니다. 우리는 코로나19를 관찰하고 사고하고 질문하고 잠정적이나 답을 내렸습니다. 과거를 뒤적였고 현재를 아파했고 미래를 그려 보았습니다. 우리가 살고 있는 공동체를 돌아보았고 궁극적으로 인간에 대해 생각했습니다. 어쩌면 코로나19는 우리에게 자신이 무감하게 반복하고 있던 학문의 의미와 역할을 진지하게 고민해 보라는 '기회'를 주었는지도 모릅니다. 이 책은 그 고민의 중간보고서일 것입니다.

이번 책에는 외국의 경험을 몇 편 실었습니다. 우리를 뒤돌아보기 위한 노력입니다. 지난 봄 한국의 방역 모델은 K-방역이라 불리며 한국인의 자부심을 높였습니다. 우리는 혹시 '국뽕'이 아닐까 속으로 경계하면서도 한편으로 높아진 한국의 위상에 어깨를 으쓱였습니다. 하지만 좀 더 객관적인 접근이 필요합니다. 이때 필요한 것은 비교입니다. 이번 책에 외국 경험을 실은 이유입니다.

두 번째 책을 생각하지 못한 것은 저뿐이 아니었을 것입니다. 연구단 성원들도 마찬가지였으리라 짐작합니다. 하지만 성원들은 의료인문학을 핵심 의제로 하고 있는 우리 연구단의 성격상 코로나19에 대한 연속적인 기획이 필요하는 데 선뜻 동의해 주었고, 글을 써 주었습니다. 외국의 사례를 소개해 준 분들 역시 예정에 없던 글을 쓰느라 수고를 아끼지 않으셨습니다.

지난번과 마찬가지로 연구단의 이상덕, 조태구, 최성민 선생님이 책 출간을 주도해 주었습니다. 모든 분께 감사를 드립니다. 이번에도 모시는사람들이 출판을 맡아 주셨습니다. 이 책이 출판사에도 도움이 되기를 바라는 마음입니다.

코로나 사태가 길어지면서 그동안 보지 못했던 모습이 보입니다. 방역에 협조적이던 소상인, 자영업자들이 불만의 목소리를 내고 저항의 몸짓을 보이기 시작했습니다. 지쳐 있기 때문일 것입니다. 인내에도 한계가 있을 테니까요. 하지만 우리 연구단은 지치지 않으려 합니다. 아니 지쳤지만 멈추지 않으려 합니다. 결국 그게 우리의 역할이자 의무일 테니까요. 그렇게 조금씩 나아가고 성장해야 할 테니까요. 이번 책이 지난 책과 마찬가지로 코로나 시대를 고민하는 여러분께 작으나마 도움이 되기를 바랍니다. 감사합니다.

2021년 1월

경희대 HK+통합의료인문학연구단 단장 박윤재

차례

코로나19 데카메론2

코로나19 데카메론2

DECAMERON

돌아보기 - 역사

유느님을 울린 의료인과 파업에 나선 의료인은 다른 사람인가? 2

─ 2020년 전공의 파업과 공공의료의 역사

박윤재

다시 파업에 나선 의사들

지난번에 출간한 『코로나19 데카메론』에 「유느님을 울린 의료인과 파업에 나선 의료인은 다른 사람인가?」라는 글을 썼다. 나는 그 글에서 작년2020년 4월 당시 한국 현대 의료사에서 어느 때보다 국민의 사랑과 존경을 받았던 의료인과 2000년 의약분업을 계기로 파업에 나섰던 의료인, 정확히는 의사를 비교했다. 그들은 국민의 시선에서 볼 때 양극단에 서 있었다.

국민의 건강을 지키기 위해 자신의 생명조차 희생하고자 한 의사들과 자신의 직업적 이해를 위해 환자 곁을 떠났던 의사들은 분명히 달라 보였다. 전자는 애정의 대상이었지만 후자는 비난의 대상이었다. 하지만 나는 그 글에서 그들은 결국 같은 사람이라고 결론지었다. 그들은 상황에 따라 언제든지 파업에 나설 수 있는 반면 역시 언제든지 자신의 목숨을 걸고 국민의 생명을 지킬 수 있다는 결론이었다.

그 글을 쓰면서 불과 4달 만에 20년 전 보았던 의사들의 대규모 파업을 다시 만나리라 상상하지 못했다. 내 상상력은 부족했다. 아니, 상상력이 아니라 현실적 판단력이 부족했다. 의사들의 정서와 누적된 불만을 들여다보지 못했다.

코로나19로 인해 공공의료의 중요성이 강조된 것은 사실이다. 공공의료가 강화되어야 한다는 공감대도 넓어졌다. 상황이 그랬기 때문이다. 코로나19의 확산을 막는 데 공공의료는 중요한 역할을 했다.

작년2020년 2월로 돌아가 보자. 당시 대구, 경북 지역을 중심으로 확진자가 1천 명에 가깝게 폭증했을 때 계명대는 대구동산병원 전체를 코로나19 전담병원으로 내놓았다. 국군대구병원, 대구보훈병원, 근로복지공단 대구병원 등도 병상을 마련했다. 하지만 쏟아지는 확진자를 감당하기에는 역부족이었다. 확진자를 수용할 수 있는 병원, 구체적으로 공공의 목적으로 활용할 공공병원이 부족했다. 인구 243만 명인 대구에 공공병원은 병상이 498개인 대구의료원 하나뿐이었다.

여름에 접어들어서도 상황은 마찬가지였다. 지난 6월 경기도 코로나19 긴급대책단 단장은 피가 바싹 마르는 기분이었다. 상황은 나빴다. 중증 환자가 증가하고 있었지만 수용할 병상이 부족했기 때문이다. 그를 인터뷰한 기사의 제목은 다음과 같았다. "당장 중환자를 입원시킬 병상이 경기도에 하나도 없다." 그는 민간 병원을 직접 찾아가 중증 환자를 받아 달라고 애원했다. 아무리 급해도 민간 병원을 정부 마음대로 동원할 수는 없었기 때문이다.

당시 인천의료원은 일반 환자를 받지 않고 전체 병상을 비웠다. 민간 병원이었다면 불가능한 일이었다. 공공병원이었기에 가능했다. 2018년 기준으로 한국의 공공병상 비중은 국립대병원을 제외하면 5%였다. OECD 회원국 최하위권이었다. 공공의료는 확대되어야 했다. 그 공감대는 코로나 사태를 거치면서 확대되었다.

정부는 때를 놓치지 않았다. 구체적인 방안을 제시하였다. 7월 정부와 여당은 2022학년도부터 10년간 한시적으로 의대 정원을 연간 400명씩 늘리겠다는 계획을 발표하였다. 의사 4,000명을 추가 양성한다는 계획이었다. 매년 늘어나는 400명 중 300명은 입학한 의대가 속한 지역에서 10년간 일해야 하는 지역의사로, 나머지 100명은 특수 분야 의사 50명, 의과학 분야 의사 50명으로 나누어 선발한다는 내용이었다.

정부는 지역의사 전형으로 뽑힌 300명에게 장학금과 생활비 전액을 지급하겠다고 밝혔다. 그 대신 그들은 면허를 취득하면 성형외과나 피부과 등 소위 잘나가는 과가 아니라 내과, 외과, 산부인과, 소아청소년과 등 반드시 필요한 과에 10년 동안 의무 복무해야 한다. 공공의료의 강화에서 가장 중요한 기반은 인력이고, 공공병원의 핵심은 '처음부터 끝까지 인력'이라는 주장이 있음을 감안할 때 필요한 계획이었다.

그러나 의사들은 동의하지 않았다. 반대에 앞장선 사람들은 전공의였다. 8월 인턴과 레지던트 등 병원 일선에서 환자 진료를 담당하는 전공의들이 파업에 나섰다. 의사협회도 뒤따랐다. 의사협회장은 의사들에게 지역이나 전공을 강제하지 말라고 목소리를 높였다. 의사협회가 제시한 대안은 의료

수가의 파격적 개선, 의료기관 개설에 대한 각종 장려책과 면세 혜택 등이었다. 이런 유인책을 쓴다면 의사들이 자연스럽게 지방에서 의술을 펼칠 것이라고 주장했다.

의사들은 "공공의료 문제는 더 정교한 해법이 필요하다."라고 주장했다. 그들의 주장은 틀리지 않았다. 공공의료는 단기간에 성취할 수 있는 대상이 아니었다. 장기적이고 체계적인 준비와 실천이 필요했다. 예를 들면, 공공의료기관을 확충하고, 공공의료기관의 '착한 적자'를 해결할 대안을 만들어야 했다.

더 중요한 것은 실천 의지였다. 예산 투입 계획이 함께 나와야 했다. 문재인 정부가 공공의료에 관심이 없던 것은 아니다. 2018년 10월 문재인 정부는 '공공의료 발전 종합대책'을 발표하였다. 하지만 그림만 예쁘다는 평가를 받았다. 대책을 실현하기 위해 일정, 예산 등 구체적인 내용이 제시되어야 했다. 정부가 가지고 있는 정책적 수단을 어떻게 쓸지 명시해야 했다. 하지만 세부 내용이 없었다. 알맹이가 없는 대책이라는 비판이 나왔다.

무엇보다 문재인 정부는 공공의료에 대한 새로운 해법을 의사들이 반대할 경우 어떻게 대처하겠다는 대안이 없었다. 코로나 사태를 겪으면서 공공의료에 대한 공감대가 넓어진 만큼 의사들의 반대가 심하지 않으리라 기대했을지 모른다. 하지만 현실은 기대와 달랐다.

의사들의 반대는 치명적이었다. 공공의료가 부족하듯이 공공의사도 부족한 상황이었다. 사실 공공의사라고 할 수 있는 사람들도 없었다. 한국의 의사들은 대부분 자비를 들여 공부를 했고, 많은 경우 사립 병원에 취업하거나 개인 병원을 개업했다. 교육을 받은 기관도 3/4 정도가 사립 의과대학이었다. 의사라는 직업을 가지고 진료를 하기까지 공공성을 인지하기 힘든 구조이다. 의사들의 반발은 자연스럽다고 할 수 있다.

나아가 의사들은 스스로 컸다고 생각하는 만큼 자유로운 개업을 원한다. 의사들의 입장에서 볼 때 정부의 규제와 개입은 지나치게 많고 강하다. 수가 조정이나 병원 개설에 좀 더 넓은 자율성이 부여되어야 한다고 주장한다. 자신이나 가족의 힘으로 의사가 되었는데, 정작 취업이나 개업을 해서 진료를 할 때 그동안 도움을 주지 않던 정부가 간섭하는 것은 부당하다고 느낄 수 있다. 정부가 의무나 책임 없이 권리와 혜택만 누리려 한다고 비판할 수 있다. 틀린 말은 아니다. 하지만 한국 현대 의료사는 의사들의 요구를 일방적으로 수용하면서 발전하지 않았다. 공공성에 대한 고민 때문이었다.

해방과 영리의료 논쟁

공공성을 공동체 전체의 이익을 이해하고 실현하려는 태도 혹은 지향이라고 거칠게 해석한다면, 한국의 역사에서 공공성은 단군신화까지 거슬러 올라갈 수 있을 것이다. 단군의 통치 이념은 홍익인간, 즉 널리 인간을 이롭게 하는 것이었고, 따라서 공공성은 한국사의 출발부터 함께했다는 이야기가 가능하다. 물론 단군을 실제 인물로 가정했을 때 그렇다는 말이다. 아니, 실제 인물이 아니었다 해도 고조선이라는 공동체가 형성되어 있었던 만큼 공공성은 어떤 식으로든 존재했을 것이다.

『삼국유사』의 기조를 이루는 불교와, 조선 시기의 지배 사상이었던 유교에도 공공성은 존재했다. 불교는 자비를 강조했고, 유교는 공정함을 강조했다. 조선 시기 관료들이 군주에게 "통촉하시옵소서."를 연발한 이유도 정치에서 공정함을 구현해 달라는 요청 때문이었다. 백성을 잘살게 해야 한다는 요청 역시 공공성을 중시했던 유교의 가르침을 알려 준다. 유교 지식인 스스로도 그런 공공성을 구현하기 위해 노력했다. 물론 원론적인 차원에서 그랬다. 이상이 그랬다는 말이다. 늘 그렇듯이 현실은 달랐다. 하지만 그런 이상 역시 힘을 가지고 있었다. 교육을 통해 그런 이상이 후대에 전달되었다. 한국인의 DNA 어딘가에 그런 이상이 숨어 전달되고 있는지 모른다.

근대에 접어들어 분위기가 바뀌기 시작했다. 서양의 자유주의가 수용되었기 때문이다. 약하지만 개인주의가 수용되기 시작했다. 의료에서 개인주의는 개업의 제도로 나타났다. 개인이 개업을 통해 직업적 이익을 추구하기 시작했다. 어렵게 썼지만, 돈을 벌기 시작했다. 조선 시기와 달라진 모습이었다. 당시에도 의료를 통해 돈을 버는 사람들이 있었지만 지역공동체를 위해 자신의 지식과 기술을 기부하는 유의儒醫라는 사람들도 있었다.

그러나 근대가 무르익으면서 돈을 벌기 위해 의료를 활용하는 것은 자연스러워졌다. 문제는 불평등이었다. 돈을 내고 의료를 살 수 없는 사람들이 있었다. 사실 많았다. 그들의 고통은 쉽게 해소될 수 없었다. 일본은 기본적으로 자유 개업의 제도를 운영하고 있었고, 식민지에도 같은 제도를 운영했기 때문이다. 조선 시기에 유의라는 기댈 언덕이 있었다면, 근대는 아니었다.

의사들의 이익 추구는 비판받을 대상이 아니었다. 비판 대신 식민 권력은 공공성이 구현되는 공간을 작게나마 열어 놓았다. 무료 진료 혹은 저가 진료가 가능한 병원을 설립하였다. 식민 말기에 이르면 그 수가 45개가 넘었다. 13개 도로 나누면 각 도마다 3개가 넘었다. 설립 당시 이름은 자혜의원이었고, 1920년대 중반을 거치면서 도립 병원으로 이름이 바뀌었다. 2013년 문제가 되었던 진주의료원도 시작은 자혜의원이었다.

해방은 일본 제국이 아닌 한국인을 위한 새로운 가능성을 고민하고 실현할 수 있는 시간을 제공해 주었다. 식민지 시기 동안 억눌려 있던 여러 의견들이 분출했다. 그 의견들을 실현하기 위한 행동들도 분출했다. 의료도 예외는 아니었다. 편하게 당시 의견을 좌우라는 두 갈래로 나눈다면, 각 갈래를 대표하는 사람은 이용설, 최응석이었다.

이용설은 세브란스의학전문학교를 졸업하고 모교의 교수를 역임했다. 흥사단과 수양동우회에 관여하였고 그 일로 옥고를 치렀다. 해방 후 미군정의 보건후생부 부장으로 일했으니 당시 의료 분야의 소위 실세였다. 최응석은 도쿄제국대학을 졸업했고 해방 후 서울의대 교수로 잠시 재직하다 월북하였다. 1940년 일본 이와나미서점에서 발간된 『조선의 농촌위생』의 저자 중 한 명으로 유명하다. 이 책은 지금 울산 지역의 의료 현황을 조사한 일종의 보고서였는데, 한국 사회의

[사진1] 해방 후 미군정 보건후생부 부장을 역임한 이용설

학의 개척적 작업에 해당한다.

의료국영화와 의료인력 양성

두 사람은 한국 의료의 미래에 대해 다른 구상을 내비쳤다. 최응석은 좌파였던 만큼 국가의 역할을 중시하였다. 의료 국영화가 그의 목표였다. "의료제도는 전체적으로 국영화의 방향으로 나아가되 실질은 인민이 용이하게 진료를 받는 점에 두어야 한다." 그는 국영 병원을 확충하는 동시에 적어도 하나의 군에 하나의 종합적 인민병원을 설립해야 한다고 주장했다. 농촌의 경우 협동보험조합 형식의 촌락병원, 촌락진료소를 급속히 확대 설립해야 했다.

우파인 이용설은 달랐다. 그는 좌파의 의료 국영화를 시기상조라고 판단했다. 왜냐하면 의료 시설이나 의료 인력이 부족했기 때문이다. 국영화를 하려 해도 그럴 시설이나 인력이 부족하다는 것이었다. 특히 의사의 부족은 심각한 문제였다. 각 면마다 종합병원을 하나씩 신설한다고 해도 파견할 의사가 없었다. 이용설은 이상이 아닌 현실을 강조했다. "당분간 인재를 양성하고 시설을 증가시켜 후일을 기할 수밖에 없다." 인력 양성을 통한 의료의 양적 증가가 이용설이 그린 한국 의료의 미래였다. 개혁이라 하기 힘든 주장이었다.

그렇다고 이용설이 현실의 의료제도를 그대로 유지해야 한다고 주장한 것은 아니었다. 의료제도의 핵심에 해당하는 개업의 제도와 관련하여 이용설은 일정한 비판 의식을 내비쳤다. 그가 판단할 때 '우리 의학계 발전에 큰 암초는 설비가 불완전한 개인 병원의 난립'이었다. 작은 규모의 개인 병원은 필요한 치료를 제공하기 어려웠고, 환자에게 주는 경제적 부담도 컸다. 이용설은 민간 종합병원을 더 세워야 한다고 주장했다. 병원의 크기를 키워 당시 의료 문제를 해결해야 했다. 우파인 이용설이 바라볼 때 식민지 시기 동안 성장한 개업의 제도는 개선을 해야 했다.

이용설의 강조점은 개선에 있었다. 개업의 제도 폐지가 아니었다. 더욱 중요한 점은 좌파를 대표했던 최응석도 개업의 제도의 폐지에 선뜻 손을 들어 주지 않았다는 점이다. 궁극적으로 의료의 국가화를 목표로 하고 있었지만, 그는 중간에 과도기를 두고 있었다. 그가 생각하기에 의료 국영화는 점진적으로 이루어져야 했다. 최응석은 개인 개업뿐 아니라 국영이나 공영 병원에 근무하는 의사들의 퇴근 후 진료까지 허용하자고 주장했다. 물론 과도기적인 허용이었고, 궁극적으로 국가화해야 할 대상이었다. 하지만 최응석이 보기에도 사적 의료는 쉽게 폐지할 수 있는 대상이 아니었다. 현실적인 의료 기반이었기 때문이다.

해방 공간에서 이루어진 의료 논쟁은 이익 위주의 개업의 제도에 개선이 필요하다는 데 합의를 이루고 있었다. 환자의 부담은 개업의 제도를 개선해야 할 이유였다. 의사가 이익을 추구하는 것을 막을 수 없지만, 환자에게 부담이 될 정도의 진료비 부과는 곤란했다. 우파인 이용설조차 환자에 대한 고민을 피력했다. 의료란 그런 것이었다. 진료를 통해 일방적으로 사적 이익을 추구하는 것은 곤란했다. 공공성에 대한 고민이 필요했다. 공공성을 어디까지 고려할 것인지에 대해서는 의견이 갈렸지만 의료의 공적 측면에 대한 고민은 이념의 좌우를 가리지 않았다.

그러나 한국전쟁은 상황을 완전히 바꾸어 놓았다. 좌우가 피를 흘리고 서로를 죽인 이후 이념은 단순한 이념에 머물지 않았다. 종교가 되었다. 배교자는 축출되어야 했다. 강제적인 축출이 이루어졌다. 국가보안법은 대표적인 수단이었다. 이런 상황에서 공공성은 자칫 용공으로 오해를 받을 수 있었다. 사회주의 자체가 사적 이익에 대한 비판에서 출발했기에 공공성을 강조하는 것은 빨갱이로 오해 사기 쉬운 주장이었다. 한국은 집단보다는 개인이, 공공보다는 사익이 중요한 사회가 되었다.

그러나 공공은 쉽게 사라질 수 없었다. 우리는 단독자로 살 수 없기 때문이다. 공동체로 살아가는 한 공공성에 대한 고민은 지속될 수밖에 없다. 건강과 생명에 관련된 의료는 특히 더 그렇다. 돈 때문에 치료를 받지 못하는 사람들이 존재하는 한 그 공동체에 대한 구성원들의 애정과 헌신은 약화될 수밖에 없다. 반공 이념이 강화되는 속에서도 비록 수가 많지는 않지만 공공성을 고민하는 사람들이 나온 이유이다.

인제대학교를 세운 백인제, 건국대학교를 세운 유석창은 공공성을 고민한 대표적인 인물이었다. 백인제는 철저한 반공주의자였다. 공산화에 반대하여 단독정부 수립에 참여했다. 분단을 확정 지은 제헌국회 선거에 출마하기도 했다. 그런 그가 1946년 잘나가던 자신의 개인 병원인 백병원을 재단법인으로 바꿨다. '민족 유구의 행복과 국가 백년의 대계'를 위한 결정이었다. 반공 국가이지만 그 속에서 의료는 사적인 이익만을 추구하는 수단이

되어서는 안 된다는 의지를 표명한 것이
었다.

유석창의 공공성에 대한 관심은 백인
제보다 강했다. 그의 관심은 "돈이 없어
치료를 받지 못하는 동포들을 위하여 대
규모의 구료救療 사업을 일으키지 않으
면 안 되겠다."라는 결심으로 이어졌다.
그렇게 만들어진 병원이 '중앙실비진료
원'이었다. 경제적 능력이 있는 환자는

[사진2] 인제대학교 설립자 백인제

실비를, 없는 환자는 무료로 진료를 받을 수 있는 곳이었다. 1931년이었다.
그 병원은 나중에 민중병원이 되었고, 건국대 부속병원으로 이어졌다. 유석
창에게 돈이 없는 환자는 내팽개칠 대상이 아니었다. 껴안아 보호해야 할
존재였다.

백인제, 유석창을 거론했지만, 문제는 공공성에 대한 고민이 확대되지 못
했다는 것이다. 그만큼 분단과 전쟁의 여진은 강했다. 쉽게 공공성을 이야
기하기 힘든 상황은 오래 지속되었다. 그런 속에서 1977년 의료보험이 출범
하였다. 박정희 대통령이 통치하던 시기였다. 한국 의료에서 공공성을 상징
하는 대표적 제도인 의료보험은 철저한 반공주의자에 의해 시작될 수 있었
다. 어떻게 보면 역설이었다. 그만큼 의료에서 공공성이 중요했다는 의미일
것이다.

의료보험과 의사들의 불만

의료보험에 대한 고민이 1970년대에 갑자기 나타난 것은 아니다. 사회보험제 구상은 1940년대 말 정부에 의해 제안되었다. 1950년대 중반에는 부산 노동병원이 설립되어 노동조합에 가입한 노동자들의 질병 치료를 담당하였다. 1960년대를 거치며 한국의 슈바이처라 불렸던 장기려에 의해 청십자 의료보험조합이 설립되었다. 다른 곳에도 민간 의료보험조합이 설립되었다. 하지만 제도로서 의료보험은 1977년에 시작되었다고 보는 것이 맞다.

한국에서 왜 의료보험이 1970년대 후반에 시작되었는지에 대해서는 여러 설명이 가능하다. 그중 하나는 박정희 대통령의 강력한 의지이다. 그는 "저소득층에 의료 혜택을 주는 방안을 국도 포장을 1~2년 늦추는 한이 있더라도 강력히 펼쳐 나가라."라고 지시했다. 경제성장에 따른 후유증을 치료하려는 목적이었는지 모른다. 중요한 것은 시점이었다. 1977년이면 대한민국에서 가장 폭압적 통치라고 할 수 있는 유신 체제의 한중간이었다. 모든 권력이 대통령 개인에게 집중된 시기였다. 대통령의 의지를 꺾을 힘이 당시 한국에는 없었다. 의사들도 마찬가지였을 것이다.

의사들의 의료보험에 대한 반응은 우호적이지 않았다. 그동안 자유롭게 의료비를 책정할 수 있었다면, 의료보험이 실시되면서 수가 결정의 권한이 정부로 넘어갔기 때문이다. 수가도 낮았다. 당시 의사협회는 결정된 수가가 관행 수가의 55%에 불과하다며 시정을 촉구하였다. 정부는 관행 수가의 75% 정도에는 이른다는 입장이었다. 물론 의사들은 동의하지 않았다. 하지만 당시는 유신 시대였다. 의사협회는 "거국적인 의료보험 실시를 거부하지는 않겠다."라며 수동적인 참여 의사를 밝혔다.

의사들이 의료보험의 영향력을 실감하지 못했을 수도 있다. 출발 당시 급여의 대상을 500인 이상 사업장의 노동자만으로 국한하였기에 파급력이 크지 않을 것이라 짐작했을 수 있다. 20년도 지나지 않아 전 국민 의료보험이 완성될 줄은 짐작하지 못했을 수 있는 것이다. 의료보험을 통해 혜택을 받는 사람들이 늘어나면서 의료 수요가 증가할 가능성도 있었다. 자신들이 경제적으로 성장할 가능성이 있었던 것이다. 사실 그랬다. 나아가 처음에는 모든 의료기관이 의료보험에 강제 포함된 것도 아니었다. 계약제에 가까운 지정제도는 1979년이 되어서야 모든 의료기관을 포괄하는 강제지정제로 바뀌었다.

의료보험은 출발하였다. 하지만 배로 치면 여기저기 구멍이 난 채 출범했다. 사실 모든 제도가 완벽한 상태에서 출발하는 것은 아니다. 부족한 점은 제도를 시행하면서 고치면 된다. 문제는 의료보험을 출발시킨 정부가 정작 운영과 관련하여 책임감이 적었다는 것이다. 정부는 재정적 부담을 지지 않으려 했다. 자신의 역할을 운영에 한정하려 하였다. 재정 투여를 하려 하지 않았다. 박정희 대통령이 의료보험 시행에 동의한 이유 중 하나는 "국가 경제에 결코 부담을 주지 않는다."라는 점에 있었다.

의사들은 자신의 살길을 스스로 찾아야 했다. 제도만 출범시킨 채 정부가 책임을 지려 하지 않았기 때문이다. 이전의 관행 수가보다 부족한 부분은 스스로 해결해야 했다. 의료보험이 포괄하지 못하는 비급여 진료를 찾았고,

리베이트와 같은 비합법적인 통로를 활용했다. 부족한 진료비를 약값으로 보전하기도 했다. 문제는 이런 방법이 말 그대로 편법이라는 것이었다. 의사들은 자신들이 떳떳하지 못한 방법을 사용하고 있다는 것을 알고 있었다.

2000년 의약분업을 계기로 발생한 의사 파업은 그동안 누적된 의사들의 불만이 폭발한 사건이었다. 그동안 의사들은 저수가, 저급여, 저부담의 원칙 아래 '강제적인 사회주의식 보험제도'로 고통받아 왔다고 주장했다. 그럼에도 '묵묵히 진료에만 전념'해 왔다. 문제는 정부가 만들어 놓고 뒷감당은 자신들이 하고 있었다는 것이다. 정부는 도와주는 것 없이 심사자이자 관리자로 진료비를 통제했다. 약가 마진은 그런 상황에서 만들어진 '비합법적, 비정상적 환풍구'였다. 그 환풍구를 닫아 버리고는 그동안의 희생을 무시하고 자신들을 '도둑놈으로 인식'하는 세태에 의사들은 반발했다.

의사들은 교과서가 가르치는 대로 진료를 하고 싶다고 주장했다. 2000년 8월 전공의들이 중심이 되어 소위 2차 파업을 주도한 이유도 전반적인 의료 개혁 요구와 연결되어 있었다. 1차 파업이 임의조제나 대체조제의 금지, 즉 원칙적 의약분업을 내세우며 의료수가 인상이라는 실질적 성과를 거두었다면, 2차 파업은 '정부의 사고 전환을 요구하는 명분과 원칙을 중심으로 한 투쟁'이었다. 오랫동안 의료계에 누적된 모순을 해결하자는 투쟁이었다. 정부도 '보건의료발전특별위원회'를 대통령 직속 기구로 설치하겠다고 화답했다. 하지만 전공의들의 파업은 11월까지 이어졌다. 의사, 약사, 정부 사이에 합의안이 만들어졌을 때 전공의비상대책위원장은 투쟁 패배를 선언했다.

2020년 의사 파업은 전공의들이 앞장섰다. 그들은 지방에 자신들이 진료할 수 있는 환경을 만들고, 특정 진료과를 기피하는 문제는 보조금이나 수가 인상을 통해 해결해야 한다고 요구했다. 이런 요구가 현재 의료의 공백을 메울 수 있는 하나의 방법인 것은 분명했다. 하지만 정부의 해법도 하나의 방법이기는 마찬가지였다. 인력이 중요한 만큼 그 인력을 양성해서 문제를 해결하겠다는 해법은 실질적이기도 했다. 서로가 논의를 할 필요가 있었다. 이른바 협상 테이블에 앉을 필요가 있었다. 서로의 간격을 줄이는 일이 쉽지는 않겠지만 협의를 진행할 필요가 있었다. 의료는 중요하기 때문이다. 생명과 건강에 관계되기 때문이다.

그러나 전공의들은 쉽게 논의에 나서지 않았다. 의대생들까지 합세했다. 의대생들은 자신의 미래를 담보로 싸움에 나섰다. 의사가 되기 위한 필수 코스인 국가고시를 거부했다. 의대생들의 결의가 남다르다는 것을 안 정부는, 실은 달리 대처할 방법을 가지고 있지 않았기에 굴복했다. 국가고시를 연기하며 의대생들의 지원을 요청했다. 하지만 의대생들은 거부했다. 그들은 정부의 완전한 항복을 요구하는 것 같았다. 이번 의사 파업을 되돌아보면, 의사들은 정부가 시도하는 모든 변화를 거부하고 있는 것 같다. 사실 정부를 믿지 않는 것 같다. 대안이 필요하다

국민과 의료인의 인식 변화

한국 의료제도의 핵심에 건강보험이 있다. 의사들의 불만도 건강보험에 집중되어 있다. 2000년 의사 파업의 근본적인 배경이 저수가, 저부담, 저급

여에 있다면, 변화가 필요하다. 적정 수가, 적정 부담, 적정 급여이다. 하지만 세금을 올려 좋아할 국민은 없고, 정치적 지지를 먹고 사는 정부가 섣불리 보험료 인상에 나설 것 같지도 않다. 정부는 코로나 사태로 공공의료에 대한 공감대가 넓어졌다고 판단했고, 의대 정원 확대를 시도했다. 하지만 생각하지 못한 의사 파업이라는 역풍을 맞았다. 정말 정교하고 섬세한 해법이 필요하다.

제도도 제도지만, 의사와 국민 사이의 인식 변화가 필요하다. 이번 전공의 파업은 의사들이 언제든지 자신들의 직업적 이해를 위해 파업에 나설 수 있다는 사실을 다시 한 번 확인시켜 주었다. 파업은 언제든 다시 일어날 수 있다. 그 사실을 인정할 필요가 있다. 그 인정 위에서 서로의 생각을 다시 한 번 가다듬을 필요가 있다.

의사들은 국민들이 느끼는 불안감을 이해할 필요가 있다. 파업을 지켜보는 국민들은 불안했다. 특히 병원을 찾을 가능성이 높았던 사람들, 예를 들면, 아이를 키우는 어머니, 노인을 봉양하는 자식의 심정은 불안 그 자체였을 것이다. 그들은 구체적인 피해를 입을 가능성이 높았다. 수술 일정이 밀린 환자의 가족은 "지옥 같은 시간을 보내고 있다."라는 표현을 썼다. 전공의들이 응급실과 중환자실의 필수 인력까지 빼겠다고 결정했을 때 환자나 그 가족들이 느끼는 감정은 공포 그 자체였을 것이다.

의료의 본질은 타인의 고통에 대한 공감에 있다. 넓혀 이해하면, 자신이 속한 공동체에 대한 본능적 애정일 것이다. 이 목적이 성취되는 가운데 직업인으로서 의사에 대한 대우가 결정될 것이다. 대우는 중요하다. 기대에 못 미친 대우에 불만을 가지는 것은 당연하다. 그동안 의사들에 대한 대우가 적절하지 못했다는 불만은 정당하다. 하지만 그 대우의 전제에 대한 고민도 필요하다. 같은 공동체 성원들에 대한 공감과 애정이다.

의료인을 대하는 국민들의 시각도 변화될 필요가 있다. 2000년 의사 파업을 거치면서 더 이상 인술이라는 중세적 용어를 쓰는 사람들은 없어졌다. 인술에 대한 기대가 사라졌기 때문이다. 그 대신 의사와 환자 사이를 일종의 계약 관계로 바라보는 시각이 강해지고 있다. 부동산을 사고팔 듯이 돈을 주고 의료를 사고파는 관계가 만들어지고 있는 것이다. 그렇다면 정당한 대가 지불은 중요하다. 거래의 중요한 전제이기 때문이다. 국민들이 의사를 바라보는 시각은 건조해질 필요가 있다.

국민의 역할 증대와 시민적 공공성

나아가 시민적 공공성에 대한 관심이 필요하다. 한국 의료의 미래와 관련하여 국민의 역할이 증대되어야 한다. 의사들은 정부에 불신을 가지고 있고, 정부는 통제하는 데 익숙하기 때문이다. 국민은 중재자이자 소비자로서 중요한 역할을 담당할 수 있을 것이다. 정부는 의대생들이 국가고시를 볼 수 있게 허용하는 편이 나을지 모른다. 하지만 그 길을 막고 있는 사람들이 있다. 국민이다. 청와대 국민청원 게시판에 의대생 구제를 반대하는 요청이 50만 명 이상의 동의를 받았다. 정부를 압박하는 사람은 의사들만이 아니다. 그 결과가 무엇이든 국민의 목소리가 커지고 있는 것은 사실이다.

국민들의 역할 증대는 질병 양상의 변화 때문에 더 중요하다. 급성에서 만성으로 질병의 양상이 변화하면서 병원이 아닌 일상의 측면에서 건강의 관리가 중요해졌고, 따라서 의사가 아닌 국민 개개인의 역할이 중요해졌기 때문이다. 그동안 의료에서 공공성을 주도한 주체는 정부였다. 그동안 한국에 구현된 공공성은 정부가 주도한 국가적 공공성이었다. 이제 바뀔 필요가 있다. 반복하면, 의사가 가진 정부에 대한 불신의 골은 깊고, 정부는 통제하는 데 익숙하기 때문이다. 국민의 역할이 필요하다. 시민적 공공성이 확보되어야 한다.

다만 중요하게 고려할 점은 현재 한국의 의료를 민간이 주도하고 있다는 것이다. 처방은 현실에서 출발할 수밖에 없다. 공공의 역할은 커져야 한다. 공공이 담당할 수 있는 일이 분명한 상황에서 더 이상 민간에게 공공의 역할을 맡겨서는 안 된다. 하지만 그 과정은 지루할 수밖에 없다. 민간의 협력을 받아야 하기 때문이다. 민간이 협력하는 범위 내에서 공공의 영역은 결정될 수밖에 없다. 일종의 타협과 절충이 필요할 수밖에 없다.

나아가 시민적 공공성을 실천할 수 있는 사회적 기반과 경험이 취약하다는 점도 고려하여야 한다. 한국에서 시민 단체의 활동이 가장 저조한 분야가 의료일 것이다. 전문성이 가장 필요한 분야이기 때문일 것이다. 앞으로도 의료의 전문성은 약화되지 않을 것이다. 그렇게 보면 시민적 공공성이라는 당위와 의료의 전문성이라는 현실의 간격은 크다. 그럼에도 시민적 공공성이 당위라면 코로나19는 출발점이 될 수 있을 것이다. 코로나19는 우리가 같은 공동체의 소속원임을 확인시켜 주었기 때문이다.

새로운 역병의 발병으로 개인 간에, 공동체 간에 갈등과 혐오가 형성되고 있는 것은 사실이다. 이미 서양에서 동양인에 대한 혹은 동양에 대한 혐오와 차별이 확인되고 있다. 그 극복을 위한 노력이 진행되어야 한다. 하지만 한편으로 코로나19는 소수자에 대한, 소외자에 대한 관심을 낳고 있는 것도 사실이다. 그들을 보호하지 않는 한 공동체 전체가 코로나19에서 자유로울 수 없기 때문이다. 그들도 같은 공동체의 성원임을 확인하고 있는 것이다. 옆 사람이 확진자인 한 나는 건강할 수 없다. 공공성이 공동체에 대한 이해와 동의, 나아가 참여라면 코로나19는 공공성을 강화하는 계기가 될 수 있을 것이다.

지난 봄 유느님은 대구로 달려간 의료인을 보며 눈가를 훔쳤다. 유느님이 이번 전공의 파업을 보며 무슨 생각을 했는지 궁금하다. 무한도전에서 보듯 주변 사람들을 늘 품어 왔던 그였기에 이번에도 넓은 가슴으로 전공의들을 다독였을지 모른다. 하지만 유느님도 자기 목소리를 내는 경우가 있다. 성원들이 제각기 자기 이야기를 하며 의견이 모아지지 않을 때이다. 짜증을 내기도 한다. 우리도 유느님이 될 필요가 있다. 품되, 필요할 때 자기 목소리를 내는 것이다.

박윤재 | 경희대학교 사학과 교수. HK+통합의료인문학연구단 단장. 연세대학교 사학과에서 학사, 석사, 박사학위를 받았다. 저서로 『한국 근대의학의 기원』이 있고, 주요 논문으로 「위생에서 청결로 - 서울의 근대적 분뇨 처리」, 「방역에서 강제와 협조의 조화? - 식민지 시기를 중심으로」 등이 있다.

보카치오의 『데카메론』 다시 읽기

― 르네상스의 인문주의

이상덕

인문주의

위기를 극복해야 할 때 우리는 어디에 의지할까? 돈, 권력, 종교, 의리 등 자신을 위기로부터 구해 줄 수 있는 외재적 힘을 즉각적으로 떠올릴 수 있겠지만, 역사 속에서 인간이 찾은 또 다른 힘이 있다. 특히 르네상스인들은 이 힘에 대한 믿음을 가지고 있었다. 그들은 고대의 문화에서 이를 발견하고 설렜으며, 자신의 사회에 이를 조심스레 적용해 보면서 흥분하였다. 혹자는 2,000여 년은 족히 떨어진 고대인과 르네상스인 사이에 어떤 연결 고리가 있을까 의심을 품을 수 있을 것이다. 그러나 이들은 이 긴 세월을 하루같이 단축시키고 사유를 공유했다. 이들은 위기의 순간에 외재적 힘에 기대기보다 인간의 내재적 힘, 즉 인간 스스로에 대한 자신감을 믿기로 했던 것이다.

인간은 자신에게 주어진 운명을 극복할 수 있는 지혜와 사랑이라는 동력을 가지고 있다. 그 사회가 가진 한계 때문에, 혹은 문화의 미개함 때문에 통제된 사회에 큰 위기가 닥쳤을 때 인간은 자기 안에서 해결할 수 있는 방법을 찾고 힘을 얻는다. 인본주의, 인문주의, 또는 영어로 휴머니즘이라고 부르는 이 사유 방식은 모두 인간을 그 중심에 놓는다. 사람 인人 자는 인본주의와 인문주의의 첫 글자이며, 라틴어로 인간을 뜻하는 homo는 휴머니즘이라는 단어에 녹아 있다.

이 글에서는 르네상스 초기 인문주의자인 보카치오가 흑사병이라는 위기를 마주하며 쓴 『데카메론』을 고대 그리스, 로마의 문화적 맥락에서 살펴보고 그가 추구한 인간성을 발견해 보도록 할 것이다. 그리고 본 연구단이 코로나 시대를 고찰하는 책의 제목으로 『데카메론』을 선택한 이유도 가늠해 볼 수 있을 것이다.

보카치오와 14세기의 이탈리아, 그리고 『데카메론』

조반니 보카치오 Giovanni Boccaccio, 1313-1375는 1313년 이탈리아의 해양 공국 중 하나인 피렌체에서 부유한 상인의 아들로 태어났다. 나폴리 은행의 점장이 된 아버지를 따라 1326년 나폴리로 이사해서 살다가 아버지의 파산과 어머니의 죽음, 전염병 등의 악재를 겪고 1340년경 고향인 피렌체로 돌아왔다. 1346년, 유럽 동부에서부터 인간 역사에서 가장 치명적이었다는 흑사병 Plague이 유행하기 시작했다. 1353년까지 7500만~2억 명의 목숨을 앗아

간 이 팬데믹으로 보카치오의 아버지마저 1349년 사망하고, 그는 1350년부터 피렌체 정부에서 일하게 되었다. 이때 그에게 큰 영향을 준 페트라르카Francesco Petrarca, 1304-1374를 만났다. 인문주의가 그를 사로잡았고, 아마도 이즈음에 『데카메론』을 썼을 것으로 보인다.

『데카메론』이라는 그리스어 제목 자체에서 그의 고대 그리스에 대한 향수를 느낄 수 있다. 10을 뜻하는 데카δέκα와 날을 뜻하는 헤메라ἡμέρα의 합성어를 속격으로 나타낸 이 단어는 '10일 동안', '10일 안에' 정도로 번역할 수 있다. 흑사병 때문에 폐허로 변한 피렌체에서 고귀한 부인 일곱 명과 청년 세 명이 한 성당에서 우연히 만나 교외의 피에졸레 언덕에 위치한 큰 별장으로 피신하였다. 이곳에 보름간 머물며 그중 열흘 동안은 주제를 정해 열 명이 돌아가며 이야기를 들려주는데, 이것이 바로 『데카메론』의 주요 내용이다. 이들은 이 보름의 기간이 지나면 다시 피렌체로 아무 일도 없었다는 듯이 돌아가 일상을 살게 된다. 이 책에는 단테를 존경하여 그의 『신곡』의 첫 주해를 썼을 정도였던 보카치오의 성향과 연관하여, 그리고 그 내용도 인간에 집중하고 있으므로 『인곡』이라는 별칭이 붙게 되었다.

『데카메론』의 주요 내용

이 책의 서문에서 보카치오는 "혹여 우울증에 사로잡힌 여성들이 읽는다면 즐거움과 좋은 충고를 얻으실 것이고, 피할 일과 따라야 할 일이 무엇인지 배우실 수 있을 겁니다. 그렇게 하다 보면 괴로운 마음도 덜어지겠지요."

보카치오, 장지연 역, 『유쾌하고 대담한 르네상스 인간 예찬: 데카메론』, 서해문집, 2007, p.16라고 말하며 자신의 의도를 내비쳤다. 이 글은 위로하기 위한 글이고, 위기를 극복할 방법을 제시하고자 하는 글이다. 열흘 동안의 이야기 주제를 보면 언뜻 심심풀이 이야기들이 아닌가, 여기에 무슨 위로가 있고 인문주의가 있나 하는 생각이 든다. 하지만 각 주제를 살펴보면 그 숨은 의미를 알 수 있다. 주제는 장지연의 번역을 참고로 했다.

첫째 날: 하느님의 이야기

둘째 날: 여러 가지 사건과 괴로움을 겪은 사람들이 뜻밖에 행복한 결과를 얻는 이야기

셋째 날: 무척 바라던 것을 교묘히 손에 넣은 사람들과 이미 잃은 것을 되찾은 사람들의 이야기

넷째 날: 불행하게 끝나는 사랑 이야기

다섯째 날: 가혹하고 불행한 일을 당한 연인들이 결국에는 행복해지는 이야기

여섯째 날: 경묘한 경구나 임기응변 혹은 날카로운 통찰력으로 위험이나 모욕에서 벗어난 사람들 이야기

일곱째 날: 옛날부터 여자들이 사랑 때문에 혹은 자기 한 몸을 지키고자 남편을 속인 이야기

여덟째 날: 여자는 남자를 속이고 남자는 여자를 속이며 또는 남자끼리 속이는 이야기

아홉째 날: 특별한 주제 없이 각자 재미있다고 생각하는 이야기

열째 날: 관용을 베푸는 이야기

사람들은 먼저 하느님의 이야기를 한다. 그런데 이 이야기가 조금 이상하다. '세 개의 반지 이야기'로도 유명한 첫째 날의 세 번째 이야기를 중심으로 살펴보자.

살라디노는 이슬람의 강력한 왕이었지만 전쟁과 사치로 자산을 모두 탕진하고 멜기세덱이라는 유대인 고리대금업자에게 돈을 빌리려고 한다. 그가 순순히 돈을 빌려줄 것 같지 않자 살라디노는 꾀를 낸다. 그는 멜기세덱을 불러들여 유대교와 이슬람교, 기독교 가운데 어느 종교가 가장 훌륭한지 묻는다. 위기에 처한 멜기세덱은 지혜로운 답변으로 위기를 모면한다. "옛날에 돈 많고 훌륭한 사람이 있었는데 그에게는 후손들에게 물려줄 귀중한 반지가 하나 있었습니다. 이 반지가 어느 남자에게 이르렀는데, 그에게는 똑같이 소중한 아들 셋이 있었습니다. 그래서 그는 똑같은 반지를 두 개 더 만들어 셋에게 똑같이 물려주었습니다. 이 아들들 사이에 어느 반지가 진짜이며 누가 진정한 상속자인지에 대한 논쟁이 시작되었고 지금까지 계속되고 있습니다. 왕이시여, 아버지 하느님께서도 그분이 똑같이 사랑하시는 사람들에게 같은 유산을 물려주셨습니다. 어느 백성이 진짜냐 하는 문제는 방금 말한 경우처럼 해결하기 어렵습니다." 왕은 그의 답에 탄복하였다. 멜기세덱은 돈을 빌려주고, 왕은 그를 측근으로 삼아 좋은 관계를 유지했다고 한다.

이 이야기는 당대로서는 충격적이다. 이는 "서구를 대변하는 그 어떤 작품도 의문을 제기하지 않았던 사실, 즉 기독교인은 옳고 이교도들은 그르다라는 확신을 흔들어 놓았다. 또한 그것은 확신이 흔들리지 않는 사람들에게조차도 종교적 관용을 가르치고 있다."최종철, pp.92-93

중세 유럽은 로마와 단절되면서 기독교의 수도원을 통해 로마의 선진 문화를 배울 수 있었다. 이런 관계와 더불어 동로마와 달리 황제가 부재했던 서유럽에서 교황의 지위는 날로 높아졌다. 교황은 결국 프랑크왕국의 샤를마뉴에게 대관을 해 주기에 이르고, 신성로마제국의 황제들과 각을 세우는 등 최고의 권력을 누리게 되었다. 1095년 교황 우르바누스 2세는 예루살렘을 탈환하기 위한 십자군 전쟁을 일으키기에 이르렀다. 이 전쟁은 이후 2세기 동안 지속되면서 유럽의 사회와 문화, 사고방식에 지대한 영향을 끼쳤다. 이렇듯 무소불위의 권력을 누리는 기독교에 대해 이슬람교나 유대교나 다를 것이 없다고 하다니.

이러한 담대함은 보카치오 개인의 것이기도 하지만 사회의 변화를 반영한 것이다. 11세기부터 본격적으로 발달하기 시작한 이탈리아의 해양 공국들은 프랑크왕국이나 신성로마제국과는 다른 양상으로 발전했다. 이들은 하나의 큰 왕국이 되기보다는 도시 중심의 작은 공국들에 머물렀다. 그 이유 중 하나는 삼면이 바다로 둘러싸인 이탈리아반도에서 무역을 통한 이윤의 창출이 극대화되었고, 이를 위해서는 덩치가 큰 왕국보다는 도시 중심의 공국이 효율적이었기 때문이다. 상인들은 이슬람의 무역상들과 교류했고, 이에 따라 기독교 중심적 사고방식이 깨질 수밖에 없었다. "이 상인 계급은 현실을 편견 없이 날카롭게 바라봤으며, 실용적이고 능동적인 정신을 갖고 있었다."[이승수, p.321] 1198년 교황 이노켄티우스 3세가 제4차 십자군을 준비하면서 베네치아의 상인들과 거래한 것은 큰 실수였다. 이들은 대의보다는 실익을 챙기는 실용주의자들이었다. 이들은 예루살렘이 아닌 콘스탄티노플로 배를 돌렸다. 교황과의 약속보다는 실익이 우선이었다. 이들은 콘스탄티노플을 약탈하고 불을 질렀다.

보카치오가 글을 쓴 것은 이로부터 150년이나 흐른 뒤였다. 십자군 전쟁의 허상과 피해를 깨달은 유럽인들은 기독교 역시 객관적으로 바라볼 수 있는 시각을 가지게 되었다. 보카치오는 사회를 새롭게 바라보기 위해 기독교적 세계관을 객관적으로 볼 필요가 있다고 생각했던 듯하다. 그가 하느님의 이야기를 첫 번째 날에 배치한 것은 파격적인 것이었으며, 치밀하게 계획된 도발이었던 것이다. 이런 면에서 이승수의 이해는 적절하다. "악에 채찍을 가하는 엄격한 윤리주의자가 아니었던 보카치오는 윤리적 종교적 신학적인 복잡한 문제들을 전면에 내세우지 않고 그가 경험한 인간적 내용들, 새롭고 다양한 삶의 모습을 전하려 했으며, 인간의 복잡한 행동방식 속에서 인간을 이해하려 노력했다."[이승수, p.321] 보카치오는 하느님의 이야기를 통해 하느님을 배제하고 인간의 이야기를 할 준비를 한 것이다.

둘째 날의 여섯째 이야기는 인간이 마주하는 운명의 장난을 이야기한다.

시칠리아의 귀족 아르게토 카페체에게는 베리톨라 카라치올라라는 아름다운 부인이 있었다. 이때, 시칠리아와 프랑크 사이에 전투가 벌어졌는데 프랑크의 왕 샤를 1세가 시칠리아의 왕을 죽였고, 시칠리아를 정복하게 되었다. 임신 중이었던 베리톨라는 여덟 살 난 아들 주스 프레디를 데리고 파리로 도망갔다. 여기서 낳은 아들은 이름을 스카치아토라고 지었다. 이곳에서 새로 구한 유모와 이들은 나폴리로 돌아가기 위해 배를 탔으나 강풍 때문에 어느 섬에 다다랐고 이곳에 한동안 머무르는 수밖에 없었다. 어느 날 해적들이 섬의 모든 사람들을 납치해 갔지만 베리톨라는 혼자 떨어져 남편을 걱정하고 있다가 잡혀가지 않았다. 얼마 후 피사의 배 한 척이 섬에 들어왔고 쿠라도라는 남자와 그의 아내가 베리톨라를 설득하여 자기 집으로 데리고 간다. 한편 아이들과 유모는 과스파르린 도리아라는 사람 집에 노예로 팔려갔다. 유모는 아이들의 이름을 숨기고 살았다. 이들은 몇 해 동안 노예로 지냈다. 큰아들은 혈통을 숨기지 못하고 기품 있는 청년으로 자라나게 됐는데 노예 생활이 싫어 도망쳤다가 우연히 쿠라도의 집에 들어가게 된다. 그는 쿠라도의 외동딸과 사랑에 빠지게 되었지만 이를 안 쿠라도는 둘을 감옥에 가둔다. 1년 후 반란을 통해 시칠리아가 땅을 되찾게 되자 큰아들 주스 프레디는 자신의 신분을 밝힌다. 쿠라도는 베리톨라에게 확인을 부탁하고 둘은 재회하게 된다. 딸과의 약혼도 허락한다. 스카치아토와 유모까지 찾은 이들은 아르게토도 안전하다는 소식까지 듣게 된다. 이들은 행복하게 산다.

이 이야기는 죄가 없는 인간에게도 험난한 운명이 올 수 있음을, 그리고 이 운명을 감내해 내면 다시 행복한 날이 올 것임을 알려 준다. 인간은 자신의 운명을 시시때때로 확인해야 하고, 이에 맞서 싸울 자신감과 용기가 필요하다. 이름을 숨기는 것은 유모의 지혜를 보여주며, 자신의 정체를 드러내는 결단력은 용기와 지혜를 보여준다. 이는 테세우스가 자신의 정체를 숨기고 크레타에 들어가 미노타우로스를 죽인 후 자신의 정체를 드러내는 것을 떠올리게 한다. 보카치오는 『테세우스 전』을 쓴 바 있으므로 테세우스로부터 모티브를 따왔을 가능성도 충분히 있다.

다섯째 날 첫째 이야기는 사랑의 힘을 보여준다.

키프로스 섬에 아리스티푸스에게는 덜떨어진 아들 치모네가 있었다. 치모네는 어느 날 아버지의 숲 속을 걷다가 속살이 비칠 정도로 얇은 옷을 걸치고 자는 이피제니아에게 첫눈에 반한다. 그는 이피제니아가 잠에서 깨어 집에 갈 때까지 뒤를 따랐다. 사랑에 빠진 그는 변화하기 시작했다. 예의범절을 갖추고 학문을 깨치며 음악과 운동에도 재능을 보인 것이다. 4년 후 치모네는 이피제니아의 아버지에게 그녀와 결혼하고 싶다고 청혼했지만 그녀가 정혼한 사람이 있어 안 된다는 답을 듣게 된다. 치모네는 자신의 능력을 보여주기 위해 무장한 배 한 척을 마련하여 이피제니아가 탄 로데스 배를 제압하고 이피제니아를 납치했다. 그는 그녀를 크레타 섬으로 데려가려 했지만 폭풍 때문에 로데스 섬에 당도하고 말았다. 그는 연행되었고 이피제니아는 계획대로 결혼하도록 되었다. 이 섬에 사랑하는 여인이 다른 사람과 결혼하는 것을 보아야 하는 사람이 하나 더 있어서 이 둘은 공모하여 여인들을 납치하고 크레타로 데려간다. 이들은 결국 행복하게 산다.

사랑과 욕정은 인간을 움직이게 하는 원동력이 된다. 이 이야기에서처럼 인간은 사랑 때문에 지혜를 모으고 목숨을 건다. 종교나 권력의 힘이 그러하듯이 사랑과 지혜 역시 인간을 움직이고 방향을 잡도록 한다. "사랑은 희극적 이야기를 만들어 내면서 음탕한 이야기에 생기를 주기도 하고, 숭고하고 애수적인 비극적 상황의 원인이 되기도 한다. 에로틱한 주제의 이야기들은 수백 년간 보카치오에게 음란하다는 명성을 안겨 주었지만, 보카치오는 육체와 욕망을 자발적이고 순수한 자연의 힘의 표명으로 바라보았을 뿐이다."이승수, p.329 보카치오는 기존의 정절 개념을 뛰어넘는 사랑의 초월적 힘을 긍정했다. 그는 도덕적 가치를 인간의 완성으로 보지 않았으며, 인간을 이해하는 데 초점을 맞추었다.

『데카메론』의 마지막으로 가 보자.

"숙녀 여러분, 아시다시피 인간의 지혜는 단순히 과거와 현재의 사물을 아는 데 있는 것이 아니라, 그것을 알아서 미래를 살필 줄 아는 데 있습니다. 무서운 페스트가 가져온 암담한 기분과 고뇌를 피해, 다소나마 위안을 얻고자 우리가 피렌체를 떠난 지 내일이면 보름이 됩니다. 우리는 나름대로 보람된 일을 했다고 봅니다. 우리가 나눈 여러 이야기 속에 욕정을 충동질하는 이야기가 있었고, 줄곧 먹고 마시고 노래하는 등 놀이에 치중한 면이 없지 않으나, 우리의 행위와 이야기에는 비난받을 점이 없었습니다. 우리는 품위를 지키며, 형제처럼 친밀하게 지냈으니까요. 그러나 이런 일이 오래되면 불미스러운 일이 생길지도 모르고, 사람들의 입에 오르내리게 되니, 이제 우리가 떠났던

곳으로 되돌아가는 것이 좋지 않을까 합니다." 보카치오, 장지연 역, 『유쾌하고 대담한 르네상

스 인간 예찬: 데카메론』, 서해문집, 2007, p.325

이들은 이야기를 마무리하면서 도피의 시간도 마무리한다. 이들은 잠시 떠나 있던 곳에서 지혜를 모으고 위로를 받았으며, 다시 시작할 힘을 얻고 제자리로 돌아간다.

그리스, 로마와의 비교, 그리고 현재의 우리

『데카메론』의 테제와 구조, 그리고 사고방식은 그리스의 『오디세이아』와 이를 모방하여 재창조한 로마의 『아이네이스』를 많이 닮아 있다.

『오디세이아』는 트로이전쟁이 끝나고 고향 이타카로 돌아가야 하는 오디세우스가 포세이돈의 화를 사서 가까운 거리를 10년 동안 헤매다 마침내 도착하는 이야기이다. 그의 운명은 화가 난 포세이돈의 이미지로 상징된다. 포세이돈은 길들여지지 않는 에너지를 표상하며 운명은 바로 이러한 에너지에 사로잡혀 있다. 그러나 오디세우스는 아름다운 아내 페넬로페가 구혼자들에 둘러싸여 있다는 사실을 안다. 그는 자신의 아내를 지키기 위해 집으로 돌아가야만 한다. 이는 그를 움직이는 동력이다. 그는 다양한 괴물들을 만나고 역경을 거치지만 인간적 지혜로 이를 해결하여 마침내 자신의 고향으로 돌아간다. 그는 거지 분장을 하여 자신의 정체성을 숨기지만 전투를 통하여 자신을 드러내고 마침내 자기 자리로 돌아간다.

『아이네이스』 역시 거의 유사한 구조를 가지고 있다. 아이네이아스는 패전한 트로이인이다. 그는 살아남은 트로이인들을 데리고 새로운 땅에 새로운 트로이를 세우기 위해 길을 떠난다. 그는 어디로 가야하는지 모른다. 다만 새로운 트로이를 건설하겠다는 목표만 있을 뿐이다. 그의 운명은 유노의 분노로 얽히게 되고, 새로운 트로이를 찾는 여정 역시 10년이 걸린다. 오디세우스와 유사한 역경들을 유사한 지혜로 해결하고 결국 이탈리아 땅에 도달한다.

새로운 트로이는 새로운 이탈리아, 새로운 로마였으며, 새로운 질서를 의미했다. 이들의 운명은 고달팠고 최고의 영웅들의, 최고의 지혜가 필요했지만 이들은 결국 안정을 찾았고 질서를 구축했다. 『데카메론』에서 보카치오가 보여주고자 한 인간적 자신감이란 이것과 유사한 것이겠다. 모든 혼란은 인간의 지혜로 극복할 수 있고, 질서를 회복할 수 있다.

고대 그리스는 동방의 1인 군주정에서 벗어나 민주정을 싹 틔울 만큼, 인간 이성을 중시하는 문화를 지녔다. 이오니아의 철학자들은 처음으로 자연을 초월적 힘이 아닌 인간 이성으로 설명하려고 하였고, 이러한 사유 방식은 역사·정치·과학·의학 등으로 퍼져 나갔다. 르네상스의 이탈리아가 흑사병을 경험하였다면, 그리스에도 인구의 1/4~1/3을 앗아간 무서운 전염병이 돌았다. 펠로폰네소스전쟁이 시작된 지 1년이 되었을 무렵 아테네에 역병이 돌았다. 이들이 아테네 도성과 피레우스 항구를 잇는 성벽을 건설하고 그 안에 피신하여 버티기 작전을 편 까닭이다. 이에 대해 신탁을 묻기도 하고, 신비로써 해결하려고 하는 시도도 있었지만, 인간의 이성으

로 이를 극복하고자 하는 노력 역시 있었다. 투키디데스Thukydides, B.C.460(?)-
B.C.400(?)는 역사가로서 이 당시의 상황을 생생하게 보고했다. 그는 직접 이
렇게 말했다.

> 이 역병이 처음에 어떻게 발생했으며, 그토록 심각한 변화를 유발할 수 있다
> 고 생각되는 원인이 대체 무엇인지 숙고하는 일은 의료 경험이 있든 없든 다
> 른 작가에게 맡기고, 나는 단지 이 역병이 실제로 어떠했는지 기술하고, 이 역
> 병이 재발할 경우 연구자들이 그것만 미리 알면 이 역병을 확실히 알아볼 수
> 있도록 그 증상들을 말할까 한다. 나는 몸소 이 역병을 앓아 보았고, 다른 사
> 람들이 앓는 것도 직접 보았으니 말이다. 투키디데스, 천병희 역, 『펠로폰네소스 전쟁사』, 숲,
> 2011, 2.48.3, p.177

그가 말했듯이 실제로 이 병에 대해서는 전문가인 히포크라테스가 『전염
병에 대하여』에서 논했다. 그는 이 병의 발생과 발전 과정을 세 가지로 구성
해 보면서 병의 실체를 알기 위해 노력했다. 그는 사례들을 분석하고 자세
하게 기술하였다. 그리고 의사의 역할을 분명하게 제시하였다.

> 의사는 … 현재를 알고, 미래를 예언할 수 있어야 하며, 질병과 관련하여, 선
> 을 행하거나 해를 끼치지 않는 두 가지 특별한 목표를 가져야 한다. 의술은 질
> 병, 환자, 그리고 의사의 세 가지로 구성되어 있다. 의사는 의술을 수행하고,
> 환자는 의사와 함께 질병에 맞서 싸워야 한다. 히포크라테스, 『전염병에 대하여』, I.2.5

이 말은 의술에서 비합리적이거나 신비한 요소를 배제하는 것이다. 히포크라테스는 철저한 분석과 논리적 해석을 통해 인간이 전염병의 현재를 알고 미래를 예언할 수 있다고 생각했으며, 이 때문에 자신이 아는 것에 대해 도덕적 책임을 져야 한다고 말했다. 또한 의사와 환자가 서로 뜻을 맞춰 병을 극복하려는 의지를 행할 때만이 그 병을 극복할 수 있다고 말했다. 어떤 신비로운 힘이나 기적이 아니라 인간의 의지와 지혜를 믿은 것이다.

보카치오가 고대 그리스와 로마의 문화로부터 배우려고 했던 것, 그리고 동시대인들에게 영감을 주고자 했던 것은 바로 인간과 인간성에 대한 자신감이다. 이는 코로나 시대를 살아가는 우리에게도 시사하는 바가 크다.

이상덕 | 경희대학교 HK+통합의료인문학연구단 HK교수. 고려대학교 서양사학과를 나와 동대학원에서 서양고대사 석사를 받았다. Oxford에서 고전고고학 석사를 받고, King's College, London에서 고전학 박사를 받았다. 주요 논문으로 "Amphiaraos, the Healer and Protector of Attika", 「영미 의료사의 연구동향: 1990-2019」 등이 있다.

"이런 염병할 코로나…."

— 염병의 기억과 질병의 기시감

염원희

일상적 어휘가 된 염병

"이런 염병할 코로나…."

나도 모르게 불쑥, 거친 말이 나온다. 여전히 코로나19는 잠잠해질 기미가 보이지 않는다. 개인적으로는 2020년 초에 세웠던 계획이나 지방 답사 일정, 해외 연구자와의 약속도 물거품이 되고 말았다. 무엇보다 평상심을 잃지 않고 일상을 유지하는 것이 가장 힘들다. 산재한 업무를 재택근무로 해결하는 데도 슬슬 한계가 온다.

코로나19로 인해 변해 버린 일상에 대해 푸념하고자 내뱉었던 '염병染病'은 질병에서 유래된 어휘이다. 국어사전에서는 전염병傳染病의 준말이라고도 하고, 장티푸스typhoid fever라는 질병을 속되게 이르는 말이라고도한다. 염병은 병의 원인이나 증상보다는 전염성染에 초점을 두고 있는 단어이다. 서구 의학이 들어오면서 염병 대신 '장티푸스'가 공식적인 질병의 이름으로 자리 잡았지만, '염병'은 사람들이 쉽게 사용하는 일상적인 표현이 되었다.

현재 '염병하다'의 의미는 '염병染病을 앓다'는 뜻이다. 누군가에게 "염병할…"이나 "염병할 놈"이라고 한다면, 염병과 같이 지독한 질병에 걸리라는 저주에 가까운 바람을 전하는 것이다. 물론 일이 안 풀려 혼잣말로 투덜댈 때도 '염병'이라는 표현을 쓴다. '염병하다'라는 표현이 오랫동안 쓰였다는 점에서, 감염병이 인간의 삶에 얼마나 영향을 주었는지 짐작할 수 있다. 염병과 같은 감염병이 주는 공포와 이 질병에 걸렸을 때의 지독한 고통의 기억이 몸과 마음에 새겨져 비슷한 증상만 나타나도 기시감에 치를 떨고, 싫은 사람에게는 저주의 말로 내뱉게 되었던 것이다.

감염병에 대한 설화적 상상력

이 글에서는 염병에 대한 오래된 기억을 담은 이야기 한 편을 소개하려 한다. 전통 사회에서 질병은 천형天刑이라거나, 귀신에서 비롯된 것이라 믿었다는 점은 널리 알려져 있다. 이는 의료 지식을 다룬 조선 후기 실학서에서도 크게 다르지 않았을 정도로 보편적이고 견고한 관념이었다. 그런데 조선 중기 임방任埅, 1640-1724이 편찬한 야담집野談集인 『천예록天倪錄』에는 감염병에 관한 변화된 관념을 담은 이야기가 수록되어 있다. 여전히 감염병이 미지의 존재가 인간에게 준 것이라는 관념은 계속되었으나, '염병'이 '아이'

로 형상화되었다는 점에서 색다른 공포를 이끌어 내고 있다.

귀신과 신선이 등장하는 기이한 이야기를 수록한 18세기 야담집 『천예록』. '하늘가의 기이한 이야기'라는 책 제목처럼, 이 책에는 지금의 관점으로 보아도 기괴한 이야기들이 다수 수록되어 귀신과 요괴의 이야기를 담은 것으로 유명한 중국의 『요재지이^{聊齋志異}』에 비견된다. 그중에서도 염병을 소재로 하는 〈집안 잔치에서 못된 아이가 염병을 퍼뜨리다─^{門宴頑童爲癘}〉에서는 인간의 일상에 무심결에 파고드는 감염병의 침입을 다음과 같이 표현하였다.

> 한 벼슬아치의 집안에 경사가 있어 잔치를 크게 벌였다. 일문─^門이 모두 자리를 함께하여, 내외의 친척이 집안을 가득 메웠다. 그런데 손님들이 앉아 있는 내청^{內廳}의 주렴 밖으로 별안간 머리를 흐트러뜨린 웬 험상궂은 사내아이가 나타나 우두커니 섰다. 생김새가 매우 흉악했는데, 나이는 열대여섯 정도 돼 보였다. 주인과 손님들은 서로 이 아이가 누구 집 하인이겠거니 하면서 묻지도 않았다.[*]

집안 잔치 자리에 갑작스레 나타난 아이의 존재는 어떠한 예고도 없이 인간의 일상에 들어온 감염병의 모습과 동일하다. 처음에는 누구도 그를 모르며, 관심조차 없다. 그러다가 아이가 여성이 거주하는 장소인 내청에 너

---

* 임방 저, 정환국 역, 『교감역주 천예록─조선시대 민간에 떠도는 기이한 이야기』, 성균관대학교 출판부, 2005, 263쪽.

무 가까이 들어와 있다는 것에 불쾌감을 느낀 양반들이 종들을 시켜 아이를 내쫓으라고 한다. 하지만 몇 마디 말로는 아이를 움직이게 할 수 없었다. 나가라는 사람들의 말에도 대꾸하지 않는 아이에게 점점 사람들이 이목이 집중된다. 여러 사람들이 소리를 쳐도 반응이 없자, 종들은 아이를 끌어내려 하였지만 아이는 꿈쩍도 하지 않았다. 급기야 장정들이 달려들어 몽둥이로 내리쳐도 아이는 여전히 머리털 한 올도 안 뽑히고 눈도 깜빡하지 않았다. 사람들은 점점 아이가 괴이한 존재라는 것을 자각하게 되면서 두려움을 느낀다.

사람들은 급기야 놀랍고 두려워 덜컥 겁이 났다. 그가 어쩌면 사람이 아닐지 모른다는 생각에서였다. 그래서 모두들 뜰로 내려와 그 앞에 무릎을 꿇고 절을 올리고 손을 모아 기도를 하면서 간절히 애원하였다. 한참 뒤에야 아이는 빙그레 웃으며 문을 나섰다. 문을 나서자마자 바로 자취는 사라졌다. 사람들은 놀란 데다가 두려운 마음이 들어 그 자리에서 잔치를 끝내고 집으로 돌아들 갔다. 다음 날부터 주인과 잔치에 참석했던 사람들의 집에서 염병이 급속하게 돌기 시작했다. 꾸짖고 욕했던 자와 끌어내리려 한 자, 때린 무사, 그리고 손을 댄 하인들이 며칠 지나지 않아 앓아 먼저 죽음을 당했는데, 이들의 머리는 모두 찢어진 채였다. 이렇게 잔치에 참석했던 사람들 모두가 죽음을 당하고 살아난 사람은 아무도 없었다.*

이 이야기의 마지막 순간까지 아이의 정체는 명확하게 드러나지 않는데, 이러한 점은 '미지의 존재에 대한 공포'를 증폭시킨다. 결국 아이가 사라지고 나서 염병이 돌아 잔치에 갔던 사람들이 모두 죽게 되자, 사람들은 그날 나타난 아이가 감염병 귀신임을 비로소 깨닫게 된다. 〈집안 잔치에서 못된 아이가 염병을 퍼뜨리다〉에서는 감염병^{염병}이 '신에게 잘못한 인간이 받는 벌'이라는 재앙이 아니라, 우연적이고 즉흥적이며 누구도 예상할 수 없었던 재앙으로 형상화된다는 점에서 '손님신'에 의한 전염 관념과 사뭇 다르다. 한국인에게 손님신은 두창痘瘡을 일으키는 존재로, 이 감염병을 피하려면 마마배송굿이라는 제의를 통해 잘 달래서 보내야 했다. 하지만 이 이야기에서 사람들은 염병을 주는 존재로 등장한 '아이'를 어떻게 대해야 하는지, 어떻게 달래야 하는지 알지 못한다. 게다가 다른 질병신과는 달리 '아이'는 행동을 예측하기 어렵고 소통이 되지 않는 존재이기에 인간이 자신의 사연을 호소하여 동정을 받거나, 정성을 들여 질병에서 벗어나는 것을 도모하기 어렵다. 이 이야기에 등장하는 아이는 완전한 인격화를 이루기 전의 존재로 소통이 불가능하다는 점이 강조되고 있다. 아이는 왜 귀신이 되었는지 왜 그 자리에 나타났는지 인과관계를 전혀 알 수 없는 존재이다. 이해할 수

---

* 임방 저, 위의 책, 263쪽.

도, 예측할 수도 없는 존재일수록 공포는 배가된다.*

『천예록』은 18세기 초의 야담집이다. 이 시기는 임진왜란과 병자호란이라는 두 개의 전쟁을 거치면서 질병과 죽음의 관념에도 큰 변화가 일어났던 때여서 귀신과 요괴에 대한 이야기 역시 이전과 구분되는 모습을 보인다. 이러한 변화된 시선이 담겨 있는 이야기가 〈집안 잔치에서 못된 아이가 염병을 퍼뜨리다〉이다. 질병의 원인은 여전히 귀신이었지만, 그 귀신의 모습이 너무도 달라져 있다. 게다가 아이를 만난 모든 사람이 몰살된다는 점은 전쟁을 통해 대량의 죽음을 목격한 사람들의 경험이 투영된 것이리라.

감염병을 대하는 우리의 태도

집으로 불쑥 들어온 아이를 무심하게 바라보는 사람들의 시선의 문제를 고민하면서, 연초에 처음 코로나19를 접했던 우리의 모습을 떠올렸다. 2020년 1월 초 나는 설렌 마음으로 체코 프라하에 다녀왔고, 주변 사람들 역시 설 연휴를 기다리며 한창 해외여행을 계획하고 있었다. 이때까지만 해도 평화로운 일상이 유지되었다. 연휴 이후 상황의 심각성이 부각되기 시작한 2월 초까지도 우리는 마스크를 쓰느냐 마느냐의 문제를 찬반 토론하고 있었고, 마스크를 안 쓰는 사람에 대한 비난이 정당한지를 고민했다. 하지만 그

---

* 정경민, 「귀신으로서의 아이가 지닌 표상성 연구 : 『천예록』 소재 두억신 이야기를 중심으로」, 『한국고전연구』 47권 1호, 한국고전연구학회, 2019.

실체를 명확하게 인지하지 못한 사이에 위험은 빠르게 성장했고, 대구 신천지 사태가 시작되고 확진자 수가 연일 치솟으면서 위기를 실감하게 되었다.

3월부터는 활기를 찾아야 할 학교에 정적이 흘렀다. 집합 제한 명령이 시작되고 온라인 회의가 활성화되기 시작했다. 지하철이나 버스 등 대중교통 이용 시 마스크를 쓰지 않으면 탑승이 금지되는 마스크 사용 의무화 시행 첫날인 5월 27일에는 작은 실랑이가 벌어지기도 했다. 하지만 몇 가지 시행착오를 거치면서도 한국사회는 감염병으로 변화된 세상에 잘 적응하고 있다. 비교적 질서를 지키며 코로나19에 대응하며, 제한된 상황에서도 조금씩 일상을 되찾아 가는 중이다.

하지만 코로나19 팬데믹을 받아들이는 각 나라의 태도는 사뭇 다르다. 최근 러시아에서는 작은 해프닝이 벌어졌는데, 마트를 방문한 한 남성이 가운데 구멍이 뚫린 마스크를 쓰고 있었던 것이다. 마스크는 귀에 걸쳐져 있을 뿐 입 부분에는 커다란 구멍이 나 있어 그야말로 마스크를 쓰나마나였다. 이런 장면이 CCTV에 찍혀 보도되면서 화제가 되기도 했다.*《연합뉴스》, 2020년 11월 4일 사진의 주인공은 모든 국민이 마스크를 써야 한다는 낯선 의무의 부당함을 표현하고자 하였던 것으로 보인다. 그러나 최근 러시아의 코로나19 확산이 악화 일로로 접어든 것을 고려한다면 아무리 장난이 섞였다 하더라도 타인의 건강을 위협할 수 있는 행동은 사회적으로 용납되기 어렵다.

---

* 「러 상점에 '구멍 뚫린 마스크' 쓰고 등장한 황당 고객」, 《연합뉴스》, 2020년 11월 14일.

겨울이 다가오면서 코로나19 확진자가 급증하자 유럽에서는 봉쇄령에 가까운 방역 조치를 취하게 되었고, 그 결과 반대 시위가 일어나고 있다. 야간 통행금지, 음식점과 주점의 영업시간 제한, 영화관·체육관·수영장의 폐쇄는 한국에서도 사회적 거리두기 2.5단계를 시행했던 2020년 8월과 비슷한 수준으로 이루어진 조치였다. 우리는 질서를 지켰지만, 세계의 다른 지역에서는 사회적 약속을 지키지 않기도 했다. 시위자들은 거리로 나와 상점을 약탈하고 폭죽을 터뜨리며 정부의 방역 방침에 반대하는 의사를 표현한다. 여전히 누군가에게는 코로나19가 인류를 위협하는 감염병이 아니라 유행성감기에 불과한 것 같다. 그들은 혹시 '잔칫집에 온 아이'를 바라보는 막연한 감정으로 이 감염병을 보고 있는 것은 아닐까? 코로나19의 정체는 '잔칫집에 온 아이'만큼 예측 불가능한데도 말이다.

〈집안 잔치에서 못된 아이가 염병을 퍼뜨리다〉의 말미에는 다음과 같이 작자 임방의 말이 적혀 있다.

> 일가의 모임에 큰 염병을 퍼뜨리는 아이가 들어왔는데도 이를 알아차려서 공경하는 척하면서 멀리할 줄 모르고 도리어 꾸짖어 끌어내고 때리기까지 하여 그의 노여움을 부채질했으니, 염병을 피하려고 해도 피할 수 있었겠는가?

작가 임방의 말처럼 미지의 감염병을 맞닥뜨렸을 때 우리가 가져야 할 태도는 '공경하는 척하면서 멀리할' 정도면 족할 것이다. 초기부터 주의를 기울여 조심하는 것 정도의 매우 간단한 행동만으로도 감염병의 피해를 최소화할 수 있다. 앞으로도 인류의 미래에 새로운 감염병은 반복적으로 등장할 것으로 예상된다. 그때마다 사람과 사람의 물리적 거리두기, 마스크로 입과 코 가리기, 손 위생에 신경 쓰기 정도의 루틴은 계속될 것이고, 그런 일들이 더 이상 어려운 일로 여겨지지 않을 것이다. 물론 이런 방법으로 코로나19 팬데믹을 잘 이겨낸다 해도, 앞으로 새로운 감염병에 맞닥뜨릴 때에도 잘 대응할 수 있을지는 미지수일 수도 있다. 다만 오래전 현실이 현재의 우리에게 그리 낯설지 않다면, 과거가 던지는 질문을 곱씹으며 고민할 수 있어야 한다. 옛이야기가 주는 교훈이 이 위기의 시대를 잘 이겨 낼 수 있는 작은 힘이 되길 바라본다.

염원희 | 경희대학교 HK+통합의료인문학연구단 HK연구교수. 경희대 국문과에서 학부, 석사, 박사과정을 거쳐 문학 박사 학위를 받았다. 저서로 『화병의 인문학-전통편』(공저), 주요 논문으로 「질병과 신화: 질병문학으로서의 손님굿 무가」, 「국문장편소설 인물들의 갈등과 화병(火病), 치유의 문제」 등이 있다.

바다로 간 역신

— 코로나19와 감염병 떠나보내기

조정은

마오쩌둥과 주혈흡충병

1958년 6월 30일 중국의 《런민일보人民日報》에는 장시성江西省 위장현餘江縣 주혈흡충병住血吸蟲病이 모두 사라졌다는 기사가 실렸다.* 이 병은 오염된 물에서 사는 주혈흡충이라는 기생충이 사람의 피부 등을 통해 몸속으로 들어와 기생하면서 걸리게 되는데, 환자는 체내에서 성장한 기생충이 낳은 알로 인해 피부병부터 빈혈, 만성피로, 설사, 간과 방광 질환, 간질, 불임 등 매우 다양한 증상으로 고생하게 된다. 이 병으로 고통받는 사람들의 배설물과 함께 밖으로 나온 알이 다른 사람을 전염시키는 무서운 감염병이기도 하

---

* 이 글을 작성하는 데 다음과 같은 기존 논문을 이용했다. 조정은, 「崇拜와 禁止 : 淸代 福建의 五瘟神 信仰과 國家權力」, 『명청사연구』27, 2007.

다. 중국에서는 매우 오래된 풍토병으로 신중국 성립 이전에도 한차례 장난江南: 양쯔강 이남 지역에서 크게 유행했는데, 장시성 위장현이 바로 이 병의 중심 발생지였다.

이 기사를 읽고 공산당의 지도자이자 신중국의 초대 주석을 맡고 있던 마오쩌둥毛澤東은 〈송온신送瘟神〉*이라는 제목의 시를 지었다. 이해하기 쉽게 의역하면 다음과 같다.

> 푸른 물과 푸른 산의 아름다운 풍경도 다 소용없구나, 화타도 이 작은 벌레를 어찌할 수 없네綠水青山枉自多, 華佗無奈小蟲何
>
> 많은 마을이 황폐해지고 사람들은 화장실에 들락날락, 사람에게는 지옥 같은데 역귀에게는 천국이 따로 없구나千村薛荔人遺矢, 萬戶蕭疏鬼唱歌
>
> 지구에 앉아 하루에 팔만 리를 스스로 돌고 우주를 유람하며 은하수를 지켜보는데坐地日行八萬里, 巡天遙看一千河
>
> 견우牛郎가 온신은 어찌 되었나 물어 오면, 모든 슬픔과 기쁨은 세월과 함께 흘러갈 것이라 대답하리牛郎欲問瘟神事, 一樣悲歡逐逝波
>
>
> 봄바람에 버드나무가 나부끼니 육억의 중국인이 모두 요임금 순임금과 같은 성인이 될 수 있으리라春風楊柳萬万條, 六億神州盡舜堯

---

* 간단히 말하면 역신(疫神)을 물리친다는 뜻이다.

붉은 꽃잎은 자기 마음이 가는 대로 파도처럼 물결치고, 푸른 산은 자기 뜻대로 다리가 되니 紅雨隨心翻作浪, 靑山着意化爲橋

하늘과 연결된 남쪽의 다섯 산맥에서 은빛 호미를 휘두르고, 세 강에서 무쇠 팔뚝을 휘두르며 공사를 진행하니 천하가 진동하네 天連五嶺銀鋤落, 地動三河鐵臂搖

묻노니, 온신이여 어디로 가고자 하는가? 종이로 만든 배를 태우고 초를 밝혀 하늘을 비추니 온신이 떠나는구나 借問瘟君欲何往, 紙船明燭照天燒

　　주혈흡충병이 유행한 지역은 예로부터 강산이 아름답기로 유명한 장난 지역이었다. 그래서 마오쩌둥은 녹수綠水와 청산靑山이 자리 잡은 아름다운 자연 풍경에도 불구하고, 주혈흡충병이 유행하고 있다며 한탄한다. 화타는 중국의 명의인데, 우리에게는 삼국지의 영웅 관우가 독화살을 맞았을 때 그를 살리기 위해 독이 퍼진 어깨뼈를 긁어내며 치료한 사람으로 잘 알려져 있다. 사실 화타는 관우가 활약하기 전에 이미 세상을 떠났으므로, 이 일화는 관우의 용맹함과 참을성을 보여주고자 후대인이 지어냈을 가능성이 크다. 관우는 어깨뼈를 긁어내는 무지막지한 치료를 하는 중에도 신음 한 번 내지 않고 장기를 둘 정도로 비범한 인물이었다는 것이다. 어쨌든 이렇게 위대한 화타가 다시 와도 어찌할 수 없을 정도로 이 병이 심각함을 묘사한 시구다. 주혈흡충병의 주요 증상 중 하나인 설사로 인해 사람들은 화장실을 들락날락하고 힘들어하는데 역병을 퍼뜨리는 귀신, 즉 역귀는 즐거워하며 날뛰는 듯하다. 많은 마을이 황폐해졌다. 주혈흡충병을 물리치기 위해 중국 인민은 듬직한 무쇠 팔에 은빛으로 빛나는 호미를 들고 치수공사에 나섰다.

대대적으로 수리 공사를 진행하고 계곡을 메워 주혈흡충 자생지를 없앴다. 이렇게 자연을 정복하고 감염병을 물리친다. 사람들은 온신즉 역신의 신상이 실린 배를 태워 버린다. 온신은 더 머물지 못하고 떠나간다.

"공산당 전체와 인민 전체를 동원하여 주혈흡충병을 소멸시키자全黨動員, 全民動員, 消滅血吸蟲病."며 앞장서 외쳤던 마오쩌둥. 마오쩌둥의 뜻은 관철되어 1958년 중국은 주혈흡충병 유행을 막았다. 그러나 그 이후로도 감염병의 역습은 계속되었다. 사스와 신종플루, 메르스에 이어 우리는 코로나19와 누구도 예상치 못한 긴 싸움을 하는 중이다. 종착역은 아직 보이질 않는다. 우리는 과연 코로나19를 일으킨 역신을 떠나보낼 수 있을 것인가? 전 지구가 교통망으로 연결된 국제화 시대에 과연 역신을 어디로 떠나보내야 하는가?

오온신, 역귀에서 온신으로

중국의 민간신앙에서 귀鬼와 신神의 구분은 다음과 같다. 귀가 주로 죽은 자의 영혼을 뜻한다면, 신은 자연적이고 초월적인 존재를 가리킨다. 민속적으로 구분을 하자면 사람들에게 이익을 주는 것이 신이고 재액을 초래하는 것이 귀이다. 마오쩌둥의 시 제목에 등장하는 온신은 염병 온瘟에 귀신 신神을 쓴다. 온 혹은 온병瘟病은 급성전염병을 뜻하며, 페스트·콜레라·발진티푸스·말라리아 등이 이에 속한다. 옛날 사람들은 왜 감염병이 유행하는지 이유를 알지 못했기 때문에 감염병을 일종의 천벌이라고 믿었다. 마오쩌둥의 시 제목에 등장하는 온신은 흔히 역신이라고 부르는 전염병신을 말한다. 이 신은 선과 악을 구별하여, 악한 자에게 감염병이라는 천벌을 내린다. 한편 역귀는 살아 있는 사람이 미워서 해코지하려고 병을 퍼뜨린다. 위의 시에서도 역귀는 사람들에게 주혈흡충병을 옮기며 즐거워하고 있다. 병에 걸리게 한다는 건 역으로 병을 없애 줄 수도 있다는 뜻이다. 사람들은 감염병이 유행할 때마다 온신에게 감염병에 걸리지 않게 해 달라고 혹은 역귀를 물리쳐 감염병을 치료해 달라며 치성을 드렸다.

고대 중국에서 유명한 역귀로는 전욱顓頊의 세 아들을 들 수 있다. 전욱은 중국 전설 속의 다섯 성군五帝 중 한 명이다. 그런데 이 전욱의 아들들이 죽어 병을 옮기는 귀신이 된 것이다. 역귀를 쫓기 위해 궁궐에서는 매년 음력 12월이 되면 네 개의 눈을 가진 황금 가면을 쓰고, 등에는 곰 가죽을 두르고, 검은 윗도리에 붉은 아랫도리를 입고, 오른손에는 창, 왼손에는 방패를 든 방상씨方相氏가 백 명의 노예와 아이를 이끌고 나례儺禮: 역귀를 쫓는 의식를 거행했다.

그 후 도교道敎가 융성하면서 역귀는 새로운 실체를 얻게 된다. 그중 특히 힘을 얻은 것이 바로 오온신五瘟神이다. 오온신은 다섯 신으로 구성되어 있고, 이들은 서로 다른 방위, 계절을 맡고 있다. 왜 하필 다섯일까? 바로 오행설의 영향이다. 전국시대 이후 오행설은 우주 만물의 생성과 변화를 설명하는 이론으로 자리 잡았는데, 이 영향으로 감염병의 유행과 치료도 오행에 따라 구분하려는 시도가 나타났다. 오행설과 온신의 결합으로 오온신이 탄생했다.

중국 민간신앙의 신들을 소개한 명나라 책 『삼교원류수신대전三敎源流搜神大全』에는 장원백張元伯, 류원달劉元達, 조공명趙公明, 종사귀鍾仕貴, 사문업史文

業이라는 오온사자五瘟使者가 등장한다. 장
원백·류원달·조공명·종사귀는 순서대
로 봄·여름·가을·겨울을 관장하며, 사문
업은 총괄을 맡았다. 수나라 시절 감염병
이 크게 유행하자 당시 황제는 감염병을
퇴치해 달라 기원하며 오온사자를 모시는
사당을 세우고 이들을 장군에 봉했다. 일
개 사자에서 장군으로 지위가 상승한 것
이다.

[그림1] 오온사자(출처: 『삼교원류수신대전』 4, 「오온사자」)

　이런 경우는 중국에서 매우 흔했다. 처
음에는 별 볼 일 없는 귀신에 불과했다가
민간에서의 인기를 바탕으로 국가의 인정을 받고 승진해서 나중에는 황제
에 버금가는 지위에까지 오르기도 한다. 대표적인 존재가 바로 관우이다.
관우가 죽은 후 사람들은 관우가 산 사람에게 해를 끼치는 여귀厲鬼가 되었
을 것이라 믿었다. 중국인들은 대가 끊겨 제사를 지내 줄 자손이 없거나 참
혹한 죽음을 맞이한 사람은 여귀가 된다고 믿었는데, 관우는 전쟁에 패하고
목이 잘려 죽었기 때문이다. 그러나 관우의 고향인 해주의 상인들이 관우를
수호신으로 삼아 큰 부를 축적하고, 관우의 용맹함을 과장한 소설 『삼국지』
가 큰 인기를 끌면서 민간에서 널리 믿어지는 신이 된다. 황제도 예외는 아
니어서 큰 전쟁을 앞두거나 나라가 혼란스러우면 관우의 용맹함에 기대려
는 마음이 생겼다. 관우의 지위를 높여 주고 관우를 위한 제사를 지내면서

나라를 지켜 달라고 빌었다. 한편으로는 민간에서 관우의 인기가 워낙 높다 보니, 관우가 나라를 지켜 줄 것이라 말하는 것만으로도 백성들을 안심시킬 수 있었을 것이다. 관우는 후에 제후의 지위에까지 올라 관제關帝라 불렸다.

오온신도 제후의 지위에까지 올라 오제五帝라 칭했다. 오온신 신앙은 특히 중국 남부에 있는 푸젠福建 지역에서 유행했는데, 그 이유는 이 지역에 예로부터 전염병이 자주 창궐하였기 때문이다. 감염병에 걸린 사람 10명 중 9명이 죽는다는 기록이 있을 정도였다. 결국 감염병의 두려움이 오온신을 오제로 격상시킨 셈이다. 푸젠인의 해외 진출과 함께 오온신 신앙은 바다 건너 타이완, 홍콩, 마카오까지 전해졌다. 푸젠인들은 자신들이 정착한 곳에 오온신묘를 세우고 제사를 지냈다. 묘廟는 곧 사당으로, 민간신앙의 신을 모시고 제사를 지내는 장소이다. 지금도 타이완 각지에는 오온신묘가 있으며, 오온신을 위한 제사를 지내는 장소이자 마을 공동체 집합 장소의 역할을 톡톡히 하고 있다.

만능신, 역병을 물리치다

오온신만 역병과 관련이 있는 건 아니다. 중국 민간신앙의 특징은 신이 하나의 역할만 수행하지 않는다는 점이다. 사람들은 영험 있는 신이라면 어떤 소원이든 다 들어 줄 능력이 있다고 믿었다. 예를 들면 중국에서 가장 인기 있는 신인 마주媽祖는 본래 바다의 여신으로, 항해하는 사람을 지켜 주는 신이다. 그런데 워낙 영험하다고 알려지다 보니 사람들은 감염병이 돌면 마

[그림2] 마주(출처: Justus Doolittle, *Social Life of the Chinese*, Vol.1, New York: Harper & Brothers, 1865, p.262)

[그림3] 관제(출처: 『삼교원류수신대전』권3, 「의용무안왕(義勇武安王)」)

주가 역귀도 물리쳐 줄 것으로 믿었다.

마조와 더불어 만능신으로 추앙받은 신이 바로 앞에서 소개한 관제이다. 관제는 민간에서의 인기를 등에 업고 무신武神이자 재신財神이면서 또한 역귀를 물리쳐 감염병을 소멸시키는 신으로 추앙받았다. 사람들은 관제가 알려 줬다고 전해지는 글자나 관제의 초상화를 문에 붙여서 역귀를 쫓을 수 있다고 믿었다. 역병과는 별다른 관련이 없던 관제가 역귀를 물리치고 병을 치료하는 등의 역할까지 맡게 된 건 그만큼 그의 영험함이 널리 믿어졌기 때문일 것이다. 또한, 감염병이 그만큼 무서웠기에 물에 빠진 사람이 지푸라기라도 잡는 심정으로 영험하다는 신에게는 모두 역병 퇴치를 기원했기 때문이 아닐까.

이는 지금도 마찬가지이다. 코로나19의 유행 이후 타이완에서는 온갖 신의 영험함을 빌려 이 감염병을 물리치려는 행사가 각지의 묘에서 거행되었다. 2020년 5월 16일에는 타이페이臺北 즈산암혜제궁芝山巖惠濟宮에서 '마주를 자동차에 태우고 감염병을 없애기 위해 순행하는迎媽祖除疫車巡' 의식을 거행했다. 혜제궁에서 감염병을 퇴치하기 위한 법회를 연 것이 이번이 처음은 아니다. 2003년 사스 때도 같은 의식을 거행했다. 본래 이 묘에서는 '평안을 기원하는 순행祈安巡行'을 했는데, 사람들이 신상을 신이 타는 마차神轎에 태우면 신이 강림하여 인간 세상을 둘러본다고 한다. 마차가 묘에서 출발해서 길을 따라 행차하면, 그 길에 사는 사람들이 향을 피우고 제사를 지냈다. 그런데 이번에는 코로나19에서 사람들을 지키기 위해, 말하자면 거리두기를 하고자 자동차로 순행을 한 것이다. 타이완에서 가장 영향력 있는 신이라할 수 있는 마주의 힘을 빌려 코로나19를 막아 보고자 한, 만능신이 된 마주의 모습을 상징적으로 보여주는 의식이었다.

송온의식과 오온신 금훼禁毁

마오쩌둥이 쓴 시의 제목이기도 한 송온신이란, 송온의식을 통해 온신이 다른 곳으로 떠나 감염병이 소멸하였음을 의미한다. 종이나 나무로 만든 온신의 신상神像을 마찬가지로 종이나 나무로 만든 배에 태우고 이를 불태우거나 혹은 바다에 띄워 보낸다. 이를 온신을 떠나보낸다고 하여 송온送瘟이라 한다. 배나 신상을 만드는 비용은 사람들이 십시일반 모은 돈으로 충당했는데, 기부하는 사람들은 주로 병에 걸린 사람이나 그 가족이었다. 배 안에는 거의 모든 일용품쌀·소금·나무·과일 등을 싣고, 그것들과 함께 종이나 종이와 대나무 조각으로 만든 가구 모형탁자·의자·대접·접시 등을 싣는다. 물론 가장 중요한 것은 신상이다. 배가 다 만들어지면 여러 사람이 배를 짊어지고 강이나 바다로 향한다. 강가에서 배를 태워 버리거나 바다에 띄워 보내는 것으로 송온의식은 끝이 난다. 이러한 의식을 통해 사람들은 감염병을 자신들이 사는 지역으로부터 떠나보낼 수 있을 것이라 믿었다.

당연히 실제로는 효과가 없었다. 1858년 푸저우福州에서 콜레라가 유행하자, 사람들은 어김없이 송온의식을 준비했다. 그러나 당시 푸저우에서 활동하던 선교사 두리틀Justus Doolittle의 기록에 따르면 송온의식을 거행해도 감염병은 사라지지 않았다. 그러자 무당들은 온갖 변명거리를 만들어 냈다. 자금이 부족해서 혹은 배가 너무 작아서 먼바다로 가지 못하고 떠나보낸 지역으로 다시 돌아왔다는 것이다. 사람들은 무당의 말을 믿고 또다시 송온의식을 거행했다. 다시 십시일반 돈을 걷어 신상을 태운 배를 만들고 이를 불에 태웠다. 이 두 번째 송온의식의 결과는 기록되어 있지 않다. 다만 송온의식을 통해 감염병이 소멸할 것이라는 믿음은 사람들에게 마음의 안정을 가져다주었을 것이다.

타이완에서는 오온신이 왕야王爺라는 존칭으로 불렸기 때문에 송온선은 왕선王船, 배에 태우는 온신은 온왕瘟王, 왕선을 불에 태우거나 물에 띄워 보내는 행위를 송왕送王이라 불렀다. 온신을 태운 배를 바다에 띄워 보내는데, 만약 그 배가 흘러가지 않고 해안에 머무르게 되면 감염병도 사라지지 않고 계속 퍼질 것이라 우려했다. 그래서 다시 역병을 쫓는 제사를 지내곤 했다.

[그림4] 푸저우의 송온의식(출처: Justus Doolittle, *Social Life of the Chinese*, Vol. 1, New York: Harper & Brothers, 1865, p.281)

그렇다면 왜 육로가 아닌 강 혹은 바다를 통해 온신을 떠나보낸 것일까? 중국 동해안 지역에서는 감염병이 계절풍을 타고 온다고 믿었는데, 이로 인해 온신도 계절풍을 따라 바다를 주 통로로 하여 오간다고 여겼을 가능성이 있다. 그리고 바다보다 육로로 이동하면 아무래도 온신이 되돌아오기 쉽다고 여겼던 것은 아닐까 추측해 본다.

사람들은 감염병의 공포 속에서 송온의식을 통해 마음의 안정을 찾으려 했다. 그러나 지식인들이 보기에 오온신 신앙과 송온의식은 악풍에 불과했다. 지식인들이 오온신 신앙을 금지해야 한다고 주장한 원인에는 여러 가지가 있지만, 대표적으로 송온의식에 큰 비용이 들었다는 점을 들 수 있다. 청나라 때 기록에 따르면 사람 수를 철저히 계산해서 돈을 요구했는데, 임산부에게는 두 배로 걷었다고 한다. 배는 종이로 만든다고는 해도 비단에 곱게 수를 놓아 장식하고 돛이며 휘장까지 갖춰 은 300~400냥 정도가 들었다. 당시 쌀 240~400가마니를 살 수 있는 큰돈이었다. 하지만 역병의 두려움에 떨던 사람들이 이런 요구를 무시하기는 쉽지 않았을 것이다. 지식인들은 송온의식이 모두 무당의 사술에 불과하며, 백성을 속여 돈을 벌려는 수작이라 여겼다. 이는 결국 사회를 혼란스럽게 하고 풍속을 어지럽힐 수 있었다. 따라서 청나라는 오온신 신앙을 금지하고 오온신묘를 불태워 없애 버리려고 노력했다.* 그러나 이러한 시도는 모두 실패로 끝났다. 사실 감염병의 공포 때문에 신을 믿는 것이므로 감염병이 사라지지 않는 한 오온신 신앙을 완벽하게 금지하는 건 불가능했다.

코로나 19와 송온의식

지금도 마찬가지이다. 코로나19가 유행하자 타이완 각지의 묘에서는 송온의식을 거행했다.

타이완 남쪽 항구도시 둥강東港에 있는 동륭궁東隆宮은 온부천세溫府千歲라는 온신을 모시는 묘로, 3년마다 '둥강영왕평안제전東港迎王平安祭典'을 거행한다. 이 제전에서는 감염병과 같은 사악한 기운을 내쫓고 마을의 평안을 기

---

* 이를 금훼라 한다. 즉 민간신앙을 금지하고 이를 위해 금지된 신을 섬기는 묘를 불태워 버리는 것이다.

리는 의미로 나무로 된 왕선王船을 불태우는 송온의식을 거행한다. 청나라 때부터 이어져 온 제례 의식을 그대로 유지하고 있어 역사적으로도 의미가 깊다. 코로나19의 대대적인 유행을 목격한 이 유서 깊은 묘에서는 2020년 3월 10일부터 삼 일간 '감염병을 퇴치하여 나라를 지키고 백성을 돕기 위한 대법회三朝禳災掃除瘟疫護國祐民大法會'를 개최했다. 이 법회에서는 온부천세의 위세에 힘입어 코로나19가 사라지고 일상생활이 하루빨리 회복되기를 기원했다. 타이페이 혜제궁에서는 마주의 순행에 이어 '역병이 든 통瘟桶'을 배에 안치하고 저녁때가 되자 강기슭에서 송온선을 불태웠다. 기사에 따르면 비록 감염병이 점차 통제되고 있지만, 사람들은 여전히 신이 앞으로도 대만의 인민들을 보호해 이 보물 같은 섬寶島,즉 타이완을 의미한다을 수호해 주리라 기대하였다.

주자이시嘉義市의 정안궁頂安宮에서도 2020년 11월 1일 송온의식을 거행했다. 주신으로 모시는 관음보살의 탄신일을 맞이하여 감염병을 물리치고 평안을 가져와 달라고 같은 지역의 온신 지부천세池府千歲와 성황묘城隍廟의 성황신, 봉천궁奉天宮의 마조를 청해서 함께 기원을 드렸다. 지부천세는 오부천세五府千歲 중 한 명인데, 오부천세는 바로 앞에서 설명한 오온신의 변형이다. 성황신은 도시를 지켜 주는 신이다. 그 지역에서 널리 믿어지는 신들이 한자리에 모여 관음보살의 생일을 축하하고 또 지역민을 위해 코로나19를 퇴치하는 상징적인 행사였다.

이처럼 타이완에서는 송온의식이 감염병의 두려움을 극복하고 지역의 공동체 의식을 함양하는 중요한 지역 문화로 자리 잡았다. 그래서 위의 행사에도 우리나라로 따지면 시장과 같은 사람들까지 와서 함께 기원을 드렸다. 송온의식으로 온신이 떠나가 감염병이 사라질 것이라 진심으로 믿는 사람도 있을 것이다. 위의 송온의식에 관해 소개한 기사마다 등장하는 "의식 혹은 법회이 진행되자 쏟아지던 비가 그쳤다."는 식의 글귀는 신의 존재와 영험함을 느끼고 싶어 하는 사람들의 믿음을 반영하는 듯하다. 그러나 한편으로는 신의 존재 여부보다도, 지역민들이 함께 이 고난을 이겨내자며 서로를 격려하고 그 속에서 위안을 얻는다는 면에서 더 의미 있는 행사가 아닌가 생각한다.

우리도 생각해 보면 코로나19라는 유례없는 위기 상황 속에서 오히려 가족과 주변을 돌아볼 수 있게 되었다. 나만 아니면 괜찮다는 이기주의가 얼마나 무서운 결과를 초래하는지를 피부로 느끼고, 다른 사람을 배려하며 함께 살아가야 내 삶 또한 평온할 수 있음을 배웠다. 이러한 가르침을 상징적으로 보여주는 게 바로 송온의식이라고 말할 수 있을 것이다.

그렇다면 우리 지역만 아니면 괜찮나? 내가 떠내려 보낸 온신이 다른 마을, 다른 나라에 도착해서 그곳의 사람들에게 해를 끼치는 건 상관없는가? 지금처럼 전 세계가 긴밀히 연결되어 다른 나라와의 인적 물적 교류가 필수로 여겨지는, 원한다고 해서 나라의 문을 걸어 잠그고 스스로를 고립시킬 수 없는 시대에는 온신이 어디로 가든 쉽게 안심할 수 없는 것 아닌가? 흥미롭게도 바다에 띄워 보낼 때는 위험하고 두려운 존재였던 송온선이 바다를 건너 다른 지역으로 가면 복을 가져다주는 긍정적인 존재로 변화한다. 외부의 존재는 위험한 힘을 지니고 있지만, 이 위험한 힘을 자신이 살고 있는 사회와 잘 융합시키면 지역민에게 유리한 힘으로 바꿀 수 있다. 온신은 감염병을 퍼뜨리는 존재이지만 그래서 역으로 감염병을 통제할 수 있다. 그래서 송온선이 도착한 지역에서는 그 안에 모셔진 신상을 받들어 묘를 세우고 감염병이 유행할 때마다 자신들을 지켜 달라고 기원을 드린다. 코로나19는 우리에게 잘 알려지지 않은 위험하고 이질적인 존재이지만, 우리는 점차 이 감염병에 대해 배우고 알아 가고 있다. 언젠가 코로나19가 지닌 모든 비밀을 풀고 이에 대항할 무기^{백신이나} ^{치료제}를 손에 넣게 된다면, 코로나19가 우리 삶에 가져온 긍정적인 효과에 대해 생각해 볼 수 있을지도 모른다.

조정은 | 경희대학교 사학과 조교수. HK+통합의료인문학연구단 일반연구원. 경희대학교 사학과에서 학부와 석사를 마치고 일본 도쿄대학에서 박사학위를 받았다. 저서로 『近代中国のプロテスタント医療伝道』가 있으며, 주요 논문으로 「근대 상하이 공공조계 우두 접종과 거주민의 반응: 지역적·문화적 비교를 중심으로」 등이 있다.

방역인가 통제인가

─ 감염병에 대한 저항, 혹은 방역에 대한 저항

박성호

우두를 거부한 어느 부부의 이야기

늦은 나이에 본 금쪽같은 외동아들이 있었다. 지금이야 거의 소멸된 질병이지만, 이 당시만 해도 사람들이 가장 무서워했던 병이 바로 천연두라고 하더라. 그래도 다행인 건, '서양 의학자가 발명한 우두법牛痘法'이라는 게 있어서 이걸 맞으면 그 무서운 천연두도 예방할 수 있댄다. 그래서 사람들이 권했다, 아이한테 우두를 맞히라고. 그러나 그 어미는 펄쩍 뛰면서 이렇게 말했다.

우리 집에 와서 그딴 말 하지도 마오. 우두라 하는 것이 다 무엇인가? 그까짓 것으로 호구별성戶口別星을 못 오시게 하겠군. 우두를 한 아이들이 역질疫疾에 걸리면 별성을 박대한 벌로 오히려 더 중하게 앓는답디다. 나는 아무 때든지 마마께서 우리 만득에게 전좌하시면 손발 정히 씻고 정성을 지극하게 들이어서 열사흘이 되거든 장안에 한골 나가는 만신을 청하고, 입담 좋은 마부나 불러 삼현육각三絃六角에 배송 한 번을 쩍지게 내어 볼 터이오. 우리가 형세가 없소? 기구가 모자라오?

이를 두고 누군가는 이렇게 논평한다. 남들은 다 무서워서 피하고 싶어 하는 역질을, 자기는 외려 어서 오라고 학수고대하는 꼴이라고. 그 바람이 하늘에 닿았던지 얼마 지나지 않아 금쪽같은 외동아들 만득이는 천연두에 걸렸다. 아이가 앓는 와중에도 어미인 최씨 부인은 약 한 첩 지어 먹이기는 커녕 정화수 한 그릇 떠 놓고 빌기만 하다가 결국 아이를 잃고 말았다.

아이를 잃은 뒤라고 딱히 후회하는 것도 아니었다. 오히려 죽은 아이의 혼령을 달래기 위해 용하다는 무당을 찾아서 굿판을 벌이기에 이른다. 아이가 천연두에 걸려서 죽은 원인이 애초부터 제대로 된 의례, 즉 별성마마를 달래기 위한 굿을 제대로 치르지 않아서라고 판단했기 때문이다.

천연두에 대한 두려움, 백신에 대한 두려움

이는 이해조의 신소설 『구마검』 속 내용이다. 자기 자식이 천연두에 걸렸는데도 제대로 된 치료를 시도하기는커녕 기도만 하다가 아이를 잃고, 그것도 모자라서 죽은 아이의 혼령을 위로한답시고 무당을 불러서 굿판을 벌이다가 결국 자식도 재산도 다 잃더라는 이야기다. 치료법이 없는 것도 아니요, 종두라는 예방책까지 있는 마당에 고집을 부리다가 패가망신하는 이들의 어리석음을 보여주고 싶었던 이해조의 기획이 잘 반영된 소설이기도 하다. "자식에게 아편이나 양잿물을 타 먹이지 아니하였다 뿐이지, 결국 자기 자식 죽게 만들었다는 건 별반 다를 바 없다."는 작가의 날 선 논평만큼 이 소설의 관점을 명확하게 보여주는 것도 없다.

이 소설에서 작가가 설정해 둔 장치는 꽤나 교묘하다. 『구마검』에서 굿판을 벌이는 무당 '금방울'은 전형적인 악인惡人으로 묘사된다. 그가 끌어들이는 지관地官도 마찬가지다. 어떻게 해서든 함진해 집안의 재산을 긁어낼 작정으로 무속과 풍수지리를 총동원한다. 이렇게 위기에 처한 함진해의 집안을 구원해 주는 것은 그의 양자로 들어온 함종표다. 이 양자가 훗날 법관이 되어 과거 자신의 양부를 상대로 사기를 쳤던 무당과 지관을 재판하는 것으로 소설은 마무리된다.

소설 안의 이야기로만 놓고 보자면 굿이나 풍수지리는 곧 '미신'이자 '악'이요, 근대 문명의 산물인 신식 사법제도가 이러한 '미신이자 악'을 처단하는 셈이다. 그야말로 명쾌한 양단론이요 이분법이다. 문제는 이것이 얼마나 실질에 가까운 것이었느냐이다. 무속이나 풍수지리는 애초부터 악질의 것이었기에 악인의 속성으로 귀속된 것인지, 아니면 악용되기 좋은 속성을 갖고 있었기에 악인들에게 선취된 것인지, 그도 아니면 실질적으로 양자 사이에는 인과관계가 따로 존재하지 않으며 단지 이해조 본인이 그러한 인과관계를 만들어 둔 것인지.

종두법이 도입되면서 천연두에 대한 근본적인 예방책이 등장한 것은 분명한 '사실'이다. 적어도 무속에 근거한 제의가 병리학적인 관점에서 천연두를 막을 수 없다는 것은 부인하기 힘들다. 그럼에도 불구하고 종두법 도입 초창기의 풍경은 이러한 '사실'을 전면적으로 납득하고 수용하려는 양상과는 거리가 멀었다. 적지 않은 이들이 종두를 거부했고 여전히 이전의 방식에 의존했다. 이해조는 이러한 현실에 문명과 야만의 이분법을 적용함으로써 『구마검』을 연출해 낸 셈이었다. 다만 이것은 이해조의 '해석'이지 '분석'은 아니었음을 감안할 필요가 있을 것이다.

1898년 4월 《독립신문》에 기재된 관보에는 내부령 제12호 〈종두세칙〉을 통해 한성 5서 내에 종두소를 설치하고 전담 의사를 2명씩 배치하며, 일반인들을 대상으로 일체의 요금이나 약값을 받지 않고 종두를 보급할 예정이라는 기사가 실렸다. 이러한 행정 당국의 노력에도 여전히 종두 보급이 수월하게 이루어지지 않아 천연두로 목숨을 잃는 이들이 많았기 때문에, 이러한 현상을 지적하고 인민들의 계도에 앞장서고자 하는 기사들을 당시 신문에서는 어렵잖게 찾아볼 수 있다. 이러한 맥락만 보면 위에서 이해조가 『구마검』을 통해 거론했던 방역과 미신 사이의 갈등도 충분히 나올 법한 이야기라는 생각이 든다.

하지만 조금 다른 관점의 기사들도 눈에 띈다. 《황성신문》 1906년 5월 28일 자 기사에서는 종두와 관련된 사무가 허장명목虛張名目에서 벗어나지 못하여 제대로 실효를 거두지 못하고 있으며, 허가받지 않은 사적 시술이 횡행하는 탓에 민심이 동요한다는 비판이 거론되었다. 《대한매일신보》 1908년 2월 11일 자에서는 전 광제원廣濟院, 즉 대한의원에서 근무하는 일본인

의사가 종두 접종 이력 등을 확인하지 않고 소아들을 대상으로 강제로 종두를 실시하여 논란을 야기했다는 기록도 있다.

다른 한편으로는 종두 자체가 일종의 권력으로 변질되어 악용되기도 했다. 종두소의 인허원認許員이 단속이라는 명분을 내세워서 사두자私痘者, 즉 종두소를 거치지 않고 사적으로 종두를 실시한 자라고 하여 벌금을 부과한다거나, 혹은 종두에 대한 세금이라는 명목하에 사사로이 금전을 갈취하는 일도 있었다. 이런 이유 때문에 종두소를 의식적으로 거부하려는 움직임도 나타났다.

사실 세균에 대한 지식은 이미 1890년대부터 적잖이 보급되고 있었고, 이로 인해 각종 감염병이 유행하게 되므로 이를 막기 위한 예방책으로서의 위생 관리와 예방접종 등이 중요하다는 주장도 당시로서는 그다지 낯선 이야기는 아니었다. 물론 이러한 지식을 보급하던 《독립신문》이나 《황성신문》 등의 발행 부수가 하루 3천 부를 넘나드는 수준에 불과했고, 신문을 읽을 수 있는 문자 해독층 역시 미미한 수준이었지만, 그럼에도 불구하고 이러한 감염병 관련 지식 보급은 조선 시대의 그것과 비교할 바는 아니었다.

그러나 지식의 습득과 수용이 곧 사회의 관성을 바꾸고 사람들의 마음을 움직이는 일과 항상 직결되는 것은 아니었다. 특히 감염병에 대한 예방과 방역은 의료 차원에서만 작동하는 게 아니라, 통제와 억압을 위한 기제로 작동하는 것이 일반적이다. 문제는 이것이 최소한의 통제와 억압, 즉 감염병 예방을 위하여 의학이 요구하는 최소한도의 범위 내에서만 이루어지는 건 아니었다는 것이다. 오히려 감염병 예방을 명목으로 통치 질서를 합리화하고 그 이면에서 벌어지는 모순을 무력화하는 수단으로 전용되는 일도 적잖게 벌어졌다.

방역에 대한 항거, 문명과 야만의 이항대립

다른 병의 경우는 어땠을까.? 콜레라의 경우 1899년에 〈호열자 예방규칙〉이 내부령으로 공표되면서 감염자의 격리와 대소변의 소독 등에 대한 원칙이 제시되기는 했지만, 여전히 적지 않은 이들은 '쥐통' 또는 '쥐병'이라며 쥐에 깃든 귀신이 콜레라를 옮기는 것이라고 생각했다. 1920년 1월 『학지광』 19호에 발표된 소설 「동정의 눈물」에서, 오산학교 교사로 부임한 '나'는 학생 B의 기구한 사연을 듣게 된다. 여기서 B는 자신의 아버지를 '쥣병'으로 잃었다고 이야기한다. 「동정의 눈물」을 쓴 작가가 당시 일본 유학생이자 김동인 등과 더불어 문예지 『창조』를 주도했던 김환이었음을 감안한다면, 1920년대까지도 콜레라에 대한 이해는 '쥐통'에서부터 '괴질', '호열자'를 넘어서 콜레라에 이르기까지 꽤나 폭넓은 영역을 공유하고 있었던 듯하다.

결핵의 경우에는 조금 독특한 경로를 보이기도 했다. 결핵은 예술가의 이미지와 겹쳐지는 병으로 일종의 추앙을 받기조차 했다. 이상이나 김유정 같은 작가들이 결핵을 앓았던 이력이 있고, 좀 더 거슬러 올라가면 1910년대 중반 소월素月 최승구와 같이 결핵으로 목숨을 잃은 시인도 있다. 이런 영향 관계는 수전 손택Susan Sontag, 1933-2004이 『은유로서의 질병』에서 밝힌 것과 같이 이미 19세기 서구 낭만주의 사조에서부터 비롯된 것이기도 했다. 하지만 이런 보편적인 은유만 영향을 끼쳤던 게 아니었다. 한국 내에서 결핵은 종래의 화병에 대한 이해와 더불어 가슴속의 울분이 병을 낳는다는 독특한 맥락을 형성하기도 했다. 예컨대 최찬식崔瓚植, 1881-1951은 「안의성」에서 울화병을 두고 "한의학에서의 뇌점과 흡사한 병"이라고 했는데, 여기서 뇌점은 오늘날의 폐결핵과 통하는 병이었다. 『청춘』 13호에서 최남선이 「아관我觀」을 통해 밝힌 이광수의 근황 속에서도 그가 신경쇠약과 더불어 우측 폐에 결핵 조짐을 보인다는 이야기가 등장하는데, 여기서 이들 병의 원인으로 지목되는 것은 과도한 심신의 피로, 즉 남들과는 다른 것을 보고 걱정하며 몸과 마음을 수고로이 했던 이광수 본인의 '울분'과도 연결되는 것이었다.

조선총독부가 결핵의 예방과 치료를 위해 적잖은 노력을 기울임과 동시에, 다른 한편으로는 결핵을 근거로 조선인에 대한 위생 담론을 형성해 나갔다는 점도 눈여겨볼 만하다. 예컨대 조선인들이 길거리에 침을 자주 뱉는 습관이 결핵균을 퍼뜨리는 데 일조한다는 식이었다. 이런 접근법은 방역과 예방이라는 명분을 내세움으로써 조선인에 대한 억압과 통제를 정당화하는 수단으로도 얼마든지 활용 가능할 터였다. 비단 결핵뿐만은 아니었다. 앞서 거론한 천연두를 비롯하여 여러 종류의 감염병에 대한 방역 담론은 곧잘 식민 통치 과정에서의 정치적 담론과 연계되고는 했다. 그리고 이러한 연계의 출발점에는, 이미 이전 시대부터 이해조와 같은 신소설 작가 혹은 신지식을 획득한 식자층을 중심으로 형성되고 있었던 문명-야만의 이항 대립이 자리 잡고 있었다.

방역에 대해서 물음표를 다는 일이란 쉽지 않다. 감염병을 막는다는 명분은 사람의 목숨과 더불어 사회의 보건 영역과 직결된 것이니 만큼, 방역과 예방에 대한 반문은 곧 인명에 대한 경시 또는 안전 불감증이라는 비난에 직면하기 쉽기 때문이다. 더군다나 방역이란 별도의 교환가치를 상정하기 힘든 행위로서 비가역적인 성격이 강한 탓에, 방역에 대한 물음표로써 선택될 '다른 무엇'을 거론하기도 쉽지 않은 것이 사실이다. "그렇다면 방역을 하지 말자는 것인가?" 하는 즉각적인 반문에 대해 뚜렷한 대답을 내놓기 어려운 것도 그래서다.

그러나 다른 한편으로 생각해 보면 눈앞에 닥친 감염병의 공포로 인해 정작 우리가 당연히 질문하고 고민해야 할 수많은 문제들을 외면하고 있다는 사실도 무시할 수 없다. 감염병의 확산을 막아야 한다는 건 그 어떤 반론도 허용하지 않는 원칙이겠지만, 확산을 방지하기 위해 선택하는 여러 종류의 정책과 더불어, 그 정책을 시행하는 과정에서 벌어지는 수많은 문제들까지도 방역이라는 '당위 그 자체'로 손쉽게 정당화되지는 않는다. 불과 100년 안팎의 역사 속에서 등장했던 여러 종류의 감염병과 이를 둘러싼 사건들이 보여주고 있는 것처럼 말이다.

박성호 | 경희대학교 HK+통합의료인문학연구단 HK연구교수. 고려대학교 국어국문학과를 나와 동대학원에서 문학 박사 학위를 받았다. 저서로 『화병의 인문학-근현대편』(공저), 주요 논문으로는 「광무·융희 연간 신문의 사실 개념과 소설 위상의 상관성 연구」, 「근대 초기 소설에 나타난 기독교의 치유의 문제」 등이 있다.

감염병이 사회를 감염시키지 않도록

― 마녀사냥에서 메갈리아까지

최성민

과거의 팬데믹 경험들

인류는 여러 차례 감염병 epidemic 을 겪었다. 대규모로 유행하는 감염병을 경험한 것도 여러 번이다. 이른바 팬데믹 pandemic 의 역사다.

중세 유럽을 덮쳤던 페스트, 즉 흑사병이 대표적이다. 흑사병을 일으키는 페스트균은 기원전부터 존재했던 것으로 알려져 있지만, 가장 끔찍하고 명확한 기록으로 남아 있는 것은 14세기 중반 유럽을 휩쓸었던 흑사병이다. 이때 흑사병이 창궐하게 된 시발점에 대해서는 여러 학설이 있다. 칭기즈 칸의 후예인 킵차크 칸의 군대가 14세기 중반 페스트균에 감염된 환자의 시신을 투석기에 담아 제노바 시로 쏘아 보냄으로써 유럽 사회에 퍼져 나갔다는 설도 있고, 동방 원정에 나섰던 십자군 병사들이 동방의 문화를 약탈하는 과정에서 옮겨 왔다는 설도 있다. 흑사병은 중세 유럽을 말 그대로 초토

화시켰다. 1340년대 후반, 흑사병의 대유행으로 유럽 인구의 1/4에서 1/3이 사망했다고 알려져 있다. 2500만 명 이상이 흑사병으로 사망한 것으로 추정한다. 유라시아 대륙 전체로는 7000만 명 이상, 혹은 1억 명이 사망했다는 설도 있다. 흑사병은 중세 이후에도 여러 차례 유럽에서 재확산되며 많은 희생자를 낳았다.

19세기에는 콜레라가 동아시아 지역과 유럽을 휩쓸었다. 인도 지역의 풍토병이었던 것으로 알려진 콜레라는 당시 제국주의 깃발을 꽂은 배들을 타고 아시아를 덮쳤고, 유럽으로 퍼져 나갔다. 콜레라균은 곧이어 아프리카와 아메리카 대륙까지 확산되었다. 유라시아 대륙에서 콜레라로 인해 2000만 명 가까이 사망한 것으로 알려졌다.

지금으로부터 100년 전쯤인, 1918년에는 소위 '스페인 독감'으로 불리는 바이러스가 전 세계를 뒤덮었다. 당시는 제1차 세계대전 중이었다. 1918년 봄, 미군 병사들 사이에서 독감이 퍼져 나갔다. 프랑스와 독일에서도 환자들이 급증했다. 첫 번째 유행도 거셌지만, 그해 가을 이후 두 번째 유행이 더 큰 피해를 입혔다. 1918년 9월 28일 미국의 필라델피아에서는 전쟁 비용 충당을 위한 국채 발행 행사가 대규모로 열렸다. 이른바 '자유 국채 퍼레이드 The Liberty Loan Parade'라는 행사에는 코끼리가 도심을 누비는 쇼까지 벌어지며, 시민 20만 명 이상이 모여들었다. 이날 이후 미국 전역에는 독감 환자가 속출했고, 그 여파는 전 세계로 다시 퍼져 나갔다. 당시 제1차 세계대전 중이었던 각국에서는 전쟁에 끼칠 영향을 고려하여 환자 발생 사실을 숨기거나 축소하였다. 제1차 세계대전에 참전하지 않았던 스페인의 언론이 독감의 대규모 확산에 대해 가장 열심히 보도했기 때문에 이때의 독감을 '스페인 독감'이라 부르게 되었다. 당시 식민지 조선에서도 '무오년 독감'으로 불렸던 그 질병으로 인해 감염자와 사망자가 속출했다. 전 세계적으로는 스페인 독감으로 인해 1500만 명 이상이 사망했다고 알려져 있는데, 사망자가 5000만 명 정도 나왔다는 분석도 있다.

팬데믹 이후의 사회 변화

대규모 전염병은 엄청난 희생자만 남긴 것은 아니었다. 그 참혹한 피해는 사회적 변화로 이어졌다. 14세기의 흑사병은 특히 가톨릭 수도원에서 크게 퍼져 나갔다. 숙식을 함께하며 집단생활을 하는 수도원은 감염자 확산을 피하기 어려웠다. 흑사병을 악마의 질병이라고 여기던 당시의 풍토에서 중세 유럽을 지배하던 교회가 할 수 있는 일은 별로 없었다. 헌신적인 수도자나 수녀들이 병자들을 간호하기는 했지만, 종교의 힘으로 페스트균을 물리칠 수는 없었다. 흑사병의 창궐은 가톨릭 종교의 권력 체계에 흠집을 내기 시작했다. 결국 흑사병은 종교개혁의 방아쇠 역할을 했고, 중세의 종말과 근대 탄생의 계기가 되었다. 프랑스 파리의 그 유명한 하수구 시스템은 14세기 말부터 정비되기 시작했다. 아직 세균과 수인성水因性 전염에 대한 과학적 이해가 온전하지는 못했지만, 오수汚水의 위험성과 위생 개념의 필요성을 인식하게 된 것이다.

19세기에 유행한 콜레라는 엄청난 피해를 입힌 결과, '세균'에 의해 질병이 발생한다는 사실을 깨닫게 해 주었다. 프랑스의 파스퇴르 Louis Pasteur, 1822-1895와 독일의 코흐 Heinrich Hermann Robert Koch, 1843-1910는 연구 성과를 놓고 경생이 붙었고, 여기에 민족주의적 감정까지 겹쳐 앙숙이 되었다. 이들의 경쟁은 무리한 임상 실험으로 이어져 비판의 대상이 되기도 했다. 하지만 콜레라균을 비롯한 세균의 발견과 '백신'의 개발은 막연하게 '나쁜 공기와 기운'이 감염병을 퍼트린다고 여겼던 비과학의 시대를 끝내고, 현대적 의학이 가능하게 된 계기를 마련해 주었다.

스페인 독감은 제1차 세계대전을 끝맺게 하였다. 총칼로 인한 전사자보다 독감으로 인한 사망자가 더 많이 나오는 병영 환경에서 전쟁을 지속할 수는 없었다. 제1차 세계대전 말미에 휴전과 항복이 이어졌던 것은 1917년 러시아의 2월, 10월 두 차례 혁명과 1918년 독일 혁명의 영향 못지않게, 스페인 독감의 영향도 컸다. 1919년 3월 1일 식민지 조선에서 만세 운동이 벌어지고, 그 이후 일제가 '문화 통치'로 변화한 것도 '무오년 독감'으로 인해 민심이 흉흉해진 것과 무관하지 않았다.

거대한 사회적 변화도 있었지만, 대규모 감염병은 문학에도 큰 영향을 끼쳤다. 중세 유럽을 휩쓸었던 흑사병을 피해 교외 별장에 모인 열 사람이 열흘 동안 한 가지씩 이야기를 주고받았다는 설정으로 탄생한 책이 바로 14세기 이탈리아 작가 보카치오의 『데카메론』이다. 여기에 수록된 하나하나의 이야기들은 그다지 깊이가 있지도 않고, 중세의 엄숙함과는 더욱 거리가 멀다. 흑사병이 창궐했던 어둡고 음울한 분위기와도 다르다. 그러나 구체적인 일상과 삶이 담긴 생생한 인간의 이야기라는 점에서, '문학사'는 이 책을 근대소설의 선구적 텍스트라고 평가한다.

19세기 콜레라의 유행과 함께 '고딕소설', '공포 소설'이 유행했다. 1818년 메리 셸리Mary Wollstonecraft Shelley, 1797-1851가 쓴 『프랑켄슈타인』이나 1839년 에드거 앨런 포Edgar Allan Poe, 1809-1849의 『어셔가의 몰락』, 1897년 브램 스토커 Bram Stoker, 1847-1912의 『드라큘라』가 대표적인 작품들이다. 프랑켄슈타인 박사가 죽음을 뛰어넘는 존재를 창조하려다 끔찍한 괴물을 만들게 된 비극적 이야기인 『프랑켄슈타인』, 질병에 시달리는 남매가 머물고 있는 대저택의 음울한 분위기가 압도적인 『어셔가의 몰락』, 어둡고 음침한 공간에서 흡혈귀들이 타인을 감염시킨다는 공포스러운 이야기 『드라큘라』, 이러한 작품들은 콜레라를 비롯한 감염병 때문에 사회적 공포가 극심했던 당시 사회상 속에서 탄생했다.

한국 근대문학의 대표작으로 손꼽히는 염상섭廉想涉, 1897-1963의 단편 「만세전」은 3·1만세운동 직전의 사회상을 배경으로 하고 있다. 이 소설에 당시의 감염병 상황이 명백히 드러나 있지는 않지만, "온통 주위가 공동묘지 같다."라는 표현은 스페인 독감이 창궐하고 사망자가 속출했던 시대상을 고려할 때, 단순한 비유가 아니었을 것이다.

공포에 혐오를 더하기

지금도 마찬가지이지만, 대규모 감염병이 세계를 휩쓸 때 사람들은 공포심을 느낀다. 그 공포심은 방어기제를 작동함과 동시에 낯선 이들에 대한 혐오로 이어지기도 한다. 이때 낯선 이들이라 함은 민족과 인종이 다른 이들은 물론, 이념이나 성별, 종교가 다른 이들을 의미하기도 한다.

널리 알려졌듯, 중세의 흑사병은 '마녀사냥'의 빌미로 활용되었다. 마녀로 가장 쉽게 내몰리는 표적은 혼자 사는 부자 과부나 가난한 여성이었다. 누군가가 흉흉해진 민심의 책임을 뒤집어써야 할 때, 편을 들어 줄 사람 없는 사회적 약자가 손쉬운 공격의 대상이 된 것이다. 그리고 또 하나의 표적은 유대인들이었다. 유대인들은 악마의 사주를 받아 우물에 병균을 풀어 놓았다는 비난을 받았고, 유럽 각지에서 대규모로 학살당했다. 종교와 민족의 차이가 그들을 공격의 대상으로 만든 것이다.

콜레라 대유행기가 배경인, 가브리엘 가르시아 마르케스 Gabriel Garcia Marquez, 1927-2014의 소설 『콜레라 시대의 사랑』 1985에는 다음과 같은 구절이 등장한다. "콜레라는 가장 숫자가 많은 가난한 흑인들에게 더 잔인했지만, 실제로는 피부색이나 가문을 전혀 고려하지 않았다. 콜레라는 갑작스럽게 시작된 것처럼 갑자기 사라졌는데, 그 전염병의 희생자가 얼마나 되는지는 전혀 파악되지 않았다. 그것은 그 숫자를 밝히는 일이 불가능했기 때문이 아니라 우리가 지닌 가장 일상적인 장점 중의 하나가 자신의 불행에 대해서는 입을 다무는 것이었기 때문이다."

질병이 인종이나 빈부를 구별하지는 않지만, 우리는 그들이 처한 환경과 노동의 어려움으로 인해 감염 위험에 더 많이 노출되는 것을 빌미로 감염의 확산을 그들의 탓으로 돌리곤 한다. 반면 자신이 속해 있는 집단이나 스스로의 부주의에 대해서는 눈을 감거나 입을 다물어 버린다. 전통적으로 전

[그림1] 팬데믹 극복을 위해서는 국제간 협력이 절실하게 필요하다.(출처: 언스플래시, https://unsplash.com/photos/5hp3iqwZXD8)

염병을 '외부'로부터 온 '괴질怪疾' 취급을 하는 것도 그런 경향이 표출된 것이다. 수전 손택이 이야기했듯이, 질병에 '이국異國'의 이름을 붙이려는 것도 마찬가지 경향이다. 한때 세계적으로 크게 유행했던 성병 '매독'에 대해 영국인들은 '프랑스 발진', 프랑스 사람은 '독일 질병', 피렌체 사람들은 '나폴리 질병', 일본인은 '중국 질병', 네덜란드 사람들은 '스페인 질병', 터키인들은 '기독교 질병'이라 불렀다.

단지 관련 보도를 많이 했다는 이유로 1918년의 유행병에 '스페인 독감'이라는 이름이 붙은 것은 스페인 사람들에겐 억울한 일일 것이다. 정작 독감 피해가 컸던 제1차 세계대전 참전국들은 독감으로 인한 국내 피해 현황이나 주둔군 병사들의 감염 실태를 제대로 밝히지 않았다. 정보를 차단하고 시선을 외부로 돌리려 한 것이다. 2020년 5월 초 미국 연방준비은행에서 펴낸 논문 「팬데믹은 도시를 바꾼다」에는 독일의 도시들 중에 스페인 독감의 피해가 컸던 도시들일수록 나치에 높은 지지율을 보였다는 연구 결과가 실렸다. <독감 사망자 많은 곳, 나치 지지율도 높았다>,《조선일보》,2020.5.6 감염병 피해의 책임을 유대인과 같은 외부로 돌리려는 경향이 나치의 정치적 노선과 맞아떨어졌으리라 추정할 수 있다.

과거의 팬데믹이 우리에게 일깨워 준 것들, 우리에게 변화를 안겨 준 것들이 매우 많지만, 가장 분명한 것은 감염병은 언제든지 전 세계로 확산될 수 있고, 국제적 교류가 많아질수록 그 확산의 가능성과 속도 역시 거기에 비례해 높아진다는 점이다. 그리고 감염병은 사람을 가리지 않지만, 특정 집단을 가려내어 혐오하려는 시도는 감염병의 충격 이상으로 사회를 병들게 한다는 점도 기억해야 한다.

메르스가 준 교훈

국지적인 감염 확산에 그친 편이어서 다행히 '팬데믹' 상황으로 흘러가지는 않았지만, 2015년 한국사회를 뒤흔들었던 메르스가 우리에게 미친 영향은 매우 컸다. 메르스MERS는 '중동호흡기증후군'의 영문 표기, 즉 'Middle East Respiratory Syndrome'의 앞 글자를 딴 감염병이다. 코로나19와 마찬가지로 '코로나바이러스' 변종에 의한 질병으로, 2012년 사우디아라비아를 중심으로 이른바 중동 지역에서 주로 발생했고, 최근까지도 발병 사례가 이어지는 치명적인 호흡기 질환이다.

사실 이 병명에 포함된 '중동中東'이라는 지역명 자체도 문제가 있는 표현이다. 아라비아반도와 페르시아만 일대의 아랍권 국가들과 이란, 그리고 북아프리카 지역의 일부 국가들까지를 아울러 흔히 '중동'이라고 부른다. 석유 산유 지대로 유명하며, 이슬람 문화권이라는 점에서 공통적으로 묶을 수 있는 여지가 있는 지역이지만, 이 지역을 '중동'이라고 칭하는 것은 철저히 서유럽의 시야에서 바라보는 것이다. 이들 지역을 근동近東, Near East 혹은 중동中東, Middle East이라 부르고, 중국과 한국, 일본이 위치한 유라시아 대륙의 동쪽 끄트머리 지역을 극동極東, Far East으로 칭하는 것은 서유럽의 입장에서는 지리적으로나 역사적으로 합리적인 표현이 될 수 있다. 그러나 우리 한국의 입장에서 이들 국가를 '중동'이라 부르는 명칭을 비판적 의식 없이 받아들이는 것은 문제가 있다. 그럼에도 불구하고, 메르스는 하나의 질병 명칭으로 굳어진 측면이 있으므로, 여기서는 일단 이 질병명을 그대로 사용하도록 하겠다.

2015년 5월 20일 한국에서 첫 메르스 감염자가 발생했다. 바레인에서 귀국한 사람이 메르스 확진 판정을 받은 것이다. 그 이후 6~7월에 걸쳐 메르스 환자가 다수 발생했다. 평택성모병원과 삼성서울병원에서 환자가 속출하는 등 2차, 3차 감염자가 잇달아 나오면서 '메르스 사태'는 심각해졌다. 2015년 6월 8일에 이미 한국은 사우디아라비아를 제외하고는 메르스 환자가 가장 많이 발생한 국가가 되었다. 사실상 종식 선언을 한 2015년 7월 28일을 기준으로, 한국 내 메르스 사망자는 36명, 확진자는 186명이었다.

지금의 코로나19에 비하면 적은 숫자라고 볼 수 있지만, 다수의 사망자를 포함해 상당한 피해가 있었던 일을 두고 '교훈'과 '흔적'을 이야기하는 자체가 다소 부적절하다는 생각도 든다. 그러나 앞서 살펴본 팬데믹들의 경우처럼, 우리는 '메르스'를 뼈아프게 겪으면서 적지 않은 교훈을 얻었다. 2003년 사스의 경험이 있는 홍콩·대만·베트남과 2015년 메르스의 경험이 있는 한국이 이번 코로나19에 대응하면서 '비교적' 선방善防한다고 평가받는 것은 어쩌면 우연이 아닐 것이다. 감염병에 의한 피해의 경험이 방역하는 데 경각심과 교훈을 안겨 준 것은 분명한 사실일 것이다.

메르스 사태를 겪은 지 2년이 지난 뒤인 2017년 6월, 대한감염학회는 『메르스 연대기』라는 제목의 백서를 출간했다. 여기에서 대한감염학회 전 이사장 김준명 교수는 "앞으로도 메르스와 같은 새로운 전염병은 계속 출현할 것입니다. … 중략 … 처절했던 전투를 기록하고 되돌아봄은 무척 의미가 깊다 하겠으며, 나아가서 기록을 남기는 자는 결코 실패하지 않는다는 확신을 갖게 합니다."라고 말했다. 아울러 이 책의 말미에 실린 메르스 최전선에서 싸웠던 의료진들의 대담에서는 '감염병 전문 인력의 양성과 처우 개선', '보다 명확하고 보다 투명한 커뮤니케이션'이 강조되었다.

모두가 기억하듯이, 메르스 초기의 대응 과정에서 감염 관련 정보를 비공개에 부친 것은 커다란 혼란을 야기했다. 2015년 5월 20일, 이른바 '1번 환자'가 네 개의 병의원을 거쳐 간 뒤에 메르스 최종 확진 판정을 받았다. 경기도 평택의 한 병원에서 환자가 속출하였다. 6월 2일에는 153개 초·중·고·대학교가 휴업을 하였고, 6월 3일에는 격리 조치자가 1,000명을 넘어섰다. 정부·경찰·검찰이 유언비어 유포자 엄벌을 강조하던 그 무렵, 여전히 환자 발생 병원은 비밀에 부쳐지고 있었다. 환자 이송 사실을 해당 지방자치단체에도 알리지 않아 논란이 되기도 했다. 6월 4일 밤, 서울 지역 한 병원 의사가 재건축조합 총회와 병원 심포지엄 등 대규모 인원이 밀집되는 행사에 참여한 사실을 당시 박원순 서울 시장이 긴급 브리핑하면서, 정보공개 투명성에 대한 요구는 더욱 커지게 되었다.

메르스 사태를 겪으며 우리는 정확한 정보를 공개하지 않음으로써 불필요한 억측과 불확실한 정보들이 오히려 더 크게 확산되는 경험을 하였다. 이때의 교훈은 역학조사와 정보공개의 투명성 측면에서 우리에게 큰 영향을 미쳤다. 이번 코로나19 대응 과정에서 역학 정보의 투명성은 메르스 때에 비하면 크게 향상된 것이 분명하다. 개인 정보의 공개가 다소 지나치다는 비판이 있어 공개 범위의 조정이 몇 차례 이루어지기도 했고, 이와 관련된 논쟁도 지속되고 있다. 이러한 가운데 '투명한 정보공개'가 방역에 도움이 된다는 사실만큼은 확실한 교훈으로 남았다.

반면 메르스 때의 매뉴얼을 그대로 적용하다가 뼈저린 실패를 경험하기도 했다. 2020년 2월 말 대구 경북 지역에서 대규모 확산이 있었을 때의 일이다. 당시 확진자들의 상당수가 젊은 무증상 감염자이거나 경증 환자였음에도 불구하고, 초기 확진자들을 음압격리병동에 개별 수용하는 원칙을 적용하다 보니, 쏟아져 나오는 환자를 감당하지 못하는 일이 벌어졌다. 결국 고위험군 환자와 중증 환자들이 입원을 기다리다가 사망하는 사례가 나타났다. 다행스럽게도 당시 계명대학교 동산병원이 병원 이전 과정에서 거의 비워진 상태로 전담병원 역할을 했고, 민간 시설과 공공시설 일부를 경증 환자를 위한 생활치료센터로 활용하는 방안이 구체화되면서 상황을 진정시킬 수 있었다.

메르스가 남긴 흔적

2015년의 메르스 경험은 의료계와 방역 당국 모두에게 값비싼 대가를 치른 교훈이 되었지만, 또 다른 흔적을 우리에게 남겨 주었다. 첫 메르스 환자가 나온 지 며칠이 지나서 인터넷 커뮤니티 사이트 '디시인사이드 https://www.dcinside.com/'에는 '메르스 갤러리'라는 독립된 게시판이 생겨났다. 주제별, 인물별 게시판을 중심으로 관심을 가진 네티즌들이 모여들고, '이미지'를 포함한 짤막한 글로 의견을 주고받는 것이 디시인사이드의 특징이었고, 때때로 주요한 이슈가 발생할 때는 별도의 게시판이 생겨나는 것도 흔한 일이었기 때문에, '메르스 갤러리'의 탄생 자체는 특별한 일이 아니었다. 처음의 개설 취지는 메르스 유행 정보를 공유하겠다는 것이었다. 그러나 몇 개의 게시물이 빌미가 되어 '남자 연예인 갤러리'를 중심으로 활동하는 여성 유저들이 상대적으로 많이 방문하는 공간이 되었고, 메르스 국내 첫 감염자가 남성이었다는 이유로 '남성 혐오 발언'들이 다수 게시되었다.

초기에는 여성 혐오적 발언들이나 성차별적 발언들이 일상화된 일부 커뮤니티, 혹은 남성 위주의 한국사회 풍토를 풍자하거나 '미러링'함으로써 '여성 혐오를 혐오한다'는 취지의 '여혐혐'을 지향하기도 했다. 그러나 점차 '남성 혐오'적인 발언의 수위가 높아지고 과격해지면서 논란이 되는 경우가 많아졌다. 일각에서는 과격한 글들 중 상당수는 여성들의 태도를 비난하기

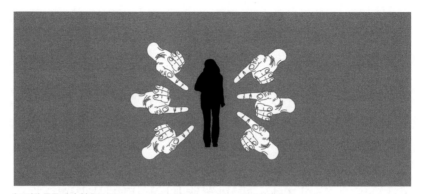

[그림2] 공포에서 혐오로 (출처: pixabay, https://pixabay.com/images/id-3089939/)

위한 '위장된 남성' 유저의 글이라는 추정도 제기되었다. '남성 혐오 범죄'를 모의하는 글까지 게시되면서, 여성판 '일베저장소'화되어 간다는 우려가 나타났다. 이에 대해 사회적 논란이 제기되고 디시인사이드 내부적 규제까지 시작되자, 여기에서 글을 쓰던 이들 중 상당수는 '메갈리아'라는 독립 사이트를 만들어 옮겨 갔다. 그리고 '메갈리아'에서 또 일부가 '워마드'라는 독립된 사이트로 다시 분파되어 나갔다.

메르스 갤러리, 메갈리아와 워마드로 이어진 사이트들의 등장은 메르스라는 질병 자체의 파생물이라고 볼 수는 없다. 해당 사이트들의 게시물들 중 일부의 과격함과 범죄적 성격을 떠나서, 이러한 사이트들의 등장 자체가 남성 위주의 사회구조, 남성 위주의 인터넷 커뮤니티, 그리고 여성 혐오적 발언이나 성희롱적 발언이 일상화된 사회 환경의 역반응에서 비롯되었다는 점에서 사회적 성찰이 필요한 대목도 있다.

그러나 분명한 것은 메르스와 같은 감염병이 아픔의 공감과 연대, 위로가 아니라 혐오라는 감정의 핑계가 되어서도 안 되고, 혐오의 확산이라는 결과로 이어져서도 안 된다는 점이다. 코로나19의 유행 과정에서도 우리는 너무나 쉽게, 국가나 인종은 물론, 종교, 지역, 세대, 직업, 성적 취향, 정치적 성향에 대한 혐오와 비난의 유혹에 빠져들곤 했다. 수전 손택은 『에이즈와 그 은유』에서 환자의 어원은 '고통받는 사람'을 뜻하는데, 정작 환자들이 두려워하는 것은 '질병의 고통' 자체가 아니라 '사람들이 자신의 고통을 비하한다는 고통'이라고 말한 바 있다. 우리가 아직은 멀게 느끼지만, 코로나19를 극복하는 길 위에 있다면, 무엇인가에 대한 공포나 혐오가 그 길의 끝에 놓여 있지는 않을 것이다. 오히려 코로나19가 공격했던 우리 사회의 약한 고리들과 취약한 지형에 대한 공감과 연대가 그 길과 함께 있을 것이라 믿는다. 저 바이러스가 우리 사회를 감염시키는 일만은 끝내 일어나지 않도록 말이다.

최성민 | 경희대학교 HK+통합의료인문학연구단 HK연구교수. 문학평론가. 서강대학교 국어국문학과를 나와 동대학원에서 문학 박사 학위를 받았다. 저서로 『다매체 시대의 문학이론과 비평』, 『화병의 인문학-근현대편』(공저), 주요논문으로 「판타지의 리얼리티 전략과 서사적 감염」, 「한국 의학드라마 연구 현황과 전망」 등이 있다.

마스크의 역습

─ 1918년 인플루엔자와 마스크 착용

신지혜

100년 후인 2120년의 역사가가 2020년의 코로나19를 연구한다면 해당 연구서 그때도 여전히 '책'이 있다고 가정하고 의 표지를 장식할 이미지는 아마도 마스크일 것이다. 마찬가지로 지금으로부터 100여 년 전인 1918년의 인플루엔자 역시 마스크의 이미지로 대표되었다. 1918년 2월에 시작되어 1920년 4월에 종식된 '1918년 인플루엔자'는 오랫동안 '스페인 독감'이라는 잘못된 이름으로 불렸다. 미국 캔자스주에서 처음 나타났지만 제1차 세계대전 참전국들의 언론통제로 인해 참전하지 않던 스페인만이 발병 상황을 심도 있게 보도한 결과였다. 2018년에 100주년을 맞아 연구가 재개되기 전까지 그저 역사의 한 에피소드에 불과했던 1918년 인플루엔자는 2020년의 코로나19와 비교되면서 그 어느 때보다 주목을 받고 있다. 20세기 초에 발생한 만큼 이전의 여러 팬데믹에 비해 접근 가능한 자료가 많다는 점도 1918년 인플루엔자를 망각의 늪에서 건져 내는 데 기여했다. 전 세계적으로 5천만 명의 사망자 미국사망자는 67만 5천 명 정도로 추산를 낸 1918년 인플루엔자의 상황이 작금의 코로나19로 인한 변화2020년 11월 현재 전 세계적으로 123만 명의 사망자 발생와 일치하지는 않는다 해도, 바이러스로 인한 감염병이라는 점, 그리고 둘 다 마스크라는 이미지로 대표될 수 있다는 점을 고려한다면 이만큼 비슷한 사건도 없을 것이다.

그러나 마스크가 두 팬데믹의 상징으로 자리를 잡기까지는 험난한 여정이 기다리고 있었다. 코로나19의 경우, 한국에서도 초기에는 마스크 착용의 효용을 두고 여러 의견이 대립했다. 미국과 유럽 국가는 마스크가 코로나 바이러스를 막는 데 큰 효과가 없다고 보았으며, 손을 잘 씻고 얼굴을 만지지 않는 것이 마스크 착용보다 중요하다고 강조했다. 지금은 어떠한가? 이제 마스크는 코로나19의 유일한 예방책이 되었다. 세계 곳곳에서 마스크 착용을 권고하고 있으며, 마스크 미착용 시에는 벌금을 부과하는 지역도 늘고 있다. 그렇다고 모두가 마스크 착용에 찬성하는 것은 아니다. 여전히 마스크를 거부하면서 반대 시위를 벌이는 사람들이 있다. 코로나19가 막 퍼지던 무렵 마스크 착용에 대해 논란이 커지자 미국에서는 1918년 인플루엔자 유행 당시의 여러 이미지가 대중의 관심을 끌었다. 다양한 형태의 마스크를 착용한 남녀, 고양이에게까지 마스크를 씌우고 카메라 앞에 선 가족의 모습, 마스크를 쓰고 방역을 하는 공중보건국 직원과 간호사의 단체 사진 등 1918년의 시각 자료는 우리 모두에게 마스크 착용의 정당성을 역설했다. 한편, 이미 미국을 비롯한 서구사회에서도 마스크를 착용한 역사가 있는데, 왜 오늘날에는 이렇게 반발이 심한가 하는 궁금증 역시 수그러들지 않고 있다.

1918년의 마스크: 마스크 착용 강제

그렇다면 1918년 당시의 마스크가 실제로 방역에 도움이 되었을까? 아니면 그저 심리적 안정감을 주기 위한 수단에 불과했을까? 마스크 착용에 대한 태도는 어떠했을까? 마스크를 착용한 사람이나 반대한 사람은 누구였을까? 이 질문에 답하기 위해서는 우선 1918년 인플루엔자 유행 당시 무엇을 마스크라 불렀는지 확인할 필요가 있다. 1919년 캘리포니아주 보건위원회의 책자에 실린 마스크 만드는 법을 살펴보자.[*]

인플루엔자를 막으려면 마스크를 쓰시오.

마스크 만드는 법

세로 5인치, 가로 8인치 크기로 4~6겹의 촘촘한 거즈나 6~8겹의 성긴 거즈, 또는 3겹의 버터클로스butter cloth, 섬유포를 사용한다. 그림에서 보이듯 가장자리를 같이 꿰매고 네 모서리에 8인치 길이의 띠를 부착한다. 마스크를 쓸 때 항상 바깥쪽으로 나오는 부분에는 색 있는 우스티드[*]모직물의 일종나 띠 조각을 바느질해 넣는다.

---

[*] California State Board of Health and Wilfred H. Kellogg, M.D., "To Avoid Influenza, Wear a Mask," *Influenza: A Study of Measures Adopted for the Control of the Epidemic, Special Bulletin No. 31* (Sacramento: State Printing Office, 1919), 16. 동일한 마스크 제작법이 《알래스카 데일리 엠파이어(Alaska Daily Empire)》에도 실리는 등 미국 전역에 전파되었다.

착용

그림에서 보이듯 마스크는 코·입·턱 위에 꼭 맞게 써야 하는데, 띠를 사용해 위의 두 줄은 귀 위를 지나고, 밑의 두 줄은 귀 밑을 지나게 한다. 두 줄씩 단단하게 묶어야 한다. 윗부분은 콧날 위로 해서 눈 바로 밑까지 꽉 당기는 게 매우 중요하다. **항상 표시된 부분이 바깥쪽으로 나오게 써야 한다.**

기억할 사항

햇볕과 맑은 공기가 인플루엔자와 폐렴을 막고 치료하는 데 중요한 요소이다. **맑은 공기와 햇볕을 충분히 쐬도록 한다.**

유의 사항

마스크는 **언제나 깨끗한 상태를 유지해야 한다. 띠를 묶은 후에는 만지지 말아야 한다.**

병실에서 사용하는 게 아니라면 편할 때 벗어서 통풍을 시키고 햇볕에 건조하도록 한다. 편의에 따라 일정 간격으로 삶아서 살균하거나 소독한다.

병실에 들어가기 전에는 마스크를 쓰고, 띠를 묶은 후에는 만지지 말아야 하며 벗을 때마다 매번 적어도 5분간 삶고 완전히 건조해야 한다. 마스크 두 장을 준비하여 한 장을 사용할 때는 다른 한 장을 살균하고, 소독하며 건조할 것을 권고한다.

캘리포니아주 보건위원회 외에도 적십자와 여성 잡지 등에서 마스크 제작법을 작성해 미 전역에 알렸다. 거즈 여러 장을 겹쳐 마스크를 만들고 안쪽과 바깥쪽을 구별하여 오염을 막고자 했지만, 섬유 조직을 쉽게 통과하는 바이러스의 특성상 1918년 인플루엔자 마스크의 효능은 그다지 뛰어나지 않았다. 코로나19 초기에도 마스크 착용보다 손을 잘 씻는 것이 중요하다고 했듯이, 아무리 마스크를 잘 썼다 해도 20세기 초의 전반적인 위생 상태를 고려할 때 인플루엔자를 막기는 쉽지 않았을 것이다. 살균과 소독의 효과에도 의문이 남는다. 그럼에도 불구하고 미국 시민 대부분은 열심히 마스크를 착용했다. 부부간에 사랑을 나눌 때도 마스크는 하고 있었다는 고백이 나올 정도였다. 물론 모두가 마스크 착용에 무조건 동의하지는 않았다. 인플루엔자로 야기된 죽음의 그림자가 짙어지면서 주나 시 정부가 마스크 착용을 강제하자, 여기에 저항하는 사람도 점점 눈에 띄었다. 마스크를 말의 입 부분에 씌우는 사료 자루노즈 백, nose bag나 돼지코라고 비웃는 기사가 등장했으며, 오늘날과 마찬가지로 마스크 착용에 저항하는 시위가 열리기도 했다.

마스크 착용 반대: 저항과 풍자

마스크 착용 반대 시위는 1918년 10월 마스크 착용 조례가 통과되면서부터 본격적으로 모습을 드러냈다. 미국에서 처음으로 마스크 조례를 통과시킨 캘리포니아주 샌프란시스코는 조례에 불복하는 사람들을 체포했다. 마스크를 착용하지 않았다고 감옥에 10일간 구류되거나, 심지어는 총을 맞는 일도 있었다. 미국 내 다른 지역도 마스크 착용에 반발하는 이들을 처벌했다. 예를 들어 애리조나주에서는 조례가 통과된 다음 날, 턱 밑으로 마스크를 했다는 이유로 젊은이 여러 명이 법정에 끌려왔다.* 마스크를 착용한 상태로 입 부분에 구멍을 뚫어 담배를 피우면 벌금형을 받았다. 마스크를 하지 않고 밖에 나선 여성은 인근 적십자 건물로 끌려가 마스크를 만들어 착용한 후에야 풀려났다. 초기에는 마스크 조례가 통과된 사실을 알지 못했던 이민자가 체포되는 사례가 많았지만, 마스크 착용 의무화 기간이 길어지자 조례가 정당하지 않다며 주 정부를 고소하겠다는 사람도 나타났다.** 샌프란시스코에서는 급기야 마스크 반대 연맹까지 결성될 정도로 마스크 조례를 통한 방역 방침에 도전하는 움직임이 커졌다. 여러 신문사 또한 마스크 관련 카툰을 실어 마스크 착용을 풍자했다.

[사진1] *Arizona republican. [volume]* (Phoenix, Ariz.), 30 Nov. 1918. *Chronicling America: Historic American Newspapers*. Lib. of Congress. 〈https://chroniclingamerica.loc.gov/lccn/sn84020558/1918-11-30/ed-1/seq-2/〉

---

* "First Arrests Made for Not Wearing Masks," *The Arizona Republic*, 1918.11.30.

** "Eighty Arrested for Nor Wearing Flu Masks," *Stockton Independent*, 1919.1.16. 체포된 사람들은 대부분 1달러의 보석금을 내고 풀려났다.

위는 1918년 11월 30일 《애리조나 리퍼블리컨 Arizona Republican》에 실린 〈피닉스의 거리에서 관찰한 '플루' 마스크 착용 명령에 대한 인상〉이라는 카툰이다. 1918년 인플루엔자 유행 시기의 마스크 사진은 백인을 주요 피사체로 삼았고, 소수 인종의 모습은 거의 포함하지 않았다. 그러나 이 카툰에는 다양한 인종이 등장한다. 1918년의 마스크 착용 양상이 오늘날과 별로 다르지 않았다는 사실도 알 수 있다. 마스크를 쓰지 않겠다는 심지 굳은 여성, 마스크를 구할 수 없었기 때문인지 반다나로 얼굴을 가린 인디언, 법정에서 마스크를 한 재판관 외에도 '턱스크'를 한 사람이나 한쪽 귀에 마스크를 걸고 담배를 피우는 모습이 실려 있다. 오른쪽 하단의 말 그림은 짐승에게나 씌우는 사료 자루*앞서 언급했던 노즈 백를 사람에게 강요하는 행태를 풍자했다. 말 바로 옆에 흑인의 마스크 모습을 그려 넣은 것은, 당시 미국 남부에서 흑인이 처한 사회적 상황을 반영했다고 할 수 있다. 이 카툰은 흑인과 인디언은 물론, 타말레 tamale, 멕시코 요리 그림을 통해 멕시코인의 모습도 그려 냈다. 이들 모두는 1918년 인플루엔자의 희생양이자 공중 보건을 수호하는 데 기여한 사회 구성원이었지만, 결코 미국 주류 사회의 일원과 동등한 대우를 받지 못했다.

1918년 인플루엔자 시기, 마스크의 이미지는 질병으로부터 다수를 보호한다는 주장 뒤에 소수집단을 향한 차별과 배제가 숨겨져 있었음을 시사했다. 마스크를 착용한 모습을 전시하고 마스크를 거부할 권리를 주장하면서도 마스크의 익명성을 누렸던 집단은 따로 있었다. 남북전쟁 이후 미국에서 마스크는 흑인에 대한 테러를 자행했던 백인 우월주의 조직 큐클럭스클랜 Ku Klux Klan 의 이미지와 동일시되었다. 흰 두건을 쓰고 흑인을 쫓아 린치를 자행한 KKK에 대한 공포는 1918년 인플루엔자 때도 완전히 사라지지 않았다. 팬데믹 와중에 제1차 세계대전에 동원되어 조지아주의 캠프 휠러 Wheeler 로 향한 1,500여 명의 흑인 병사가 마스크를 착용한 접수처 직원들을 보고는 클랜 멤버라고 생각하여 혼비백산해 숨은 일이 신문에 실릴 정도였다.* 과장된 기사라고 해도 당시 마스크의 이미지가 결코 좋지 않았으며, 거부의 대상이 될 만한 문화적, 역사·사회적 이유가 있었다는 사실을 부인할 수 없다. 그러나 팬데믹을 겪으면서 클랜과 마스크는 더 이상 동일시되지 않았다. 1919년에는 마스크를 쓰고 강도 행각을 벌인 흑인이나, 인플루엔자 마스크로 얼굴을 가린 중국인 강도에 관한 기사가 등장했는데, 이는 마스크의 익명성이 소수 인종에 대한 부정적인 고정관념으로 이어졌다는 것을 의미했다.

여성과 마스크: '얼굴 가리개'와 차별의 역학

여성 역시 마스크 논란에서 자유롭지 못했다. 여성이 마스크 착용을 꺼리는 이유로는 패션 옷차림과 마스크가 어울리지 않는다 과 외모 미모를 뽐내야 하기 때문에 마스크로 얼굴을 가릴 수 없다 의 문제가 주가 되었다. 사실과 동떨어지지 않았다 한들 당시

---

* "Soldiers in "Flu" Masks Revive "Ku-Klux" Terror among Colored Draftees," *The Washington Times*, 1918.10.20.

참정권도 갖지 못했던 미국 여성의 사회적 지위를 고려할 때 이들에 대한 편견이 반영되었다는 것을 알 수 있다. 마스크를 착용한 여성은 이국적이며 성적인 존재로 그려지기도 했다. 1918년 11월 유타주의 《오그던 스탠다드 Ogden Standard》는 〈도망가지 마세요! 플루 베일일 뿐이라고요!〉라는 제목의 기사를 실었다. 기사는 '베일'이라 불리는 최신 플루 마스크를 소개하며, 흰색 실크 망사 밑에 7인치 이중 시폰 천을 이어 붙인 이 베일이 "세균을 막고, 구경꾼의 시선 말고는 모든 것을 차단할 수 있다."라고 설명했다.* 이처럼 여성과 허영을 병치하는 기사 외에도, 터키 하렘의 여성과 마스크를 착용한 적십자 봉사자의 모습을 비교한 기사가 등장했다. 〈터키 하렘의 여성들이 아니라, '플루' 마스크를 만드는 적십자 작업팀〉이라는 제목의 기사에는 긴 마스크를 착용한 여성들의 사진이 함께 실렸다. 하렘의 여성이 얼굴에 베일을 쓰듯 1918년의 여성은 마스크로 얼굴을 가리고 인플루엔자의 전파를 막고자 고군분투했다.** 그러나 이들의 노력은 마스크가 상징하는 여러 이미지에 묻히기 일쑤였다.

1918년 터키 하렘의 베일을 쓴 여성과 마스크를 착용한 여성의 비교는 100여 년 후 코로나19의 경험에서도 찾아볼 수 있다. 일례로 이슬람 문화권에서 여성이 얼굴을 가리는 데 사용하는 전통 베일 face veil의 문제를 들

---

* "Don't Flee! It's Only Flu Veil," *The Odgen Standard*, 1918.11.14.
** "Not a Turkish Harem, but Red Cross Workshop Unit Making 'Flu' Masks," *The Omaha Daily Bee*, 1918.10.6.

Not a Turkish Harem, But Red Cross Workshop Unit Making "Flu" Masks

[사진2] *Omaha daily bee*. (Omaha [Neb.]), 06 Oct. 1918. *Chronicling America: Historic American Newspapers*. Lib. of Congress. ⟨https://chroniclingamerica.loc.gov/lccn/ sn99021999/1918-10-06/ed-1/seq-19/⟩

겠다. 1918년의 하렘이 서구에서 상상한 성적 방종을 상징했다면, 2020년 의 전통 베일은 테러의 공포를 암시한다. 2020년 4월 28일자《컨버세이션 Conversation》지의 기사를 보자. "코로나바이러스를 막는 데 도움을 주는 안 면 마스크가 니캅눈을 제외한 얼굴 전체를 가리는 베일과 정말 그렇게 다른가?" "둘 다 특정한 목적을 가지고, 특정 지역에서 특정 시간에만 착용하는 의류이다. 24시간 내내 쓰고 있는 게 아니다. 목적이 이루어지면, 마스크와 니캅을 벗 는다."* 물론 니캅을 비롯한 전통 베일에 대한 차별을 기껏해야 몇 달 정도 계속된 마스크 착용 반대와 비교해서는 안 되겠지만, 따지고 보면 둘 사이 에 다른 점이 별로 없다. 무엇보다 이 둘의 가장 큰 유사점은 단순히 무엇

---

* Katherine Bullock, "We Are All Niqabis Now: Coronavirus Masks Reveal Hypocrisy of Face Covering Bans," *The Conversation*, 2020.4.28.

으로 얼굴을 가리느냐가 아니라 누가, 언제 얼굴을 가리며, 누가 벗으라고 강요할 수 있는지 여부에 있다. 지금 한국에서는 어느 장소를 가든 마스크를 쓰지 않아 문제이지 벗으라고 요구하는 경우가 없다. 2020년 4월의 투표소를 제외한다면, 아무도 마스크 밑에 누가 있는지 알고 싶어 하지 않는다. 하지만 미국과 유럽의 여러 국가에서는 마스크를 썼다는 이유만으로 공격받은 사람들의 소식이 심심찮게 들려온다. 특히 미국의 경우, 피해자는 대부분 아시아계의 소수 인종이며, 마스크를 벗으라고 공격한 이들은 '카렌 Karen'이라 불리는 중년 백인 여성이나 카렌의 남성 버전인 '켄 Ken'으로 온라인상에서 희화화되고 있다.* 그러나 조롱 뒤에 숨겨진 사실을 잊어서는 안 된다. 타인에게 마스크를 벗으라고 요구할 수 있는 것은 오직 주류 사회의 일원만이라는 것이다. 1918년에나 2020년에나 마스크 착용에 대한 거부감은 눈을 제외한 얼굴의 거의 모든 부위를 가림으로써 나와 타자의 구별이 어려워졌다는 데서 나오는지도 모른다. 구별만이 아니라 차별까지도 가능케 한 시각적 다름을 일시적으로 차단하여 '우리'와 '그들'을 더 이상 분별할 수 없게 된다는 공포가 마스크를 둘러싼 논란을 뒷받침한다. 이는 수십 년간 유럽 전역에서 논쟁거리였던 전통 베일에 대한 거부감, 그리고 복잡한

---

* 이미 수년 전부터 온라인상에서 유행한 '카렌' 밈(meme)은 자신의 권리(백인의 특권)를 주장하며 서비스업에 종사하는 유색인종을 비난하거나 공격하는 중년의 백인 여성을 지칭한다. 요즘은 마스크를 벗으라고 소리치거나 마스크 착용을 거부하는 '카렌'의 변종, '코로나바이러스 카렌(Coronavirus Karen)'이 맹위를 떨치고 있다. 한편, '카렌' 밈이 인기를 얻으면서 정당한 이유로 목소리를 내는 여성들까지 침묵을 강요당하는 등, 성차별이 드러난다는 비판도 많다.

역사적·사회적 배경으로 인해 지금까지도 마스크 착용을 거부하는 흑인들의 현실과도 일맥상통한다.* 의사소통을 하고 서로를 이해하는 데 가장 중요한 신체 부위가 눈이라면, 눈이 보이는 이상 어떤 식으로 얼굴을 가리든 상관이 없을 테지만, 정작 '얼굴 가리개' 착용을 비판하는 데는 타자를 향한 이유 없는 공포와 배제가 숨겨져 있다.

마스크의 역습

마스크를 둘러싸고 갈등 양상이 드러난 것은 비단 미국 같은 다인종 국가에서만이 아니다. 한국에서는 오히려 마스크를 쓰라는 요구와 이로 인한 사회적 충돌이 분명하게 나타나고 있다. 그러나 천식 등 기관지 계통의 질병을 앓는 사람, 호흡이 이전만큼 쉽지 않게 된 노인, 마스크에 익숙지 않은 유아, 자폐 증세가 있는 사람들은 마스크 착용이 힘들어 사회활동을 중단하게 되는 상황까지 마주한다. 마스크 착용이 힘들다는 사실을 타인에게 일일이 설명할 수도 없거니와, 타인의 시선과 비난이 본인의 건강보다 더 중요하게 되어 버린 이상, 마스크는 이들이 정말로 주류 사회에서 배제된 '타자'임을 확인해 주는 도구와 다름없다. 공적 마스크 구매가 쉽지 않았던 외국인 거

---

* 흑인 남성은 마스크를 썼다는 이유만으로도 경찰에게 검문받을 확률이 높다. Usha Lee McFarling, "'Which Death Do They Choose?': Many Black Men Fear Wearing a Mask More Than the Coronavirus," *Stat*, 2020.6.03, https://www.statnews.com/2020/06/03/which-deamany-black-men-fear-wearing-mask-more-than-coronavirus/

주자나 미등록 이민자의 상황도 크게 다르지 않다. 마스크를 착용하여 '우리'를 보호하자는 논리는, 마스크를 벗고 누구인지 드러내 '우리'를 안심시키라는 논리만큼이나 사회에 내재한 각종 차이와 차별 앞에서 무력해진다. 마스크를 착용할 자유, 착용하지 않을 자유가 누구에게나 공평하게 주어지지는 않기 때문이다. 마스크를 쓰면 바이러스 전파를 막을 수 있다는, 겉보기에는 객관적이고 감정이 개입되지 않은 행위에도 여러 이해관계가 반영되어 있다. 1918년 인플루엔자 시기나 코로나19 시대에 하나의 사물이 논란거리로 부상할 때는 그 어느 때보다 취약 계층에 대한, 그리고 다름에 대한 존중이 필요하다는 진리를 염두에 두어야 할 것이다.

신지혜 | 경희대학교 HK+통합의료인문학연구단 HK연구교수. 연세대학교 인문학부에서 서양사학과 영어영문학을 공부했고, 미국 뉴저지 주립대학에서 역사학 박사 학위를 받았다. 주요 논문으로는 「미국 국경에서의 정신병」, 「20세기 초 엘리스 섬의 이민 아동과 질병」 등이 있다.

종교와 감염병

― 감염병에 대응하는 불교의 과거와 현재[*]

이은영

코로나19 방역 위기와 종교

2020년 1월만 해도 여름을 지나 현재까지 전 세계가 코로나19의 확산에 시달리고 있으리라고 예상한 사람은 거의 없었을 것이다. 그리고 그때만 해도 한국에서 종교가 방역에 이처럼 큰 영향을 미치리라고 예상한 사람도 거의 없었을 것이다. 그런데 2020년 11월 초인 현재까지도 한국을 비롯한 전 세계에서 코로나19 확산은 여전히 심각하게 진행 중이며, 한국의 경우 세 번의 방역 위기 중 두 건이 종교와 관련된 것이었다. 종교와 관련된 첫 번째 위기는 2월 중순 신흥종교인 신천지 모임에서 퍼지기 시작한 집단감염이

---

[*] 이 글은 제1차 경희대학교 HK+통합의료인문학연구단 국제학술대회(2020년 9월 25일)에서 발표한 내용을 바탕으로 했다.

고, 두 번째 위기는 8월 중순 개신교 교회인 사랑제일교회로부터 시작한 집 단감염이다. 상대적으로 방역에 협조적이었던, 그래서 감염 확산의 문제가 거의 발생하지 않았던 가톨릭과 불교는 비난을 피할 수 있었다. 그러나 전 세계가 감염병의 확산으로부터 오는 불안과 고통을 겪고 있는 현재, 인류의 마음을 달래고 고통을 해소하려 해 왔던 종교가 오히려 그 불안과 고통을 가중시킬 수 있다는 사실은 종교에 대한 불신과 혐오를 불러일으켰다. 혹은 과학이 발달한 21세기에 과연 종교가 여전히 필요한지 의문을 제기하는 종 교 무용론의 소리도 들린다.

그렇다면 감염병이 확산하고 있을 때 종교는 감염병에 어떻게 대처해야 하는가? 이에 답하기 위해 먼저 과거 베살리에 역병이 돌았을 때 고타마 붓 다가 어떻게 했는지, 그리고 현재 코로나19가 확산하는 상황에서 한국 불교 계가 어떻게 그것에 대응하고 있는지 살펴보자.

과거, 베살리 역병과 붓다의 대응

불교 문헌 『증일아함경增壹阿含經』 32권 역품力品, 『숫따니빠따Sutta-Nipāta』 와 그 주석서 『빠라마타조띠까Paramatthajotikā』 등에서는 베살리Vesāli 역병담 과 관련된 내용이 있다. 베살리는 현재 인도의 바이샬리 지역으로서, 고타 마 붓다가 생을 마치기 얼마 전에도 방문하고 그 아름다움을 찬탄했던 곳이 기도 하다. 그러나 한때 베살리는 심한 가뭄·기근·역병으로 많은 사람들이 죽고, 시체가 부패하는 악취에 악귀들이 몰려왔던 적이 있다. 문헌에 따라

[사진1] 현대 종교의 합리성은 종교가 답할 수 있는 것과 답할 수 없는 것의 구분에서 시작되어야 한다. 이 것이 팬데믹 사태 속에서 사회의 다른 구성원들과 조화롭게 소통하고 공존할 수 있는 방법이기도 하다. (출 처: https://unsplash.com/@jxk)

당시 마가다국의 왕이 누구였는지, 붓다의 행적이 구체적으로 어떠했는지에 대한 기술은 약간씩 다르다. 그러나 대체적인 내용은 다음과 같다.

붓다 생전 시, 아마도 붓다가 성도한 지 5년째 해라고 여겨지는 때에 릿차비족의 수도 베살리에 가뭄이 심했고 역병이 돌았다. 고통받던 베살리 시민들은 회의를 열어 당시 마가다국에 머물고 있던 붓다를 모셔 오기로 결정했다. 아마 그들은 붓다의 위력, 혹은 위로가 그들에게 역병과 고통을 이기는 힘을 주리라 기대했을 것이다. 베살리 사절단이 마가다국으로 가서 빔비사라왕_{혹은 문헌에 따라 당시 왕이 아자따사뚜르왕이었다고도 함}에게 붓다를 베살리로 초청하고 싶다는 의사를 밝히고 협조를 구했다. 마가다국에서 안거를 보낼 예정이었던 붓다는 사절단의 초대에 응했고, 빔비사라왕은 붓다가 안전하게 베살리까지 갈 수 있도록 도왔다. 붓다가 갠지스강을 건너자 폭우가 쏟아져 가뭄으로 쌓였던 먼지가 씻겨 나가고 초목이 되살아나고 시신과 오물이 씻겨 내려갔다. 또한 붓다가 갠지스강에서 베살리로 가는 삼 일 동안 비가 내려 베살리는 가뭄에서 벗어날 수 있었다고 한다. 베살리에 붓다가 도착하자 제석천이 권속을 데리고 마중 나와 있었고 악귀들이 물러나기 시작했다. 붓다는 제자 아난다에게 「보배경 Ratanasutta」을 가르쳐 주고, 릿차비족의 왕자와 함께 도시를 돌아다니며 이 경전을 사람들에게 들려주라고 했다. 그리고 자신의 발우를 넘겨주며 거기에 물을 담아 도시 곳곳에 뿌리라고 했다. 그러자 악귀들이 도시에서 물러나고 사람들은 질병과 고통에서 벗어났다. 릿차비족은 공회당에 모여 공물을 준비하고 붓다를 모셨는데, 모임에는 베살리 사람들과 제석천을 비롯한 천신들도 와 있었다. 붓다는 모여 있는 대중에게 「보배경」을 설했다. 「보배경」은 모든 비인간의 존재들을 향해 인간에게 자비를 베풀고 인간을 보호해 달라고 청하는 것으로 시작하며, 삼보佛法僧를 찬탄하고 이 삼보로 인해 모든 존재가 행복하기를 기원하는 내용으로 구성되어 있다.

이 역병담이 갖는 의미를 크게 세 가지로 나누어 볼 수 있다. 첫째, 베살리 역병담에는 감염병이 확산되는 곳에 자신의 수행 일정도 미루고 위험을 무릅쓰며 중생을 구제하기 위해 가는 붓다의 자비심과 자비행이 나타나 있다. 붓다는 마가다국에서 안거를 보내기로 왕과 약속한 상태였지만 도움을 청하는 베살리 사절단의 요청에 응해서 베살리로 떠난다. 개인적인 수행 계획이나 왕과의 약속보다도 사람들의 생명을 살리고 그들을 고통에서 구하는 것을 우선시하고 있는 것이다. 둘째, 붓다는 실질적인 청결과 위생 상태를 개선하는 물리적 방역 활동을 했다. 발우에 물을 담아 도시 곳곳에 뿌리는 행위는 오염물을 제거하여 위생 상태를 개선하는 행동으로 보인다. 갠지스강을 건너자 쏟아진 폭우에 도시의 시신과 오물이 제거되었다는 기술은 감염병 제거에 청결과 위생이 필요하다는 것을 불교가 인식하고 있다는 것을 보여준다. 단지 믿음과 기도만으로 감염병이 퇴치될 수 있는 것은 아니다. 셋째, 붓다는 「보배경」을 설하고 왕자와 제자들이 그것을 사람들에게 들려주게 함으로써 심리적 방역을 했다. 「보배경」은 감염병의 공포와 불안으로부터 사람들을 심리적으로 안정시키는 역할을 했을 것이다.

현재, 코로나19와 한국 불교계의 대응

2020년 현재 코로나19 팬데믹 사태에서 한국 불교계는 정부의 방역 정책에 적극적으로 협조하고 있다. 코로나19 확산 초기부터 불교계는 정부의 방역 지침에 따라 해인사·통도사·범어사 등 한국 대표 사찰의 산문을 폐쇄했고, 전국 모든 사찰이 초하루 법회 등 대중 행사를 전면 중단했다. 지난 3월 조계종 포교원은 개인 수행을 독려하며 사부대중 특별 기도정진을 독려했다. 이를 위해 〈코로나19 극복을 위한 기도정진〉 자료를 배포했고, 여기에 전통적으로 병고를 극복하기 위해 독송하는 「약사경」과 위에서 언급한 「보배경」을 실었다. 대면 만남을 자제시키고 손을 씻으며 염불 또는 진언을 외우는 손씻기 수행을 독려하고, 네이버 밴드SNS 등을 통해 각 사찰·기관·단체가 온라인으로 모여 기도정진하고 라이브 예불 방송에 동참하도록 했다. 가장 중요하고도 큰 불교 행사인 4월 30일 부처님오신날 봉축법요식도 한 달을 연기했다. 대신 4월 30일부터 5월 30일까지 한 달간 조계사를 비롯한 전국 1만 5천여 개 사찰은 코로나19 극복과 치유를 위한 기도정진을 진행했다. 5월 23~24일 서울 도심에서 열릴 예정이었던 불교계의 대규모 종교·문화 행사인 연등회도 불과 4일을 앞둔 5월 19일 취소했다. 이미 많은 준비를 한 상태였으며 매년 30여만 명이 참여하는 불교계 최대 축제를 취소한 것이다. 조계종 스님 5,000명은 정부의 긴급재난지원금을 모두 기부했고 3월 한 달여 동안 국립중앙의료원과 서울 지역 보건소 등 의료진과 방역 관계자들에게 사찰 음식 도시락을 배달했으며, 3월 23일부터 10월까지 20여 개 사찰에서 코로나19에 대응한 의료진과 공무원들을 위한 템플스테이를 진행했다.

이처럼 불교계가 방역 당국과 충돌하기보다는 적극 협조하고 또 일치단결하는 모습을 보일 수 있는 것은 한국 불교가 여러 종파로 이루어지긴 했으나 조계종이 다수이고 그 외의 종파도 한국불교종단협의회에서 대응 지침을 결정하면 일치단결해서 그것을 시행하는 구조로 되어 있기 때문이다. 9월 1일에도 불교종단협의회는 '국민의 생명과 안전을 우선하고 정부의 사회적 거리두기에 적극 동참하고자' 9월 3일부터 9월 16일까지 2주간 전국 사찰의 법회 등 모든 대면 집합 행사를 중단하기로 결정하고 전국 사찰에 지침을 전달했다. 이러한 불교계의 대응은 전통적으로 국가적 위기에 적극적으로 나서 국가와 중생을 지키고자 했던 한국 불교의 호국불교적 성격도 작용한 것으로 보인다. 불교 최대 행사인 부처님오신날과 연등회까지 과감하게 연기, 취소한 것은 베살리 역병담에서 붓다가 안거 계획을 취소하고 베살리인들의 구제에 나섰던 것을 연상시킨다. 불교는 예전부터 개인적, 집단적 종교 수행 계획을 준수하는 것보다 중생의 생명과 안전을 우선시하고 그들을 고통으로부터 벗어나게 하려는 자비심에 따라 행동하는 모습을 보여 왔다. 또한 불교의 대응에서 중생과 함께하고 그들을 구제하는 것이야말로 안거보다도 더 진정한 불교 수행이라는 인식이 보인다.

불교계는 손씻기를 수행과 연결시켜 독려하는 등 방역 당국이 감염병을 예방하고 확산을 방지하기 위해 제시하는 지침을 신뢰하고, 그것을 신도들에게 효과적으로 전달하는 역할도 하고 있다. 이미 베살리 역병담에서 때마침 내린 폭우와 도시 곳곳에 물을 뿌리는 행위가 감염병 진정에 도움이 된다고 보았다. 현대의 보건의료적 관점에서 보아도 청결과 위생의 유지는 방역의 기본이다. 물리적인 질병이 신비적인 힘이나 기도만으로 제거될 수는 없다. 고대의 붓다와 현재의 불교계는 감염병을 진정시키는 데 물리적인 방역의 필요성을 인정하고 방역 활동에 협조하고 있다. 또한 정부의 방역에 간섭하지 않고 의료진을 위해 도시락을 배달하고 템플스테이를 진행하는 등 방역 일선의 의료진과 공무원을 돕는 역할을 하고 있다.

마지막으로 불교계의 대응은 심리적 방역에도 집중하고 있다. 심리적 불안과 우울을 겪는 신도들을 위해 「약사경」, 「보배경」을 유포하고 고통받는 모든 이들을 위해 기도정진에 동참하기를 독려하고 있다. SNS와 온라인 예불을 활용하여 직접 모이거나 대면하지는 않아도 종교인과 신도, 또 신도 간의 심리적 유대와 지원이 이어지도록 하고 있다. 베살리 역병담에서도 붓다는 아난다에게 「보배경」을 가르쳐 주고, 도시를 돌아다니며 그것을 베살리 사람들에게 들려주라고 시켰다. 감염병이 진정된 후 직접 대중을 모아 놓고 「보배경」을 설하기도 했다. 붓다의 행적에서 보였던 심리적 방역 활동을 현대의 한국 불교도 물려받아 행하고 있다 할 수 있다.

종교는 감염병에 어떻게 대응해야 하는가?

2020년 한국에서 종교는 예상치 못하게 방역 성패를 좌우하는 요소로 작용하고 있다. 그렇다면 종교는 감염병에 어떻게 대응해야 하는가? 물론 각 종교가 지니는 특수성이 있기에 함부로 일반화해서 단언해서는 안 될 것이다. 그렇지만 종교는, 종교로 인해 팬데믹 사태 속에서 위안도 받지만 불안하기도 한 사람들을 위해 답을 모색할 책임이 있다. 따라서 여기에서는 불교의 감염병 대응을 살펴본 결과로서의 답을 제시해 보겠다.

먼저 종교는 물리적 방역과 심리적 방역을 구분하고, 전자에 대해서는 보건의료 전문가에게 그 주도적인 역할을 맡기고 그들의 지시에 따르고 협조해야 한다. 코로나19 예방과 확산 방지를 위한 단계별 사회적 거리두기 시행, 예방을 위한 위생 수칙, 진단, 치료는 보건의료 전문가로 구성된 방역 당국이 판단하고 결정해야 할 사항이다. 종교는 이에 간섭하거나 방해하지 말고 정부의 방역 지침을 준수하고 신도들이 이에 잘 따르도록 독려해야 한다. 의료진 지원과 자원봉사 등 물리적 방역을 돕는 역할을 통해 사회와 사람들의 생명과 건강을 지켜야 한다.

그러나 후자인 심리적 방역에 대해서는 종교가 적극적으로 나설 필요가 있다. 베살리의 붓다는 불교 신자인지 여부를 따지지 않고 모든 이들의 행복을 기원했으며 도시 곳곳을 다니며 고통받는 모든 이들에게 행복을 기원하는 경전을 들려주라고 했다. 불교계는 위에서 살펴본 것처럼 심리적 방역 활동을 하고 있긴 하다. 그러나 종교 본연의 역할이라고 할 수 있는 심리적 방역 활동이 사회 전 구성원이 체감할 수 있을 정도로 체계적이고 효과적으로 이루어지는 것으로 보이지는 않는다. 코로나19 바이러스는 종교인과 비종교인, 불교·가톨릭·개신교 신자를 가리지 않는다. 종교는 전도나 포교의 목적을 떠나서 필요하다면 종교적 색채를 중화시켜서라도 코로나19로 불안, 우울 등의 고통을 겪는 모든 사람들이 평정심을 지킬 수 있도록 심리적 방역에 더욱 적극 나서야 한다. 이 점에서 다소 늦은 감이 있지만 10월 10일 비대면 오프라인으로 동국대학교에서 행사를 실시하고 유튜브 채널로도 중계한 〈2020 명상, 서울 ON〉 행사는 종교가 물리적 방역과 심리적 방역에 모두 충실한 사례로 꼽을 수 있겠다. 이 행사는 승려의 강연이나 불교 명상 등 불교 관련 콘텐츠가 다수 있음에도 불구하고 '불교'를 내세우지 않고 코로나19로 인한 불안과 고통을 위로하고 나와 타인을 돌보려는 목적에 충실했다.

두 번째 화살을 맞지 마라

불교에서는 "두 번째 화살을 맞지 마라."라고 한다. 우리가 살아가면서 겪는 질병과 상처, 실패 등은 첫 번째 화살이다. 코로나19 바이러스는 인류가 맞은 첫 번째 화살이다. 첫 번째 화살을 뽑는 것은 감염병 전문가, 방역 전문가의 역할이다. 첫 번째 화살에 관한 한 종교는 이들의 지시에 따르고, 이들을 돕는 보조적인 역할에 그쳐야 한다. 21세기에 감염병의 발생 원인을 신이 인간을 벌하는 것으로, 악귀가 발동한 것으로 설명할 수는 없다. 과학과 의학이 발달하기 전, 원인을 알 수 없었던 감염병에 대한 종교적 설명을 현대에도 고집하는 것은 비합리적인 태도이다. 물론 이러한 설명도 종교적, 심리적 의미를 지니는 것으로 재해석되어 받아들여질 수는 있다. 그러나 여전히 문자 그대로 고집할 때 종교는 사회에서 외면받게 될 것이며, 나아가 신도들에게 잘못된 정보를 제공하고 잘못된 대응을 유도함으로써 사회를 위험에 빠뜨릴 수 있다. 현대 종교의 합리성은 종교가 답할 수 있는 것과 답할 수 없는 것의 구분에서 시작되어야 한다. 이것이 팬데믹 사태 속에서 사회의 다른 구성원들과 조화롭게 소통하고 공존할 수 있는 방법이기도 하다.

두 번째 화살은 첫 번째 화살로 인해 일어나는 비탄과 불안, 스트레스, 우울 등이다. 두 번째 화살을 뽑는 것이야말로 종교의 역할이다. 결국 우리가 코로나19와 싸우는 것은 그로 인한 고통을 막기 위한 것이다. 신체적으로 건강하다 해도 심리적으로 건강하지 않고 고통스럽다면 이 또한 방역에 성공했다 할 수 없다. 게다가 심리적 방역이 붕괴되면 물리적 방역까지 위험해진다. 팬데믹 사태가 길어지면서 보건의료 분야에서도 심리적 방역의 필요성이 강하게 제기되기도 한다. 현재 한국에서 가톨릭과 불교는 정부의 물리적 방역에 적극 협조함으로써, 즉 가능한 한 모이는 활동을 '멈춤'으로써 감염병 확산을 저지하는 데 기여했다. 이에 더하여 불안과 두려움, 분노와 우울로 고통받는 사람들을 치유하는 부분에 대해서는 종교가 더욱 적극적으로 '움직임'을 보일 필요가 있다. 대한신경정신의학회에서 발간한 〈코로나19 심리방역을 위한 마음건강지침〉은 "첫 번째 화살은 어쩔 수 없지만 두 번째 화살을 피해야 합니다."라는 문구로 시작한다. 정신의학적 접근에서도 불교를 비롯한 종교가 심리적 방역에 도움이 되는 내용을 제공할 수 있다는 것을 보여준다.

답할 수 있는 것과 답할 수 없는 것을 구분하고, 멈추어야 하는 영역에서 멈추고 움직여야 하는 영역에서 움직이는 것, 이를 통해 종교는 사회의 전 구성원과 조화롭게 공존할 수 있을 것이다. 또한 과학과 의학이 발달한 21세기에도 여전히 감염병 확산으로 고통받는 모든 살아 있는 존재들을 위로하고 도울 수 있을 것이다.

신들과 인간들에게 섬김을 받는 이렇게 오신 님, 부처님佛께 예경하오니,
여기에 모인 존재들이여, 땅에 있는 존재이건 공중에 있는 존재이건 모두 행복하여지이다.

신들과 인간들에게 섬김을 받는 이렇게 오신 님, 가르침法에 예경하오니,
여기에 모인 존재들이여, 땅에 있는 존재이건 공중에 있는 존재이건 모두 행복하여지이다.

신들과 인간들에게 섬김을 받는 이렇게 오신 님, 상가僧에 예경하오니,
여기에 모인 존재들이여, 땅에 있는 존재이건 공중에 있는 존재이건 모두 행복하여지이다.

- 『숫타니파타』, 「보배경」 중 전재성 번역

코로나19시대, 오래전 역병이 지나갔던 서울의 옛길을 걷다

김양진

길을 나서며

한 해 내내 코로나19 바이러스가 전 세계를 휩쓸고 있다. 사회적 거리두기가 일상화되고 마스크 없이는 길을 걸을 수 없는 시대가 계속되고 있다. 뉴스에서는 날마다 '오늘의 확진자 수'와 '오늘의 사망자 수'가 발표되고 사망자에게 조의를 표하는 일들이 반복되면서 전염병의 무서움을 새삼 되새기게 되는 요즈음이다.

집 안에만 머무는 일상의 답답함도 풀어 버릴 겸 지난 시대 우리 선조들은 근원을 알 수 없는 전염병을 만났을 때 어떻게 해 왔는지를 되짚어 보며 조선 초기부터 서울 지역의 전염병 환자들을 무료로 치료해 주던 활인서 터와 대한제국 시대의 전염병 치료 현장인 시약소 터들을 찾아 서울 길을 나선다.

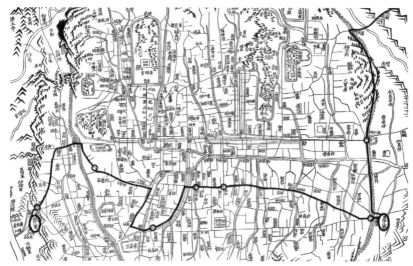

[사진1] 〈首善全圖〉(1840년대, 김정호) 상의 동서활인서(출처: 국립중앙박물관)

서활인서 터를 찾아서

아현역에서 아현중학교 담벼락을 따라 마포 쪽으로 내려가다 보면 아현 중학교 정문 앞 왼쪽으로 자그마한 표지석이 놓여 있다. 조선 초, 한양으로 도읍을 이전하고 얼마 되지 않아, 도성의 서남쪽인 서소문 밖 애오개 근처 와 도성의 동북쪽인 동소문지금의 혜화문 밖 인근에 가난한 전염병 환자들을 국 비로 치료해 주는 무료 의료기관인 서활인서와 동활인서를 설치하였는데, 서활인서 처음 이름은 '서활인원'이다.가 있던 자리가 바로 여기다.

지금은 이 주변으로 아파트며 고층 빌딩들이 즐비해 있지만 이 표석이 놓 인 애오개 언덕 밑으로 병막이 줄지어 설치되어 있었는데, 앞쪽으로 인근

청파역원靑坡驛院*에서 관리하던 밭이 펼쳐져 있고 허허벌판에 나무 그늘 하나 없는 열악한 장소였던 모양이다.

> 서활인원西活人院 병막病幕 사방에 수목의 그늘이 없어 더운 때에 병자가 모이면 열기가 이글이글 찌는데, 서늘한 곳이 없으니 그 괴로움이 더욱 심합니다. 원컨대, 원院에 속한 전지田地를 병막 앞에 있는 청파역전靑坡驛田과 바꾸어서 땅을 개척하고 나무를 심어 병인이 회복하고 휴식할 곳으로 삼으소서. 〈『태종실록』 32권, 태종 16년1416년 12월 2일을 기미 5번째 기사〉

허허벌판에 덩그러니 놓인 병막에서 뙤약볕에 이중으로 시달리는 전염병 환자들을 안타깝게 여긴 관리들과 임금에 의해 이 지역의 앞쪽 땅을 수용해서 나무를 심어 숲을 만들고 그 숲을 피양처 삼아 전염병을 관리하게 하였다는 이 기록을 통해 600년 전, 전염병에 시달리는 백성을 위한 당시 정부의 고심의 일단을 미루어 짐작해 볼 수 있다.

세종 대의 기록에서도 전염병으로 신음하고 있는 백성들에 대해 세심하고 엄하게 관리해 왔던 흔적을 찾아볼 수 있다.

> 정사년에 주린 백성으로 서울 도성에 몰려들어 사는 자를 한 곳 한 곳에 모아

---

* 청파역원은 서울에서 삼남으로 내려가는 출발점 같은 곳으로 지금의 남영동 굴레방다리 근처, 청파동에 자리하고 있었다.

서 구제하였더니, 주린 자들이 대부분 배불리 먹어 거의 살아났으나, 여름이 되매 병에 걸리고 곧 서로 전염되어 마침내 사망한 자가 자못 많았다. 이제 만약 주린 백성을 한 곳 한 곳에 모두 모이게 한다면 폐단이 도로 전과 같을까 참으로 염려되니, … 나누어 맡아서 의료醫療하는 방책을 소홀하게 하지 말도록 하라. 만일 한 사람이라도 죽게 되면 죄주고 용서하지 않겠다. 〈『세종실록』 103권, 세종 26년1444년 3월 16일을 병인 4번째 기사〉

특히 임진왜란, 병자호란 등의 큰 국가적 재난을 거친 16, 17세기 이후 전염병은 풍토병과 외래의 괴질 등이 섞이면서 일반 백성들을 더욱 괴롭혔다.

인조 연간인 1647년에는 전국에 돌림병이 크게 성하여서 활인서에 있는 전염병자의 수가 항상 수백 인을 밑돌지 않았다는 기록이 있고, 현종 대에는 5~6년을 주기로 큰 전염병이 반복해서 나타나 사스2003, 메르스2015, 코로나192020와 같은 신종 전염병의 유행을 주기적으로 겪고 있는 요즈음의 상황과 비교되기도 한다.

현종이 즉위한 이듬해1661에는 때 이른 봄 가뭄에, 음력 2월 21일부터 상평청에서 굶주린 이들 3천여 명에게 죽粥을 쑤어 먹이고, 한양서울의 사족 부녀와 동서 10리 안의 양반 6백 명에게는 모두 양미糧米를 지급하였으며, 동·서 활인서의 전염병에 걸린 470여 명에게도 구량口糧을 지급하였다가 음력 5월 29일에 이르러 구휼미 지급을 그쳤다는 기록이 있다.

그로부터 수년 뒤인 1667년 음력 윤4월 23일에는 이때 염병染病이 크게 번져서, "한양서울 백성들 중 성 밖에 나가 장막을 친 자와 동·서 활인서에 수용된 자들이 거의 수천 명에 이르렀으며, 관동과 관서에서 유리걸식하는 백성들이 뒤를 이어 모여들었는데, 오부五部로 하여금 그 실제 숫자를 파악하여 각각 양식거리를 지급하게 했다."라고 기록되어 있어서 당시의 전염병이 해가 갈수록 심각해졌다는 것을 알 수 있다.

4년 뒤인 1671년현종 12에는 전염병이 더 심해져서 음력 5월 11일에 비변사에서 올린 보고서에는 차마 눈 뜨고 볼 수 없는 참상이 심화되고 있었음을 말해 준다.

"본사의 낭청을 나누어 보내어 동서도東西道, 경기도 동서부의 병이 든 사람을 적간摘奸하게 하였더니, 두 활인서活人署를 합하여 1천여 인이었고 사막私幕에 있는 자가 또 7,860여 인이었는데 다 진휼청의 쌀로 마른 양식을 계산하여 주었습니다만, 바야흐로 막에서 나간 자가 얼마나 되는지 모르니 죽은 자가 많다는 것을 이것으로 미루어 알 만합니다."라고 하였고, 같은 달 20일에는 "이때 내간內間의 궁인宮人 중에서 의심스러운 병 때문에 질병가疾病家에 내보냈던 자가 잇따라 죽었고, 도성의 사대부로서 전후 죽은 자도 수가 많았으며, 심지어는 온 집안이 모두 전염되어 열 사람 가운데에서 한 사람도 낫지 않았다. 동·서 활인서東西活人署와 각처의 사막私幕에서 병을 앓다가 죽은 자와 길에 쓰러진 주검이 얼마나 되는지 알 수 없었다. 그래서 각부各部에서 죄다 묻지 못하고 구덩이에 가져다 두는데 동서교東西郊 10리 안에 쌓인 주검이 언덕을 이루고 빗물이 도랑에서 넘칠 때에는 주검이 떠서 잇따라 내려갔다. <u>도성에서 이처럼 사람이 죽는 참상은 예전에 없던 것이다.</u>"〈『현종실록』 19권, 현종 12년 같은 해 1671, 현종 12 음력 6월 3일 자 기록에는 "동·서 활인서에서 관할하는 대상과 동서 성 밖 사막私幕의 병자들이 어른 아이 합하여 1만 9,528명이었다."라고 적혀 있는데, 조선 후기 한양즉 서울의 인구가 20만 명이 채 안 되던 시절에 환자가 약 2만 명이었다니 서울 시민 10명 중 1명이 전염병 환자였던 셈이다.

앞선 기록에서처럼 이 전염병은 궁중의 나인들이나 도성의 사대부들을 가리지 않고 퍼져 나갔고, 한 집안 10명 중 1명도 살아나지 못하는 경우도 있었으며, 동·서 활인서를 중심으로 10리 안에 쌓인 주검이 언덕을 이루고 큰비가 내리면 시신이 도랑을 따라 흘러가는 상황이어서, 코로나19로 깊은 한숨에 빠져 있는 오늘날의 입장에서 볼 때에도 그 비참함이란 그 무엇에 비할 바가 아니었다.

특히 1820년대에 발발하기 시작한 호열자, 즉 콜레라는 당시 사람들에게 오늘날의 코로나19보다 더한 심각한 공포감을 심어 주었다. 요즘은 '호열자'라고 하면 모르는 사람도 있겠지만 1980년대까지도 콜레라는 천연두와 함께 우리네 서민들의 온몸을 떨리게 하는 무서운 질병의 하나였다. 본래 인도의 풍토병이었던 이 병은, 1817년에 인도에 주둔한 영국 병사 5천여 명을 죽이고 본격적으로 전 세계를 휩쓸었다. 이후 중국을 거쳐 1821년에 조선에까지 전해진 이 질병은 그야말로 해를 걸러 가며 사람들을 괴롭혔다. 이름도 모르는 이 괴질에 사람들은 '토사곽란'이라는 이름 아닌 이름을 붙여 겁

내 왔지만 이곳 서활인서 등의 병막에 환자들을 가두어 두는 거리두기의 방식 말고는 다른 대안을 찾지 못해 오랫동안 속수무책으로 지내왔던 것이다. 다행히 근대 개항기 이후 서구의 의학이 소개되면서 이들 전염병은 빠른 속도로 사라졌지만 그 출발이 처음부터 순탄했던 것은 아니다.

북아현동 아현감리교회 시병원 부설 애오개 시약소 자리에 올라

근대에 들어와서 콜레라와 같은 전염병을 극복해 나가는 데는 서구 의학의 유입이 큰 역할을 했다. 그 주요한 흔적인 아현감리교회가 서활인서 터에서 올려다보이는 북아현동 언덕 위쪽에 자리 잡고 있다.

조선 시대 빈민들이 모여 살던 북아현동 일대에는 늘 수많은 환자들이 대기하고 있었다. 아현동阿峴洞의 '아현'은 '애오개아이고개'라는 우리말을 한자로 음차-훈차한 것이다. 본래 아현동에서 신촌으로 넘어가는 큰 고개를 '큰 고개' 또는 '대현大峴동고개'라 하고 아현은 그보다 작은 고개라는 뜻에서 '애오개아이고개'라 한 것인데 훗날 이곳에 어려서 죽은 아이들의 무덤을 많이 썼기 때문에 '아이들 무덤이 많은 고개'라서 이름 붙여진 것으로 알려지기도 했다. 이래저래 이곳은 가난하고 어리고 힘없고 불쌍한 사람들이 병들어 찾아오는 곳이어서 어찌 보면 참담한 비극 속의 마지막 희망처 같은 곳이라고 할 수 있겠다.

아현 삼거리 언덕 위쪽으로 길을 건너 카페 마리를 바라보며 왼쪽으로 꺾어지면 아현감리교회로 들어가는 오르막이 있고 그 오르막으로 들어서면

'신실한 사람들'이 새겨진 교회 설립 120주년 기념석이 있다. 건물 계단을 돌아 오르면 130년 넘는 역사를 지닌 아현감리교회의 신축 건물이 나온다.

1817년 인도에서 시작해서 중국을 거쳐 1821년에 조선에 들어온 콜레라는 해가 멀다 하고 발병해서 조선 시대 사람들을 괴롭혔다. 특히 1886년 6월에 부산 지방에서부터 콜레라가 돌기 시작해서 7월에는 서울에서 극성을 부렸고 멀리 함경도에 이르도록 가을 내내 환자가 수십만 명이나 생겼다. 1886년 7월 15일부터 9월 1일까지 서울 지역의 사망자는 총 7,092명이었는데, 이 중에서 콜레라로 인한 사망자만 약 6,500명으로 추정된다고 하니 얼마나 심각한 전염병이었는지 미루어 짐작할 수 있다.

이런 상황에 마침 미국에서 의사 면허를 받고 선교 사업을 목적으로 당시 조선에 들어온 이가 윌리엄 스크랜턴William B. Scranton, 1856-1922 박사다. 스크랜턴 박사는 그 어머니 메리 스크랜턴Mary F. Scranton, 1832-1909 여사와 함께 조선에 들어왔는데 사실 스크랜턴 박사의 조선 선교 사역은 어머니인 메리 스크랜턴 여사의 뜻이 컸다 한다. 메리 스크랜턴 여사는 조선이 갑오개혁의 실패로 어수선하던 1885년 일본을 거쳐 조선에 들어왔는데 처음에는 정동 지역 외국인 구역의 한옥집에 자리를 잡고 의료를 시작하였다.

한국 이름 '시란돈'으로 불리던 윌리엄 스크랜턴 박사는 1886년 6월 현재 정동제일교회 자리에 '미국인 의사 시약소美國人醫師施藥所'라는 간판을 걸고 진료를 시작했다. 콜레라가 한창이던 이 무렵 정동에 자리 잡은 '미국인 의사 시약소'에 처음에는 환자가 없었지만 점차 수많은 콜레라 환자들로 가득 차게 되었다.

이 무렵 스크랜턴 여사는 좀 더 많은 환자를 치료하기 위해 1888년에 이곳 북아현동 언덕의 한옥집 한 채를 빌려 애오개 시약소施藥所를 열고 가난한 행려병자들을 위시한 숱한 빈민들에게 무료로 치료를 제공했다. 이후 스크랜턴 여사는 정동에 여성 전문 병원인 '보구녀관널리 여성을 구하는 병원, 즉 여성 전용 병원이라는 뜻'을 세우고 남대문 시약소와 동대문 시약소지금의 이화여자대학교의료원의 전신 등을 열어 여사가 1907년 한국을 떠날 때까지 30년 넘게 조선의 가난한 병자들을 치료하는 데 헌신하였다.

여사가 세운 애오개 시약소즉 아현 시약소는 지금 바로 이곳의 아현감리교회가 되어 130년 넘게 기독교인들의 선한 사마리아 정신을 이어 가고 있고 뒤에 찾아볼 남대문 시약소는 남대문 상동교회의 전신인 남대문교회가 되었으며 보구녀관을 흡수한 동대문 시약소는 동대문교회와 이화여대병원으로 오랫동안 존속하다가 2014년 한양 성곽을 복원하면서 동대문교회는 광교 신도시로, 이화여대병원은 목동으로 이주하여 지금에 이른다.

정동 보구녀관과 시병원 터현 정동교회 앞을 거쳐

1882년 2월, 한미수호조약이 체결되어 미국 공사 푸트가 정동 10번지에 공사관을 마련한 이후 덕수궁을 끼고 영국, 러시아, 독일, 프랑스 공사관들이 이곳에 자리를 잡게 되면서 정동은 자연스럽게 외국인들의 '치외법권' 지역이 되었다. 그래서 우리나라에 들어온 대부분의 개신교 선교사들도 자연스럽게 자신의 신변을 보호받을 수 있는 정동 주변에 집을 마련하고서 사역을 시작하였고 결과적으로 정동은 '문화의 이방인 지역'이 되었다. 치외법권 지역이라 성역으로 구별되는 곳, 문화의 이방인 지역인 정동에서 본격적인 개신교 선교와 근대적 의료 행위가 시작되었다.

앞서 소개한 스크랜턴 박사와 그 어머니 스크랜턴 여사도 북미 감리교회의 선교사로, 1885년 5월 1일, 조선에 들어오면서 바로 이곳에 자리를 잡았다. 의사였던 윌리엄 스크랜턴이 이곳에서 처음 시작한 일은 자기 집에서 가난한 사람들을 무료로 치료해 주는 것이었다. 후에 고종이 사액현판을 내렸는데 그 이름이 '시병원施病院'이었다. 기록에 따르면 시병원은 지금의 정동제일교회 문화재예배당 자리에 있었다.

스크랜턴 박사가 자신이 거주하던 집 한편을 열어 진료를 시작했지만 이방인에게 경계심이 많았던 조선 사람들이 처음에는 이곳을 찾지 않았다. 한양에 콜레라가 창궐하던 1886년 7월의 어느 날 스크랜턴 박사는 돈의문서대문 바깥의 담벽 길을 걷던 중 담벽에 버려져 있던 전염병 환자 모녀를 보게 된다. 환자의 남편이자 아버지가 그들을 거기에 버리고 거적을 덮고 가 버렸던 것이다. 그날 밤 갑작스러운 아주 큰 추위가 덮치자 스크랜턴 박사와 그 어머니 스크랜턴 여사는 막노동꾼을 불러 그 모녀를 병원으로 데려왔다. 모녀는 하루가 다르게 건강을 되찾아 3주 후부터 아이 어머니는 스크랜턴 박사가 세운 시약소에서 허드렛일을 돕게 되었고 아이는 스크랜턴 여사가 세운 이화학당에서 서구식 교육을 받게 되었다.

이러한 이야기가 당시 모녀를 병원에 데려온 일꾼 등에 의해 입소문이 나면서 전염병 환자들이 하나둘 스크랜턴의 집을 찾게 되었고 당시 스크랜턴 박사의 조선어 선생이 한문과 한글로 한쪽 기둥에 '미국인 의사 시약소 American Doctor's Dispensary'라 적은 것을 걸고 다른 기둥에 '남녀노소 누구든지 어떤 병에 걸렸든지 아무 날이나 열 시에 빈 병을 가지고 와서 미국 의사를 만나시오'라고 써 붙이는 등의 알림이 이어지면서 환자 수천 명을 살리게 되었던 것이다.

남대문 시약소 터^{현 상동교회}를 찾아

스크랜턴 여사가 서울 전역의 전염병 환자를 치료하기 위해 정동 시병원을 중심으로 서쪽^{애오개 시약소}, 남쪽^{남대문 시약소}, 동쪽^{동대문 시약소}에 시약소를 설치하였는데, 이 중 남대문 시약소를 설치한 곳이 남대문시장에서 새로나백화점으로 이어지는 곳에 있는 상동교회이다. 스크랜턴 여사는 남대문 시약소를 중심으로 숱한 환자들을 치료하는 한편 예배당을 열어 이곳에서 감리교의 교리를 전파하였는데 기실 기독교 교리 이외의 서구적 근대 교육을 실시했던 곳이기도 하다. 이곳 상동교회에서 주시경 선생의 한글 강좌도 오랫동안 이루어졌는데 주시경의 어린 시절 절친 전덕기 목사가 스크랜턴의 시병원 사환으로 일했던 인연의 결과였다.

상동교회 부설 상동청년학원이 설립된 초창기부터 주시경은 국어 교사로서 정성껏 봉직하였다. 주시경은 '주보따리'라는 별명이 붙을 만큼 동분서주하며 황해도 재령 등 지방에서 열린 하기 조선어강습회에 열정적으로 참여하는 등 한글 보급 운동에 혼신을 다했다. 상동청년학원에서 1907년 이래 매년 교사를 대상으로 개설한 하기 국어강습소^{조선어강습원의 전신}를 열어 6기에 걸쳐 매회 졸업생을 25~35명씩 배출하였다.

주시경 선생은 국어의 흥망성쇠가 나라의 명운을 좌우할 수 있다고 생각하였다. 따라서 민족의 얼과 민족정신이 그 나라의 언어에 있다는 것을 자각하고 빼앗긴 조국을 되찾기 위해서 우리의 언어인 한글을 보존하고 널리 보급하는 활동을 전개했다. 주시경 선생은 밤에도 상동청년학원 부설 '국어 야학반'을 맡아 문법을 가르치고 우리말을 보급하는 데 밤낮을 가리지 않고 활동했다. '국어 야학반'은 무려 2년 동안 지속되면서 많은 노동 청년들에게 우리말의 중요성을 각인시켰다. 상동교회 교인과 일반 대중에게도 국어 문법 강습회를 선보였는데 매주 일요일 오후 2시에 '국어문법 강습회'를 개최하여 국어교육의 중요성과 말과 글이 그 민족의 정신을 담고 있다는 것을 애써 강조하였다.

한편 전덕기 목사의 애국 활동도 이곳 상동교회를 중심으로 이루어졌다. 특히 1907년 세계평화회의^{만국평화회의는 일본식 표현}가 네덜란드 헤이그에서 열린다는 소식을 접한 우국지사들은 상동교회 지하실에서 헤이그 특사^{밀사는 일본식 표현} 파견을 주도했다. 전덕기 목사를 중심으로 이상설·이회영·이동녕·이준 열사 등이 매주 목요일 7시에 회합을 했고, 바로 이곳 상동교회 지하실에서 창립된 근대 애국계몽운동 단체인 신민회가 상동청년회와 상동청년학원의 인맥인 '상동파'를 핵심적인 모체로 하여 탄생하였다.

이와 같이 근대 서구 의학의 유입과 함께 이루어진 서울 남서부 지역의 전염병 극복 과정에는 스크랜턴 여사와 스크랜턴 박사가 주도한 헌신적인

치료와 봉사하는 삶이 녹아 있으며 이러한 헌신과 봉사의 삶을 자양분으로
하여 우리의 근대적 애국계몽운동과 국어 수호 운동이 전개되었다는 점에
도 주목할 필요가 있다.

구리개 제중원 터^{을지로 2가}와 혜민서 터를 지나

남대문시장 상동교회에서 을지로 쪽으로 넘어오면 근대식 의료 체계가
본격적으로 가동된 제중원과 조선 초부터 서민 의료를 전담해 온 혜민서의
터가 나온다.

조선에 본격적으로 근대적 의료 체제와 간호 시스템이 도입된 건 1876년
병자수호조약 이후부터다. 이때부터 부산 지역에서 종두법을 익혀 활동하
던 지석영을 비롯해 선교의宣敎醫 알렌 등을 통해 현대까지 이어지는 보건의
료가 전개됐으며, 1884년 갑신정변 당시 알렌이 부상당한 금위대장 민영익
을 치료한 일이 고종에게 알려지면서 서양식 병원의 설립 필요성이 대두되
었다. 이에 1885년 2월 29일, 알렌의 건의를 고종이 받아들이면서, 같은 해 4
월 10일에 왕립 병원이자 국내 최초의 근대적 서양 의료기관인 '광혜원廣惠
院'이 재동이 설치되며 국내에 근대적 의료와 간호 체계가 본격적으로 자리
잡았다. 광혜원은 개원 12일 만인 3월 12일 통리교섭통상사무아문의 계에
따라 이름을 '제중원'으로 바꾸었는데 제중원을 찾는 환자 수와 업무량이
많아지자, 이듬해인 1887년에 을지로 구리개^{지금의 을지로 입구 한국외환은행 본점} 앞
으로 옮겨졌다.

을지로 구리개에 자리 잡은 제중원의 특별한 점은 외국인 선교사가 한국인들에게 의료 서비스를 제공했다는 것이다. 알렌 이외에 언더우드·스크랜턴·헤론 등의 남성 선교사들이 환자들을 돌봐 주었고, 한국인의 문화에 맞추어 여성을 진료하기 위해 여성 선교사 엘러스 벙커 부인Anne Ellers Bunker, 1860-1938·호튼 언더우드 부인Lilias Horton Underwood, 1851-1921이 서구적 근대 의료 서비스를 통해 1880년대 후반 이래 서울 지역의 전염병 구제에 헌신하였다.

구리개는 해질녘이면 멀리 서대문 방향에서 비추는 석양빛을 받아 얕은 언덕이 황금빛을 띠게 된 데서 붙여진 이름인데, 일제시대를 거치며 도로를 확장하면서 언덕이 다 깎이어 황금빛 흔적을 찾아볼 수 없고 '구리개' 즉 동현洞峴이라는 이름도 일제시대에 '황금정黃金町'이 되었다가 을지로로 바뀐 이래 그 생명을 다했지만 이 지역이 금융의 중심지가 되면서 또 다른 개념에서 그 이름값이 남겨져 있다. 을지로입구역 4번 출구에서 을지로 3가역쪽으로 올라가다 보면 조선 시대 서민 의료를 전담한 혜민서 터가 을지로2가 사거리 신한생명 앞에 자리하고 있다. 을지로 3가역으로 조금 더 올라가면 골목길 쪽으로 혜민당과 커피한약방이라는 이름의 카페가 근대적 분위기를 내며 조선 시대 서민 의료 현장에 남겨진 옛 정취를 자아내기도 한다.

시구문屍軀門인 광희문을 돌아 동활인서 터로

을지로를 거쳐 동대문운동장 못미처 광희문 쪽으로 방향을 틀어 보자. 태조 5년1396 한성이 설치될 당시부터 광희문은 이른바 수구문水口門으로 불렸다. 남산에서 흘러 내려오는 물줄기가 이곳 부근으로 빠져나갔기 때문에 붙여진 이름이다. 지금의 버티고개 인근에 있던 남소문南小門이 험한 산세 때문에 제 역할을 못 하게 되면서 수구문은 한동안 남소문이라는 속칭으로 불리다가 숙종 때에 이르러 이곳에 성을 새로 축성하면서 광희문光熙門이라는 이름을 얻게 되었다.

한편 광희문은 서소문 즉 소덕문훗날 소의문으로 바뀜과 함께 시구문屍軀門으로도 불리었다. 조선 시대를 통틀어 도성 안에서 생긴 시신들은 이 문을 통해 성 밖으로 내보내졌다. 왜란과 호란 때 외적에게 살해된 백성들의 시신이, 조선 후기에는 천주교 순교자들의 시신이, 1882년에는 임오군란으로 죽은 군인들의 시신이, 1886년 무렵에는 콜레라로 죽은 사람들의 시신이 다 이 문을 통해 성 밖으로 내보내졌다. 그래서인지 조선 시대 지방 사람들은 누가 한양에 올라간다고 하면 시구문 돌가루를 긁어 오라고 부탁했다는 이야기도 있다. 지독한 병에 걸리거나 고난을 겪다 시구문에서 죽은 사람들 때문에 시구문의 성벽 돌이 면역력을 지니게 되어 그 돌가루가 만병통치약이 되었다고 믿었기 때문이다.

병자호란 때는 인조 임금이 이 문을 통해 남한산성으로 피난한 일도 있었다. 원래는 숭례문으로 나가 강화도로 가고자 했으나 숭례문에 도착했을 때 청나라 군대가 이미 녹번동 일대까지 진격했다는 소식을 듣고 급히 남한산성으로 행선지를 바꾸면서 임금의 품위나 체면도 버린 채 시신이 나가는 시구문인 광희문으로 달아났던 것이다.

광희문을 지나 조선 시대 후기의 동활인서 터가 있는 신당동 쪽으로 발길을 옮기다 보면 광희문을 나온 시신들이 지나가던 길가에 자리잡은 시구문 시장이 나오고 이제는 두세 곳 흔적만 남겨진 대장간거리가 나타난다. 대장 간거리를 지나 신당동 떡볶이거리로 가는 길 중간에 동활인서 터가 있다.

활인서는 본래 한양 도성 내에 거주하는 병든 사람을 구호하고 치료하는 일을 담당하던 종6품 아문에 해당하는 관서였다. 조선 건국 직후 새 관제官制를 정할 때 고려의 제도를 계승하여 동소문인 혜화문 바깥동소문동과 서소문인 소덕문 바깥아현동에 각각 동·서 대비원東西大悲院을 설치하였다가 1411년태종 14에 동·서 활인서로 개칭하였다. 동활인서는 본래 한양성 동부東部 연희방燕喜坊 현재의 성북구 동소문동4가에 있었는데, 연산군 때에 활인서가 있던 곳을 금표禁標 지역으로 삼고 활인서를 혁파했다가 중종반정 이후에 다시 설치되었으나 그 기능이 한동안 약화되었다. 훗날 효종 때 유민流民이 서울로 몰려들어 진휼이 실시되면서 활인서의 기능이 개선되었고, 영조 8년1732에 와서 이곳 광희문 바깥으로 자리를 옮겨 새롭게 운영되기에 이르렀다. 이러한 이유로 19세기 중반에 제작된 김정호의 「수선전도首善全圖」나 비슷한 시기의 옛 지도 「경조오부도京兆五部圖」1861에는 동활인서의 위치가 광희문 밖, 바로 이곳 주변으로 표시되어 있다.

동활인서의 정확한 위치는 지금의 서울시 중구 신당동 236번지와 304번지 일대로, 현재는 〈태평한의원〉 옆 실비집 〈대추나무 포차〉가 자리 잡고 있다. 신당역 2번 출구로 나와서 광희문 방향으로 가다 보면 다산로33길에서 다산로35길로 갈라지는 지점이다.

이곳 동활인서는 서활인서와 마찬가지로 전염병에 걸린 빈민들을 치료하는 역할 외에도 흉년이 들면 빈민 구제 활동도 하였으며, 병들어 죽은 자를 매장하는 일도 담당하였다. 승려인 간사승幹事僧을 배치하여 환자의 치료를 위해 설치한 찜질방과 목욕탕을 관리하게 했으며, 시신 매장을 담당하는 오작인仵作人도 배치하였다. 또 무당도 활인서에 배속시켜 환자의 심리적인 안정을 도모하였다.

당연히 동활인서의 인근에는 죽은 이를 묻는 북망北邙, 조선 시대 마을의 산에 자연스럽게 발생하게 된 공동묘지이 자리하게 되고 무당들이 신당神堂을 차려 죽은 이들의 제의를 주관하게 되었다. 이러한 이유로 지금은 복개된 다산로33길의 아래를 흐르던 청계천의 지류는 무당천巫堂川, 무당개울이라는 이름으로 불리게 되었고, 이 지역은 '신당神堂이 있는 마을' 즉 '신당동神堂洞'에서 '신당동新堂洞'으로 바뀌어 지금에 이르게 된 것이다. 가난하고 굶주린 전염병 환자들의 무덤이 자리 하고 있던 이곳에 서민의 대표 음식인 떡볶이 전문점들이 즐비하게 늘어서게 된 것은 어쩌면 나름의 이유가 있을지도 모를 일이다.

조선 말, 1882년고종 19에 재정을 절약하기 위해 동·서 활인서를 없애고 그 업무를 전의감典醫監으로 이관하면서 서활인서와 함께 동활인서는 그 역사적 소임을 마감하였고 서울 동부 지역 서민들을 위한 의료는 동대문 시약소 등이 맡게 된다.

일제에 의한 강제 병합 이후, 일제시대 총독부에서는 도시 개발의 차원에서 신당리당시 지명은 '두모면 왕십리 대현동 수철리 무학봉'의 23만 3943평에 이르는 기존의 북망을 국유지로 환원하고, 이를 이완용에게 불하했는데, 이완용이 다시 이케다라고 하는 일본인 거류민에게 매각하여 이 지역은 일인日人들을 위한 공동묘지¹⁹¹⁵⁻¹⁹²⁸로 사용되었다. 이후 1930~1940년대 동양척식주식회사의 자회사 격인 조선도시경영주식회사의 문화주택^{사쿠라가오카} 조성 사업의 일환으로 이 지역에 일본식 가옥이 집단적으로 세워져서 1980년대까지 존속되었는데 지금은 서울 중구 신당6동 62-43번지의 '박정희 가옥'^{박정희 전 대통령이 5·16쿠데타 전후에 살았고, 그 딸인 박근혜 전 대통령이 1980년대에 머물던 곳}만 그 흔적으로 남아 있다.

동대문 시약소를 더듬어

신당동에서 다시 광희문 성벽길을 따라 옛 동대문운동장 자리에 세워진 DDP와 새로 발굴된 이간수다리를 지나 청계천을 건너 동대문을 넘어가면 목동으로 이전한 이화여대 동대문병원의 옛 병동을 리모델링한 '서울 디자인 지원센터' 건물이 나온다. 이곳은 120년 가까운 역사를 지니고 있었던 동대문교회가 자리 잡고 있던 곳이기도 하다. 이화여대 동대문병원과 동대문교회는 동대문에서 혜화문으로 이어지는 한양 성곽을 복원하기 위해 각각 2008년, 2014년에 철거되었다.

이화여대 동대문병원의 전신은 국내 최초로 문을 연 부인병원인 '동대문부인진료소'이다. 동대문부인진료소는 처음에 메리 스크랜턴 여사가 시작한 '동대문 시약소'로부터 시작했다. 앞서 소개한 것처럼 조선에 콜레라가 극성이던 1886년 무렵, 메리 스크랜턴 여사가 서울 전역의 전염병 환자를 치료하기 위해 세운 정동 시병원을 중심으로, 서쪽^{애오개 시약소}, 남쪽^{남대문 시약}

소, 동쪽^{동대문 시약소}에 분원을 설치하였는데, 그중 동대문 시약소를 설치한 곳이 바로 이곳에 있던 동대문교회 자리이다.

동대문 시약소는 1890년 10월경에 설치되었는데, 1892년에는 동대문부인진료소로 이름을 바꾸고 진료소 바로 옆에 예배실을 지었다. 처음에는 기부자인 미국 북감리교 선교부 총무였던 볼드윈^{L. B. Baldwin} 부인의 이름을 따서 '볼드윈교회'라고 불렀다.

동대문 시약소와 함께 설치된 동대문교회는 정동교회, 상동교회에 이어 세 번째로 설립된 감리교회로 초대 담임목사는 바로 메리 스크랜턴 여사의 아들이자 의사인 윌리엄 스크랜턴^{William B. Scranton, 1856-1922}이다. 동대문교회 건물은 2009년 8월 서울행정법원에서 사적 제10호인 서울성곽복원사업계획을 우선시하는 판결을 내리면서 2014년 3월에 철거되었다.

한편 1887년 정동 이화학당 구내에 세워진 '보구녀관^{保救女館, '널리 여성을 구하는 곳'이라는 뜻으로 고종이 하사한 이름이다'}은 남녀 간의 내외가 엄격했던 조선에서 부녀자들이 자신의 신체를 남자 의사에게 보일 수 없었으므로 여의사만 부인병을 진료할 수 있도록 한 부인 전문 병원이었다.

당시 유교적 관습이 남아 있어 특히 여성 환자 치료에 애로를 겪던 중 초기에는 제중원 등에 관기 차출을 시작으로 치료를 하다가 관기에 대한 사회적 인식이 좋지 않아 사대부 여성들의 진료가 원활하지 않게 되자 이후에는 의료 선교사 스크랜턴 여사가 보구녀관을 통해 간호원의 역할을 할 수 있는 여자 의학생을 선발하면서 근대 간호 체계의 정착에 힘썼다. 이러한 노력은 1903년 보구녀관 간호부 양성소에 정규 간호 교육과정을 설립함으로써 결실을 맺게 되었으며, 각 선교 의료기관에서 부속 간호학교를 설립하며 발빠르게 확산되었다.

1890년 10월 21일에 첫 교회 집회를 열었다는 동대문부인진료소의 기록에 따르면 보구녀관의 동대문 분원으로서의 이 진료소가 아마도 1890년 상반기에는 세워졌을 것이나 아마 이때는 동대문 시약소 때의 일일 것이다 1892년부터 본격적인 부인 전문 병원으로서의 기능을 하였을 것으로 추정된다. 이 볼드윈 진료소 즉 동대문부인진료소는 1910년 그곳에서 의료봉사를 했던 의사 해리스Dr. Lillian Harris, 1863-1902의 이름을 따서 해리스 기념병원으로 개칭했고, 같은 해 정동에 있던 최초의 여성 전문 병원 보구녀관保救女館을 합병하면서 실질적인 보구녀관의 역사를 승계한 것으로 볼 수 있다. 그러한 저간의 역사가 이화여대 동대문병원으로 이어졌던 것인데 이 역시 서울 성곽을 복원하는 과정에 목동으로 이전하고 지금은 서울 디자인지원센터 건물의 아래쪽에 전염병 치료의 역사와 함께 묻혀 버렸다.

다시 옛 동활인서 터를 찾아

광희문 바깥에 있던 동활인서는 처음에 동소문인 혜화문 바깥, 동소문동에 설치되었다. 옛 동활인서 터를 찾아 동대문으로부터 이어진 서울 성곽길을 걷는다. 동대문을 내려다보며 옛 이화여대 동대문병원 자리를 지나 2018년에 복원이 완료된 성곽길을 따라 혜화문에 이르기까지 걸으면서 서울 시내를 내려다보면 조선왕조 525년1392-1917 동안 연평균 2.73회1,455건나 전염

[사진2] 옛 동활인서 터(서울시 성북구 동소문로 63번지)

병이 발생했다는 사실이 떠올라 다시금 깊은 회한에 잠긴다.

이른바 서울 성곽 낙산 구간의 출발점인 혜화문惠化門은 속칭 '동소문'으로 한양 도성 축성 초년도인 1396년에 세워졌다. 현재 북쪽으로는 옛 서울시장 공관의 높다란 성곽 담장이 있고 남쪽 경계에는 동소문로가 이어져 있다. 혜화문은 옛 경원가도京元街道의 지름길에 놓인 문이다. 조선 시대에는 여진족이나 청나라의 사신들이 모두 이 문을 통해 입성했다. 북대문인 숙정문이나 동대문흥인지문이 있지만 지름길인 이 문을 통과하는 게 편했기 때문에 실질적으로 이 문이 북방으로 향하는 한양의 정문 역할을 했다.

어쩌면 그렇기 때문에 바로 이 길은 북쪽에서 들어오는 전염병의 통로가 되기도 했고 또한 그렇기 때문에 조선 초부터 이곳에 동활인서를 설치해서 전염병 환자들이 한양 성내로 들어오지 못하게 미리 막고자 했던 것이다. 훗날영조대 광희문 밖 신당동 쪽으로 이전하기까지 서울 동북부 지역의 전염병 환자들을 돌보던 동활인서는 400년 넘게 조선의 가엾은 사람들을 어루

만져 주는 주요한 기관이었다.

혜화문^{東小門}에서 미아리 고개 방면으로 1킬로미터쯤 올라가다 보면, 드림 트리빌딩 앞 보도 쪽, 눈에 뜨이지 않는 곳에 자그마한 동활인서 터의 표지석이 자리 잡고 있다. 멀리 아현동 서활인서 터로부터 이곳 동소문동 동활인서 터까지 정릉과 남대문, 광희문을 지나는 조선의 서울 길을 관통하면서 수백 년 동안의 전염병의 역사를 하루 만에 따라 걸었다.

여정을 끝내며

코로나19의 기세가 꺾이질 않는다. 언제 끝날지 모르는 암담한 시대를 터널처럼 지나면서 우리에 앞서 우리보다 더 긴 전염병의 터널을 지나온 조상들의 삶을 되짚어 서울 지역의 서쪽에서부터 남쪽, 동쪽, 북쪽의 전염병 치료 현장을 더듬어 보았다.

지금과 같은 팬데믹 상황의 해약^{解藥} 없는 감염병을 극복하기 위한 가장 현실적인 대안은 이른바 'Flattening the Curve' 전략이다. '확산 곡선 낮추기'로 번역할 수 있는 이 전략은 아직 백신이 개발되지 못했고 해약도 없는 상태의 알려지지 않은 전염병에 접했을 때 쓸 수 있는 가장 유력한 방책이다. 정부와 시민의 갖은 노력에도 쉽사리 기세가 꺾이지 않고 3차 유행을 이끌고 있는 코로나19 앞에는 AI를 장착한 제4차 정보혁명 시대의 장밋빛 미래조차 빛바랜 청사진으로만 남겨져 있다.

듣도 보도 못한 전염병이 서울 거리를 활보하고 있는 2020년 12월 현재,

그 옛날 서울의 가난하고 미천한 전염병 환자들의 유일한 구제 기관이었던 서활인서^{아현동}에서부터 동활인서^{동소문동}가 있었던 장소를 찾아 나섰다. 이 길 위에서 우리는 성 안팎에서 전염병에 걸린 이들을 구제하기 위한 조선 시대와 대한제국 시대의 치열한 구제 활동과 전염병을 이기지 못하고 죽어 간 이들이 성 밖의 북망산에 묻히게 된 사연을 들었다. 또 서구식 근대 의료 체계가 자리 잡아 가는 과정의 시약소들과 보구녀관 등에 이르기까지 수백 년 동안 갖은 고통을 이겨 내어 온 조상들의 이야기를 그 치료 현장의 터를 찾아 되짚어 보았다.

이 길을 끝내려면 백신과 해약이 현실화될 때까지 전염병세의 확산을 늦추기 위해 사람들끼리의 거리를 멀리 두고 느리게 움직이는 수밖에 없다는 생각을 하며 집으로 돌아가는 발걸음을 옮긴다. 이 전염병이 완전히 지나갈 때까지 랜선으로 소식을 주고받으며 조용히 사람 간의 접촉을 최소화하고, 하던 일들을 늦추고, 먹고 마시는 일을 줄이며 혼자만의 시간과 일을 즐기는 방법을 터득해야 한다. 어쩌면 우리 모두의 지속 가능한 미래를 위해 꼭 필요했던 '^{개개인의} 소극적인 삶'을, 갑자기 닥쳐 온 코로나19로 인해 먼저 살게 되었을 뿐인지도 모른다는 점에 위안을 삼으며 이 긴 터널을 견뎌 내야 할 것이다.

김양진 | 경희대학교 국어국문학과 교수. HK+통합의료인문학연구단 일반연구원. 고려대학교 국어국문학과를 나와 동대학원에서 국어학 석사와 박사 학위를 받았다. 저서로 『우리말 수첩』, 『화병의 인문학-전통편』(공저) 등이 있고, 주요 논문으로 「한국어의 형태와 형태소」, 「한민족어와 만주어의 형태론적 동형성」 등이 있다.

DECAMERON

바라보기 - 사회

타인의 삶에 대한 상상
— 〈덕분에 챌린지〉, 그리고 〈덕분이라며 챌린지〉

이은영

들리지 않는 세계에 산다는 것은

들리지 않는 세계에 산다는 것은 어떠한 경험일까? 8월 초 근 반년 만에 만난 한 지인이 어머니와 통화를 해야 한다 했다. 그런데 지인은 영상통화 화면 앞에서 입과 귀가 아닌 눈과 손으로 대화했다. 지인의 부모님은 모두 농인이라는 것, 역시 농인인 부모님의 친구들이 자주 놀러 오셔서 수어로 대화하는 것을 어린 시절부터 어깨 너머로 보며 지인 자신도 자연스럽게 수어를 익혔다는 것을 그날 처음 알았다. 수어를 하는 모습이 어찌나 멋지고 지적으로 보이던지, 내게는 그 어떤 외국어 능력보다 그 언어 능력이 탐나던 순간이었다.

내게는 닫혀진 세계, 나는 문맹이 되어 버리는 그 세계 안에서 그들은 어떤 이야기를, 어떤 경험을 나누며 살아가는 것일까? 혹자는 부모를 농인으로 둔 지인의 결코 쉽지 않았을 삶 앞에서 철없는 소리를 한다고 비난할지 모르겠다. 그러나 나는 타인의 삶을 함부로 연민해서는 안 된다고 생각한다. 연민할 일이 아닌 것에 연민하는 것은 상대방의 허락 없이 그를 낮은 자리에 내려놓고 보는 것이고 시선의 폭력이다. 때로 우리가 누군가를 다르다고 보는 것 자체나, 지나가다 무의식적으로 흘긋 고개를 돌려 다시 보는 것 자체도, 어쩌면 우리가 미처 잘못을 저지르는지도 모르고 상처 주는 것이고 시선의 폭력일 것이다. 비록 그 시선에 따뜻함이 담겨 있을지라도 말이다. 그래서 나는 어린 나이 때부터 농인인 부모님은 물론 부모님의 친구들 통역까지 하며 살아왔던 지인의 삶에 복잡하고 어려운 일이 많았겠다고 생각은 했지만, 그 삶과 경험이 안되었다거나 가엾다고 연민하지는 않았다. 지인과 그 가족, 농인으로서의 삶을 살아온 사람들 입장에서 보면 나 또한 그들이 누린 경험을 결핍한 사람 아니겠는가. 그들에게 풍부하고 다채로운 이야기로 채워진, 울고 웃는 어떤 세계가 내게는 닫혀 있다. 그러니 나는 그들 세계의 문맹이고 까막눈이고 부족한 사람이다.

덕분에 챌린지

코로나19로 힘든 시기를 함께 헤쳐 나가며, 우리는 농인 세계의 언어를 잠시 공유했다. 바로 〈덕분에 챌린지〉이다. 수어를 모른다 해도 직관적으로 보아 그 의미가 좋은 것이라고 짐작할 수 있는 손동작이다. 몸을 아끼지 않는 의료인들의 헌신과 정성에 사람들은 한 손을 손바닥이 위로 보이게 펼치

#의료진 덕분에
#당신을 존경합니다
#수어 '존경'

#의료진 덕분에
#자부심을 느낍니다
#수어 '자부심'

[그림1] 덕분에 챌린지 캠페인 상징 이미지

고 그 위에 엄지를 추켜세운 다른 손을 올려서 감사와 존경을 표했다. 그들 '덕분에' 감염병이 무섭게 확산되는 힘든 시기를 이겨 낼 수 있다고, 그들 '덕분에' 많은 이들이 생명과 건강을 지킬 수 있다고 존경과 감사를 표하며 그렇게 의료인 아닌 사람들이 의료인과 함께 마음을 나누었다.

그러나 그 과정에서 우리가 마음을 나눈 이들은 의료인만이 아니었다. 국내에 코로나19 확진자가 처음 확인된 1월 20일 이후 정부중앙재난안전대책본부, 중앙방역대책본부는 매일 정례 브리핑을 해 오고 있다. 현재 우리는 수어통역사가 함께 등장하는 브리핑 화면에 익숙하지만 처음부터 그랬던 것은 아니다. 2월 3일 장애인 인권 단체 '장애의 벽을 허무는 사람들'은 코로나19 브리핑에 수어통역을 지원하지 않아 관련 정보를 제공받지 못하고 있다며 국무총리실, 보건복지부, 질병관리본부를 국가인권위에 진정했다.* 바로 다음 날인 2

---

* 조문희 기자, 〈신종 코로나 확산 보름, 또 수어 통역은 없었다〉, 《경향신문》, 2020.02.04. http://news.khan.co.kr/kh_news/khan_art_view.html?artid=202002042157015&code=940601

월 4일부터 브리핑 화면에는 수어통역사가 등장했다.* 수어통역사는 화면 한구석 작은 부분이 아니라, 브리핑하는 중앙방역대책본부 관계자와 어깨를 나란히 하며 브리핑의 처음부터 끝까지 통역한다. 브리핑 화면은 반으로 나누어져 동등한 높이와 동등한 넓이로 비농인을 위한 브리핑과 동시에 농인을 위한 브리핑이 진행된다. 브리핑 화면의 절반을 차지하고 있는 수어통역사들은 마스크를 쓰지 않는다. 수어통역사들은 손동작으로만 말하지 않고, 얼굴 표정으로도 말을 한다. 내용에 따라 찡그리고 웃고 놀라면서 그렇게 손동작만으로는 부족할 수 있는 언어의 공백을 채운다. 수어통역사의 다소 과장되어 보이는 표정과 바쁜 손동작 너머로 내가 경험해 보지 못한 세계와 들리지 않는 세계를 살아가는 우리 사회의 또 다른 구성원들을 볼 수 있었고, 그들과 마음을 나눌 수 있었다. 또한 반년 넘게 마스크를 쓴 사람들이 사는 세상에서 농인들은 어떠한 경험을 하며 살아가고 있을지 생각해 보게 되었다.

〈덕분에 챌린지〉에서도 존경과 감사의 대상인 의료인뿐만 아니라 그 언어를 사용하고 있는 우리 사회의 또 다른 이웃인 농인들이 보였다. 텔레비전과 인터넷, 포스터에서 정치인, 질병관리본부, 연예인, 시민들이 도처에서 '덕분에'라는 말을 하는 것을 보는 농인들의 느낌은 어떠했을까? 상상컨대 그것은 낯선 이국의 도시에서 갑자기 한국어로 '덕분에' 혹은 '감사해요'라

---

* 황보연 기자, 〈신종 코로나 브리핑, 오늘부터 수어통역 개시〉, 《한겨레》, 2020. 02.04. http://www.hani.co.kr/arti/society/health/926878.html

고 말하는 것이 도처에서 들릴 때의 느낌, 그 말과 함께 미소 짓는 그들의 표정을 볼 때의 느낌과 비슷하지 않을까? 정확히는 모르겠지만 그것이 얼마간 따뜻하고 즐거운, 결코 나쁘지는 않은 경험이리라 짐작한다.

덕분이라며 챌린지

의과대 학생 증원 등의 문제를 둘러싸고 정부와 의과대 학생 및 의사들의 갈등의 골이 깊어졌고 그 과정에서 〈덕분이라며 챌린지〉가 등장했다. 한 손은 손바닥을 아래로 향하게 하고 다른 한 손의 엄지를 땅을 향해 내린, 때로는 엄지에 피도 흘리고 있는 손동작으로 아마도 그들은 절박한 분노의 심정을 표현하고 싶었을 것이다. 하지만 그것을 보는 농인들의 마음은 어떠했을까? 상상컨대 그것은 내가 낯선 이국의 도시에서 갑자기 한국어로 '덕분이라며'라는 말을 들을 때의 느낌, 한국어 혹은 한국어를 흉내 낸 욕을 들을 때의 느낌, 그 말과 함께 화나고 따지는 표정을 볼 때의 느낌과 비슷하지 않을까? 그건 그 원망과 비난의 대상이 내가 아니라 하더라도 씁쓸하고 불쾌한 느낌이 드는 경험일 것 같다.

나는 여기에서 〈덕분이라며 챌린지〉가 등장하게 된 계기에 대한 찬반을 따질 생각은 없다. 또한 이러한 손동작으로 농인들의 마음을 다치게 한 의료인들의 도덕성을 비난하려는 것도 아니다. '장애의 벽을 허무는 사람들'은 8월 25일 〈덕분이라며 챌린지〉를 벌인 대한의과대학·의학전문대학원학생협회의대협와 대한전공의협의회를 상대로 인권위에 진정했다. 그들은 〈덕분이라며 챌린지〉가 '존중'을 뜻하는 수어를 뒤집어 희화화했다며 이는 농인들에게 불쾌감과 모욕감을 준다고 비판했다.* 이미 농인과 사회의 비판에 직면하여 의대협은 잘못을 인지하고 사과했으며 〈덕분이라며 챌린지〉 손모양 사용 중지를 결정한 뒤이기도 했다. 그들에게 농인들의 수어를 조롱하려는 의도는 없었으리라 생각한다. 단지 그들은 미처 농인들 입장에서는 자신들의 언어를 비틀어 부정적인 의미로 사용하는 것이 조롱과 비하처럼 여겨질 수 있다는 것, 그래서 그들 마음에 상처가 되리라는 것을 생각하지 못했을 것이다. 그것은 도덕성의 부족이라기보다는 상상력의 부족 때문이었을 것이다.

우리는 타인의 삶과 경험을 온전히 알 수 없다. 장애인과 비장애인의 삶과 경험의 차이만이 아니다. 의사가 아닌 사람은 의사로서의 삶과 경험을 온전히 알 수 없고, 의사는 환자의 삶과 경험을 온전히 알 수 없다. 또한 같은 장애인 혹은 비장애인이라 할지라도 타고난 성격뿐만 아니라 태어나서 현재까지 동일한 삶과 경험을 공유하지 않는 한, 타인의 삶을 온전히 알 수 없다. 언제나 자신의 시야만큼 세상을 볼 수밖에 없다는 것, 그래서 타인의 삶을 이해하고 공감하는 데 한계가 있을 수밖에 없다는 것, 이것이 우리가 지닌 한계이다.

---

* 정동훈 기자, 〈"의대생 '덕분이라며 챌린지' 수어 비하"…장애인 인권단체, 인권위에 진정〉, 《아시아경제》, 2020.08.25. https://www.asiae.co.kr/article/2020082513552559714

타인의 삶에 대한 상상

나와 타인 사이의 그러한 한계, 그러한 거리를 좁혀 주는 것이 상상이다. 미국의 인기 의학 드라마 〈그레이 아나토미〉 시즌 13의 8화에는 교통사고로 심각한 부상을 입은 신원 미상 환자가 병원에 실려 온다. 수술을 맡은 의사들은 수면 부족과 과로로 지친 상태였고 수술 방법을 놓고 의견도 대립한다. 뒤늦게 수술에 합류한 닥터 웨버는 신경전을 벌이는 의사들에게 환자를 기계적으로 대한다고, 장기가 담긴 상자처럼 다룬다고 비난한다. 그러면서 환자가 어떤 사람일지 이름과 직업과 가족을 상상하라고 한다. 피곤한데다가 한시가 바쁜 의사들은 응수하지 않고 레지던트 한 명이 마지못해 이름과 직업을 내뱉어 볼 뿐이다. 환자를 치료하는 데, 환자를 살리는 데 그런 상상이 무슨 도움이 되겠느냐는 다른 의사들에게 닥터 웨버는 수술대 위의 환자를 마음속으로 그려 보고 진심으로 대하라 한다. 목소리를 듣고 무엇이라고 하는지 귀를 기울이라고 한다. 그렇게 해서 기를 쓰고 살리고 싶은 사람으로 그럴듯하게 꾸며 내라고 한다.

그렇게 닥터 웨버의 상상 속에서 수술대 위 신원 미상 환자는 게일이라는 이름의 한 여성으로 나타난다. 게일은 아들 둘에 딸 하나를 둔 46세 여성이다. 어려서부터 첼로를 연주했고, 꿈이 있다면 시카고 교향악단 수석 연주자가 되는 것이다. 시간 나는 대로 첼로를 연습하고 이웃 아이들에게 첼로를 가르쳐 주고 근처 고등학교 교향악단을 도와준다. 남편은 전쟁에 나갔고 과학 캠프에 가고 싶다는 아들을 말릴 수가 없어서 게일은 집 근처 호텔에서 늦게까지 야간 근무를 한다. 하루에 16시간이나 일하며 허리 통증으로 잠도 잘 못 자고 아스피린을 항상 가지고 다닌다. 수술 중 교통사고 뉴스를 보고 달려온 가족의 확인으로 수술대 위의 남자의 신원은 결국 칼 헨리로 밝혀진다. 그렇다면 닥터 웨버의 상상 속 게일은 누구였을까? 요통과 함께 살이 빠지고 피로에 시달리며 황달 증세를 보였던 게일, 허리가 아픈 것이 매트리스 탓인 줄 알고 매트리스를 바꾸어 보았지만 소용이 없었던 그녀는 바로 닥터 웨버의 어머니였다. 10살의 웨버는 매일 같이 집 안에 퍼지는 어머니의 첼로 연주 소리가 싫었다. 그러나 어느 날 그 소리가 그쳤고, 어머니는 췌장암으로 6개월이 남은 상태였다. 어린 그가 기를 쓰고 살리고 싶었을 사람, 살릴 만한 가치가 충분히 있다고 믿겨지는 좋은 사람… 닥터 웨버는 수술대 위의 신원 미상자를 어머니로 상상했던 것이다.

좋은 의사는 어떠한 의사일까?

정부와 의과대 학생 및 의사들의 갈등이 최고조에 달했던 때, 의사협회 산하 의료정책연구소가 페이스북에 올린 게시물이 논란이 되었다. "생사를 판가름 지을 중요한 진단을 받아야 할 때, 의사를 고를 수 있다면 둘 중 누구를 선택하겠습니까?" 하는 질문에 주어진 선택지는 'ⓐ매년 전교 1등을 놓치지 않기 위해 학창 시절 공부에 매진한 의사'와 'ⓑ성적은 한참 모자라지만 그래도 의사가 되고 싶어 추천제로 입학한 공공의대 의사'였다. 이 게시물에 담겨 있는 엘리트 의식이 의사 외의 사람들의 반감을 부추기리라는 것, 그래서 우호적인 여론 형성에 도움이 되기는커녕 비난을 자초하게 되리라는 것을 그들 말마따나 '학창 시절 매년 전교 1등을 놓치지 않았던' 이들이 미처 생각하지 못했다는 점은 참 아이러니하다. 우리나라 고등학교 교육과 대학 입시, 의과대학 교육에서 '우수함'의 기준은 무엇이며, 우수한 의사와 좋은 의사는 어떠한 의사일까?

〈그레이 아나토미〉의 닥터 웨버는 언제부터 그런 상상을 하게 되었냐는 다른 의사의 질문에 이렇게 답한다.

> 옛날에는 안 그랬어. 옛날에는 환자와 심적 거리를 유지하라고 배웠거든. 조직 tissue은 조직일 뿐이고, 얼굴은 덮고 바닥은 피로 엉망이 됐었지. 수술에 완전히 집중하며 환자를 마네킹으로 생각하랬어 … 중략 … 하루는 수술하다가 수술대 위에서 환자를 잃었어. 가족에게 가서 끔찍한 이야기를 전해야 했지. 그런데 아무렇지 않았어. 눈앞에서 가족이 오열하며 서로 끌어안는데도 아무런 감정도 느낄 수 없었어. 어머니와 같은 병으로 그 환자가 사망했거든. 난 로봇이었지. 그러고 나서 내 나름대로 규칙을 만들었어. 덕분에 괜찮은 의사가 되었지.

질문했던 의사는 이에 "어머니를 살리셨네요. 수천 번쯤요."라고 답했다. 논란이 된 의료정책연구소의 게시물을 계기로 나도 생사의 갈림길에서 어떤 의사에게 진료받기를, 치료받기를 바라는지 생각해 보았다. 학창 시절 전교 1등을 놓치지 않았던, 놓치지 않기 위해 애를 썼던 의사를 바라는 것은 아니다. 내 질병과 신체 뒤에 있는 내 마음과 삶, 내 주변의 가족과 친구를 상상할 줄 아는 그런 의사를 만나고 싶다. 나를 마네킹이나 장기로 가득 찬 상자로 보지 않고, 내 인간으로서의 취약성이 몸만이 아니라 마음에도 있다는 것을 알고, 마음도 다치고 아플 수 있다는 것을 아는 그런 의사를 만나고 싶다.

코로나19 팬데믹 사태가 길어지면서 우리 모두 지쳐 가고 있다. 연대는 느슨해지고 사람 간, 집단 간 갈등의 골이 깊어지고 있다. 나와 다른 사람이나 집단의 경험과 삶에 대한 상상이 연대의 끈을 다시 조여 줄 수 있을 것이다. 또한 이 사태 속에서, 그리고 이 사태가 진정되더라도 우리는 의과대학의 교육에 대해, 좋은 의사란 무엇인가에 대해 계속해서 고민해야 한다. 인문학이 의과대 학생들에게, 의사들에게 의학 지식이나 의료 기술을 가르쳐줄 수는 없다. 그러나 인문학은 상상력을 길러 줄 수 있다. 물론 좋은 의사가 되기 위해서는 충분한 의학 지식과 의료 기술을 습득하는 것이 필수적이다. 그러나 그것만으로는 충분하지 않다. 타인의 삶, 타인의 경험, 타인의 마음과 상처를 상상할 수 있는 의사, 나는 그런 의사가 좋은 의사라고 생각한다. 의과대학의 교육에 인문학이 필요한 이유이다.

이은영 | 경희대학교 HK+통합의료인문학연구단 HK연구교수. 경희대학교 철학과를 나와 동대학원에서 철학 박사 학위를 받았다. 공역서로 『마인드풀니스』, 『각성, 꿈 그리고 존재』, 주요 논문으로 「의료기술을 통한 도덕적 향상은 가능한가 - 불교윤리학의 관점에서」 등이 있다.

뭉치면 죽고 흩어지면 산다

— 인간(人間)의 사이[間]는 과연 바뀔 수 있을까?

박성호

비대면 사회의 명과 암

비대면 사회. 코로나19가 불러온 새로운 풍경이다. 적어도 언론을 보면 그런 것 같다. 생각해 보면, 사실 나는 이미 비대면 사회의 유사품을 겪어 본 적이 있다. 그것도 이미 10여 년 전의 일이다.

2010년 무렵 나는 직업군인이었다. 당시 군에서는 문서를 사용하지 않는 비대면 보고를 보급한다는 명목하에 전자 결재 시스템을 전면적으로 도입했다. 문서 기안에서부터 최종 결재에 이르기까지 인트라넷에서 모두 해결이 가능한, 편리하고도 혁신적인 시스템이었다. 문서를 출력하고 결재판에 고이 꽂은 뒤, 거울 앞에서 옷매무새를 매만지고 결재권자 사무실 앞에서 노크를 하면서 머릿속으로 할 말들을 되씹는 과정들은 이제 과거의 것으로 묻힐 터였다.

그러나 의도는 늘 현실을 배신한다. 불필요한 서류를 줄이고 결재 과정을 간편화하자는 취지에서 도입된 전자 결재 시스템이었지만, 나는 전역하는 순간까지 결재판과 결별하지 못했다. 그 대신 일이 하나 더 늘었다. 거액의 세금을 들여 구축한 전자 결재 시스템을 놀려 둘 수는 없으니, 일단 전자 결재로 문서를 기안해서 올린 뒤에 다시 기존의 서식에 맞게 결재용 문서를 작성해서 대면 결재 처리를 해서 최종적으로 전자 결재를 받는 식으로 말이다.

21세기의 한국사회는 두 개의 상반된 욕망 사이에 놓여 있다. 하나는 첨단 기술이 불러올 '편리한 사회'에 대한 갈망이고, 다른 하나는 이런 '편리한 사회'를 어떻게든 우리에게 익숙한 형태로 유지하려는 욕망이다. 우리는 첨단 기술이 가져올 미래를 장밋빛으로 채색하면서도, 다른 한편에서는 그 장밋빛을 종종 핏빛으로 인식하기도 한다. 이러한 아이러니는 그동안 그다지 주목받지도 않았고, 혹은 누군가 언급하더라도 기술 변화 시대의 지체 현상 정도로 이해되는 게 보통이었다. 하지만 우리의 의도와는 별개로, 이 아이러니를 극적으로 드러낸 것이 바로 작금의 코로나19 팬데믹이다.

코로나19 이전의 비대면 사회에 대한 비관적 상상력

사실 코로나19 팬데믹 이전부터 우리는 첨단 기술이 가져올 변화상에 대해 적잖은 두려움과 반감을 품고 있었다. 물론 이를 명시적으로 드러내는 경우는 별로 없다. 신기술이 주는 즉각적인 편리함이란 아직 실현되지 않은 두려움이나 반감을 압도하는 것이 보통이다. 그러나 이렇게 압도당한 감정은 그대로 '소멸'되는 것이 아니라 표면 밑으로 가라앉아 우회적인 형태로 드러나게 된다. 이를 잘 반영해 내는 것이 미래를 배경으로 한 여러 종류의 대중서사다.

대중서사가 아포칼립스를 소재로 삼는 건 비교적 흔한 일이다. 고도로 발전한 인공지능이 인간을 지배한다는 〈터미네이터〉에서 시작해 인간의 손에 의해 발전한 첨단 기술이 거꾸로 인간을 멸망하게 만든다는 서사는 일정한 클리셰를 형성해 왔다. 기계문명에 의한 인간 지배의 클리셰는 2000년대 〈매트릭스〉의 흥행을 통해서 정점을 찍었고 그 이후로는 기계와 인간의 전면적인 대립보다는 인간 내부의 문제에서 드러나는 모순을 보여 주는 방식으로 변화되는 양상을 보인다. 그중 눈에 띄는 것은 〈월-E〉라는 애니메이션이다.

2008년에 개봉한 애니메이션 〈월-E〉는 환경 파괴 등으로 이미 폐허가 되어 버린 지구를 배경으로 삼았다. 이 영화에서는 문자 그대로 '쓰레기산'이 되어 버린 지구에 홀로 남은 로봇이 매일같이 쓰레기를 정리하며 살아간다. 인간은 이미 지구를 버린 채 떠난 지 오래다. 그로부터 얼마의 세월이 흘렀는지도 알 수 없을 정도의 미래. 그러나 인간은 지구를 포기하지 못했는지, 매끈한 유선형의 탐사로봇을 파견해서 지구가 얼마나 회복되었는지를 조사한다. 그렇게 등장하는 탐사로봇 '이브'와 만나서 새로운 감정을 느끼게 되는 청소로봇 '월-E'의 이야기가 이 영화의 주된 서사다.

그렇다면 이 영화에서 인간들은 어떤 모습을 하고 있을까? 우주 이주 프로그램을 통해 우주선 '엑시엄 호'에 탑승한 이들은 여러 세대를 거치면서 점차 고도비만 체형으로 변해 버렸다. 우주의 낮은 중력 때문에 뼈는 약해지고, 매일 슬러시를 마시면서 다른 사람과 채팅하는 것 정도가 삶의 전부였던 이들에게는 필연적인 결과였을 것이다. 그럼에도 이들이 불편함을 느끼지 못하는 건, 첨단 기술이 곳곳에서 이들의 삶을 지탱해 주고 있기 때문이다. 움직이고 싶을 땐 의자가 알아서 이동시켜 주고, 눈앞에 늘 펼쳐진 스크린이 모든 재미와 소통의 욕구를 해소시켜 주고….

〈월-E〉의 서사를 좇다 보면 이러한 인간들의 모습이 결코 긍정적인 이미지로 제시되지 않는다는 걸 깨닫게 된다. 당장 여기에 묘사되는 인간들의 형상이 오늘날 '건강하지 않음'의 표상으로 거론되는 '운동 부족으로 인한 고도비만'의 형태라는 것만 봐도 그렇다. 이들이 주로 소비하는 식료품이 슬러시라는 것, 그리고 이를 만들어 내는 기업의 강박적 광고에 의한 세뇌 효과가 작동하고 있다는 것은 이러한 연계를 더욱 강화시킨다.

〈월-E〉가 보여주는 '미래 인간' 혹은 우주선 속 '비대면 사회'의 모습이란, 어쩌면 이것이 불과 10여 년 전만 해도 우리가 상상하던 '포스트휴먼'의 모습일지도 모른다. 비단 〈월-E〉에만 해당되는 문제는 아니다. 앞서 언급했던 〈매트릭스〉 시리즈에서는 아예 신체의 자유를 구속당한 채 사이버 세계 속에서 의식으로만 존재하는 인간들을 내세웠다. 어쩌면 〈매트릭스〉가 보여준 세계야말로 오늘날 코로나19 팬데믹에 직면한 우리가 추구하는 '비대면 사회'의 궁극일지도 모르겠지만, 주지하다시피 이 영화들이 보여주는 포스트휴먼-비대면 사회의 모습이란 언젠가는 해소되어야 할, 혹은 해체되어야 할 디스토피아적 미래로 비춰진다. 비록 〈매트릭스〉는 기계에 의한 인간 지배라는 전제를 깔고 있었고, 〈월-E〉는 환경 파괴로 인한 불가피한 지구 이탈을 거론했지만, 이 영화들이 보여준 포스트휴먼의 비대면 사회는 분명 선

소설 『해저 2만리』에 실린 잠수함 노틸러스호 삽화
(출처: 위키백과, https://en.wikipedia.org/wiki/File:Nautilus_Neuville.JPG)

망보다는 두려움, 지향보다는 지양의 대상이다.

　서사는 종종 미래를 앞질러 내다보기도 하지만, 그런 미지의 미래에 대한 인간의 막연한 두려움을 구체화시키기도 한다. 1869년 쥘 베른이 『해저 2만리』를 발표했을 때, 잠수함이라는 건 아직 본격적인 상용화조차도 이루지 못한 상태였다. 『해저 2만리』에서처럼 무제한 잠항이 가능한 잠수함이 등장한 건 핵추진잠수함이 등장한 1950년대 후반이고, 노틸러스호의 원리로 거론된 연료전지 개념이 본격적으로 구현된 건 1990년대에 접어들어서의 일이다. 하지만 동시에 『해저 2만리』는 이러한 미지의 잠수함에 대한 인간들의 공포와 적개심을 적나라하게 보여주기도 했다. 무제한 잠항과 더불어 견고한 선체를 지닌 이 미래형 잠수함을 바라보는 당대 인간들의 시선이란 결국 모비딕, 즉 '괴물'로 수렴되는 것이었다.

어쩌면 이것은 우리가 비대면 사회에 대해 품고 있는 근원적인 두려움을 반영한 결과물인지도 모른다. 현재 코로나19가 환기한 비대면 사회는 마치 인간이 팬데믹의 위협으로부터 피할 수 있는 안식처인 것처럼 이야기되곤 한다. 코로나19의 급작스러운 확산이 예기치 못한 사태이기는 하지만, 공교롭게도 이에 대응하는 우리 사회의 양상은 최근 몇 년 동안 부르짖어 오던 '제4차 산업혁명'의 그것과 적잖은 관계를 맺고 있다. 고속무선통신망과 스마트 기기에 기반을 둔 비대면 플랫폼은 상당히 짧은 시간 내에 사회 곳곳으로 퍼져 나갔고, 우리는 어느덧 온라인 회의나 비대면 강의에 익숙해졌다. 이러한 비대면 원칙은 '언택트'라는 신조어까지 만들어 내면서 포스트 코로나19 시대를 장밋빛 미래로 치환하는 것처럼 보이기조차 한다.

하지만 돌이켜보면, 이러한 비대면 사회의 도래에 대해 사람들은 예전부터 적잖은 불안과 불만을 품고 있었다. 표면적으로는 기술의 급속한 발전을 환영하고, 어느 곳에서도 불편함 없이 다른 누군가와 '비대면 접촉'할 수 있는 환경을 만끽하는 것처럼 보이기는 한다. 누구도 스마트폰을 사용하는 데 거리낌이 없고, 무선망을 활용한 비대면 접촉에 어색함을 표현하지 않는다. 그렇지 않아도 5G 통신망 상용화에 앞장서고 있다는 데 적잖은 가치를 두는 사회가 아니었던가. 어찌 보면 코로나19로 촉발된 비대면 접촉의 의무화는 그간 한국사회가 열심히 외쳐 왔던 IT 강국의 이미지 혹은 근미래상과 맞아떨어지는 것이다.

그러나 다른 한편에서는 정부의 대응 단계가 완화됨에 따라 이전과 같은 대면 접촉이 가능해지기를 갈망하는가 하면, 사회 영역 곳곳에서 무리한 대면 접촉을 시도하다가 코로나19에 노출되는 사례가 보고되기도 한다. 이러한 사건들에 대한 여론의 반응은 그 '무책임함'을 비난하는 것이 일반적이지만, 거꾸로 짚어 보면 그만큼 비대면 사회의 고착화를 원하지 않는 이들이 많다는 반증이기도 하다. 비난 여론의 이면에는 "하지만 우리는 괜찮겠지."라는 희망 섞인 관측을 내세우면서 대면 접촉을 시도하는 이들이 무수히 존재할 테니 말이다.

대면 접촉에 대한 향수, 인간의 본성인가?

아무리 첨단 기술이 발달해도 인간은 접촉을 희구한다. 화상회의 플랫폼을 통해서 실시간으로 지연 없이 의사소통이 가능해져도 적잖은 사람들은 대면회의를 바란다. 그러나 사실 오늘날 업무의 적잖은 부분은 메신저 등을 통한 비대면 의사소통을 기반으로 이루어지고 있다. 업무의 특성상 대면 접촉이 불가피한 경우를 논외로 한다면, 보통 대면을 요구하는 경우는 대면이 더 효과적이라는 판단 때문이라기보다는, 대면을 '원하는' 감각이 앞서는 것이 보통이다.

대학에서 진행 중인 비대면 강의도 그렇다. 현재 대학의 비대면 강의는 기존의 대면 강의를 온라인 플랫폼에 얹은 형태로 구성되어 있을 뿐, 애초에 비대면을 전제로 하여 강의를 구성하거나 진행하는 것을 목표로 삼지 않는다. 물론 이것은 코로나19 사태가 급작스럽게 진행되면서 각 대학들이 미처 구체적인 대응책을 마련하지 못한 상태에서 부득이하게 비대면 강의를 시행하게 된 것이 직접적인 원인이라고 하겠지만, 그 이면에는 여전히 대학 강의의 표준을 대면 강의에 두는 사고가 작동하고 있다는 점도 무시할 수 없다. 학생들도 교강사들도 대면 접촉을 강의의 기본 전제로 삼고 있다는 이야기다. 코로나19 초창기에 대학과 학생들 사이에서 벌어졌던 등록금 감면 논란의 이면에도 그러한 전제가 깔려 있다. 비대면 강의는 '불완전한' 형태이므로 지불한 등록금 대비 적절한 교육을 받지 못했기에 등록금의 일부를 돌려받아야 한다면서 나온 논란이었다는 것을 상기해 보자.

하지만 이러한 일련의 반응들이 '비논리적'이라고 볼 수는 없다. 오히려 이러한 주장들은 여태까지의 경험과 관습에 근거한 확고한 논리적 기반을 지니고 있다. 내가 주목하고 싶은 건 오히려 그 '논리 정연함'이다. 이러한 논리적 기반을 바탕으로 추구하는 바는 결국 현재의 비대면 사회를 훌륭하게 '극복'하고 다시 대면 사회로 회귀할 것을 목표로 삼는다. 즉 비대면 사회란 코로나19 팬데믹이 낳은 비정상적인 상태, 혹은 Ab-Normal이며 이것을 새로운 정상, 즉 New-Normal이라고 보지는 않는다는 이야기다.

물론 현재의 비대면 사회가 코로나19로 인해 급조된, 지극히 불완전한 형태의 것이기에 나오는 반응이라고도 볼 수 있겠다. 그러나 이런 논란에서 제기되는 건 비대면 접촉에 대한 불신과 불안, 나아가서는 대면 접촉에 대한 향수이지 비대면 접촉을 어떻게 보다 완전한 것으로 만들 수 있는지에 대한 논의가 아니다. 비대면 회의는 언제든 대면 회의로 전환될 시기만을 기다리고 있고, 비대면 강의는 '직접 마주 보면서 강의를 하지 못해서 아쉽지만'이라는 단서를 달면서 진행한다. 지금의 비대면 사회란 언젠가는 해소되어야 할 임시적인 상태일 뿐, 누구도 이것을 앞으로 변화하게 될 새로운 사회의 전단이라고는 보지 않는다는 이야기다.

"우리는 더 이상 이전으로는 돌아갈 수 없다." 코로나19 팬데믹 앞에서 여러 분야의 전문가들이 하나같이 내놓은 말이다. '뉴노멀'이니 '언택트'니 하는 말도 이러한 판단을 기반으로 나온 신조어 아닌 신조어인 셈이다. 여기에는 언뜻 체념과 더불어 미래를 향한 일종의 자신감, 즉 코로나19로 인한 급작스럽고 비가역적이며 자의적이지 않은 선택이기는 해도, 우리는 충분히 코로나19에 대응하여 새로운 미래를 개척할 만한 기반을 갖추고 있다는 자부심의 표현으로 다가오기도 한다.

코로나19 팬데믹은 첨단 기술에 기반을 둔 비대면 사회의 도래를 당위적인 것으로 만들어 버렸다. 기존의 방향성대로라면 발달된 기술에 따라 인간이 주체적으로 선택했어야 할 것이었지만, 코로나19의 확산을 막아야 한다는 당위성으로 인해 '어쩔 수 없이' 받아들여야 하는 당위로 돌변해 버린 것이다. 비대면 사회는 빛나는 기술 발전의 성과에서 생존을 위한 불가피한 선택으로 변해 버렸고, 그 과정에서 정작 사람들은 비대면 사회를 어떻게 받아들이고 실천할 실천할 것인지에 대해 기본적인 고민과 선택을 할 기회조차 빼앗겨 버렸다.

그 결과일까, 혹은 그에 대한 반동일까? 현재 우리는 비대면 사회를 내심 임시방편의 것으로 여기면서 언제든지 대면 접촉을 근간으로 하는 원래의 사회로 돌아갈 것을 준비하고 있다. 마치 〈월-E〉에서의 인간들이 최종적으로는 우주선 속의 생활을 버리고 다시 지구에 내려앉아서 뒤뚱대며 두 발로 땅을 딛는 것처럼 말이다.

과연 우리는 비대면 사회를 바라고 있는가? 혹은 비대면 사회를 포스트 코로나19 시대의 중심으로 삼을 만한 준비가 되어 있는가? 코로나19 팬데믹이 시작된 지 어느덧 만 1년을 바라보고 있는 현 시점이라면 이제 이러한 질문에 대해서 진지하게 고민해 볼 때다. 그럴싸한 신조어 속에 내면의 욕망을 묻어 두고 '언젠가는'이라는 막연한 수사에 기대어 팬데믹이 종식되기만을 기다리며 버티기에는 이미 우리는 너무 멀리 오지 않았을까?

보건 위기가 새로운 자본주의를 낳을까?

― 기본소득을 위하여

민유기

초불확실성의 시대

경제학자 갤브레이스J. K. Galbraith, 1908-2006가 『불확실성의 시대』를 출간한 것은 1977년이었다. 베트남전쟁으로 막대한 비용을 지출한 미국이 달러화의 금 태환을 정지하면서 전후 세계 자본주의 질서의 틀이던 브레튼우즈 체제가 붕괴하고 석유파동이 발생한 1970년대 초중반에, 전후 사회를 주도해왔던 케인스주의적 자본주의의 위기를 '불확실성의 시대'로 규정한 것이다. 불확실성의 시대는 시장 중심의 신자유주의적 자본주의의 대두와 이의 세계적 확산으로 이어졌다. 그런데 신자유주의는 만능이 아니었다. 미국의 비우량주택담보대출, 이른바 서브프라임 모기지subprime mortgage 회사들의 파산에서 시작된 2008년 세계 금융 위기는 신자유주의에 기반을 둔 자본주의의 취약성을 여실히 폭로했다. 이 금융 위기는 세계 곳곳에서 1929년 경제

대공황과 같은 혼란을 발생시켰고, 이후 10여 년이 지나도록 여전히 여러 나라에 다양한 경제 위기를 옮기고 있었다. 이런 흐름 속에서 경제학자 아이켄그린^{B. Eichengreen, 1952-현재}은 2017년에 '초불확실성의 시대'라는 용어를 사용했다. 엎친 데 덮친 격으로 코로나로 인한 보건 위기는 세계 경제의 초불확실성을 더욱 키우고 있다.

경제협력개발기구^{OECD}는 매년 여름과 겨울 경제 전망 보고서를 발표하기 전에 중간보고서를 봄과 가을에 발표한다. 2020년 9월 16일에 발표한 중간보고서는 2020년 세계 경제성장률을 마이너스 4.5%, 2021년 성장률을 5.0%로 제시했다. 같은 보고서는 세계 경제가 2021년에 반등하지만, OECD 회원국 중에서 한국·터키·미국만이 위기 이전 수준의 회복이 가능하고, 전 세계 대부분 국가는 2021년 말까지도 보건 위기 발생 이전인 2019년 말의 수준을 회복하기 어려울 것으로 예측했다.

그런데 이런 전망이 나온 뒤 가을을 지나 겨울의 문턱에 들어서면서 유럽 각국에서 확진자 수가 크게 늘고 있다. 프랑스와 독일은 11월 한 달 전국 봉쇄령을 내려 경제활동이 위축되고 있기에 올해^{집필 시기 기준인 2020년} 연말에 발표될 내년도^{2021년} 세계 경제 전망에서 경제성장률 수치가 하향 조정될 것으로 보인다. 미국 제약사 화이자^{Pfizer}와 독일 바이오엔테크^{BioNTech}가 공동개발한 코로나19 백신의 예방 효과가 90% 이상이라는 낙관적인 발표가 11월 9일에 나왔지만, 실제로 대량으로 생산 보급되어 인류의 대다수에게 백신 접종이 이루어지려면 상당한 시간이 소요될 것으로 전망이 된다.

OECD는 경제 전망 중간보고서에서 보건 위기가 경제 위기로 심화되지 않도록 많은 나라에서 각종 지원금이나 보조금 형태로 지급된 재정지출을 긍정적으로 평가하며 적극적 거시 정책 기조 유지를 권고했다. 특히 보건 위기로 인한 피해가 큰 취약 계층, 청년, 비정규직 노동자, 일용 노동자, 저소득층과 중소 상공인에 대한 지원의 필요성을 강조했다. 경제 회복과 생산성 제고를 위해서 노동자의 구직 지원, 직업훈련 확대와 돌봄 지원, 취약 계층의 소득 보호를 통한 노동시장 참여 확대의 필요성도 언급했다.

자본주의와 복지

정확히 언제쯤 감염병 대유행이 종식되어 이전의 일상으로 되돌아갈 수 있을지는 아무도 모른다. 다만 모든 것이 불확실하다는 것은 자명하다. 그렇기에 불확실성을 조금이라도 감소시키고 제거해 나가는 집단적 노력이 요구된다. 일 년 가까운 시간이 흐르도록 터널의 끝이 보이지 않자 많은 이들이 코로나 우울증에 조금씩 잠식되고 있으며, 대유행의 또 다른 새로운 파고를 우려하고 있다. 그런데, 대공황에 맞서기 위해 뉴딜을 제안한 루스벨트 F. D. Roosevelt, 1882-1945가 1933년 대통령 취임 연설에서 호소한 것처럼 '두려워해야 할 것은 두려움 그 자체'이다.

뉴딜 정책은 대공황으로 생존을 위협받는 취약 계층의 구호 relief, 경제 회복 recovery, 또다시 대공황이 발생하지 않게 하려는 사회 개혁 reform이라는 3R을 지향했다. 뉴딜 정책 자체로 대공황을 이겨낸 것은 아니다. 대공황은 제2차 세계대전으로 인한 군수품 대량생산과 전시 통제경제를 통해 극복되었다. 그런데 이후 어느 나라에서건 경제 위기만 닥치면 정치가들은 각종 수식어와 함께 뉴딜을 하겠다고 나선다. 게다가 많은 경우 뉴딜의 한 측면에 불과한 대규모 토목건축 공공사업을 펼치려 한다.

역사가들은 사회 개혁을 통해서, 정부의 각종 사회경제 부문에 대한 개입을 통해서, 자유방임적 자본주의의 체질을 개선한 것을 뉴딜의 본질로 파악하고 높게 평가한다. 케인스J. M. Keynes, 1883-1946가 1936년에 출간한 『고용, 이자 및 화폐의 일반 이론』은 정부의 거시 경제 차원의 역할과 필요성을 강조했다. 이 책은 뉴딜 정책의 방향성 설정에 도움을 주었을 뿐만 아니라 전후 수정자본주의의 이론적 토대를 제공했다.

위기는 분명 기회이다. 이전의 낡은 질서나 체제가 위기에 빠졌다면 여기서 벗어나기 위해 새로운 질서와 체제를 디자인하고 실행해 가야 한다. 경제 칼럼니스트 칼레츠키A. Kaletsky, 1952-현재가 2010년에 출간하고 이듬해 한국어로도 번역된 『자본주의 4.0』은 18세기 애덤 스미스부터 1929년 대공황까지 자유방임적 자본주의를 자본주의 1.0으로, 뉴딜부터 1970년대 석유파동까지 케인스주의적 수정자본주의를 자본주의 2.0으로, 이후 2008년 세계 금융 위기까지 시장 중심의 신자유주의를 자본주의 3.0으로 정의했다. 그리고 신자유주의를 대체할 '따뜻한 자본주의'를 지향하며 자본주의를 4.0으로 업그레이드해야 할 필요성을 강조했다. 초불확성실의 시대는 인간을 위한 새로운 자본주의, 시장 논리에 따른 극한 경쟁의 차가움에서 벗어난 따뜻한 자본주의, 전근대 사회에서 공동체성에 기초했던 '도덕 경제', 초기 사회주의자들이 꿈꾼 '조화로운 사회적 경제', '연대의 경제'에 기반을 둔 자본주의로의 변모를 요구한다.

보건 위기는 2008년 세계 금융 위기 직후부터 여러 방면에서 주창된 새로운 자본주의의 논의에 중요한 변곡점이 될 수 있다. 위기의 심각성이 파국을 막아야 한다는 이심전심으로 이어져 복지와 사회적 지원에 관한 오랜 갈등과 대립을 완화하고 있기 때문이다. 한국에서 보편복지와 선별복지 논쟁은 진보와 보수의 오랜 대립 지점 가운데 하나였다. 한국의 경제 규모가 아이들 점심 한 끼를 무료로 제공하기 어려운 수준인지 생각하게 만든 2010년 서울시 무상급식 정책 논란이 한 예였다. 소득 하위계층 아이들에게만 무상급식을 제공하겠다며 주민투표로 결정하자던 서울 시장은 개표 가능 기준에 못 미치는 투표율에 시장직을 사퇴할 수밖에 없었다. 대선이건, 총선이건, 지방선거이건 각종 선거에서 보수 진영은 보편복지를 비판했다. 보건 위기 속에서 치러진 2020년 4월 제21대 총선을 앞두고서도 처음엔 마찬가지였다. 보수 야당은 심각한 경제적 피해를 본 이들에게 선별 지급을 주장했으나, 이내 전 국민에게 재난지원금을 지급하는 것으로 입장을 선회했다.

감염병 세계 대유행으로 인한 경제 피해는 생산, 유통, 소비, 고용의 모든 영역에서 그리고 전 국민에게 발생했다. 물론 비정규직 노동자와 일용 노동자를 포함한 사회 경제적 약자와 취약 계층 그리고 이제 막 사회에 진출하려는 청년들의 피해가 가장 크다는 건 상식이다. 그런데 선별 지급은 지원 대상자의 기준을 어떻게 정할 것인지 공정의 문제와 연결된 전제 조건을 충족해야만 가능한 조처였기에, 당장 지원이 필요했던 이들이 가혹하게 느꼈을 시간을 요구했다. 총선에서 표를 얻기 위해서였는지는 몰라도 보수 야당도 긴급재난지원금이 빨리 지급되도록 협력했다. 총선 이후 한 달여 만에 2,171만 가구에 4인 기준 100만 원이 지급된 긴급재난지원금은 대한민국 정부가 전 국민에게 지급한 사상 최초의 현금성 지원이었다. 정부 홈페이지는 '유례없는 위기에 대응하여 국민 생활의 안정과 위축된 경제 회복을 위해 정부가 제공하는 국민 안전망'이라고 설명하고 있다. 2차 재난지원금은 9월 말부터 소상공인 지원, 특수 형태 노동자나 프리랜서 생계 지원, 미취업 청년 구직 지원, 저소득층 긴급 생계 지원, 아동 돌봄 쿠폰 등의 형태로 선별적으로 지급되고 있다.

오래된 미래, 기본소득

전 국민을 대상으로 하건, 반드시 공적 혹은 사회적 지원이 필요한 취약계층을 대상으로 하건 몇 차례의 재난지원금은 최악의 경제 상황에서 '언 발에 오줌 누기'이거나 '덴 손에 침 바르기'와 같은 임기응변에 불과할지 모른다. 서유럽에서 중세의 몰락을 가져온 주요 원인 가운데 하나로 백년전쟁이 자주 언급된다. 14세기 중반부터 15세기 중반까지 프랑스와 잉글랜드의 백년전쟁은 때때로 전쟁이 멈춘 기간도 있었으나 100년을 넘어 117년간 이어지며, 두 나라에 전비 마련을 위한 인두세를 등장시켰다. 처음에는 일회성 세금이던 인두세가 전쟁이 길어지자 매년 걷어야 하는 상설 세금으로 변모하였다. 전쟁이 종식된 이후에도 인두세는 국가 재정과 상비군 유지를 위해 주요 재원으로 유지되면서 중앙집권적 왕권 강화에 이바지했다. 보건 위기와 연동된 경제 위기가 얼마나 오래 지속될지 그 누구도 알 수 없다. 따라서 임기응변식 재난 지원이 아닌 장기적이고 거시적인 안목의 경제 위기 해결책이 필요하다.

사회 구성원 모두가 최소한의 삶을 유지하도록 먹고사는 문제를 공동으로 해결하려는 노력은 계급·계층적 적대감과 갈등을 해소하고 사회적 평화를 유지하며 공동체의 번영을 추구하기 위해서 필수적이다. 신자유주의가 대두된 시점부터 여러 나라에서 기본소득 논의가 시작되었고, 소규모지만 이미 몇몇 실험과 적용 사례도 존재한다. 모든 사회 구성원들에게 조건 없이 생활에 필요한 기본금을 제공하자는 기본소득에 관한 생각은 '오래된 미래'이다.

모어 T. More, 1478-1535 · 몽테스키외 Montesquieu, 1689-1755 · 콩도르세 Condorcet, 1743-1794 같은 근대 초기 서양의 작가나 계몽사상가의 저작에서, 또한 푸리에 C. Fourier, 1772-1837 같은 19세기 초기 사회주의자들은 물론 자유주의자 밀 J. S. Mill, 1806-1873의 저작에서도 기본소득에 관한 사유를 찾을 수 있다. 20세기에도 자유주의적 시장경제 옹호자 프리드먼 M. Friedman, 1912-2006은 물론 프랑스의 생태사회주의 철학자 고르 A. Gorz, 1923-2007 등을 통해 기본소득 논의는 다양하게 전개되었다. 1986년에 유럽에서 결성된 기본소득 유럽 네트워크는 2004년 전 세계로 확대되어 사회운동과 정치 활동의 주요한 흐름이 되었다. 한국에서도 2007년 대선을 전후로 진보 정치 세력들이 기본소득 문제를 제기했고 관련 논의를 이끌어 왔다.

보건 위기는 유럽의 여러 나라에서 기본소득 논의를 확장시키고 있다. 한국에서도 기본소득 문제는 전보다 많은 이들의 관심의 대상이 되었고, 2022년 봄 대선을 전후로 사회적 정치적 논의가 본격적으로 펼쳐지리라 기대를 모으고 있다. 인간의 대면 활동을 비대면으로 대체하고 노동 자체를 점점 대체해 갈 과학기술과 기계문명의 발전은 보건 위기 이후 더욱 가속화될 것이다. 이에 따라 노동-임금 관계가 주된 구성 요인이었던 산업자본주의의 모습은 변모할 것이다. 제4차 산업혁명 시대, 새로운 자본축적 체계에서 살아갈 이들에게 최소한의 삶을 보장해 줄 사회적 환경을 조성해야 한다.

코로나19 세계 대유행은 보건 위기에 연동된 경제 위기의 극복뿐만 아니라 미래의 경제 사회 구조에 관한 긴 호흡의 거시적 논의를 자극한다. 감염병 세계 대유행이 새로운 자본주의의 탄생을 돕는 산파가 될지도 모른다. 근대 이래로 많은 사상가와 학자들이 사유해 온, 최근에는 진보적 사회운동과 정치 세력이 구체적 실현 방안을 내놓고 있는 기본소득은 여전히 유토피아적인 꿈일지도 모른다. 그러나 많은 사회적 제도가 오랜 사회적 상상의 산물임을, 유토피아적 전망의 현실화임을 역사가 증언한다. 다양한 행위 주체들의 역사적 실천 정도에 따라, 새로운 자본주의와 새로운 경제 사회 질서가 형성될 수도 있다. 기본소득을 비롯해 사회 구성원 모두가 같이 살아가기 위한 사회적 논의의 진전을 기대해 본다.

더이상 일하다 죽지 않게!
— 보건 위기 속 전태일 50주기

민유기

'택배 기사' 과로 방지 대책

2020년 10월 29일 택배 노동자 과로사 대책위원회는 성명을 통해 이틀 전에 사망한 2020년도 '15번째' 택배 노동자의 명복을 빌며 고질적 장시간 노동에 따른 참사를 비판했다. 같은 날 발표된 택배 노동자 사망에 대한 국가인권위원장 성명은 노동자의 '생명과 안전'을 노동을 제공하는 과정에서 보장받아야 할 '가장 기본적인 권리'라고 강조했으며, 택배 노동자들의 처우와 노동조건을 실질적으로 개선하기 위한 법안 마련을 촉구했다.

국민권익위원회는 국민 정책 참여 플랫폼인 '국민 생각함'에서 택배 '종사자' 노동환경 개선 국민 의견을 조사해 11월 10일에 발표했다. 종사자라는 표현은 현행법상 택배 노동자가 임노동 관계에 있는 노동자가 아니라 자영업자로 간주가 되기 때문이다. 아무튼, 해당 조사에는 1,628명이 응했는데,

택배 '종사자'의 산재보험 의무 가입에 95.9%가, 근로시간 단축에 95.6%가, 분류와 배송 업무 분리에 93.4%가 찬성했다. 그리고 이런 정책이나 제도가 도입되어 배송이 늦어지더라도 동의한다는 응답이 87.2%였고, 택배비가 인상되더라도 인상액이 '종사자' 처우 개선에 사용된다면 동의한다는 응답이 73.9%였다.

11월 12일에는 고용노동부, 국토교통부, 공정거래위원회 합동으로 정부의 '택배 기사 과로 방지 대책'이 발표되었다. 그런데 아쉽게도 이 대책은 장기적인 방향성을 제시하는 정도에 머물렀다. 과로 예방 대책으로 제시된 1일 최대 작업시간 기준 마련, 주간 택배 기사의 심야 배송 제한, 주5일 작업, 분류 작업 개선, 물량 조정 시스템 구축 등은 택배 회사에 권고하거나 유도하겠다는 것이었다. 불공정 관행과 '갑질' 개선 대책 역시 마찬가지였다. 그 외 사회안전망을 확대하고 일자리의 질을 개선하기 위한 기반 마련 관련 대책은 법령을 제정하거나 개정해야 하므로 상당한 시간이 필요한 것들이라 당장에 현실적 효과를 거둘 수 있는 구체적 대책이 아니었다.

최소한 방향성을 제시하는 수준의 정부 발표라도, 택배 노동자가 15명씩이나 죽어 가기 전에, 적어도 한여름 무더위에 택배 노동자의 안타까운 죽음이 이어지던 때에, 전국택배연대노조의 요청을 한국통합물류협회가 수용해 한국에서 택배 산업이 시작된 지 28년 만에 최초로 허용된 택배 노동자 하루 휴가였던 8월 14일 '택배 없는 날' 즈음에는 나왔어야 했다. 법령에 따르지 않고서야 정부가 민간경제 영역에 관여할 수가 없으니 이왕

늦은 발표라면 조금 더 늦더라도 구체적인 관련 입법 로드맵을 내놓았으면 좋았으리라. 알맹이 없는 발표의 날짜는 11월 13일 전태일 50주기를 의식해서 선택한 것으로 보인다. 정부가 대책을 발표한 날, 대통령은 고 전태일에게 노동계 인사로는 처음으로 국민훈장을 추서하며 "노동 존중 사회로 가야겠다.", "수많은 전태일과 함께 나아가겠다."라고 발언했다. 훈장 추서와 노동 존중 발언의 진정성은 추후 정부의 관련 정책들에서 확인될 것이다.

수많은 전태일과 김용균

50년 전 스물둘 꽃 같은 나이에 열악한 노동 현실을 고발하며 목숨을 불살랐던 고 전태일은 인간다운 삶과 '사람 사는 세상'을 만들기 위해 노력했다. 고 전태일은 그의 죽음이 '헛되지' 않기를 바랐던 많은 이들의 가슴속 한 구석에 자리를 잡은 꺼지지 않는 불꽃이다. 생명보다 이윤을 중시하는 천박한 자본주의에서 '따뜻한' 자본주의로 가는 길은 험난했고, 긴 호흡과 강한 걸음걸이로 뚜벅뚜벅 나아가야 할 길이 아직도 멀다. 전태일 이후 얼마나 많은 또 다른 전태일이 노동 현장에서 불의의 사고로 목숨을 잃었거나 혹은 스스로 죽음을 선택할 수밖에 없었던가. 국제노동기구[ILO] 통계를 인용한 2014년 4월 30일 자《한겨레신문》은 〈한국 산재 사망자 10만 명당 18명으로 세계 최고〉라는 우울한 소식을 전했다. 2019년 1월 2일에는 〈산재 사망률 1위인 '로봇 천국'〉이란 칼럼에서 한국이 경제협력개발기구[OECD]에서 통

지난 몇 년간 들려 온 여러 건의 비정규직 청년 노동자들의 산재 사망 소식은 우리를 안타깝게 했다(출처: pixabay, https://pixabay.com/images/id-3628841/)

계가 제공된 1994년부터 2016년까지 두 해를 제외하고 산재 사망률 1위의 불명예를 안고 있다고 우려를 표했다.

지난 몇 년간 한국의 청년들을 슬퍼하게 한 것들 가운데 하나는 비정규직 청년 노동자들의 산재 사망 소식이었다. 2016년 5월 서울지하철 구의역의 스크린 도어를 수리하다가 열여덟 살의 간접 고용 상태의 비정규직 노동자 '김' 군이 전동열차에 치여 사망했다. 2018년 12월에는 태안화력발전소에서 스물네 살의 비정규직 노동자 김용균이 기계 설비 점검 도중 컨베이어 벨트에 끼여 사망했다. 전문대를 졸업하고 군 복무를 마친 후 발전기술 업무 경험을 쌓고자 주식회사 한국서부발전의 하청 업체에 계약직 노동자로 입사한 지 3개월 만이었다. 《경향신문》은 2019년 11월 21일 1면에 〈오늘도 3명이 퇴근하지 못했다〉라는 제목으로, 2018년 1월부터 2019년 9월까지 고용노동부에 보고된 중대 재해 5대 사고로 사망한 노동자 1,200명의 이름을 실었다. 매일매일 별다른 관심도 받지 못하고 죽어 갔던 김용균들의 이름은 그렇게나마 언론에 언급되었다. '위험의 외주화'를 막기 위해 원청 사업주의 안전보건 책임을 강화한 개정 산업안전보건법, 이른바 '김용균 법'은 2018년 12월에 국회를 통과하였다.

'김' 군, 김용균, 그 외에도 많은 청년 노동자들이 푸르른 청춘의 꽃을 피우기도 전에 꺾였다. 무수한 청춘의 피땀과 눈물이 미래 삶의 꿈과 희망이 되지 못한 이유 가운데 하나로 노동을 하면서도 노동자의 권리를 누리지 못하게 하는, 비정규직과 특수 고용 형태의 노동자를 양산하는 신자유주의적 자본주의의 유연화된 노동시장 구조가 지적된다. 서얼로 '호부호형'을 못했던 울분에 찬 홍길동마냥, 노동을 제공하는 곳에서 노동자로서 헌법에 보장된 권리를 요구하지 못하는 비정규직 노동자나 하청 노동자의 권리를 찾기 위해서 노동계와 시민사회는 바지런히 움직였다. 그 결과 2006년 11월에 국회를 통과해 2007년 7월부터 300인 이상 사업장에 적용되는 비정규직 보호법이 탄생했다. 이 법은 1년 뒤 100인 이상 사업장으로, 또 1년 뒤 5인 이상 사업장으로 적용 범위가 확대되었다. 그런데 이 법은 노사 모두에게 비판받고 있으며, 노동 현장에서 정규직과 비정규직의 차별 해소 효과도 거의 없다.

생명, 안전 그리고 노동 존중 사회를 위하여

전태일의 마지막 가을로부터 50번째로 맞이한 가을, 근로기준법 11조 개정안, 노조법 2조 개정안, 그리고 중대재해기업처벌법, 이른바 '전태일 3법'이 국민 10만 명 이상의 동의로 국회에 제출되었다. 근로기준법이 적용되지 않는 5인 미만 사업장 노동자, 단체교섭권 행사에 제약을 받는 간접 고용 노동자, 노동기본권을 보장받지 못하는 특수 고용 노동자에게 법의 보호와 법적 권리를 보장해 주기 위한, 그리고 산재 사고와 사망에 관한 고용주의 책임성을 강화하기 위한 법안들이다.

보건 위기로 자택에 머무르는 시간이 많아지면서 필요로 하는 물건들을 문 앞까지 배달해 주는 택배 노동자는 친근한 이웃과 같은 존재가 되었기에, 이들의 과로사 소식은 많은 국민의 마음을 안타깝게 한다. 혹여 내가 시킨 배달로 무리하다 소중한 목숨을 잃는 것은 아닌지 염려하는 마음으로 택배 노동자를 위해 음료수와 응원 글을 문 앞에 내놓거나, 배달을 주문하면서 "조금 늦어도 괜찮아요." 같은 추가 메시지 남기기 등 노동 존중과 연대의 작은 실천이 이어지고 있다. 노동이 죽음과 마주하는 순간이 되지 않도록, 그리고 노동으로 흘린 땀의 가치가 노동자에게 그리고 그의 가족에게 내일의 희망을 위한 자양분이 되게끔 하려면 생명과 안전, 그리고 노동 존중의 가치가 공적 제도 속에 녹아들어야 한다.

계몽사상가 루소J.-J. Rousseau, 1712-1778는 『사회계약론』에서 사회계약은 구성원 개인의 개별의지 총합과 구별되는 공동체나 공공의 이익을 위한 '일반의지'를 낳는다고 주장했다. 그리고 그에 의하면 법은 '일반의지'의 산물이다. 한국의 일상을 경험한 외국인 대부분은 한국의 배달 문화를 '빨리빨리' 문화의 주요 상징으로 찬양하며 감탄한다. 매사 빠르고 정확한 일 처리는 많은 장점을 지닌다. 'K방역'의 성공적 운영의 배후에는 순기능적 '빨리빨리' 문화가 한자리를 차지한다. 하지만 모든 '빨리빨리'가 좋은 것은 아니다. 그것이 조금이라도 타인의 노동을 착취하거나 인권을 침해하게 된다면 더욱 그러하다.

감염병 세계 대유행과 보건 위기는 너와 나 그리고 우리가 서로 연대의 보이지 않는 끈으로 이어져 있음을 일깨운다. 모두의 노동이 존중받도록, 노동이 꿈과 희망이 되도록 전태일 50주기에 국민동의청원으로 입법이 발의된 전태일 3법이 빠른 기한 내에 제정되길 소망한다. 법이 제정된 다음에는 당연히 해당 법들이 다양한 노동 현장에서 제대로 지켜지는지 확인하는 능동적인 시민 참여가 이루어지도록 소망한다. 포스트 코로나 사회는 노동 존중의 사회이길 간절히 소망한다.*

민유기 | 경희대 사학과 교수·글로컬역사문화연구소장. 통합의료인문학연구단 지역인문학센터장. 파리 사회과학고등연구원 박사로 프랑스와 유럽의 도시사, 정치문화사, 국제관계사를 연구한다.

---

* 이 글은 2020년 11월 13일 고 전태일의 50주년 기일에 작성되었다. 출간을 위한 원고 교정이 이루어지던 2021년 1월 8일 국회 본회의 통과로 중대재해기업처벌법이 제정되었다. 그러나 이 법은 50인 미만 사업장에 3년의 유예기간을 두고, 5인 미만 사업장은 법 적용을 예외로 하였다. 해당 법안이 국회를 통과하자마자 노동계는 보건안전 설비가 열악한 5인 미만 사업장의 제외에 강하게 항의하며, 입법 취지를 정확하게 반영하는 새로운 입법을 요구하였다.

코로나와 도시

— 코로나19 시대의 '착한 임대인' 운동 다시 보기

이향아

감염병의 시대, "도시는 유효한가?" 하는 질문

감염병의 시대에 도시는 과연 유효한가? 코로나19 이후 도시는 어떤 모습을 지녀야 하는가? 도시사회학을 전공한 나를 비롯한 도시 연구자들이 듣는 가장 빈번한 질문이다. 실제로도 많은 도시 연구자들이 미디어를 통해 코로나 이후의 시대, 즉 뉴노멀New Normal 시대의 도시의 모습에 대해서 이야기한다. 우리는 코로나 이후 도시의 모습은 어떻게 될지, 도시는 과연 유효한지에 대해서 끊임없이 답을 갈구한다. 아마도 불확실한 미래에 대한 생각의 편린이라도 잡고싶을지 모른다. 그렇다면 도시는 그동안 어떠했는지 인류의 역사에서 반추해 볼 일이다. 가장 기본적인 대답은 아마도, 수많은 전염병이 창궐하고 그에 따른 인명 피해와 사회적 피해에도 불구하고 도시는 건재해 왔다는 것이다. 전염병으로 고대 아테네가 스러지고, 로마제국이

번성했고, 전염병으로 중세와 르네상스 시대를 거치며 도시 하수 시스템 등이 개발되고, 근대에 이르러 도시계획이 이루어졌다. 도시의 역사는 유구하지만, 그 역사의 찬란함은 18~19세기 근대화 과정을 거치면서 시작되었다.

필연적으로 도시는 전염병에 취약하다. 도시가 지니는 태생적인 '집주'의 문제 때문이다. '집주'라는 기본 성격을 지닌 도시는 근대화·산업화·진보와 문화의 본거지로서 기능하지만, 오염·전염병·불평등·범죄·익명성·아노미 등의 문제적 공간이기도 하다. 근대도시의 이러한 문제들을 해결하고자 끊임없이 도시는 혁신을 거듭해 오고 있다. 전염병은 도시의 과거와 현재를 위협하지만, 도시의 미래는 다시 전염병을 극복하는 방식으로 이어져 왔다.

따라서 인류의 역사가 계속되는 한, 도시는 그에 걸맞은 모습으로 변형되고 탈각되며 그 질긴 생명력을 유지하게 될 것이다. 도시는 인류의 문명과 같이 성장하는 생물이기 때문이다. 만 년이 넘는 유구한 역사를 지닌 도시는 언젠가는 이 팬데믹을 견뎌 내고 다시 살아갈 것이다. 어쩌면, 도시와 문명, 그리고 전염병은 그리스 신화에 나오는 세 개의 개머리가 달린 케르베로스의 모습일지도 모르겠다. 영원히 함께하는 삶이다. 단, 코로나19 이후 도시의 양상은 지금과 다를 수 있다. 공공 공간이 늘어나고, 집은 가족이 집에 함께 머물며 각자의 일을 하기에 적합한 공간으로 탈바꿈하고, 전자화, 원격화에 맞는 도시환경의 설비가 마련되어질 수 있다. 거주지 인근에서 삶의 대부분을 해결할 수 있는 소위 '15분 도시'의 등장이 회자된다.

사회적 공간인 도시

공간은 사회에서 만들어지고, 또 그 사회를 만드는 속성을 가졌다. 어느 사회나 그 사회에 걸맞은 공간을 갖기 마련인 것이다. 사후에서야 논의들이 영미권에 번역돼, 지금은 도시 연구에서 반드시 한 번쯤은 언급되는 대표적인 도시사회학자 앙리 르페브르Henry Lefebvre, 1901-1991는 공간은 단순한 공간이 아니라, 사회적 공간이라고 했다. 도시는 사회적 공간이고 그래서 도시는 생물이다. 우리가 살아가는 도시 공간이 불평등하고 배제적이고 비자율적이라면, 그것은 그 도시를 이루고 있는 우리 사회의 모습이 그러하기 때문이다. 지금 현재 도시의 모습은, 우리 사회가 무엇에 가치를 두고 살아가는지를 적나라하게 드러낸다. 도시는 거짓말을 하지 않는다.

팬데믹 이후의 도시를 가늠해 보는 것은, 우리가 앞으로 살아가야 할 가치에 대해 생각해 보는 일일 수도 있기에 반드시 필요하다. 그러나 우리가 팬데믹 이후의 도시의 미래를 생각하는 것이 과연 지금 우리가 처한 문제를 이해하고 성찰하는 것보다 시급한 일일까? 우리에게 정작 필요한 것은 전염병 이후 변화될 미래의 도시가 아니라, 지금 오늘 전염병에 스러져 가는 도시의 모습을 외면하지 않고 두 눈 크게 뜨고 마주하는 것은 아닐까? 전염병 시기에 그 본성을 드러내는 도시의 현재 모습을 말이다. 우리가 만들어 놓은 모습이다. 현재 우리가 살고 있고, 만들어 나가고 있는 도시는 과연 안전한지 건강한지부터 성찰한 후에, 코로나 이후의 도시를 이야기해도 늦지 않을 것 같다.

코로나 시대의 태권도장 임대료, 누구의 몫인가?

아이들이 다니는 태권도장은 실내체육시설이기 때문에 코로나가 한창이던 3~5월 그리고 최근에도 정부 지침에 따라 휴관을 거듭했다. 코로나로 인해 태권도장을 찾는 아이들도 현저히 줄었고, 휴관하면 그동안 아이들에게 열정으로 수업을 가르쳐 주시는 사범님들과 안전하게 아이들의 등·하원을 책임지시는 기사 선생님들은 강제 휴가를 갖게 된다. 학교 월급으로 4인 가족의 생계를 꾸려야 하는 나지만, 코로나의 여파를 태권도 관장님과 태권도장 가족들에게만 물을 일은 아니라 생각했다. 코로나가 잠잠해지고 아이들이 다시 태권도장을 다닐 때, 원래 계셨던 사범님들과 기사 선생님들이 아무 일 없었다는 듯이 다시 우리 아이들을 위해 일해 주시길 바란다면, 적어도 그 부담은 태권도장에 가지는 못하지만, 적절한 시기에 다시 수강생이 될 우리도 나누어야 한다고 생각했다. 사회적인 뒷받침이 있어야 한다고 생각했지만, 그래도 일단 내가 긴급히 할 수 있는 일이 있었다. 2달의 기간을 나 몰라라 하기엔, 우리 가족이 태권도장으로부터 받은 도움이 너무 컸고, 사범님들과 기사님들께서 어딘가로 가지 않고 잘 버텨 주십사 바라는 마음이 간절했기에 휴원 기간에도 수강료를 납부했다. 이 사실을 나중에 알게 된 태권도장에선 이후 수강료를 계상해 주셨다. 실내체육시설 집합금지와 프랜차이즈형 커피음료전문점 매장의 포장 배달만 허용되는 사회적 거리 두기 2.5단계 격상으로 가뜩이나 무거웠던 마음은 한층 더 불편해졌다. 자영업으로 생계를 유지하는 소규모 점포들이 받는 타격이 가장 컸다. 당구

장이나 태권도장, 발레학원, 복싱클럽 같은 소규모 실내체육시설은 모두 소규모 자영업자들이다. 프랜차이즈형 커피음료전문점도 프랜차이즈 브랜드 이름하에 묶여 있지만, 실질적으로는 로열티를 내고 개인이 카페를 운영하는 소규모 자영업자들인 경우가 많다. 이들이 얻게 되는 영업손실을 프랜차이즈 본사에서 보전해 줄 리 없다. 한두 달, 수강료를 못 받아도, 가게 운영을 못 해도, 이들 소규모 자영업자들은 임차료를 안 낼 수 없다. 코로나19가 끝나는 그때를 위해서라도 버텨야 하기 때문이다. 그러나 과연 임차료 부담은 자영업자만의 몫이었어야 할까?

착한 임대인 운동

소상공인연합회에 따르면 코로나19 이후 매출액이 감소했다는 소상공인이 98%라고 한다. 전국의 소상공인 중 폐업을 고려하는 이들이 50%가 넘는다. 모든 업종이 그렇겠지만, 특히 시민들의 일상적인 '이동'을 통해 영업소득을 올릴 수 있었던 중소 규모 점포의 경우는 그 여파가 더 심하다. 이에, 정부는 지난 2020년 4월부터 '착한 임대인' 운동을 시행하고 있다. 10월 말 기준으로 6천 명 정도의 임대인이 4만 3천 개 점포의 임대료를 깎아 주며 이 운동에 참여했다고 한다. 종합소득세를 신고하는 2021년 5월이면 더 정확한 숫자가 파악되겠지만, 아마도 더 많은 사람들이 이 '착한' 운동에 동참하고 있을 것이라고 정부는 내다봤다. '착한 임대인' 운동의 목적은 코로나 때문에 어려움을 겪는 소상공인의 임차료 부담을 줄여 주자는 것이다. 이를 위해 임대료를 깎아 주는 착한 임대인에게 세액공제를 적용해 준다. 상반기에 적용하기로 했던 이 혜택은 2020년 연말, 그리고 2021년 상반기까지로 기한이 연장되었다. 착한 임대인이 받게 되는 세액공제는 임대료 인하액의 50%를 소득세와 법인세에서 받는다. 더불어 10% 이상 임대료를 인하해 준 '착한' 임대인은 소상공인 정책자금 대상에 한시적으로 포함돼, 저금리로 대출을 받을 수 있도록 했다. 국유재산과 공공 기관 소유 재산의 임대료도 감면 중이다. 중앙정부뿐만 아니라 지방정부도 '착한 임대인' 운동에 적극 참여하고 있다. 예컨대, 전국 최초로 착한 임대인 지방세 감면을 발표한 경상남도가 배포한 8월 2일 자 보도 자료에 따르면 '착한 임대인' 2,729명이 임차인 7,105에게 78억 원의 임대료 인하 효과를 안겨 주었다.

지대 자본주의 혹은 불로소득 자본주의

그러나 과연 '착한 임대인', '착한 임대'는 가능할까?

'지대 자본주의' 혹은 '불로소득 자본주의'로 해석되는 Rentier Capitalism^{이하 불로소득 자본주의}은 근본적으로 희소 자산을 보유하거나 통제함으로써 수익을 얻는 것을 말한다. 케인스는 『고용, 이자, 화폐에 관한 일반이론』에서 자본주의가 안정되면 불로소득은 '안락사'를 당할 것이라고 내다봤다. 그러나 그의 책이 소개된 1936년에서 90년 가까이 지난 지금, 불로소득은 그야말로 신자유주의가 낳은 거대한 '황금알'이 되어 가고 있다. '희소성'을 소유함으로써 어떠한 경쟁이나 제한 조건 없이도, 더불어 별다른 노동과 노력 없이도 소득^{지대}을 취할 수 있다는 것이 불로소득의 핵심이다. 『불로소득 자본주의』를 집필한 가이 스탠딩 Guy Standing, 1948-현재 런던대학교 교수는, 우리는 현재 불로소득 자본주의 체제를 경험하고 있다고 주장했다. '불로소득 자본주의' 연구의 대표적인 학자인 가이 스탠딩과 브렛 크리스토퍼스에 따르면 21세기의 불로소득은 지대뿐만 아니라 금융, 천연자원, 지적재산권^{특허}, 디지털 플랫폼 등의 유한 자원의 통제나 독점까지 확대되기도 한다. 그러나 불로소득의 최정점은 역시 지대이다. 토마 피케티 Thomas Piketty, 1971-현재는 '지대주의'가 자본주의의 논리적 종착지가 될 것이라고 내다봤다. 왜냐하면 '지대주의'로 얻을 수 있는 수익의 규모가 다른 것들을 능가하기 때문이다. 애덤 스미스 Adam Smith, 1723-1790도, 칼 마르크스 Karl Heinrich Marx, 1818-1883도 지대를 이야기했다. 지대의 기본적인 속성은 바로 유한한 땅에 대한 독점적 소유권에서 비롯된다.

사실 이 '지대'는 영국에서 발생한 인클로저 운동과 산업혁명 시기에 새롭게 등장한, 우리에게 익숙한 '영국 신사'를 일컫는 '젠트리' 계층에서부터 그 근대적 속성을 드러내 왔다. '젠트리'라고 불리던 이 신사 계급은 중세 시대 영주 출신의 자제들로, 근대화 국면에도 지방의 대토지를 소유하고 그 토지의 '지대'로 귀족 생활을 했던 이들을 가리킨다. 산업혁명 시기에 대표적인 자본가로 알려진 '산업가'들에게 이 젠트리는 언제나 동경의 대상이었고, 젠트리의 삶의 양식은 산업가의 롤 모델이 되었다. 산업가들은 자기 자녀들이 본인들처럼 손에 '기름'을 묻혀 가며 일해서 돈을 버는 자본가가 되기보다는 '신사'처럼 지대 혹은 불로소득을 바탕으로 소득을 얻는 불로소득

[사진1] 토지 문제의 핵심은 유한하다는 데 있고, 이러한 토지의 소유가 소수 인구에게 제한되어 있으니, 토지로 인해 소득 불평등이 발생한다.(출처: pixabay, https://pixabay.com/images/id-1353389/)

자본가[rentier capitalist]가 되기를 바라기도 했다. 그러나 한정된 토지를 소유함으로써 얻는 지대수익은 늘 소수 엘리트의 몫이었다. 19세기 당시 영국 인구의 4.5%에 해당하는 사람이 영국의 모든 땅을 소유했다면, 현재는 1%의 사람들이 영국 땅의 절반을 소유하고 있다.

　토지 문제의 핵심은 유한하다는 데 있다. 유한한 토지의 잠재적 자본이득은 꾸준히 증가한다. 인구밀도가 획기적으로 낮아지지 않는 한, 토지의 자본 가치는 증가한다. 이러한 토지의 소유가 소수 인구에게 제한되어 있으니, 토지로 인해 소득 불평등이 발생한다. 국내의 경우, 2006년 종합부동산세가 도입된 이후 토지 소유 현황에 대한 통계가 발표되고 있다. 2018년 기준, 토지를 소유한 개인은 전체 인구의 33.4%이고, 평균 소유 가액은 1억 7천만 원이며, 토지 소유 상위 10%가 전체 소유 가액의 79.1%를, 면적의 96.5%를 차지한다. 토지로 인한 소득 불평등의 정점은 바로 부동산 임대이다. 특히, 부동산소득을 언급할 때, 부동산의 매매로 인한 이득만을 불로소득으로 인정하는 다수의 의견과 달리, 고전학파 경제학자들은 부동산을 소유한 지주는 아무런 노동 없이 얻어지는 임대수익을 불로소득이라고 간주한다. 지대가 불로소득과 동일어로 쓰여지게 된 이유이다.

2007~2016년 국내의 부동산소득은 GDP의 30%를 초과하는 수치를 보여 왔다. 부동산의 소유가 토지 소유와 일치한다고 보기는 어렵지만, 토지 소유 상위 10%가 국토의 96% 이상을 차지하고 있는 상황에서 부동산 소유와 부동산소득도 소수가 향유하고 있다. 「부동산과 불평등 그리고 국토보유세」라는 2017년 연구에 따르면, 토지 소유가 개인에서 법인으로 확대되고 있는 추세에서, 2008~2016년 상위 1% 기업이 소유한 부동산은 546조 원에서 966조 원으로 77% 증가했고, 상위 10대 기업이 소유한 부동산은 180조 원에서 448조 원으로 149%가 폭증했다. 2015년 부동산 임대소득에서 주택은 138.2조 원, 비주거용 건물은 104.6조 원의 소득을 얻었다. 경기도의 경우 2017년 기준 부동산소득불로소득이 91조 원으로 해당 연도 지역총생산 GRDP의 22%에 달한다.

불로소득 자본주의와 임대인

GDP의 30%에 해당하는 소득이 부동산소득이라는 사실은 그야말로 우리 사회가 '지대 자본주의'에 진입했다는 것을 의미한다. 이렇게 소수에게 부가 집중되어 있으면, 이 소수 그룹에 속하지 않은 대다수의 사람들은 생산 영역에서 본인의 노동의 대가만큼 소득을 올리지 못하고, 생계를 위해 이 소수에게 금전을 빌리게 된다. 불평등은 유지되고, 확장된다. 가이 스탠딩은 불로소득 자본주의가 민주주의의 부패로 인해 만들어진 결과라고 말했다. 즉, 불로소득의 성장은 민주주의의 일상화된 '장치'들에 의해 번창하게 되었는데, 유력한 불로소득자들이 정치를 상업화하고, 정치인들은 불로소득을 이용해 그들의 정치적 지지자들의 관행에 탐닉한다는 것이다. 부의 집중이 이루어질수록, 부의 정치력 또한 증대하기 때문이다. 민주주의 사회라면 이러한 막대한 불평등을 용인할 수 없어야 한다는 것이 스탠딩의 견해이다. 우리 사회에서 지대를 통해 자본을 축적하는 것은 공공연한 일이다. 여러 번 불거진 고위 공직자의 부동산소득 문제는 이러한 사태를 잘 대변한다. 우리 사회의 블랙홀처럼 모든 문제를 휩쓸고 있는 아파트 가격 문제는 또 어떠한가. 젠트리피케이션으로 임대료가 천정부지로 올라 초기의 다양성이 넘치는 거리를 만들었던 소규모 자영업자들이 사라지고 프랜차이즈 상점들로 채워져 결국은 모두가 같은 모습이 되어 버리는 우리 사회의 거리 모습은 어떠한가. 무엇보다 초등학교 6학년 장래 희망 중 2위가 건물주라는 현실은 현재의 문제를 넘어 우리 사회 미래의 문제라는 것을 일깨워 준다. 조물주 위에 건물주, 갓물주 등은 이미 너무 익숙한 표현이다. 대한민국에서 20대 이상의 장래 희망을 조사한다면 아마도 건물주가 독보적으로 1위에 올라 있을 것이다. TV에서는 건물주로 큰 소득을 올리는 연예인들을 부러운 시선으로 조명한다. 임대료를 많이 올리지 않는 연예인에게 '착한 건물주', '모범 건물주'라는 찬사를 보내기도 한다. 우리는 누구나 불로소득을 꿈꾸는 '불로소득 자본주의' 시대를 살아간다.

감염병 시기의 임차인들

코로나19는 한국뿐만 아니라 전 세계의 여러 시스템을 공격하고 있다. 국가의 공공의료 서비스 수준, 행정 시스템, 시민들의 개인주의와 공동체 주의에로의 방향성, 사회적 안전망 등등 사회의 가장 취약한 부분을 여실히 드러낸다. 많은 일상이 멈춰 선 이 시간, 사회적 취약성이 고스란히 드러나는 이 시간은, 그 사회의 현재적 모습을 가장 잘 반영하는 시간이다. 감염병 상황이 장기간 지속되면서 우리 사회의 시스템에 많은 제동이 걸리고 있다. 특히, 정상적인 경제활동과 사회활동이 어려워지면서 가장 먼저 타격을 받는 집단은 기존 사회에서 혜택을 받지 못했던 대상들이다. 자본의 논리에 위축되어 확장하기 힘들던 공공의료, 격무에 시달리며 재택노동은 상상할 수조차 없는 노동자, 열악한 환경에서 '이동성'을 통제받는 콜센터 직원들, 최저임금으로 버티는 수많은 임시직, 사회의 무관심 속에 외면받아 왔던 요양원, 자원봉사의 도움으로 근근이 버텨 나가는 중증 장애인들, 무료급식으로 끼니를 때우는 노숙인들, 그리고 이 글에서 강조하고 싶은, 불로소득 자본주의를 받치고 있는 수많은 자영업자 및 소상공인 임차인들. 넓은 의미에서 사회적 약자들이라고 불리는 이들은, 사실상 사회가 유지되기 위해 가장 필수적인 집단이다. 일상에서의 우리의 편안함은 이들의 노력의 대가로 얻은 것들이다. 나는 운이 좋게 재택이 가능한 직업군에 속해 있다. 등교를 하지 않는 아이들 덕분에 '돌밥돌아서면 밥하기' 신세로 낮 시간엔 책상 앞에 제대로 앉아 있기 어려운 상황이지만, 그럼에도 불구하고, 온라인 영상으로 수업을 진행하고, 줌Zoom으로 학술 대회를 진행하고, 집에서 글을 쓸 수 있다. 가게에 가지 않아도 휴대폰만 있으면 근처 맛집들의 음식이 30분 만에 식탁에 놓인다. 무거운 생수를 들고 올라오지 않아도, 온라인 주문으로, 그것도 하루 전날 주문하면 다음 날 새벽에 집 앞까지 배송해 준다. 쓰레기와 재활용품은 쌓여 가지만, 불편한 마음도 잠시, 일주일에 두세 번씩, 우리 대신 누군가 그 산처럼 쌓인 쓰레기와 재활용품을 우리 눈에 보이지 않는 어딘가로 운반해 간다. 내가 최소한으로 움직이고도 편안히 살 수 있는 것은, 누군가 나를 위해 열심히, 이 코로나19 시대에도 여전히 일해 주고 있기 때문이다. 그리고 감염병 사태가 종식되고 예전과 유사한 일상이 회복된다면, 가장 먼저 이 사회를 지탱하기 위해 또다시 최전선에 서야 하는 이들이다. 그렇다면 우리가, 사회가 '나의 편안함'을 위해서라도 이들과 함께 살아가는 방법에 대해 좀 더 전향적으로 고민해야하는 것은 아닐까?

'착한 임대인'은 가능한가?

다시, 착한 임대인으로 돌아가 보자.

임차인은 불로소득 자본주의의 필수 요소이다. 임차인들은 임대인들의 불로소득 자본주의를 떠받치고 있다. 최근 상가임대차보호법이 개정되어, 그나마 자영업 임차인들의 계약 기간이 10년을 보장받을 수 있게 되었다고는 하지만, 갓물주가 존재키 위해 수많은 임차인들은 고단한 노력을 하지 않으면 안 되었다. 젠트리피케이션으로 건물에서 내몰리는 임차인들의 뉴스는 계속된다. 10여 년 전 용산에서 벌어진 비극을, 건물이 철거되고 초고층 아파트가 들어서게 되면서 우리는 까마득히 잊은 듯하다. 서촌의 한 족발집 사장은 하루아침에 월세와 보증금이 4배로 오른 뒤, 강제 철거에 저항하다 손가락이 잘려 나갔다. 이들의 희생으로 얻어 낸 것이 10년 기한 보장이다. 그러나 10년 계약 보장도 3개월간 미납 월세가 없는 경우에만 해당하는데, 1년 이상 지속될 것 같은 코로나19 상황에서 혹시나 3개월의 월세가 밀리는 경우엔 10년의 계약은 보장되지 않는다. 현재 우리나라 최대 상권이라고 불리는 서울 명동에도 폐업 문구가 심심찮게 보인다. 자영업자의 50% 이상이 폐업을 고려한다. 그러나 폐업을 한다 해도 자동적으로 임대차 관계가 종료되는 것이 아니다. 계약서에 명시한 기간까지, 혹은 권리금을 내고 들어오는 새로운 임차인이 생길 때까지, 임차인은 임차료를 지급해야 한다. 명동뿐이랴. 전국의 모든 상점들이 코로나19에 여지없이 무너지고 있다. 서울 이태원에서 다수의 점포를 운영하던 유명 연예인이 이태원 가게를 폐업했다는 소식이 들렸다. 이태원이 다양성의 공간으로 거듭날 수 있도록 했던 그의 노력이 아쉬웠다. 조금 더 버텨 주면 좋으련만 하고 생각했지만, 폐업을 했어도 임대료 월 950만 원은 계약 기간까지 지불해야 한다는 이야기에 그에게 무리한 버티기를 더는 요구할 수 없다는 것을 깨달았다. 그가 임차했던 건물의 임대인이 '착한 임대인 운동'에 동참했는지의 여부는 모른다. 내가 강조하고 싶은 것은 전염병과 재해라는 긴급 상황에서 임차인은 점포

를 폐업하고, 건물주는 계약 기간이 종료할 때까지 임대료를 받는다는 사실
이다. 소상공인연합회가 실시한 '소상공인 임대료 현황 실태조사'에 따르면,
소상공인의 95.6%는 임대 사업장이고, 이들 중 89.4%가 임차료가 부담된다
고 했다. 50만 원 초과 100만 원 이하의 임차료가 32.5%로 가장 많았다. 지
난해 10월 대비 임차료 인상에 대한 질문에 80.8%가 '변동 없음'이라고 응답
했다. 소상공인 1,311명을 대상으로 한 설문에서 80%가 임차료가 변동 없다
고 이야기했다는 것은 '착한 임대인' 운동에 동참하는 건물주들의 비율은 실
질적으로 현저히 낮다는 것을 나타낸다. 소수의 임대인들은 임대료를 몇 퍼
센트 줄여 줌으로써 '착한' 임대인이 되어 국가와 지역에서 많은 혜택을 받
고 사회적인 '선'의 실천자가 된다. 각 지역마다 '착한 임대인', '건물주님' 등
의 칭찬 일색 플래카드가 나부낀다.

참한 임대인 운동과 공공성

착한 임대인 운동의 핵심은 '착한 임대인'의 지대를 공적 자금으로 보전
해 준다는 것이다. 정부가 임대인의 손실을 보전해 주어서, 임대인은 여전
히 높은 지대를 유지할 수 있게 되는 구조이다. 자본주의 사회라면, 부동산
가격이나 임대료의 책정은 시장경제를 반영한다. 유동 인구가 많고, 접근도
가 높은 지역의 부동산 가격과 임대료가 높게 책정되는 것이 시장경제의 원
리이다. 역으로 생각하면, 경기가 침체기에 접어들고, 더욱이 코로나 사태
로 유동 인구가 줄어들면, 부동산 가격과 임대료가 낮아지는 것이 시장경제

에 타당한 방식이다. 경기변동에 따라 자연스레 낮아져야 하는 지대를 국가와 지자체가 나서서 보전하고, 그들이 보전하는 대상이 '착한 임대인'이 되는 이 역설적인 상황이 우리가 만들어 가고 있는 공간의 모습인 것이다. 백번을 양보해서, 건물주도 대출로 건물을 매입했기 때문에 은행에 매월 납입해야 하는 대출금 상환액을 임대료로 충당했다고 치자. 가장 떠들썩했던 사례 하나를 들자면, 어느 유명 가수 그룹이 서울의 한 건물을 2012년 53억 원에 매입하면서, 임차인 보증금 약 2억 원과, 건물 담보 대출 약 38억 원, 순 투자금액 13억 원으로 이 건물을 매입했다. 실질적으로 이 그룹이 투자한 금액은 13억 원이었다. 2017년 이 그룹은 같은 건물을 95억 원에 매도했다. 42억 원의 투자 이익을 거둔 것이다. 코로나 시기의 이야기는 아니지만, 이 연예인 그룹도 매달 은행에 대출금을 상환하거나 이자를 내야 했을 것이고 그것이 부담이 되었을지도 모른다. 그래서 원래부터 이 건물에 임차해 있던 자영업자를 내쫓고, 안정적인 임대료를 보장하는 프랜차이즈 카페를 입점시켰는지도 모른다. 그러나 단 5년 만에 42억 원의 이익을 얻은 이들의 대출금 상환과 이자에 대한 부담감에 공감하기는 힘들다. 무리한 대출을 해서 이자와 원금 상환이라는 부담을 안고라도 건물주가 된다면 별다른 노력 없이 대부분의 사람들이 평생 가져 보지 못할 42억 원의 돈을 단 5년 만에 벌어들일 수 있는 사회가 지금의 우리가 살아가는 사회이다. 대한민국의 모든 건물주가 이들과 같지는 않을 것이다. 그러나 지대로 수익을 얻는 불로소득은 부러움의 대상이 되고, 은행 돈으로 건물을 사고 그 이익을 취하는 행위는 '잘한 일'이 되고, 위기의 시대에 임대료를 깎아 주는 그들의 '선행'은 우상화된다.

재난의 시기라고 해서, 특정 집단에게 더 많은 피해와 손해를 강요할 순 없다. 건물을 소유했다고 무조건 비판할 수 없다. 그러나 안타까운 것은 모두가 힘들고 어려운 이 상황에서, 지대를 통한 자본의 축적, 즉 우리 사회에 만연한 불로소득에 대한 성찰은 찾아보기 힘들다는 것이다. 부동산을 통한 부의 축적은 이미 대한민국에서 부자가 되는 최고의 롤 모델로 자리 잡은 지 오래다.

이 글을 수정해야겠다는 생각이 든 것은, 3차 대유행에 이어 거리두기가 다시 2.5단계로 격상된 뒤, 급기야 12월 7일에 청와대 국민청원 게시판에 이러한 모순을 이야기한 글이 올라왔기 때문이다. "코로나 전쟁에 왜 자영업자만 일방적 총알받이가 되나요? 대출원리금 임대료 같이 멈춰야 합니다."라는 제목의 청원에 12월 13일 현재 134,704명이 동의했다. 대부분의 자영업자들은 코로나로 강제 휴업하는 시기에도 대출금과 공과금, 임차료를 매달 내야 한다는 것이다. 영업이 중단되면 영업으로 인한 이익이 중단되므로, 대출금과 공과금, 임차료도 정지되어야 한다는 것이다. 호주와 캐나다, 독일 등에서는 코로나19 기간 동안 임차료를 감면하거나 정지하는 정책이 시행되고 있다. 미국에서는 모기지 상환이 유예되는 상황에서 모기지주택 임대업자들이 주택임차인들에게 임대료를 받는 현실을 개선하라는 청원과 함께, '2020 임차료 파업rent strike 2020' 운동이 전개되고 있다. 코로나 위기가 진행되는 2달간 임차료와 모기지 상환, 공과금 납부를 정지시킬 것을 요구하는 운동이다. 이에 8일 경기도 내 7개 지자체장들은 정부와 국회에 임차료 문제에 대한 대책을 요구하는 공동성명을 발표했다.

재난과도 같은 이 코로나19 시기에, 더불어 사는 우리는 그 고통을 분담해야 한다. 무엇보다 두려운 것은, 코로나19로 인해 수많은 자영업자들이 스러져 간 뒤에, 이 끔찍한 현재적 상황이 또 다른 감염병과 재난의 시기에 여전히 같은 모습으로 우리에게 돌아올지도 모른다는 것이다. 나는 여전히 잘 모르겠다. 코로나 시기 문 닫힌 우리 아이들의 태권도장 임차료는 과연 누구의 몫인가? 나는 그 임대료로부터 자유로운가? 불로소득이 우리에게 불편함을 주는 존재가 되는 그런 공간을 꿈꾸는 것은 인류가 전염병을 완전 정복하는 것만큼이나 요원한 일인 것일까? 코로나19 이후의 도시를 논하기에 앞서 코로나19로 드러난 우리가 만들어 놓은 도시 공간의 민낯을 직시하고 성찰하는 자세가 더욱 필요한 것은 아닐까?

그럼에도 불구하고, 더불어 살아가고, 고통을 분담하고, 노동의 대가를 정당하게 받을 수 있는 사회 공간을 오늘도 조심스레 꿈꿔 본다.

이향아 ㅣ 경희대학교 인문학연구원 HK+통합의료인문학연구단 HK연구교수. 고려대학교 서양사학과를 졸업하고, 영국 케임브리지대학교에서 사회학으로 석사와 박사학위를 받았다. 저서로는 『강남만들기, 강남따라하기』 등이 있고, 주요 논문으로는 'Managing the Living through the Dead: Colonial Governmentality and the 1912 Burial Rules', 「의료사회학 연구의 흐름과 전망」 등이 있고, 『서울, 권력도시』를 번역했다. 제1회 최재석학술상 우수박사학위논문상을 수상한 바 있다.

코로나19와 온전성 위협

─ 삶은 계속된다

김현수

위협받는 온전성

월드오미터 Worldometer에 따르면, 2020년 11월 12일 그리니치평균시 기준 10시 42분 전 세계 코로나19 누적 확진자는 52,528,628명, 회복된 인원은 36,748,758명, 사망자는 1,291,120명이다. 그러나 미국, 인도를 필두로 브라질을 포함한 세 국가의 누적 확진자 수의 급격한 증가세가 이어지고 최근 유럽의 누적 확진자 수의 증가세가 특히 급격한 점을 볼 때,* 단기간 내에 전 세계 코로나19 누적 확진자 수의 급격한 증가세가 꺾일 것으로 기대하기는 어렵다. 이 때문에 최근이 글을 쓴 2020년 11월 둘째 주 기준 일주일간 확진자 수가 백

---

* https://www.worldometers.info/coronavirus/worldwide-graphs/#countries-cases

명대를 유지하고 있는 국내와는 달리, 현재 유럽은 코로나19 팬데믹의 2차 확산으로 인해 국가별로 전면적이거나 부분적인 봉쇄를 다시 시행 중이다. 이런 점에서 11월 13일부터 시행된 마스크 착용 의무화로 대표되는 우리의 K방역과 뉴노멀은 상황이 훨씬 나은 편이다.

코로나19 사태 이후, '뉴노멀'이라는 용어는, 해당 감염증의 확산을 방지하기 위해 시행된 사회적 거리두기 등의 강력한 방역 조치에 따른 전반적 변화, 즉 대면 접촉 서비스의 불황, 언택트·온택트 문화의 확산 같은 새로운 사회·문화적 변화 양상과 그 영향으로 새롭게 개편되는 산업구조의 의미로 널리 사용되고 있다.* 이와 같이, 뉴노멀 개념이 사회·경제·문화적 측면에서 널리 사용되고 있음에도 의료인문학적 측면의 고려는 부족해 보인다.

코로나19는 RNA 바이러스에 의한 감염증이다. 즉 질병이다. 그러나 세계보건기구WHO가 유전자 염기서열 차이로 인한 아미노산의 변화를 기준으로 코로나19 바이러스를 S형·L형·V형·G형·GH형·GR형 등으로 구분하고 있듯이, 그 특성상 변종이 지속적으로 발생한다. 게다가 백신이 개발되어 접종을 하더라도, 코로나19 항체가 시간이 지날수록 감소함으로써 백신에 의한 항체 형성이 일시적 효과에 불과할 수 있다는 우려도 나오고 있다.** 더욱 중요한 문제는 코로나19에 감염되더라도 무증상인 사람이 존재하기에, 확진을 받은 사람은 물론이고 생존한 모든 사람들을 잠재적인 환자로 전락시

---

* 다음백과사전, https://100.daum.net/encyclopedia/view/47XXXXXb1340 참조.
** 뉴스1, https://www.news1.kr/articles/?4099989, 2020.10.27.

킨다는 점이다. 확진을 받은 이도 재감염이나 변종에 의한 재확진의 두려움에 떨어야 하며, 무증상 감염자 또한 변종에 의한 유증상 감염의 두려움에서 자유로울 수 없다. 즉 코로나19 앞에서 모든 사람들은 슈뢰딩거의 고양이처럼 코로나19 진단검사를 받지 않아 양성인지 음성인지 모르는 상황에서도, 아픈 이가 되고 환자가 되는 상태가 공존한다.

의철학자이자 의료윤리학자인 펠레그리노Edmund D. Pellegrino, MD, 1920-2013는 질환의 특수한 특징은 특히 인간 존재가 최대한으로 살아 낼 수 있는 능력을 감소시키고 방해하는 것이라 하고, 병든 사람들증상·부상·장애 등 그들이 '질환'으로 간주하는 어떤 사건을 경험한 사람들은 그들의 전 존재whole being에 걸쳐 손상을 입는다고 말했다.* 또한 모든 질환은 그 사람의 온전성에 대한 공격이며, 가장 직접적인 공격은 사망이나 장애·통증·불쾌·제약의 실재 혹은 위협이지만, 만족스러운 삶에 대한 환자의 이상idea이 만성질환이나 급성 증상 발현 반복의 가능성 혹은 그것들에 적응해야 할 요구에 의해 위협받는다고 지적했다.** 이러한 펠레그리노의 이해에 의거한다면, 코로나19 팬데믹 앞에 선 우리들 모두는 아픈 이이자 환자로서 각자의 전 존재, 온전성integrity이 손상받거나 위협받고 있다.

이러한 점을 고려할 때, 코로나19 사태 이후, 뉴노멀은 올드 노멀의 시대

---

* Pellegrino, Edmund D., Edited by H. Tristram Engelhardt, Jr., and Fabrice Jotterand, *The philosophy of medicine reborn : a Pellegrino reader*, Indiana: University of Notre Dame Press, 2008, 93-94쪽.
** Pellegrino, Edmund D., 같은 책, 96-97쪽.

에 전 존재로서 지녔던 온전성을 위협받고 손상을 입은 셈이며 그 범위는 사회, 경제, 문화적 측면을 넘어 의료인문학적 측면에까지 이르고 그 무게는 특히 엄중하다.

〈퍼펙트 센스〉

2011년 개봉했던 데이빗 맥켄지David Mackenzie, 1966-현재 감독의 영화 〈퍼펙트 센스Perfect Sense〉는 바이러스도 아닌 정체 모를 무엇인가가 퍼짐으로써 인류가 감각을 상실해 가는 디스토피아적 상황에 대한 상상적 서사를 보여준다. 2018년 국내 재개봉에도 불구하고, 2020년 7월 5일 영화진흥위원회 영화관 입장권 통합 전산망 기준 누적 관객 수 45,955명이라는 초라한 결과만을 보면 흥행과는 거리가 멀었던 작품이라 말할 수밖에 없다. 그러나 이 영화는 우리들에게 코로나19 시대 '뉴노멀'의 무게를 재고하게 함과 동시에 삶은 계속되는 것임을 상기시킨다.

〈퍼펙트 센스〉의 남자 주인공 마이클은 레스토랑의 생선 요리 담당 주방장이다. 그는 사랑할 줄 모르는 남자이다. 술집에서 만난 여성과 밤새 춤추고 술 마시다 집에 데리고 와서 동침까지 하나, 다른 사람과 한 침대에서 못 잔다는 이유로 막 잠이 든 그녀를 깨워 내보낼 정도의 소위 '나쁜 남자'이다. 레스토랑의 동료는 그런 그에게 사랑에 빠져서 비참해질 업보라며 힐난한다. 그런 그도 처음부터 나쁜 남자는 아니었다. 결혼을 결심할 정도로 사랑하는 이가 있었지만, 그녀는 병에 걸렸고 요리 재료인 생선의 신선도를 바다 냄새로 판단할 정도로 후각이 예민했던 그는 아픈 그녀에게서 풍기는 지하실 같은 눅눅한 냄새 때문에 함께 있지 못하고 결국 도망쳤으며 죄책감을 느끼려고 그녀의 무덤을 찾는, 그래서 내심 사랑을 할 자격이 없다고 자책하는 인물이기도 하다. 여성 주인공 수잔은 전염병 연구원이다. 그녀는 언니 결혼식에 참석하기 위해 현재 사는 곳에 잠깐 다니러 왔다가 한 남성을 만나 사랑에 빠졌으나, 식이 장애로 인한 난소 이상 때문에 불임이었던 탓에 이별을 겪고, 다시 나쁜 남자를 만날까 봐 새로운 사랑에 겁을 내며 우울감에 젖어 직장에 결근하기도 한다. 마이클과 수잔이 사는 세상은 빛·남성·여성·음식·레스토랑·직업 등이 있는, 우리가 아는 것과 같은 세상이다. 영화는 전염병 전문가 수잔의 직장을 통해 슬픔의 감정 이후 후각을 잃은 환자의 사례와 24시간 동안 영국을 비롯해 프랑스, 벨기에, 이탈리아, 스페인에서 각 100명이 넘는 발병 사례를 보고한다. 그러나 그들의 발병에서 접촉 contact과 패턴 pattern이 전혀 없어 전염성이 확인되지 않기에 단기간 내에 종식될 것으로 기대한다. 그러나 기대와 달리 사태는 걷잡을 수 없이 확산된다. 게다가 병인으로서 단백질 돌연변이 proteins mutating, 프리온 prions, 그리고 다른 어떤 것도 바이러스라 말할 만한 것이 발견되지 않는다. 이에 그것은 질병임에도 전염성은 없다고 발표되고 고도 후각 상실 증후군 Severe Olfactory Loss Syndrome이라 불리며 경계 태세의 강화가 요청된다. 그러한 상황에서 손님이 없어 음식 재료가 남아돌자, 마이클이 면식이 있는 수잔에게 요리를 대접하던 중, 그녀 또한 발병하며 사이가 가까워진다. 사람들에게 후각이 사라졌지만 '삶은 계속된다 Life goes on'. 삶은 계속되지만 후각과 함께 추억이 사라져 버린 세계는 이전의 일상이었던 세계와는 엄연히 다른 뉴노멀의 세계이다. 심지어 후각의 상실에 이어 공포와 극심한 허기 이후에 미각의 상실이 일어난다. 극심한 허기에 사람들은 날생선이나 립스틱조차 입속으로 밀어 넣는다. 세상에서 미각이 사라지는 그 빠른 속도에 병명을 붙일 시간도 없다. 후각과 미각이 사라진 탓에, 레스토랑의 사장은 사람들이 생존에 필수적인 밀가루와 지방만 살 것이고 외식을 하지 않을 것이기에 자신은 망했다며 하소연하자, 마이클은 밀가루와 지방 말고도 중요한 다른 것들이 있기에 삶은 계속되고 레스토랑도 다시 문을 열 수 있을 것이라 위로한다. 몇 주 내에 미각이 기억에서 멀어지지만, 다른 감각들이 결손된 자리를 차지한다. 손님들은 레스토랑에서 와인을 따르는 소리와 잔을 부딪치는 소리를 듣고 음식의 다양한 온도와 식감을 새롭게 즐기게 된다. 그렇게 삶은 계속되는 듯이 보인다. 이번에는 태국에서 화[anger], 분노[rage], 증오[hatred]의 감정 뒤에 청각이 상실되는 고도 청각 상실 증후군[Severe Hearing Loss Syndrome]의 발병 소식이 뉴스를 통해 전해진다. 계속해서 인도, 중국, 러시아로 퍼져 나가며 24시간의 잠복기가 11시간으로 짧아지는 등 나쁜 소식만 늘어 간다. 사람들은 곳곳에 격리되고 발병자들이 드러내는 극도의 공격적 행동으로 인해 함부로 집 바깥으로 나가지 못하고 TV 화면에만 의지해 정보를 얻는, 생존조차 위협받는 상황이 펼쳐진다. 그러나 곧 사람들은 생존에 필수적인 지방과 밀가루 이상의, 그들에게 중요한 것에 눈을 돌린다. 누군가는 세상에 종말이 왔다고 믿으며 부서진 상점에서 물건을 집어 들고 거리를 뛰어다니며, 누군가는 기존의 일상을 다시 영위하고자 움직인다. 심지어 무엇을 할지 모르는 사람들조차 그러하게 삶은 계속된다. 사람들은 최악을 준비하면서도 최선을 희망한다. 끝으로 시각의 상실이 가까워 온다. 사람들은 살아 있다는 것에 깊이 감사하며 무엇보다도 온기, 이해, 수용, 용서, 사랑을 표현하기 위해 다른 이에게 닿고 싶은 충동을 함께 나눈다. 빛이 사라졌지만 그들은 알아야 할 모든 것을 알게 된다고 영화는 자막을 통해 말한다.

영화는 디스토피아적 상황을 그려내면서도 삶은 그렇게 계속된다는 작은 희망을 보여주고자 한다. 미각 상실 이후 서로를 받아들였던 마이클과 수잔 두 사람이 청각 상실 이전 마이클의 화·분노·증오의 감정과 독설로 인해 멀어지지만, 시각 상실 이전 서로를 찾아 얼싸안고 용서하며 받아들이는 모습을 통해 그러한 점을 드러낸다. 다만 영화의 제목 '퍼펙트 센스'와 연관하여 후각·미각·청각·시각의 상실 이후에 마지막 남은 촉각이 온전한 사랑을 가능케 하는지, 감각에 의존해 분열된 세계를 살았던 존재가 네 가지 감각만으로 표현한 오감의 상실 이후에 비로소 온전한 사랑이 가능하게 되는지는 분명히 드러나지 않는다. 그럼에도 나는 영화의 함축적 주장을 후자로 이해한다. 고대 중국의 철학자 노자老子가 감각을 넘어선 도道를 잃지 않기 위해 "그 눈을 막고 그 입을 닫는다."*라고 한 언급처럼 말이다. 그 사상의 요체를 노자에 근본을 두고 있는 장자莊子 또한 이와 관련한 흥미로운 고사를 제시했다.

---

* 『도덕경』 제52장과 제56장, "塞其兌, 閉其門."

황제가 적수의 북쪽에서 노닐다가 곤륜의 언덕에 올라 남쪽을 바라보다 다시 돌아왔는데, 자신의 현주玄珠를 잃어버렸다. 그래서 지知로 하여금 그것을 찾게 했으나 얻지 못했다. 이번에는 이주離朱로 하여금 그것을 찾게 했으나 얻지 못했다. 다시 끽후喫詬로 하여금 그것을 찾게 했으나 얻지 못했다. 이에 상망象罔을 시켰는데 '상망'이 그것을 얻었다. 황제가 말하길, "기이하구나! '상망'이라야 그것을 얻을 수 있는가?"*

'현주'는 '도道', '지'는 지각知覺, '이주'는 총명聰明, '끽후'는 언변言辯을 뜻한다. 세 가지는 모두 감각의 뛰어남을 의미하며 감각에 기반을 둔 사유와 언어 활동으로 현주를 '찾는' 주체이다. 다시 말해, 그것들은 주체와 객체의 나누어짐을 전제로 한다. 반면, '상망'은 찾으려 하는 활동도 없으며 이에 객체와 나누어지는 주체로 성립되지도 않는, 즉 나누어짐을 넘어서 있다. 동양철학적 표현을 빌리면, 무심無心을 뜻한다.

이런 점에서 노자와 장자의 언급들은 모든 감각의 상실을 통해 상대에 대해 알아야 할 모든 것을 아는, 감각을 넘어서는 '퍼펙트 센스'의 지평이 새롭게 열릴 수 있음을 보여준다.**

---

* 『장자』, 「천지」, "黃帝遊乎赤水之北, 登乎崑崙之丘而南望, 還歸, 遺其玄珠. 使知索之而不得, 使離朱索之而不得, 使喫詬索之而不得也. 乃使象罔, 象罔得之. 黃帝曰"異哉! 象罔乃可以得之乎?"."
** 관련 내용은 김현수, 「노자철학의 사랑관 '무위의 아낌[無爲之愛]'을 중심으로」(『동양철학』 40집, 한국동양철학회, 2013)를 참조.

삶은 계속된다

〈퍼펙트 센스〉의 감각 상실 증후군들에 비할 바는 아니지만, 우리는 코로나19 팬데믹을 통해 현재 비슷한 경험을 하고 있다. 냄새를 맡지 못하거나 맛을 느끼는 데 어려움을 느끼는, 후각이나 미각 손실이 다른 감염증에서는 보기 어려운 코로나19의 특이 증상임이 이미 보고된 바 있다.* 특히 코로나19 사태의 장기화로 인해 이전 생활로 돌아가려는 개인들의 욕구와 비대면의 뉴노멀 상황이 지어내는 피로감으로 우울감을 겪는 코로나 블루, 누적된 우울감과 함께 분노·짜증·화 등을 느끼는 코로나 레드,** 빈곤층·고령층·장애인과 같은 소외된 사람들에게 더욱 절망적 고통을 초래하는 코로나 블랙까지 우려되는 상황이다.***

팔레스타인의 자하드 알스와이티는 코로나19 확진 판정을 받아 입원 후 면회가 금지된 어머니를 매일 밤 병원 건물의 배수관을 타고 올라가 창문 너머로 지켜보다가 모친이 잠든 후에야 집에 돌아가곤 했다. 얼마 지나지 않아 그의 어머니는 사망했다. 이슬람 문화권에서는 시신에 하얀 수의를 입혀 매장해야 하나, 최근 팔레스타인에서는 코로나19로 인한 사망자의 경우 이 과정을 생략하고 시신을 비닐봉지에 담아 매장한다. 그러나 생전 알스와

---

* 뉴시스, https://newsis.com/view/?id=NISX20200824_0001140343, 2020.08.24.
** 파이낸셜 뉴스, https://www.fnnews.com/news/202011100953027247, 2020.11.09.
*** 세계일보, http://www.segye.com/newsView/20201005519677, 2020.10.06.

이티의 어머니는 자신이 죽거든 비닐봉지에 담아 묻지 말아 달라고 했으며 그는 어머니의 유언을 지키고자 가족과 친구들을 동원해 병원에서 시신을 훔쳐 직접 매장했다.* 지극한 효성의 한 사례로 보도된 내용이지만, 이 또한 올드 노멀 시대의 온전성을 지녔던 이들이 그 온전성을 위협받은 한 순간이다. 비단 이러한 사례는 해외에서만 있지 않았다. 국내의 경우에도 결혼식장·장례식장·종교시설·체육시설·요양원을 비롯한 의료시설에서 빈번하게 일어났으며 지금도 일어나고 있다.

격리병실 유리문 밖에서 코로나19 환자의 임종에 참관할 경우, 의료진 입회 아래 17가지 순서에 따라 엄격한 착·탈의 교육 후, 직접 개인보호구N95마스크·전신보호복·속장갑·겉장갑·보안경·얼굴가림막·덧신·헤어캡 등를 착용해야 한다. 이마저도 어려운 경우에는 CCTV를 통해 참관할 수 있다. 물론 의료기관에 따라 이조차도 불가능한 경우가 있다. 코로나19 사망자는 숨을 거둔 병상에서 150㎛ 두께 누출방지 의료용 비닐팩에 입고 있던 환자복 그대로 밀봉되며 다시 시신백으로 이중 밀봉된다. 개인보호구를 착용한 상태로 대기 중인 장례지도사 등 담당 인력이 고인을 안치실까지 모셔 와 입관을 한다. 유족들은 입관식도 할 수 없고, 덮개가 씌워진 관을 멀찍이 지켜볼 수 있을 뿐이다. 영구차에는 유족이 함께 탈 수 없으며 고인은 화장 후, 유골함으로 다시 만나게 된

---

* 머니투데이, https://news.mt.co.kr/mtview.php?no=2020101413001596524&type=1, 2020.10.14.

다.* 비대면 임종의 현실 속에 유족의 손상을 입은 온전성이 날것 그대로 전해진다.

코로나19 확진자의 수만큼이나 증가하는 것이 완치자의 숫자이다. 그러나 그들 가운데 60% 넘는 이들은 집요하게 지속되는 숨 가쁨의 증상을 호소한다. 나 또한 약물 치료 이전, 아침 무렵 두 시간씩 이어지던 기침 때문에 고통스러워한 기억이 있다. 이밖에도 환자의 절반 정도에게서 현저한 피로감 증상이 장기적으로 나타난다. 근육통, 집중력 감소, 운동 능력 저하, 두통, 수면 장애, 불안감, 기억력 문제, 현기증 등도 흔하게 확인되는 증상이다.**

뉴노멀은 온전성 위협의 시대이다. 많은 국내외의 사람들이 그 사실을 절감하지 못했을 수 있다. 이제라도 그 무게는 새롭게 인식되어야 한다. 코로나19 시대에도 삶은 계속되기 때문이다.

---

* 한겨레신문, http://www.hani.co.kr/arti/society/society_general/966132.html, 2020.10.17.
** 코메디닷컴, http://kormedi.com/1326013/옥스퍼드대가-밝힌-코로나-완치-후-지속되는-증상들/, 2020.10.21.

코로나19 시대 마스크와 시비곡직

—미덕과 심리적 거리두기의 지양

김현수

코로나19 팬데믹과 마스크

월드오미터 Worldometer 에 따르면, 2020년 8월 14일 오전 10시 30분^{한국 시간} 기준 전 세계 코로나19 누적 확진자는 2107만 7546명, 사망자는 75만 3390명, 회복된 인원은 1391만 356명이다. 2019년 12월 중국 후베이성 우한시 발병을 시작으로 2020년 1월 30일 세계보건기구의 '국제적 공중 보건 비상사태^{PHEIC}' 선포와 3월 11일 감염병의 세계적 유행을 뜻하는 팬데믹 선언 이후, 봉쇄 조치와 강력한 사회적 거리두기 등 세계 각국에서 이루어진 방역 대책에 의해 감염 증가는 완만한 상승세를 보였다. 그러나 최근 휴가철을 맞이하여 코로나19 사태 이전 생활로 돌아가려는 개인들의 욕구와 비대면의 뉴노멀 상황이 지어내는 피로감, 폭염, 집중호우 피해 등 세계 곳곳의 여러 상황들이 복합적으로 작용하여 급격한 증가세를 보이고 있다.

이미 6월 말에 국내 감염병 전문가들은 코로나19 장기화와 함께 기온 하강에 의한 바이러스 생존 기간 증대와 실내 밀집도 증가를 이유로 이번 가을과 겨울에 2차 대유행이 도래할 수 있다고 경고한 바 있다.* 그런데 8월 초, 휴가철 코로나19 신규 환자 증가와 관련해 독일 의사노조 측은 이미 2차 확산기에 접어들었다고 평가했다. 8월 14일 국내 코로나19 신규 확진자가 166명 나오면서 긴장감이 커지고 15일 정부가 16일부터 수도권 내 '사회적 거리두기' 단계를 2주간 현행 1단계에서 2단계로 상향 조치한 상황 또한 2차 확산기를 거쳐 2차 대유행이 도래할 수도 있다는 두려움과 무관하지 않다.

　코로나19 팬데믹으로부터 자신과 가족, 사회, 국가 공동체를 지키기 위한 노력은 여전히 국내외의 도처에서 진행 중이다. 그러한 많은 노력 가운데, 세계인의 일상을 바꾼 한 가지로 마스크 착용을 거론할 수 있다.

　국내에서 코로나19 첫 확진자가 발생한 1월 20일 이후에도 한 달여 가까이 마스크를 착용하지 않은 사람들이 적지 않았다. 코로나19의 전파가 비말 감염droplet infection에 의해 이루어진다는 세계보건기구의 입장을 따랐기 때문이다. 세계보건기구는 코로나19가 주로 침방울과 같이 크기가 큰 호흡기 비말에 의해 감염된다는 주장을 견지해 왔다. 그에 따라 감염자들이 기침이나 재채기를 하더라도 1~2미터 내를 이동하여 바닥에 빠르게 떨어지기에 실내 공간에 한정하여 적절한 환기와 마스크 착용을 권고하고, 일반적 생활

---

*　KBS, https://news.v.daum.net/v/20200630214022189, 2020.06.30.

에서는 최소 1미터 거리두기나 손씻기의 방역 수칙 준수를 특히 강조했다. 실제 해외의 경우, 마스크 착용이 유증상자의 몫이라는 일반적 이해는 세계보건기구의 주장과 맥락을 같이하는 것이다.

국내의 경우, 매우 완만한 증가세를 보이던 중 31번 확진자 발생 이후 신천지를 중심으로 하루에만 909명의 확진자가 발생한 2월 29일 사회 전체의 위기의식이 매우 높아졌다. 물론 1월 말 우한으로부터 아시아 전역으로 확대되는 조짐을 보이던 때, 코로나19에 대한 예방과 감염 전파 방지 차원에서 솔선해서 마스크를 착용하는 시민들이 적지 않았다. 그런데 역설적이게도 마스크 착용이 당연시되기 이전 시점인 2월 초에 마스크 공급이 수요를 따라잡지 못해 가격이 치솟는 이른바, '마스크 대란' 상황이 벌어졌다. 평소 도매가가 200~300원이던 KF94 마스크가 10배 가량 가격이 오른 2,000원에 거래되고 현금 결제를 내세운 그 이상의 매수 호가도 등장했다.* 물론 이 상황은 코로나19가 최초 발생한 중국으로 고품질의 KF94 마스크를 반출하고자 생산 공장까지 현금을 들고 찾아가 선주문 계약을 맺은 해외 브로커들과 마스크 가격 상승을 내다보고 차익을 노리기 위해 사재기에 나선 국내 상인이나 일반인, 중국 관광객, 유학생들에 이르기까지 마스크 선점에 열을 올린 것도 크게 작용했다. 다행스럽게도 정부에서 2월 5일 마스크와 손소독제 등 의료용품에 대하여 매점매석 금지고시를 제정함으로써 해당 행위에

---

* 뉴스투데이, https://imnews.imbc.com/replay/2020/nwtoday/article/5656746_32531.html, 2020.02.03. 인터넷 쇼핑몰 기준 KF94 마스크 1매 소매가는 8천원이 넘어가기도 했다.

대해 엄벌 조치하고, 이후 2월 12일의 긴급수급조정 조치로 생산업체의 제조 판매 신고제, 26일의 공적 판매처 출고 의무화와 수출제한 조치 등을 시행했다. 그러나 급증하는 수요에 대응하기가 여전히 어렵자 3월 5일 마스크의 공적 공급 정책인 〈마스크 수급 안정화 대책〉을 발표함으로써 공급량을 늘리고 부족한 마스크 물량을 신속하고 공평하게 배분하는 마스크 5부제를 시행했다.

복지와 자유 VS 미덕

정치철학자 마이클 샌델Michael Sandel, 1953-현재은 『정의란 무엇인가』의 1장을 2004년 허리케인 찰리가 플로리다를 휩쓸어 22명의 인명과 110억 달러의 재산 피해를 일으킨 후, 올랜도의 한 주유소가 2달러짜리 얼음 한 봉지를 10달러에 팔고 평소 하룻밤 숙박비가 40달러 하던 방을 160달러까지 올려받던 모텔 등의 예시로 시작한다. 가격 폭리를 금지하는 법이 있었던 플로리다에서 2천 건 넘는 신고를 접수받고 법무장관이 가격폭리방지법을 집행하려 할 때, 경제학자나 친시장 평론가는 그 가격들 또한 '공정한' 가격임을 주장하거나 폭리도 탐욕스럽거나 뻔뻔스러운 행동에 의한 것도 아니고 시장 전체에 해보다는 득이 된다고 주장한 사실을 제시하고 이와 달리, 법무장관은 그것이 '불공정한' 가격이며 그것을 청구하는 상인들에 대해 정부는 그저 구경만 하고 있을 수 없다고 주장한 사실을 드러냄으로써, 가격폭리방지법을 둘러싼 세 견해가 복지경제적 번영·자유·미덕의 세 항목에 각기 초점을 맞추고 있으며 이는 또한 정의를 각기 서로 다른 시각으로 바라보고 있는 것이라고 기술했다.

복지와 자유는 시장 논리를 앞세우는 사람들이 중요시하는 요소이다. 시장은 사람들이 원하는 물건을 공급하기 위해 열심히 일하도록 공급업자들에게 동기를 부여함으로써 사회 전체의 복지를 증가시킨다. 또한 시장은 개인의 자유를 존중하기 때문에, 재화나 용역에 어떤 특정한 가치를 강제로 부여하기보다는 사람들 스스로 자신이 교환하고자 하는 것에 가치를 매기도록 한다. 반면, 가격폭리방지법을 찬성하는 사람들은 어려운 시기에 과도하게 가격을 인상하는 것은 사회 전체의 복지를 늘리는 데 기여하지 못하며, 자유시장이 실제로는 자유롭지 못하다는 것을 근거로 탐욕을 악덕이자 나쁜 태도로 규정하고 그러한 행위에 대해 법적으로 억제해야 하며 이는 암묵적으로 명예와 포상을 누릴 미덕이나 좋은 사회가 장려해야 할 생활 방식에 대한 판단이 연관되어 있다고 샌델은 지적했다.*

정부가 시장에 개입한 마스크 5부제 외에도 마스크 구매를 둘러싼 미덕과 악덕의 상반된 평가는 다음의 사례에서도 확인된다. 마스크 품귀 현상이 빚어지는 가운데 2월 초 시나닷컴에서는 한 여성이 마스크를 가득 채운 지갑의 사진을 보도했다. 국내 언론에서는 이를 두고 부를 과시하는炫富 수단으로 '마스크 플렉스Flex'까지 등장한 셈이라며 원래 힙합에서 '자신의 성공

---

* 마이클 샌델 지음, 김명철 옮김, 『정의란 무엇인가』, 와이즈베리, 2017, 23-8쪽 참조.

이나 부富를 뽐내거나 과시한다'는 뜻으로 쓰이다가 근래 대중에게 널리 알려지며 반감 또한 적지 않은 플렉스 개념을 통해 그것이 결코 미덕이 아님을 드러냈다.* 그런 반면, 같은 시기에 국내에는 취약 계층과 소외 계층을 위해 마스크를 직접 기부하거나 구매 비용을 기부하는 소식이 전해졌다. 해당 뉴스들이 '선행', '천사'와 같은 키워드를 내세운 것을 상기한다면, 그러한 행위를 미덕을 지닌 것으로 평가했다고 볼 수 있다.

7월 5일 32개국 과학자가 코로나19의 공기 감염 가능성을 제시한 공개서한을 과학 저널에 게재할 계획이라는《뉴욕타임스》의 보도가 나온 이후,** 7월 8일 세계보건기구에서 코로나19의 공기 전파 가능성을 검토하고 있다는 공식 발표 소식이 전해졌다. 기존의 침방울 같은 비말감염으로 볼 수 없는 새로운 사례가 나왔음을 인정한다는 내용이 덧붙여졌다.***

통상 비말이라 함은 기침이나 재채기를 할 경우, 공중으로 배출되는 지름 5μm 이상인 체액의 입자를 가리킨다. 또한 비말보다 작아 공중에 떠도는 비말핵droplet nuclei에 의한 감염을 공기감염airborne Infection이라 한다. 감염자의 기침이나 재채기를 통해 바이러스가 들어 있는 침방울이 5μm 이하의 에

---

* 중앙일보, https://news.v.daum.net/v/20200207050116245, 2020.02.07.
** MBN, https://news.v.daum.net/v/20200706084349952, 2020.07.06.
*** 세계보건기구의 공식 발표를 전한 국내 언론의 뉴스는 다음의 기사 제목들에서 확인되듯이, '공기 전파 가능성 검토'를 '공기 감염 인정'으로 확대 재생산하고 있었다. 뉴스핌, WHO '공기 감염' 인정→예방 지침 변경? "혼란만 가중" 지적도, 2020.07.08., 경향신문, WHO "공기 감염 가능성 인정"… 무더위에도 방역마스크 필수되나, 2020.07.08., MBN, WHO, 코로나19 '공기 감염' 인정… 미국은 탈퇴 공식 통보, 2020.07.08.

어로졸Aerosol 형태로 공기 중에 분출되고, 밖으로 나온 바이러스가 공기 중을 떠돌다 감염을 일으키기 때문이다. 문제는 에어로졸과 5μm 미만의 초미세 비말microdroplet이 모두 일반 비말에 비해 오랫동안 공기 중에 머무를 수 있어 명확한 구분이 어렵다는 데 있다. 이런 점을 고려하여 세계보건기구 소속 전문가 알레그란지Benedetta Allegranzi 박사는, 코로나19가 혼잡하고 폐쇄적이며 환기가 잘되지 않는 환경에서는 공기 중 전파 가능성을 배제할 수 없다고 설명한 것이다.* 국내의 경우, 이른 시기부터 3밀밀폐·밀접·밀집 시설 환경을 피하는 방역 수칙과 함께 마스크 착용을 적극 권고해 왔다. 반면, 세계보건기구의 비말감염 주장에 의거하여 코로나19 방역 대책을 수립했던 세계 각국의 공중보건 조치 기준은 강화될 가능성이 높아졌다.

최근 프랑스 보건복지부는 야외 마스크 착용을 각 도시에 자율적으로 맡겼다. 그 가운데 항구도시 니스는 8월 3일부터 지정된 일부 지역에서 마스크 착용을 의무화하고 모든 마스크 미착용자에 대해 135유로, 우리 돈으로 약 19만 원의 벌금을 부과하고 있다. 또한 파리도 8월 10일부터 40도가 넘는 폭염이 계속되면서 불편을 호소하는 시민들이 늘고 있음에도 센강 주변, 마르쉐장터 등 사람들이 밀집하는 장소 100군데를 지정하여 마스크 착용을 의무화했다.** 심지어 프랑스 정부는 코로나19 재확산 방지와 추가 봉쇄 조치

---

* MBN, https://news.v.daum.net/v/20200708203421241, 2020.07.08.

** SBS, https://news.sbs.co.kr/news/endPage.do?news_id=N1005931845, 2020.08.14.

를 회피하기 위해 직장 내 마스크 착용 의무화를 추진할 방침이라고 한다. 감소했던 일일 신규 확진자가 봉쇄 조치 완화, 여름 휴가철 등과 맞물려 7월 이후 다시 증가세를 나타내고 현지 시간으로 8월 16일 일일 신규 확진자가 3,310명으로 집계되고 7일간 일평균 확진자 역시 4월 이후 처음으로 2천 명을 넘어섰기 때문이다.[*]

마스크 착용의 의의

이러한 상황에서 마스크 착용의 의의를 되짚어 볼 필요가 있다. 그것이 본질주의의 입장이든 사회적 구성주의의 입장이든 코로나19 시대 마스크 착용이 단지 유효한 방역 조치의 하나라고만 할 수는 없다. 즉 그 근본 의의는 코로나19로부터 나를 보호하고 타인도 보호하는 지점에서 찾아야 한다. 그것은 마스크 착용의 근본 의의가 마스크의 본질이나 정체성과 문제를 달리하는 지점이기도 하다. 마스크 착용을 통한 사회적 거리두기는 심리적 거리두기와 동치될 수도 없고 그것을 조장해서도 안 된다.

마스크 착용이 어느 순간 전 세계적으로 의무화된다고 할지라도, 인도 서부 푸네의 기업인 샨카르 쿠르하데가 주문 제작한 약 460만 원의 황금 마스크[**]나 미국에 거주하는 중국 비즈니스맨이 세계에서 제일 비싼 마스크로 주

---

[*]   연합뉴스, https://news.v.daum.net/v/20200816203224712, 2020.08.16.
[**] 연합뉴스, https://news.v.daum.net/v/20200713124538923, 2020.07.13.

문했다고 알려진 다이아몬드 3,600개가 장식된 약 18억 원의 경우도 마스크 착용의 근본 의의에서 한참이나 동떨어져 있다.* 전자에 비해 그것이 코로나19 차단을 위한 N99 기능을 갖췄다고 하더라도 말이다.

제4차 산업혁명 시대에 걸맞게, LG전자가 개발해 신촌세브란스병원 의료진에게 2,000개를 기부한, 공기청정기 특허 기술이 적용된 전자식 마스크 또한 그러하다. 샤오미 등 해외 업체와 스타트업 업체들이 전자식 마스크를 먼저 개발해 판매하고 있듯이,** LG전자도 일반 소비자에게 판매할 가능성이 높다. 그때 코로나19가 여전히 맹위를 떨치고 있다면, 해당 제품을 착용함으로써 플렉스를 뽐내고 덴탈마스크나 KF94 마스크를 착용한 사람들과 계층 간 위화감이라는 심리적 거리두기를 조성할 가능성이 농후하다. 일찍이 중국 고대 철학자 노자老子는 "백성에게 이로운 기물이 많아지면, 나라가 더욱 혼미해진다."***라고 함으로써 생산성을 높이는 효율적 기물이 인간을 본연의 모습에서 멀어지게 만드는 것을 경계한 바 있다.

마스크 착용자와 미착용자 사이에 일어나는 폭행 사건은 나를 보호하고 타인을 보호하는 마스크 착용의 근본 의의가 마스크를 미착용한 타인에 대해 심리적 거리두기를 행하고 때로는 물리력 행사를 통해 적극적으로 배제하는 양상으로 변질되는 지점을 보여준다. 7월 31일 로스앤젤레스 카운티

---

* 머니투데이, https://news.v.daum.net/v/20200812071447992, 2020.08.12.
** 경향신문, https://news.v.daum.net/v/20200712213939766, 2020.07.12.
*** 『도덕경』 제57장, "民多利器, 國家滋昏."

맨해튼비치에서는 한 여성이 마스크를 쓰고 있지 않은 남성들과 설전을 벌이다 급기야 상대방의 얼굴에 들고 있던 뜨거운 커피를 끼얹는 일이 발생하기도 했으며, 호주 멜버른 인근에서는 8월 3일 밤 38세의 여성이 마스크를 쓰지 않았다는 여성 경찰들의 지적에 격분해 경찰의 머리를 후려쳐 쓰러뜨리는 일이 벌어졌고, 프랑스에서는 지난 8월 4일 파리 외곽의 한 빨래방에서 한 남성이 앞서 와 있던 다른 남성에게 마스크를 써 달라고 계속 요구하다 그가 부른 2명 가운데 한 명에 의해 야구방망이로 두들겨 맞았다.* 5월 26일부터 대중교통 마스크 착용 의무화를 시행한 국내에서도 마스크를 써 달라고 요구하는 다른 승객들과 시비가 붙거나 기사의 하차 요구에 불응해 실랑이를 벌이거나 폭행을 행한 사건들이 있었다.

국내외의 경우 모두 법률상으로는 마스크 미착용자들에게 잘못이 있다고 보인다. 그러나 마스크 착용자들의 심리적 태도 또한 우리 스스로를 통해 되짚어 볼 필요가 있다. 그것이 "모두 힘들지만, 마스크라도 잘 써서 코로나19 때문에 힘든 시기를 함께 빨리 이겨 냅시다."와 같은 태도인지 아니면 "마스크를 쓰지 않는 당신 같은 사람들 때문에, 힘들어도 열심히 쓰는 우리가 계속 이렇게 힘든 거야."와 같은 태도인지 말이다. 후자의 경우, 정의의 칼자루를 쥐고 부정의한 타인을 배제하는 단초가 된다. 반면, 전자의 경우는 정의를 추구하면서도 맥락을 중시하는 배려 또한 아울러 갖추고 있다. 워커

---

* 연합뉴스, https://www.yna.co.kr/view/AKR20200805080200009, 2020.08.05.

의 연구 결과에 따르면, 높은 수준의 도덕 발달 단계에 있는 개인들은 정의 지향성과 배려 지향성을 동시에 지니고 있는 것으로 보고되고 있듯이,[*] 우리가 취해야 할 도덕적인 심리적 태도는 후자보다는 전자로 이해된다.

건강한 이들과 그렇지 못한 이들을 중심부와 주변부로 구분할 때, 중심에서 멀리 떨어져 관심 영역에서 벗어나기 쉬운 이들에 대한 심리적 거리두기가 일어나지 않도록 해야 한다. 코로나19 시대 마스크 착용이 일상의 불편이 아닌 심각한 고통으로 작용하는 건강 취약 계층이 주위에 존재하기 때문이다. 마스크 착용으로 인해 공황장애 증세가 심해지는 경우, 자폐 스펙트럼 장애를 지녀 부드러운 면 마스크도 철 수세미처럼 느껴지는 경우, 천식 등 호흡기 질환으로 인해 호흡곤란 증세를 겪는 경우 등이 그러하다.[**]

현지 시간 8월 16일 스페인 수도 마드리드에서는 전국의 마스크 착용 의무화와 공공장소에서 흡연 금지 등 코로나 확산 방지를 위한 각종 조치에 반대하기 위해 수백 명이 참여하는 대규모 집회가 열렸다. 집회 참석자들은 "우리는 두렵지 않다." 등의 구호가 적힌 플래카드를 들고 반대 의사를 밝혔는데, 보도사진이 전한 모습은 역설적이게도 상당수가 마스크를 착용한 상태였다.[***]

---

[*] 카츠·나딩스·스트라이크 엮음, 윤현진·박병춘·황인표·정창우·정탁준 옮김, 『정의와 배려』, 인간사랑, 2007, 16쪽.

[**] 경향신문, https://news.v.daum.net/v/20200730171449365, 2020.07.30.

[***] JTBC, https://news.v.daum.net/v/20200817114011536, 2020.08.17.

50명대 확진자가 연속 5일 세 자리수로 급증한 8월 18일 현재 수도권 집단감염이 전국적 대유행으로 진행될 분수령이 될 수도 있기에, 방역 당국은 서울·경기 지역에 8월 15일 발령한 사회적 거리두기 2단계를 3단계로 즉시 격상할 수 있도록 준비 중이라고 한다. 그럼에도 코로나19 방역을 위해 물리적 거리를 두는 사회적 거리두기가 심리적 거리두기로 변질되어서는 안 될 것이다.

김현수 | 경희대학교 HK+통합의료인문학연구단 HK연구교수. 동국대학교 철학과를 나와 동대학원에서 철학박사 학위를 받았다. 주요 논문으로 「莊子의 '道通爲一'에 근거한 트랜스퍼스널 마음치유 프로그램 개발의 가능성-홀리스틱 세계관에 기반한 ILP, MBSR과의 비교를 중심으로」, 「펠레그리노를 통해 본 의료인문학」 등이 있다.

누가 그녀를 죽였는가?
― 코로나 시대, 청년 여성 돌아보기

윤은경

이른 저녁 식사를 마치고 막 해가 저물 무렵에 전화가 걸려 왔다. 부동산 중개인은 자살한 젊은 여성의 원룸을 맡고 싶다며 이것저것 물어보더니 조심스레 말을 덧붙인다. "좀 특이한 점이 있는데, 그렇다고 골치 아픈 것은 아니고, 어차피 가보시면 알게 될 테지만, 아무튼 살림도 없는 간단한 집이니 잘 부탁드립니다." … 자살 현장에서 뜻밖에 마주한 캠핑장. 연분홍색 텐트가 방 한가운데 둥그렇게 세워져 있다. … 가방 속에서 이력서가 발견되었다. 그녀는 고등학교 졸업과 동시에 대기업 휴대전화 부품 공장에서 일했다. 오 년을 근속하고 또 다른 대기업 공장으로 옮겨 또 몇 년 동안 일했다. 이 년 뒤 서른이 될 나이이다.

― 김완, 『죽은 자의 집 청소』 중

코로나 상황이 장기화되면서 그와 관련한 자살이 급격히 증가하고 있다.

2020년 5월까지만 해도 자살률이 전체적으로 감소했다는 뉴스가 보도되었으나, 가을을 지나 겨울에 들어선 지금, 추세는 역전되었다. 11월 첫째 주에 차 안에서 극단적 선택을 시도한 A씨의 차량이 화염에 휩싸여 구급대원들이 출동하는 일이 있었으며, 같은 날 오전에는 B씨가 차량의 뒷좌석에서 번개탄을 피워 사망했고, 오후에는 20대 청년이 아파트 20층에서 투신해 숨지는 일이 있었다. 일가족이 생활고를 비관해 아버지가 아이들과 부인을 먼저 죽이고 스스로 극단적 선택을 한 경우도 있었다. 모두 한 주말 사이에 일어난 일이다.

코로나는 모두에게 재난이지만, 그것의 위력은 모두에게 동일하게 느껴지지 않는다. 직격타를 맞은 이들은 생계의 전선에서 더 이상 물러설 곳이 없는 이들이다. 하루 장사로 하루 먹을 것을 마련하는 이들, 불안정한 거처에서 언제 쫓겨날지 모르는 이들, 언제 해고될지 모르는 알바를 전전하며 생계를 이어 나가는 이들, 타인의 돌봄에 의존할 수밖에 없는 이들, 돌봄의 책임을 일시에 떠맡게 된 이들. 일상의 활기活氣가 일시적으로 가렸던 이들의 존재가 코로나로 인해 멈춤 상태가 되자 죽음의 모습으로 드러나고 있다.

여기 한 여성이 있다. 그녀는 고등학교를 졸업한 뒤 곧바로 사회로 나가 돈을 벌어야 했다. 이제 갓 스물을 넘긴 나이에 고졸이 지원할 수 있는 직장은 그리 많지 않았다. 임금이 높고 안정적인 직장일수록 더 전문적인 기술이나 학위를 요구했다. 어떤 곳에서는 대놓고 남성을 더 선호하기도 했다. 결국 그녀는 진입 장벽이 낮은 카드 회사 콜센터에 상담사로 취직했다. 그곳에서 그녀는 1미터가 안 되는 좁은 책상을 앞에 두고 양옆으로는 칸막이가 쳐진 좁은 공간에 앉아 끊임없이 전화를 받았다. 이런 공간이 빼곡하게 채워진 모양새가 닭장과 유사하다 하여 '닭장'이라고 부르기도 했다. 화장실을 가려면 손을 들어 허락을 받아야 했고, 코로나로 전 사회가 방역을 이야기할 때에도 그녀는 한 달에 고작 마스크 네 개를 회사에서 지급받았다. 마스크를 쓴 채 상담을 계속하다 보면 숨이 가빠 현실적으로 마스크를 계속 쓰고 있기가 버거웠다. 말소리가 잘 안 들린다며 짜증을 내는 건 물론, 하루에도 수십 건의 폭언에 시달려야 했다. 이런 환경에서 하루 8시간을 일한 그녀에게 주어진 임금은 월 200만 원 미만이었다. 응대한 콜의 수에 따라 임금이 지급되는 시스템이기에 이마저도 보장되는 금액은 아니었다. 이 돈으로 월세를 내고 통신비, 식비 등 기본적인 생활비를 내고 나면 남는 돈은 많지 않았다. 그녀는 더 나아질 가망이 없어 보이는 삶에 절망했다. 하루하루 버티기가 힘들었다. 코로나로 인해 상황이 더욱 악화되자 죽는 게 더 편할 것 같다는 생각을 떨쳐내기 어려웠다.

중앙자살예방센터에서 발표한 자료에 따르면 2020년 초 자살률은 전년도에 비해 감소했고, 중순경인 6월에는 큰 차이가 없이 비슷했다. 그러나 이 가운데 기존과 다른 흐름이 감지되었다. 바로 수도권에 거주하는 2030 여성들의 자살 관련 데이터의 악화였다. 특히 20대 여성의 자살이 유례없이 증가하는 모습을 보였다. 여전히 전체 자살률에서는 남성 자살률이 여성의 2~3배로 높게 나타나지만, 20대 여성의 자살률 증가 폭은 여느 세대나 성별보다도 월등히 컸다.

청년 여성의 자살 소식은 가까운 일본에서도 들려온다. 일본의 경우도 올해 초에는 전년 대비 자살률이 하락하는 모습을 보이다가 여름이 지나면서 역전세를 보였으며, 특히 여성 자살의 증가세가 두드러졌다. 여성의 자살률 증가가 전체 자살률의 증가를 견인하는 것이라는 분석까지 나왔다.

한국사회의 일자리: 20대 청년 여성이 선 자리

왜 20대 여성들의 자살률이 이토록 급격하게 증가한 것일까? 한 매체에서는 이를 '조용한 학살'이라고까지 부르며 문제의 심각성을 부각시켰는데, 이에 따르면 20대 여성들은 그녀들의 어머니 세대보다 자살로 사망할 확률이 7배 높다. 삶의 조건이 7배는 열악하다는 뜻일까? 20대 여성을 '학살'하는 주범으로는 한국사회의 차별적인 노동 구조를 핵심 원인으로 지목했다. 즉, 핵심 인력은 주로 남성이 맡고 여성은 보조 인력으로 쓰이는 한국사회의 노동구조에서 위기가 닥치면 잉여 인력인 여성이 가장 먼저 해고 대상이 되는데, 대체로 서비스 업종에 몰려 있어 특히나 대면 서비스업이 가장 큰 타격을 받는 코로나 상황에서는 이러한 직종에 종사하는 청년 여성들이 가장 큰 타격을 받을 수밖에 없다는 것이다.

여성 일자리의 불안한 상황은 과거 위기 상황 때에도 그 모습을 드러냈다. IMF 외환위기 때 여성 실업은 그 문제가 심각했음에도 불구하고 공론화되지 못했다. 이른바 '고개 숙인 아버지' 담론이 지배적인 사회적 분위기 속에서 가장은 아버지라는 게 정설이었고, 여성의 해고는 생계를 책임지지 않는 여성이 하던 일을 접고 다시 가정으로 돌아가는 일 정도로 치부되었다. 가장이 모두 남성이 아님에도 불구하고 여성의 노동은 생계와는 무관한 개인적 욕구 실현 정도로 간주되었다. 해고되어도 생활에 큰 문제는 없는 것이다. 그러나 당시 한국여성노동자회 여성실업대책본부에서 접수한 사연들은 실직한 여성의 현실이 얼마나 가혹한지를 보여주는 듯 처절했다. 다음은 하나의 사례이다.

> 남편은 몇 달째 연락 두절인데 일자리 구하기 힘들어 어느 날 밤에 삽 한 자루 들고 집 밖을 나섰습니다. 정신없이 땅을 파고 있는데 옆에 어린 아들이 '엄마, 나 살고 싶어.' 하더군요. 내가 뭐 하는 짓인가 정신이 번쩍 들어 찾아왔습니다.*

2008년 세계 금융 위기 때에도 여성의 실직은 심각했다. 2009년 상반기가 되자 취업자 수의 감소분 가운데 75%가 여성 일자리였다는 분석 결과가 제시되기도 했다. 실직한 여성은 30대가 가장 많았는데, 이들은 가사나 육아와 같은 비경제활동인구로 흡수되어 실직 청년을 구제하는 정부 대책에서도 소외되었다. 경제 위기로 인한 일자리 감소의 타격이 여성에게 가장 강력했음에도 불구하고 정부 대책은 피해 집단의 특성을 제대로 파악

---

* 부천여성노동자회 활동가로 활동 중이던 임윤옥 씨와 한 여성의 상담 내용 (여성신문 2020년 4월 18일자, [기고] 코로나19와 여성노동자 "조용한 학살"에서 인용·)

하지 못한 채 수립되었고, 그 결과 여성들이 사각지대에 놓인 것이다. 더욱 심각한 것은 이런 상황이 전혀 사회적인 주목을 받지 못했다는 사실이다. 당시 한 매체에서도 이 사회적 침묵을 '여성 노동자에 대한 조용한 학살'이라고 말했다.

과거 한국사회의 경제 위기에서 일관성 있게 드러난 점은 여성 일자리의 위태로움이다. 여성의 노동은 생계를 책임지는 남성 가장의 일에 비해 부차적이며, 여성 종사 비율이 높은 일자리는 위기 상황에서는 쉽게 사라질 수 있는 잉여 직종이며, 여성 노동자는 언제든 쉽게 대체될 수 있는 존재이다. 앞서 사례로 제시되었던 여성 콜센터 상담사의 경우도 이에 해당한다. 오늘날의 콜센터 상담사는 과거의 공장 노동자와 비교하여 근무 공간이 다를 뿐, '쉽게 뽑고, 쓰고 버려지는 존재'*라는 점에서는 동일한 것이다.

청년빈곤: 가난한 90년대생이 온다

어머니 세대의 '노동 학살'을 지켜본 딸들이 일자리에 진입해야 할 20대가 되었지만, 이전보다 높아진 고용 장벽 앞에서 허덕이고 있다. 코로나로 인해 신규 고용이 축소되거나 무기한 연기된 상황에서 임금이나 고용 안정성 등의 기본적인 조건을 따지는 것은 사치인지도 모른다. 비정규직이더라

---

* 김관욱, 「바이러스는 넘고 인권은 못 넘는 경계, 콜센터」, 2020, 『창작과 비평』 여름 통권188호.

도, 갑질에 시달리더라도, 임금이 턱없이 낮아도, 감염병에 쉽게 노출되는 열악한 근무 환경이라 할지라도 일단 취직을 위해 감수해야 한다. 어른들은 오랫동안 청년들의 어려움을 젊은 시절의 통과의례로 치부하면서 "아프니까 청춘이다." 식의 발언을 해 왔다. 그러나 청년들이 처한 현실은 부모 세대가 겪은 현실과는 판이하다.

코로나로 인해 더욱 열악해진 고용 시장이 문제의 전부가 아니다. 코로나는 기존의 상황을 더욱 악화시켰을 뿐이다. 더 깊이에 자리 잡고 있는 문제는 고착화된 계급 차이와 대물림되고 있는 빈곤이다. 빈곤 청년을 2년여 간 취재한 한 기자는 자살과 빈곤의 문제에 관하여 이렇게 말했다. "모든 자살이 빈곤과 직결되는 것은 아니지만 자살은 결국 고립의 결과이고, 고립의 절대다수는 사회 경제적 빈곤과 연결돼 있다." 빈곤과 고립감을 증폭시킨 것이 바로 코로나의 상황이니, 청년 자살로 우리가 주목할 문제는 바로 코로나 이전부터 늘 있어 왔지만 비가시화되었던 청년 빈곤의 문제이다.

1990년대생의 빈곤을 이해하기 위해서는 그들에게 대물림된 가난의 역사를 살펴볼 필요가 있다. 앞서 언급했던 기자는 빈곤 청년의 가난한 부모를 세 부류로 나누었다. 첫째, 1970~1980년대 시골에서 상경해 중산층에 합류하지 못한 경우, 1997년 외환위기를 전후해 임금 생활자 대열에서 탈락한 경우, 2000년대 카드 대란을 전후해 사업이 망한 경우이다. 이들의 자식 세대가 지금의 빈곤 청년층을 대표한다. 부모로부터 가난이 대물림된다는 것은 단순히 '유산'을 물려받지 못했다는 의미가 아니다. 교육 수준이 노동 피라미드의 위치와 직결되는 한국사회에서 가난은 더 안정적인 임금 생활을 보장하는 교육을 받지 못한다는 의미이며, 이들은 피라미드의 하층에서 각종 하청기업 노동과 비정규직 서비스업에 종사하면서 다만 자신만의 '가게'를 꾸리는 걸 목표로 삼지만, 이마저도 대기업이 장악한 생태계에선 불가능하다.

가난의 대물림, 기회 박탈의 대물림보다 더 무서운 것은 바로 의식의 대물림이다. 부모 세대의 몰락을 보면서 빈곤과 경쟁을 내면화한 청년들은 불가능한 꿈을 꾸지 않는다. 좀 더 실질적이고 손에 잡히는 것을 목표로 한다. 이들의 장래 희망은 '공무원', '건물주', '가게 사장님'이다. 이길 수 없는 경쟁은 소모적이기에 애당초 싸울 마음을 갖지 않는다. 다만 사회질서로서 경쟁을 내면화했기에 스스로 패배자임을 인정하고 열패감을 갖고 있다. 교육을 받지 못했으니, 가난한 것이 당연하다는 식의 생각이다. 기초 생활 보장에 대한 시민으로서의 권리 의식은 찾아보기 힘들다. 보장을 받아 본 경험이 없으니, 철저히 경쟁 논리로 살아가면서 내면화 한 패배자의 역할을 수행하고 있는 것이다. 사회로부터 삼포세대, 사포세대, 오포세대라고 일컬어지는 청년들이 말한다. "가진 게 있어야 포기하죠." 이것이 코로나가 벼랑 끝으로 밀친 청년들의 현실이다.

코로나 블루가 원인이라고?

코로나로 인한 자살률의 증가가 청년 세대에서 두드러지는 유례없는 현상에 사회가 주목하고 있다. 청년 세대 중에서도 '여성'이라는 점이 부각되자 이를 원인으로 엮어 내기도 한다. 한 기사에서는 글머리에서 여성이 '코로나 블루'를 겪을 가능성이 높다고 말하며 그 원인을 "호르몬의 특성상 여성의 감정 기복이 더 심하기 때문에 스트레스가 극심한 상황에서 극단적 선택 충동이 남성의 3~4배에 달한다."라는 전문가의 말을 인용했다《중앙일보》, 11월 12일 자. 여성의 자살률이 증가한 원인이 여성이기 때문이라는 거다.

한편 정부도 자살 방지 대책을 논의하기 시작했는데, 2020년 11월 30일에 총리실에서 발표한 바에 따르면, 20~30대 여성의 자살률이 높아진 원인은 '일자리 상실, 우울과 고립감 심화, 돌봄 부담 등 현실에서 겪는 어려움에 더 <u>민감하게</u> 반응하기 때문'이며 대책으로 '심리적 안전망을 촘촘하게 갖추고 필요한 도움을 제때 받을 수 있도록 정책을 보강할 것'을 들었다. 여기에서 제때 받을 수 있는 필요한 도움이란 '지속적인 상담과 지원'으로 무장한 '촘촘한 관리 체계'이다. 더불어 '유해 화학물질 등 자살 수단에 대한 관리를 한층 체계화'하는 대책도 제시되었다《서울경제》, 11월 30일 자, 밑줄 저자 추가.

이에 따르면 정부에서 인식하는 자살의 핵심 키워드는 '코로나 블루'인 듯하다. 자살은 우울감의 극단적인 표현이라는 것이 정설이다. 이를 보여주듯 자살에 관한 모든 기사의 하단에는 다음의 문구가 늘 등장한다. '※우울감 등 말하기 어려운 고민으로 전문가의 도움이 필요한 경우 자살 예방 핫라인 ○○○-○○○○' 코로나 시대의 생활고를 호소한 이들의 자살에 관한 기사도 마찬가지다. 자살의 원인은 우울감이므로 우울감을 '치료'해야 한다는 정신병리학적 진단이 코로나 자살에도 그대로 적용되어 정부 대책에서도 우울증의 치료 방법으로 알려진 상담과 약물 지원을 이야기한다. 하지만 이는 코로나라는 특수한 상황이나 이 시기에 자살을 선택하는 수가 늘어난 인구 집단에 대한 무지를 적나라하게 드러내며 실패를 예고한다.

극단의 상황에 몰린 이들에게 상담과 약물이 긴급 상황에서 일시적인 해소나 구원의 손길이 되어 줄 수 있기 때문에 이러한 시스템이 갖추어지는 것은 매우 중요하다. 그러나 자살의 원인이 우울증이라는 공식은 핵심을 건드리지 못한 채 표면을 맴돈다. 이러한 이해에 따르면 자살은 우울증 환자의 치료가 실패한 결과이다. 그이가 짊어졌던 삶의 무게나 이를 방조한 사회의 책임, 공동체의 부재는 삭제된다. 다시 말해 자살의 원인이 우울이라는 사고의 밑바탕에는 자살이 살아갈 힘과 의지를 상실한 자의 선택지라는 의미가 배제된 채 우울로 판단력이 흐려진 찰나의 순간을 극복하지 못한, 이성적인 사고가 마비된 환자의 잘못된 선택이라는 이미지가 깔려 있다. 여기에 여성이 필연적으로 더 우울한 젠더라는 생각까지 합쳐지면 청년 여성의 자살은 타고난 성향에 따른 우울감을 극복하지 못한 개인의 비극일 뿐이다. 값싼 노동력으로 소비되었던 청년들이 순식간에 환자로 낙인찍혀 관리 대상이 되어 버린다. 하지만 청년 여성의 자살에 가장 큰 영향을 미치는 요인이 여성의 노동시장 참여율이었다는 유럽의 연구 사례는 '코로나 블루'가 얼마나 많은 것을 삭제하고 비가시화하며 책임을 개인에게 떠넘기는지를 상기한다. 자살을 방지하기 위해 필요한 건 더 많은 상담과 약물의 보급, 또는 자살에 남용될 수 있는 독극물의 더욱 철저한 관리가 아니라 삶을 꾸려 나갈 수 있는 가장 기본적인 조건의 보장이다. 우울 또는 자살은 그 자체로 치료해야 할 병, 또는 치료하지 못한 병이 악화된 결과가 아니라 인간으로서의 기본적인 삶이 이어질 수 없는 상황의 처절한 징후인 것이다.

코로나 죽음의 의미-인간다운 삶을 거부당한 절망

이제 우리는 코로나 감염의 공포에 더해 코로나가 가져온 생활의 위기와 맞닥뜨리고 있다. 코로나로 인한 경제 위기가 1930년대의 대공황과 비견되는 가운데 과거와 마찬가지로 여성 노동자들이 고용 위기의 직격타를 맞을 것이라는 전망이 나온다. 특히 전반적인 고용 감소가 일어난 20대 청년, 그중에서도 청년 여성은 더욱 위태롭다. 과거에 비해 감염병에 대처하는 능력은 발전했을지 모르지만, 사람들의 삶의 토대가 되는 노동 생태계는 이전과 크게 달라진 점이 없기 때문이다. 가난은 대물림되고, 사회에서 가질 수 있는 일자리도 계급별로 세습된다. 여전히 여성에게 고용의 기회는 평등하지 않으며, 그녀들은 값싼 노동력으로, 대체 가능한 인력으로 위태롭게 일을 하고 있다. 노동환경의 열악함 속에서 감염에 무방비하게 노출되어 있기도 하다. 집단감염으로 주목받았던 콜센터 여성 직원들이 그러했고, 식당이나 마트에서 서비스업에 종사하는 많은 여성들이 감염의 위험과 실직의 위험 사이에서 위태롭게 하루하루를 버티고 있다. 가까스로 얻은 일자리가 하루아침에 사라져 생활고를 비관하다가 유서를 남긴 채 조용히 세상을 떠나기도 한다. 성인으로 독립할 시기에 일자리를 찾지 못하고 거처조차 불안정한 생활을 하다가 극단적인 선택을 하기도 한다.

코로나와 함께 사계절을 보내고 다시 새해를 맞이하고 있다. 또다시 늘어나고 있는 감염자 수에 잔뜩 긴장해야 하지만 누적된 피로에 많은 이들이 무기력함을 호소한다. 이 무기력함은 이제 우리의 생존을 위해서, 우리의 장기적 건강을 위해서 방역만이 능사일 수가 없음을 말한다. 코로나가 드러낸 한국사회의 구조적 결함을 직시하지 못하고 코로나라는 일시적인 상황에서, 자살하는 개인들에게서 죽음의 원인을 찾는 행태가 계속된다면, 앞으로 '코로나 자살'은 더욱 심각한 상황으로 치달을 것이다. 두말할 것도 없이 현재 급증하고 있는 자살 문제에 관한 대책은 그 깊이가 얕고 핵심을 놓치고 있다. 자살을 우울증 치료의 실패로 보고 상담이나 약물 치료의 접근성을 높여야 한다니… 누구라도 삶을 이어 나가기 어려운 상황에서 삶 자체를 포기하도록 내몰리는 이들의 의지나 정신 건강을 문제 삼아 책임을 전가하는 처사이다. 코로나 자살은 개인의 비극이 아니라 사회적 살인이다.

한 자영업자는 온라인 포럼에 익명으로 자신의 어려움을 호소했다. 그 내용인즉슨, 부모가 물려준 전 재산을 투자해 사업을 시작했는데, 코로나로 인해 매출이 떨어져 임대료는커녕 핸드폰 요금을 낼 돈조차 없다는 것이다. 손님이 오지 않는 가게 카운터를 지키고 있자면 자살 충동이 느껴져 우울감에서 벗어나기 위해 운동, 상담, 약물복용까지 하고 있지만 스스로 쓸모없는 인간이라는 생각은 나아지질 않는다고 한다. 발아래 땅이 꺼지는 이들에게 위로의 말이나 정치적 구호는 공허할 뿐이다.

기적적으로 코로나가 종식된다 하더라도 코로나가 더욱 일그러뜨린 노동 구조는 이전보다 더 심각한 문제를 초래할 것이다. 코로나가 드러낸 사회 안전망의 부재, 가난을 물려받은 빈곤 청년들에 대한 무지함, 여전히 여성에게 더 높고 좁은 고용의 문턱, 비참하게 내몰린 약자들에 대한 침묵을 방관한다면 이러한 상황을 직간접적으로 학습한 세대가 만들어 갈 미래는 어둡다. 시민의 힘으로 쟁취했다고 믿는, 성공적인 방역 모델의 원동력이라 믿었던 민주주의는 퇴보할 수밖에 없다. 우리는 코로나의 죽음들을 특정 시기, 특정 집단의 비극으로 보는 대신 그것이 드러내는 사회의 그림자를 직시해야 한다. 한쪽에서 K방역을 자축하는 사이 도심 곳곳의 고시원에서, 공장에서, 창고에서 청년들은 코로나로 더욱 궁핍해진 삶을 버텨 내고 있다. 이들에게 코로나 블루, 레드, 블랙은 울림 없는 말일 뿐이다. 하루하루를 불안감 속에 버티는 청년들에게, 그들이 느끼는 절망감이 위기 상황을 이겨내지 못하는 개인의 나약함에서 기인한 병이니 치료를 받으라는 말은 폭력이다. 그들의 우울과 절망은 코로나의 결과가 아닌 코로나 상황이 '죽음'으로 드러낸 청년들의 삶의 민낯이다. 청년들을 죽음으로 내모는 모진 현실에서 그들을 구해내기 위해서는 우울의 치료가 아닌 인간답게 살 수 있는 기초 생활의 보장을 논해야 할 것이다.

윤은경 | 경희대학교 HK+통합의료인문학연구단 HK연구교수. 경희대학교 한의과대학을 나와 동대학원에서 원전학으로 석사 및 박사 학위를 받았다. 주요 논문으로 「한의학적 관점에서 본 『태교신기』의 태교론」, 「한국 한의학의 치유개념에 관한 고찰 - 『동의보감』과 『동의수세보원』을 중심으로」, 「임산징후(臨産徵候)에 대한 한의학적 고찰」 등이 있다.

질병혐오의 역설

— 코로나 시대를 통한 평등 사회

김민수

전염병 코로나와 혐오사회

역사 속에서 전염병은 인류와 함께 존속해 왔고, 사회의 양면적인 면모를 드러내었다. 한편에서는 문제를 타개하기 위해 사람들이 서로 협력하는 모습을 보여주었다면, 다른 한편에서는 일부 대상에 대한 멸시와 혐오, 더 나아가 신체적인 위해까지 가하는 상황을 보여 주었다. 특히 후자와 같은 배제는 인간 본연의 질병에 대한 공포와 혐오에 의해 지속적으로 발생해 왔다. 실제로 전염병의 역사를 살펴보면 세계적으로 수많은 혐오와 배제가 휩쓸었다는 사실을 엿볼 수 있다.

미국 조지아 대학의 역사학 교수 스티븐 밈 Stephen Mihm은 《블룸버그 통신》의 사설에서 전염병의 역사를 통해 인류 사회에서 이루어졌던 낙인과 차별의 역사를 서술하였다. 그는 글에서 〈그림 1〉에서 보여 주고 있는 1348

[사진1] 1349년 유럽 페스트 유행 시기 유대인 박해 삽화 (출처: Wikimedia Commons, https://commons.wikimedia. org/wiki/File:1349_burning_of_Jews-European_chronicle_on_Black_Death.jpg)

년 유럽의 페스트 유행과 유대인 학살, 15세기 매독의 확산과 '프랑스 병'이 라는 병명의 탄생, 19세기 미국의 콜레라와 아일랜드인 혐오 등의 사례들을 예로 들었다.[*] 이와 같은 사건들은 인류가 지속적으로 질병을 혐오의 논거 로 삼았다는 사실을 보여준다.

질병혐오에 의한 낙인의 만연은 과거에 그치지 않았다. 우리는 과거보다 평등하고 자유로운 시간을 살고 있다고 자부하고 있지만, 계속해서 과거의 역사를 이어나가고 있다. 현재 진행형인 HIV 바이러스 감염인과 성소수자

---

*   Stephen Mihm, "질병발생 책임을 인종 집단에 돌렸던 불쾌한 역사.(The Ugly History of Blaming Ethnic Groups for Outbreaks)",《Bloomberg Opinion》, 2020.02.16. https://www. bloomberg.com/opinion/articles/2020-02-16/coronavirus-fear-and-racism-reawaken-an-ugly-history

차별, 정신 질환자에 대한 몰이해와 혐오 등이 이를 방증한다. 특히나 2019년 말부터 현재까지 지속되고 있는 코로나 사회에서 나타났던 사람들의 모습들이 가장 시의적절한 논거가 될 수 있겠다.

코로나의 발생과 함께 전 세계는 공황에 빠졌다. 사람들은 혼돈 속에서 공포와 혼란을 해소할 대상을, 분노를 쏟아낼 대상을 찾고자 했다. 그렇게 찾은 대상이 아시아계 사람들이었다. 질병의 진원지가 중국이라고 알려지면서, 질병 혐오가 중국인과 유사한 아시아계 사람들에게 겨누어진 것이다. 수많은 신문에서 아시아계를 향한 혐오 문제를 다룬 기사들이 게재되었고, 해외의 한국 동포들 중에 혐오와 낙인으로 고통을 겪었던 사람들의 목소리가 기사화되고 세계적으로 이슈화되기도 하였다.*

하지만 혐오는 거기서 멈추지 않았다. 아시아계라는 인종의 문제를 넘어, 각국 사회 속에서 질병과 가까이 있다고 여겨지는 사람들에 대한 경계심과 차별로 이어졌다. 그 대상은 의료인, 외국인, 노인, 청년 등 제한적이지 않았고 다면적이었다. 세계는 점차 면역학적 시대, 즉 자타를 구별하고 분리하면서 타자를 부정하던 시대로 돌아가고 있었다. 혹은 그보다 더 엄격하고 세분화된 낙인과 차별의 시대를 만드는 듯 보였다. 이러한 상황 속에서 안토니오 구테흐스Antonio Guterres UN 사무총장은 세계적으로 나타나고 있는

---

* Ahn Sung-mi, "해외의 한국인들이 코로나바이러스 공황에 따른 차별을 전하다.(Overseas Koreans report discrimination on coronavirus panic)", 《The Korea Herald》, 2020.02.05. http://www.koreaherald.com/view.php?ud=20200205000826

외국인과 의료인을 향한 혐오 등을 지적하며 변화를 촉구하였다.*

코로나와 함께 세계 각지에서 혐오 문제가 부각되었듯이, 한국에서도 다양한 사건들로 인해 혐오와 차별이 들끓었다. 외국인 혐오부터 시작해서, 코로나 확산에 연루된 일부 종교계로 인한 종교인 혐오, 5월 이태원 클럽이 매개가 된 코로나 확산에 의한 성소수자 혐오, 광화문 집회로 인한 2차 파동과 노인 혐오, 지역 혐오 등등 수많은 혐오들이 한국을 뒤덮었다.** 그리고 이와 같은 분노와 멸시의 감정은 지금도 현재진행형이다.

혐오는 전파력을 가지고서 표적이 된 인원들의 사회적인 행동을 비롯한 다양한 제약을 통해 그들의 목소리를 앗아 간다. 또한 그들의 권리를 박탈하고, 자신들의 혐오를 받아 내야만 하는 존재로 남겨 버린다. 한 개인 또는 집단을 마치 조르조 아감벤Giorgio Agamben, 1942-현재이 주장하였던 '호모 사케르'의 존재 양상, 즉 보호받는 영역조차 없는 벌거벗은 삶으로 만들어 버린다.***

이러한 모습은 확진자·완쾌자들에 대한 혐오에서 확연히 드러난다. 사람들은 확진자·완쾌자들이 어떻게 바이러스와 싸워 내고 있는지, 잘 치유되었는지에는 관심을 두지 않는다. 그저 그들을 바이러스 그 자체로 취급할

---

* 吉田 圭織, "국제연합총장 '인권의 위기로' 격차 및 차별 지적(國連總長 「人權の危機に」 格差や差別指摘)", 《日本經濟新聞》, 2020.04.23. https://www.nikkei.com/article/DGXMZO58382830T20C20A4EAF000/

** 김정화, "[단독] 약자에게 떠넘기는 코로나 시대의 혐오", 《서울신문》, 2020.09.22. https://www.seoul.co.kr/news/newsView.php?id=20200923009015&wlog_tag3=naver

*** 양창렬, 「생명권력인가 생명정치적 주권권력인가 - 푸코와 아감벤」, 『문학과 사회』 19(3), 2006. 참고.

뿐이다. 바이러스가 된 개체는 말을 할 수도, 자신을 보호할 수도 없다. 그저 누군가의 시선에 의해 재단당하고 공격당하며, 사회에서 '소멸'되거나 '비가시화', 또는 '비활성화'되어야 한다. 이렇게 의인화된 바이러스에 대한 혐오가 범주화된 존재들을 향한 무차별적인 낙인과 차별로 이어진다.

그래서 코로나와 같은 질병은 낙인찍히고 싶지 않아 하는 인간의 본능을 자극한다. 결국 사람들은 점점 더 음지의 영역을, 거짓된 말과 행동을 선택하게 된다. 8월 15일 서울시 유튜브 채널에 올라온 코로나 방역 홍보 영상 '넋 나간 가족'은 이를 잘 드러낸다. 코로나에 걸렸지만 동선을 숨긴 아버지는 가족들의 힐난 속에서 변명을 토한다. "사람이란 게 왠지 움츠러들고… 치매 걸려서 기억 안 난다고 해 버렸지."[*]라고 말이다. 혐오가 개인가 사회에 일으키는 파란은 이렇게 형성되고, 종국에는 더 많은 혐오를 탄생시킨다.

코로나 혐오의 역설, 평등

그러나 흥미로운 사실은 이처럼 전 세계를 수많은 혐오와 공포의 범벅 속으로 빠뜨린 '코로나' 팬데믹이 우리에게 질병과 낙인, 차별 등에 대해서 다시 재고하도록 질문을 던지고 있다는 것이다. 지금 세상에 만연한 혐오와 차별이 어디로, 누구에게로 향할지, 어떻게 하면 무차별적인 혐오를 딛고서

---

[*] 서울시 유튜브 채널, "동선 숨겼다가 고발을 당했다. 2억이 나왔다. 넋 나간 가족", 2020.08.15. https://www.youtube.com/watch?v=Xua8_D3aRns

모두가 평등하게 살 수 있을지를 말이다.

깊게 들여다보면 코로나 사회 속 혐오의 만연이 도리어 평등을 만들어 내는 듯하다. 무차별적인 바이러스의 감염기제와 인간 사회에 내재된 이분법적으로 자타를 분리하는 면역학 사고기제가 엮이며 모두에게 동등한 지위를 부여하고 있다. 즉 무차별적이고 다방향적으로 퍼지는 질병과 혐오가 누구나 바이러스가 될 수 있다는 사실을 각인시키고 있다. 실제로 국가인권위원회가 실시했던 설문 조사에서 10명 중 9명이 코로나를 통해 스스로 차별의 대상이나 소수자가 될 수 있다는 생각을 하였다고 밝혔다.[*]

현재까지 이루어진 일들을 보면 많은 사람들이 무차별적인 질병과 혐오를 딛고 평등한 세상으로 나아가기 위해서 움직이고 있음을 알 수 있다. 가령 영국에서는 7월 28일, 코로나바이러스 법안에 따라 공공 부문의 평등 의무를 평가하였다. 해당 법안은 코로나 팬데믹에 따른 사회적 불평등을 완화시키고자 제정되었는데, 평가에서 실제 사회 내부의 차별과 낙인을 완화하는 데 도움이 된다고 인정받았다.[**] 세계보건기구WHO는 'COVID-19와 관련된 사회적 낙인을 예방하고 해결하기 위한 가이드'를 제작하여 배포하였다.

---

[*] 허진, "코로나19 이후 강해진 혐오…10명 중 9명 "나도 혐오 대상 될 수 있어".",《서울경제》, 2020.06.23. https://www.sedaily.com/NewsView/1Z44ZWCB3F

[**] Department of Health & Social Care, "영향평가: 코로나바이러스 법 2020: 공공 부문 평등의무 영향 평가(Impact assessment: Coronavirus Act 2020: the public sector equalities duty impact assessment)", UK Government, 2020.07.28. https://www.gov.uk/government/publications/coronavirus-act-2020-equality-impact-assessment/coronavirus-act-2020-the-public-sector-equalities-duty-impact-assessment

그리고 관련 유튜브 영상을 제작·배포하여 많은 사람들이 질병과 연관 지어 일부 대상을 낙인찍지 않도록 촉구하였다.*

이와 맞춰서 민간에서도 여러 활동이 이루어졌다. 미국에서는 예술가들이 코로나에 따른 아시아계 혐오에 맞서서 'StopDiscriminAsian'이라는 슬로건으로 코로나의 낙인을 없애고자 연대하였다.** 일본에서는 코로나가 만연한 와중에 관련 정보로부터 소외되는 외국인들에게 코로나 관련 정보를 전달하고, 차별로부터 구제하려는 기업들이 생겨났다. 이들은 재일외국인들의 모국어로 정보를 제공하고 일본어 교육을 돕는 활동을 통해 정보격차를 줄여 '질병낙인'이 사라지도록 노력하고 있다.***

그렇다면 우리나라에는 어떠한 움직임이 나타났을까? 우선 한국관광공사와 국가인권위원회 등이 협력하여 '다 같이 만드는 혐오·차별 없는 세상

* World Health Organization, "COVID-19와 관련된 사회적 오명을 예방하고 해결하기 위한 지침. (A guide to preventing and addressing social stigma associated with COVID-19)", 2020.2.24. https://www.who.int/publications/m/item/a-guide-to-preventing-and-addressing-social-stigma-associated-with-covid-19?gclid=Cj0KCQiA-rj9BRCAARIsANB_4ABJ77meCAGWkoYHwocAm8SqrIkAhqxCwKAVfQGFiCQnKgJEY9Yq9xoaAqeGEALw_wcB

** 美術手帖 編輯部, "미국의 아티스트가 코로나에 의한 아시아인 차별에 반대하는 'StopDiscriminsAsian'을 결성. '아트커뮤니티에 최대한의 영향을 끼친다.' (アメリカのアーティストがコロナでのアジア人差別に反對する「StopDiscriminAsian」を結成『アートコミュニティに最大の影響を與える」)",《美術手帖》, 2020.05.12. https://bijutsutecho.com/magazine/news/headline/21877

*** 鈴木款, "'30퍼센트가 차별받은 경험이 있어.' 일본의 인종문제 현상은…차별과 편견의 해소를 목표로 하는 스타트업. (「3割が差別を受けた經驗がある」日本の人種問題の現狀は…差別と偏見の解消を目指すスタートアップ)",《FNNプライムオンライン》, 2020.06.05. https://www.fnn.jp/articles/-/49136

^{다만세} 캠페인'을 진행하였다. 이 캠페인은 코로나 시대 속 사회의 혐오·차별 현상을 살피고, 국민들의 인권 의식을 제고하고자 하였다.* 그리고 6월 29일 차별금지법이 법제사법위원회에 상정되었는데, 법안 발의에 앞장섰던 정의당의 논의를 보면 코로나로 인해 대두된 혐오가 발의 사유에 포함되어 있다.** 또한 많은 단체들이 혐오와 차별을 넘어 평등 사회로 나아가기 위해 이 법안을 지지하고 있다.

코로나 이후의 평등 사회를 위하여

이처럼 코로나는 자신이 지닌 특성을 우리 인류에게 선보이며, 롤스^{John Rawls, 1921-2002}가 가정했던 상황을 제공해 주고 있다. 무지의 베일에 휩싸여 누가 약자가 될지, 강자가 될지 아무도 모르는 상황을 말이다. 주지하다시피, 무지의 베일에 싸인 상태는 사회적 형평성이라는 정의를 위한 조건이다. 그러므로 코로나가 안겨 준 이러한 상황 속에서 우리는 질병과 함께 이루어졌던 차별과 낙인, 혐오와 억압의 현상들을 돌이켜보며 정의를 향해 나아가야 한다.

현재 세계적으로 나타나고 있는 평등화의 추세는 포스트 코로나 시대의

---

* 이철진, "코로나시대 '혐오와 차별'을 없애자. '다만세 캠페인' 전개", 《투어코리아》, 2020.11.09. https://www.tournews21.com/news/articleView.html?idxno=44360
** 진혜민, "가까스로 10명 모은 정의당 '차별금지법' 발의..'민주당·통합당도 동참해야'.", 《여성신문》, 2020.06.29. http://www.womennews.co.kr/news/articleView.html?idxno=200332

사회를 이전과 다른 사회로 전환시킬 시작점이자, 증폭된 혐오로부터 인류를 구하기 위한 시도로 해석할 수 있다. 사람들은 본인이 혐오의 대상이 될 수 있다는 사실을 인지하면 잠재된 우려 속에 음지로 빠진다. 그러나 숨겨진 걱정이 공감을 얻으면 연대의식, 분노와 함께 사회를 바꾸기 위한, 모두를 구제하기 위한 행동으로 나타난다. 대표적으로 미국에서 백인 경찰의 과잉진압으로 인해 흑인 조지 플로이드 George Perry Floyd Jr.가 사망하였던 사건으로 나타난 미국 전역의 차별 반대 시위가 있다.

전국적인 시위의 직접적인 도화선은 백인 경찰의 과잉진압에 있었지만, 내부에는 인종차별에 따른 사회적 불평등이 수많은 흑인들을 코로나 확진자로 만들어 내었던 상황도 연관이 있다. 사망 당시 조지 플로이드도 코로나 양성 반응을 보였고, 미국 질병통제예방센터 CDC의 조사에 따르면 코로나19 누적 환자로 흑인이 백인의 4.5배에 달하고 있었다.* 흑인들의 생존권 보장과 낙인에서의 해방을 위해 'Black Lives Matter'라는 슬로건 하에 시위는 지금까지도 이루어지고 있으며, 〈그림 2〉와 같이 인종을 넘어 수많은 영역에서의 차별에 저항하는 운동으로 확대되고 있다.

이처럼 코로나가 더욱 강렬하게 인지하게끔 만든 무수한 낙인 앞에 인류가 같이 서 있는 현재의 상황이, 바로 인류의 평등을 추구하며 사회의 변화를 이끄는 시발점이 될 수 있다.

---

* 석경민, "플로이드도 양성이었다…코로나가 폭발시킨 '흑인의 분노'", 《중앙일보》, 2020.06.09.
  https://news.joins.com/article/23797361

[사진2] 조지 플로이드 시위 속 다양한 내용의 피켓들 (출처: pixabay, https://pixabay.com/images/id-5267765/)

코로나는 계속해서 인간이 공존하기 위해서 서로를 품고, 공감하는 노력을 해야 한다는 메시지를 전달하고 있다. 오랜 역사 속에서 우리가 알 수 있는 사실은 홀로 살아가는 개체보다, 함께 살아가는 사회로부터 더 많은 해결책들이 제시되어 당면한 문제를 타개해 나갔다는 것이다. 모두가 삶의 촌각을 다투고 있는 지금, 우리는 계속해서 같이 생존하기 위해 더 큰 미래를 그려 나가야 한다. 그러기 위해서 이전의 질병들이, 그리고 코로나가 보여주는 상황들을 마음에 새기며, 모두가 함께 살아갈 수 있는 미래를 고민하고 행동해야 할 것이다.

김민수 l 경희대학교 사학과 대학원 석사과정. 동 대학 학부 졸업 논문은 「근대 만주의 일본 제국의료 고찰」. 현재 대학원에서 동양사 전공으로 공부 중이다. HK+통합의료인문학연구단 연구보조원으로 근무했다.

코로나 시대에 만나는 우리 시대의 세인世人
― 끝나지 않는 코로나19 대유행과 마스크를 벗는 사람들

김세희

공포와 불안, 그사이에서의 코로나19

2019년 중국에서 최초로 코로나19 바이러스가 발생한 이후, 2020년의 말미를 보내고 있는 지금 우리는 여전히 코로나19 바이러스와 함께 살아가고 있다. 전 세계의 유명한 제약회사들이 이 바이러스의 백신을 개발하기 위해 분투하고 있지만 백신은 아직 개발되지 않았고, 설사 빠른 시일 내에 백신이 개발된다 할지라도 확진자와 사망자의 수가 치솟고 있는 오늘날과 같은 상황에 과연 누가 언제 코로나19 바이러스가 종식될 것이라고 단언할 수 있을까. 유례가 없는 이러한 팬데믹의 상황에서 이 시대를 불안의 시대 또는 공포의 시대라 명명한다 하더라도 전혀 이상하지 않을 것이다.

불안과 공포. 이 두 단어를 우리는 일상적으로 사용한다. 혹자는 이 두 단어를 비슷한 감정 상태로 묶기도 한다. 그러나 독일의 철학자 마르틴 하이

데거Martin Heidegger, 1889-1976는 이 두 감정을 서로 다른 것으로 구분했는데, 그 구분의 시작점을 감정을 야기하게끔 하는 대상의 '세계' 내 존재 유무이다. 우리가 '두렵고 무섭다'고 느끼는 기분은 특정 형태가 있는 대상으로부터 나온다. 늦은 밤, 혼자 집으로 돌아가는 길이 두려운 것은 '누군가' 나를 뒤따라와서 해를 끼칠지도 모른다는 공포심 때문이다. 그 '누군가'가 실제로 나타날지 나타나지 않을지는 중요하지 않다. 그 대신에 그 '누군가'는 어딘가에 분명 존재하고 있고 내 앞에 나타날지도 모른다는 성격을 띤다. 그러나 불안은 다르다. 불안함은 평온하게 흘러가는 일상의 한가운데에서도 갑자기 밀어닥칠 수 있는 독특성이 있다. 하이데거는 그 불안의 원인을 우리가 언젠가는 맞이해야 할 '죽음'으로 보았고, 오직 자신의 죽음에 대해 미리 사유할 수 있는 우리 인간만이 불안을 느낄 수 있을 것이라고 주장했다. 죽음이라는 현상은 어떤 특정 형태가 있는 것도 아니며, 세계 안에 존재하는 대상도 아니다. 게다가 우리는 죽음을 직접적으로 겪어 볼 수 없고 그저 타인의 죽음을 통해서 간접적으로 죽음이 무엇인지에 대해 느낄 수 있을 뿐이다. 그럼에도 우리는 그 죽음에 대해서 이해하고 있고, 알고 있다. 독특한 일이다.

그렇다면 많은 이들을 불안 또는 공포로 떨게 하고, 수많은 이들의 생명을 앗아 간 코로나19 바이러스는 공포의 대상인가, 아니면 불안의 대상인가? 한 세기를 먼저 살다 간 철학자의 분석이 오늘날까지도 유의미하다면 우리는 코로나19 바이러스에 대해 한 차례 사유해 보아도 좋을 것이다. 코로나19 바이러스는 분명하게 우리가 사는 세계에 존재한다. 'SARS-CoV-2'

라는 명확한 학명이 있고, 바이러스라는 형태로서 존재한다. 그렇지만 바이러스는 일상 세계를 살아가고 있는 우리의 눈에는 보이지 않는다는 점에서 일반적인 공포의 대상과는 다르다고 할 수 있겠다. 중국에서 코로나19 바이러스가 발생한 이후 해외에서 종종 벌어지는 동양인 혐오나 폭력 사건의 경우를 보면, 그 사람이 원래부터 인종차별주의자인 경우도 있지만 주로 코로나19 바이러스를 향한 공포심에서 비롯된 무지한 행위가 대부분이다. 그렇지만 그 내면을 더욱 파고 들여다보았을 때 느껴지는 것은 코로나19 바이러스에 대한 공포보다는, 그것이 몰고 올 자신의 죽음에 대한 불안함이다. 그렇기에 나는 오늘날의 이 모습들이 공포라는 구체적인 형태를 띠게 된 불안의 모습이라고 생각한다.

'나'는 코로나19에 걸리지 않을 것이란 근거 없는 믿음

흔히 죽음에 대해서 우리는 이렇게 생각한다. '사람은 태어나면 언젠가는 죽는다. 그렇지만 그게 당장 오늘이나 내일은 아닐 거야.' 이러한 태도를 하이데거는 죽음을 회피하는 자세라고 말했다. 코로나19 바이러스를 대하는 우리의 모습이 이것과 무엇이 다른가? 백신이 없는 현재, 코로나19 바이러스를 예방할 수 있는 가장 좋은 방법은 사람이 많은 곳을 피하고, 마스크를 쓰고, 손을 깨끗하게 씻는 등 개인위생을 철저히 하는 것이라고 한다. 얼마 전부터는 수도권을 중심으로 마스크를 착용하지 않으면 대중교통을 이용하지 못하거나 음식점 등을 이용하지 못하는 등의 법안들도 발효되었다. 최대한 확진자를 낳지 않으려는 정부의 노력은 눈부시지만 그럼에도 불구하고 마스크를 쓰지 않거나 흔히 '턱스크'라고 말하는, 마스크를 입 아래까지 내리고 있어서 마스크를 쓰는 의미가 전혀 없는 방법으로 마스크를 쓴 이들이 여전히 눈에 띈다. 이들의 대다수는 나쁜 의도를 가지고 그러는 것은 아닐 것이다. 다만, '나는 건강하니까 또는 젊으니까 코로나에 걸리지 않을 거야.', '잠깐 집 앞에 다녀오는 것뿐이니 마스크를 하지 않아도 될 거야.' 또는 '전부 아는 사람들과 만나는 것이니 안전할 거야.'와 같이 생각하는 사람들이 대다수일 것이다.

우리는 매일 코로나 관련 안전 안내 문자를 받고, 뉴스 등의 각종 매체를 통해 한국을 포함한 다른 나라의 코로나19 바이러스 발생 현황을 알 수 있다. 하루에 확진자와 사망자가 몇 명 나왔는지도 검색을 통해 금방 알 수 있다. 하지만 이러한 일들은 또한 '나의 일'이 아니기 때문에 마치 드라마 속 사건과도 같이 나와 무관한 일처럼 치부되기도 한다. 그러나 죽음이 어느 날 갑자기 우리에게 밀어닥치는 일이듯, 코로나19 바이러스에 걸리는 일 역시 어느 날 갑자기 우리에게 찾아오는 일이다. 기저 질환이 있거나 면역력이 낮은 사람들이 더 취약하다고는 하지만, 사실 그렇다고 해서 건강한 사람들이 코로나19 바이러스에 걸리지 않는 것은 아니다.

세계보건기구WHO가 코로나19 바이러스를 국제적 공중 보건 비상사태 PHEIC로 선언하고 아직 뚜렷한 해결책이 나오지 않은 현재, 우리는 비상사태 속에서 살아가고 있는 것이나 마찬가지이다. 이러한 비상사태에도 해외와는 뚜렷하게 비교되는 한국의 방역 시스템, 그리고 한국의 적은 사상자 수에 안도하며 점점 코로나19 관련 이슈들에 대해 무감해져 가는 사람들의 모습에서 나는 하이데거가 말하는 세인世人, das Man의 모습을 본다.

누구도 일러주지 않았지만 모두가 그렇게 살아가는 삶

세인이라는 말은 말 그대로 세상 사람이라는 뜻이다. 그런데 이 세인이라는 자는 대체 누구인가? 하이데거는 그의 저서 『존재와 시간』에서 세인에 대해 "그 '누구즉, 세인'란 특정 사람이 아니고, 일부 사람도, 총계의 의미에서의 모든 사람도 아니다."*라고 정의 내리고 있다. 우리 모두이되 그 누구도 아닌 자, 그런 의미에서 세인은 대중이나 군중 또한 아니다. 그럼에도 세인은 일상적으로 우리가 살아가는 삶의 방향성을 지시해 준다. 막연하게는 어떤 삶의 목표를 일러 주기도 하고, 세상사의 이런저런 일들에 호기심을 가지고 관심을 갖게 하기도 한다. 우리의 삶에서 세인은 많은 부분 영향을 끼치는 존재이지만, 그중에서도 세인의 힘이 도드라지는 부분은 타인과 나 자신을 비교하는 부분에 있다. 하이데거는 이를 '격차성Abständigkeit'이라고 말했지만, 이를 좀 더 쉽게 이해해 본다면 격차성이란 타인들과의 관계에서 오는 비교 의식이라고 할 수 있을 것이다.

하이데거는 그가 살았던 시대에 이미 기술 문명을 비판하며 그 위험성에

---

* Martin Heidegger(1967), *Sein und Zeit*, Tübingen: Max Niemeyer Verlag, p.126, 괄호는 필자 삽입

대해 경계했다. 그러나 이제는 그가 살았던 시대보다 더욱 기술이 발전하고 문명이 발전하게 되면서 세계는 점점 더 좁아지고 가까워지고 있다. 격차성이 생긴다는 것, 즉 어떤 비교 의식이 생긴다는 것은 어떠한 비교의 '대상'이 있다는 것이고, 이는 곧 타인과 내가 경쟁하는 일로 이어진다. 그렇다면 경쟁의 기준은 어떻게 정해지는가? 그 기준은 우리가 살아가는 각자의 삶의 방식에서 나온다. 이를 통해서 우리는 위안을 얻기도 좌절하기도 하며, 또 목표를 세우기도 한다. 일상을 살아가면서 우리는 우리 주변에 놓인 것들을 통해 나라는 사람을 이해한다. 그러는 동안 우리는 내 주변 대상들의 가치를 높임으로써 나라는 사람의 가치를 높일 수 있다고 믿는다. 그런 식으로 우리는 자연스럽게 사람들이 추구하는 삶을 함께 좇으며 세인의 삶에 몰입된다. 흔히 이야기되는 성적이나 학벌, 직장, 재산과 같은 것들이 이러한 것일 것이다. 그러나 신기한 것은 이러한 기준은 우리가 만든 것이 아니다. 이러한 것들은 마치 전통과도 같이 어느 순간 이미 만들어져 있고, 그 누구도 그 기준─흔히들 말하는 좋은 삶─에 대해 의문을 제기하지 않고 이를 따른다. 그 기준에 미달된 사람은 마치 그 사람의 인생이 실패했거나 혹은 괴짜와 같은 취급을 받으며, 기준 이상의 삶을 사는 사람은 성공한 삶을 사는 사람으로 존경을 받거나 부러움을 산다. 그래서 우리는 다른 이들과 경쟁하고 비교해 가면서 어떻게든 이 기준에 맞춰서 살아가려고 애를 쓰곤 한다.

특히나 한국은 이 기준에 맞춰 살아가기 위한 열망이 큰 경쟁 사회이고, 이는 이미 여러 사회문제들로 드러나고 있다. 학생들의 지나친 선행 학습, 청년 세대의 자살, 취업과 결혼 등 많은 문제들을 이야기해 볼 수 있을 것이다.

그러나 좋은 삶의 기준이 단지 이런 것들뿐일까? 우리는 사람들과의 관계를 통해서 일반적으로 '좋은 삶'이라 불리는 가치들을 만들어 가기 때문에, 가치란 것은 시대에 맞물려서 바뀌기 마련이다. 코로나19 역시 우리의 삶의 가치를 바꾼 계기 중 하나라 할 수 있는데, 실제로 코로나19 발생 이전만 하더라도 한국을 '헬 Hell 조선'이라고 지칭하며 이민을 원하는 젊은 세대들이 많았으나 코로나19 바이러스가 창궐한 이후에는 한국에 대한 평가가 많은 부분 긍정적으로 바뀐 것을 볼 수 있다.*

하이데거는 일상적 기준에 맞춰 살아가는 사람들의 삶의 방식을 비판하고자 세인이라는 말을 사용하지는 않았다. 오히려 그는 우리가 세계 속에서 다른 사람들과 부대끼며 함께 살아가고 있는 점을 중요하게 보았고, 우리는 그 세계를 벗어날 수 없다는 점 또한 강조했다. 결국 우리는 좋든 싫든 간에 살아 있는 동안에는 세인이라는 하나의 존재 방식으로 살아가야 한다는 것이다. 다만 분명히 세인이 살아가는 방식에는 비판할 부분들이 있고, 이 글에서 나는 타인과 나를 비교하는 격차성에 대해 말하고자 한다. 그러나 도대체 격차성과 코로나19로 인한 국제적 공중 보건 비상사태, 그리고 한국사회의 지금 모습을 어떤 식으로 연관 지을 수 있단 말인가?

우리는 코로나19 바이러스가 어떻게 발생하여 얼마나 많은 확진자와 사

---

* [EAI 이슈브리핑] '국뽕' 논란과 '헬조선' 담론을 넘어선 대한민국 자부심: 명과 암 http://www. eai.or.kr/new/ko/pub/view.asp?intSeq=20109&board=kor_issuebriefing 참고

망자를 낳았고, 또 현재 세계 각국이 어떠한 상황에 처해 있는지 발생 직후부터 각종 매체들을 통해 실시간으로 접해 왔으며 지금도 마찬가지이다. 코로나19 발생 초기에는 이 바이러스에 대해 알고 있는 것들이 적었고, 그래서 우리는 더 겁을 먹었다. 이윽고 2020년 1월에는 한국에서 최초의 코로나19 확진자가 나타났고, 연이어서 몇몇 사람들이 확진 판정을 받았다. 겁에 질린 사람들은 마스크를 사재기하기 시작했고, 마스크의 수요가 급증함에 따라 정부는 출생 연도 뒷자리에 맞추어 특정 요일에만 마스크를 살 수 있도록 하는 마스크 요일제를 시행하기도 했다. 마스크를 구하기 어려운 서구 국가에서는 유튜브 등을 통해 키친타월로 일회용 마스크 만드는 동영상이 올라오기도 했다. 그러나 코로나19 바이러스와 대치하는 나날이 길어지면서 겁에 질렸던 사람들의 태도가 조금씩 달라지기 시작했다. 물론 그러는 동안 대구의 신천지교회 관련 전염, 이태원 클럽이나 광복절 집회 등으로 사상자가 갑자기 느는 일들이 있긴 했지만, 해외 뉴스에서 종종 봐 왔던 비극이 한국에서는 일어나지 않았다. 내가 집중하고자 하는 부분은 바로 이 부분이다. 세인은 좋은 삶의 기준을 자기 자신으로부터가 아니라 남과의 비교에서 얻기 때문에 뚜렷한 대상이 있으면 있을수록, 세인 스스로에게 몰두하는 방식으로 그 모습을 더욱 확실하게 드러낸다.

대구 신천지교회와 관련해 확진자 수가 폭발적으로 늘었을 때, 한국도 처음에는 여느 나라와 마찬가지인 것 같았다. 병원은 급증하는 환자들을 모두 수용하지 못해 일부 환자들은 집에서 대기해야 했고, 갑자기 수요가 늘어난 마스크는 공급량이 부족해져서 설상가상으로 의료진들이 사용해야 하는 마스크가 부족한 일도 일어났다. 절망적인 순간이자, 사람들의 두려움이 극에 달한 순간이었다. 그러나 걱정과는 다르게 확진자 수는 어느 순간부터 더이상 늘어나지 않았고, 상황이 비교적 안정되면서 한국은 코로나19 바이러스 방역 강국으로 이미지가 굳어지기 시작했다. 확진자 수가 폭발적으로 늘어남에 따라 세계의 유명 도시들이 봉쇄될 때에도 한국의 도시들은 예전과 다를 바 없이 제 기능을 수행했으며, 8월 말에 수도권에서 사회적 거리두기 2.5단계를 시행했을 때조차 몇 종류의 가게들을 제외하고는 평범하게 쇼핑하고 생활하는 일이 가능했다. 한국인이 느끼기에 한국이 더 이상 '헬조선'이 아니라 국민으로서 살기에 꽤 괜찮은 나라라는 평가를 받게 된 것도 이와 같은 사실들이 큰 영향을 끼쳤다. 코로나19 팬데믹 이후로 우리는 자신의 안전을 꽤 중요한 가치로 두게 된 것임에 틀림없다. 그리고 지금과 같은 상황에서 한국은 병상이 모자라 치료를 받지 못하게 될 일도, 길을 걷다가 동양인이라고 인종차별을 당할 일도 없으며, 도시 봉쇄로 외출을 하지 못하게 되거나 다른 나라에 비해 생업에 지장을 받을 일도 적은, 꽤 '좋은' 나라이다. 위에 나열된 사실들은 실제로 한국 정부가 코로나19 방역을 얼마나 철저히 하고 있고, 사람들의 일상을 유지하는 데에 얼마나 많이 공을 들이고 있는지를 알려 준다. 다만 여기에서 문제점은 이러한 일상을 유지하기 위해 촉을 세우는 정부와는 다르게 점점 더 느슨해져 가는 사람들의 태도이다. 한국에서 살고 있다는 것만으로 우리는 이미 이전에 좋은 삶의 기준이었던 서구권 국가들보다 더 나은 새로운 기준, 즉 코로나19 바이러스로부터 비교적 안전함을 손에 넣은 셈이다.

이제는 투명한 눈가리개를 벗어야 할 때

추석 연휴를 앞두고 고향 방문을 자제해 달라는 정부의 대대적인 캠페인이 있었다. 인구밀도가 높고 확진자가 제일 많이 나오는 수도권의 많은 사람들이 고향을 방문하게 되면 지방 도시에까지 코로나 확진자가 확산될 염려가 있기 때문이었다. 실제로 많은 이들이 지방 도시로 코로나19 바이러스가 전파될 것을 우려해 고향을 방문하지 않았지만, 한편에서는 긴 연휴를 이용해 휴가를 떠나는 사람들도 많았다. 제주도와 강원도는 호텔과 리조트 시설의 예약률이 95%를 넘었고, 전국의 캠핑장도 사람들로 가득 찼다.

이러한 사람들의 태도만 본다면 마치 코로나19 바이러스가 발생하기 이전으로 돌아간 것만 같았다. 그러나 현실은 여전히 백신이 개발되지 않았고, 전 세계의 확진자와 사망자 수는 계속해서 늘어 가고 있다. 달라진 것 하나 없는 현실에서 대체 무엇이 사람들의 태도를 바꾸게 한 것일까? 여기에는 각종 매체들을 통해 매일같이 들려오는 코로나19 바이러스에 관한 뉴스들과, 그 뉴스와는 다르게 비교적 평온한 삶을 영유할 수 있는 한국인으로서의 일상이 있다. 코로나19 바이러스에 걸리는 것이 두렵지 않은 사람은 없을 것이다. 그렇지만 사람들은 그 두려운 마음을 뉴스 속 다른 세계의 이야기 또는 내가 아닌 타인의 이야기로 흘려 넘겨 버리고, 안전한 한국에 살고 있다는 사실에 더욱더 몰두하는 식으로 지금 자신이 처해 있는 두려움과 불안의 마음을 모르는 척 애써 외면하려고 한다. 이 과정에서 이들은 사실 모르는 '척'이 아니라 어쩌면 정말 잊었을지도 모른다. 코로나19에 대한 해외의 사정과 한국의 사정을 수많은 정보를 통해 잘 알게 되면서 오히려 그 불안감을 망각하게 된다는 것은 모순처럼 느껴지지만, 세인의 판단이란 이런 식이다. 격차가 벌어져 있다면 그 틈을 메우려고 어떻게든 애를 쓰고, 그 차이를 메워 평균치 이상이 되면 거기에 안주해서 자신을 둘러싸고 무슨 일이 벌어지고 있는지 보지 않으려고 한다.

'에이, 설마 내가 걸리겠어.', '요즘엔 방역을 꼼꼼하게 해서 괜찮아.'라는 식의 자기 위안을 하며 자신이 코로나19 바이러스에 걸릴 것이라는 상상을 결코 하지 않는다. 이런 식으로 사람들은 '괜찮을 거야.'라는 안도감 뒤로 자신이 저지른 행동의 책임을 모르는 척하지만, 결국 코로나19 확진 판정을 받게 될 경우 그 행동의 결과를 떠안게 되는 것은 고스란히 '나' 자신이라는 것을 잊지 말아야 한다. 자신의 행동에 책임을 져야 한다는 말은 아주 당연한 것처럼 들린다. 그러나 우리는 간혹 그 책임의 무게를 잊고 행동할 때가 있다. 그저 흐름에 내맡겨져서, 혹은 자신의 일상 중에 느껴지는 우월감이나 안도감에 따라서 말이다. 하이데거는 책임지지 않으려는 이러한 자세 역시 세인의 존재 양식 중 하나라고 말했다. 세인이란 참 이상한 존재인 게, 분명 언제나 함께할 것 같다가도 책임을 져야 하는 그 순간에는 이미 사라지고 곁에 없다. 세인이란 우리인 동시에 우리가 아닌 존재이다. 그러나 우리는 세인이라는 이름의 그림자 속에 숨어서 사태를 정확하게 살피려 하지 않고 그저 회피하여 안도하려고만 하고 있다.

두려움과 불안을 피해 안도감을 얻으려 하고 평온을 구하는 행위는, 어쩌면 살아가야 하는 우리에게 당연한 일일지도 모른다. 다만, 거짓된 평온함이 주는 안락함이 자신의 눈을 흐리고 있지는 않은지 잘 살펴봐야 한다. 코로나19는 단순히 한국사회만의 문제가 아니라, 전 세계의 문제이며, 또한 그동안 살아왔으며 앞으로 계속해서 살아가야 하는 내 자신의 문제이기도 하다. 단순히 현재 내가 살고 있는 한국이 그렇지 않다고 하여, 내 주변인들이 모두 코로나19 확진자가 아니라고 하여, 안도하며 가슴을 쓸어내릴 것이 아니라 지금 일어나는 일들에 대해서 무뎌지지 않은 채 집중하고 귀를 기울이며 오늘 내가 할 수 있는 일들에 대해 생각하고 행동해야 할 것이다.

수많은 인파가 오고 가는 한국의 수도 서울에서, 나는 오늘도 수많은 세인과 마주치고 헤어진다.

김세희 | 경희대학교 철학과 박사과정 수료. 원광대학교에서 문예창작학과 국어국문학을 전공하고 이후 경희대학교 대학원 철학과에서 석사 학위를 받았다. HK+통합의료인문학연구단 연구보조원으로 근무했다.

DECAMERON

살아가기 - 일상

시계를 돌릴 수 있을까

— 코로나 시대의 문화 지체

최성민

마스크 없던 시간들

테리 길리엄 Terry Gilliam, 1940-현재 감독의 1995년 영화 〈12몽키즈〉에는 바이러스로 인해 인류가 멸망할 위기에 빠진 상황이 등장한다. 2035년의 지구, 대부분의 인류는 멸망하였고, 극소수의 사람들만이 지하 세계에서 살아가고 있다. 방호복을 입지 않고는 지상으로 나올 수 없는 끔찍한 현실을 극복하고자, 과학자들은 바이러스가 퍼지기 전의 시대를 탐사하려는 시도를 한다. 시간을 거슬러, 바이러스가 퍼지기 전인 1990년으로 오게 된 주인공 제임스 콜브루스 윌리스 분은 인류가 곧 멸망할 것이라는 주장을 하다가 정신병원에 갇히게 된다. 병원을 탈출한 그가 담당 의사 캐서린 레일리 매들린 스토우 분 박사의 차를 타게 되었을 때, 그는 창밖으로 머리를 내밀면서, "이 공기를 마실 수 있는 것이 사랑스럽다."라고 외친다.

시간 여행의 구조가 꽤나 복잡한 이 영화에서 이 장면이 이렇게 인상적으로 느껴지는 날이 올 것이라고는 생각해 보지 못했다. 코로나19가 우리를 덮쳐 온 1년의 세월 동안 어느덧 익숙해진 '마스크'는 마스크 없던 시절을 그리워하고 추억하게 만든다. TV에 나오는 예전 영화나 드라마에서 마스크 쓰지 않은 사람들이 북적대는 장면을 볼 때마다, 예전 예능 프로그램에서 해외여행을 떠나는 장면을 볼 때마다, 뭔가 어색하다는 느낌까지 든다.

2020년 11월 20일에 나와서 빌보드 차트를 휩쓸었던, 방탄소년단의 새 앨범 《BE》에 수록된 노래 중 〈내 방을 여행하는 방법〉에서 이들은 이렇게 노래한다. "Everyday 답답해 미치겠어. Feel like it's still day one. 누가 저 시계를 좀 돌려 줘. 올해 다 뺏겼어. …중략… Everywhere. 여기가 이랬나 싶어. 갑자기 낯선 이 풍경."

누군가 시계를 돌릴 수 있다면, 〈12몽키즈〉의 제임스 콜이 그러했듯, 코로나19 이전의 세상으로 되돌아가고 싶다. 마스크 낀 풍경이 낯선 듯 익숙해진, 2020년 이후 우리 모두의 바람이다.

우리는 무엇을 꿈꾸었을까?

2019년 12월 31일 이전, 우리는 행복했을까?

세계를 정복할 듯이 기회만 되면 세계 각지 인파가 모여드는 곳으로 여행을 떠나 여가를 보내고, 공연장과 스포츠 경기장에서 소리를 지르며 스트레스를 풀던 그때, 우리는 행복했을까? 사람들로 북적대는 도심의 지하철과

거리를 누비다가, 밤이면 체력의 한계를 쥐어짜 내 술로 유흥을 즐기던 그때, 우리는 행복했을까? 전 세계의 공장과 자동차들이 24시간 매연을 내뿜으며 바삐 움직이고, 조금이라도 싼 노동력을 찾아 공장이 세계를 떠돌고, 노동자들 또한 세계를 떠돌아다니던 그때, 우리는 행복했을까? 학교 가기 싫어하는 아이들과, 출근하기 싫어하는 직장인들이 일요일 밤이면 벌써부터 괴로운 월요병을 앓던 그때, 우리는 행복했을까?

아마도 우리는 행복하기도 했고, 행복하지 않기도 했을 것이다. 누군가는 괴로워했고, 누군가는 즐거워했을 것이다. 누군가는 더 살고 싶어 하고, 누군가는 삶을 저버리고 싶어 했을 것이다.

그러면서도 그때, 우리는 때때로 인파에 치일 일 없는 혼자만의 한적한 여행을 꿈꾸었고, 만원 지하철을 타지 않아도 되는 재택근무를 꿈꾸었고, 일주일 내내 등교하지 않아도 되는 여유를 꿈꾸었고, 약속과 야근으로 채워

[사진1] 공항의 의자들이 거리두기 스티커를 붙인 채 텅 비어 있다.(출처: pixabay, https://pixabay.com/images/id-5442193/)

진 저녁 시간이 온전한 내 시간이 되기를 꿈꾸었다. 그러나 그 누구도 그 꿈이 이렇게 갑자기 예고 없이 다가올 줄은 몰랐을 것이다.

코로나19가 뒤바꿔 놓은 우리의 일상, 그 일부는 우리가 원하던 것이었을지도 모른다. 물론 대부분의 현실은 우리가 원하던 것과는 거리가 멀다. 그나마 스마트 기기 덕분에, 쿠팡 덕분에, 새벽 배송 덕분에, 인터넷 덕분에, 넷플릭스 덕분에, 그리고 의료진 덕분에 버틸 수 있었을 뿐, 우리가 원했던 현실은 아니다.

학교 가기 싫어하던 아이와 출근하기 싫어하던 아빠 엄마가 하루 종일 집에 같이 있어 보기도 했다. 지겨운 점심 메뉴 고민과 반복되는 급식 대신, 삼시 세끼를 온 가족이 집밥으로 먹어 보기도 했다. 주말이면 각자가 하고 싶은 일이 달라서 다투는 대신, 모두가 그저 당연하게 집에 머무르기도 했다. 가족이 더 친밀해지기도 했지만, 더 많이 다투고 싸우기도 했을 것이다. 진작 더 넓은 집으로, 각자의 공간이 확보된 집으로 이사 가지 못한 것을 후회하기도 했을 것이다.

우리의 삶은 늘 채워지는 만큼 비워 내야 하는 법이니 그렇게 조금씩 적응하는 수밖에 없었다. 누구도 원하지 않았던 이런 상황에 조금씩 참고 견디는 수밖에 없었다. 문제는 처음에 생각했던 것보다 그 기간이 훨씬 길어졌다는 점이다. 1년이 이렇게 지나갔고, 또 다른 1년이 그렇게 채워질지도 모르겠다.

코로나 시대의 문화 지체

지난 책에서 나는 '코로나19 시대의 문화 지체'라는 표현을 쓴 적이 있었다. '문화 지체'란 물질문화는 급속히 변화하는데, 정신문화는 완만하게 변화하기 때문에 뒤처지면서 생기는 괴리를 표현하는 사회학적 용어다. 코로나19 시대에도 물질과 정신의 대비처럼 선명하지는 않지만, 갑작스런 변화에 일부는 발 빠르게 대응했지만, 여전히 변화하지 못하고 있는 영역 사이에 충돌과 괴리가 일어나는 경우가 쉽게 눈에 띈다.

코로나19 상황의 심각성에 대해 공감을 하면서도, 정작 자신의 행동이 위험을 높이고 있음을 자각하지 못하는 경우가 많다. 마스크를 쓰는 것에는 익숙해졌지만, 감염의 위험이 높아질 때 오히려 마스크를 벗는 경우들도 그러한 사례가 된다. 실내 공간이나 식당처럼 감염 위험이 큰 곳에 들어서면서 마스크를 벗는다든지, 내내 마스크를 쓰고 있다가 말을 할 때는 마스크를 벗는다든지 하는 경우들이다. 최근의 감염 실태를 보면, 직장이나 가족, 지인 사이의 감염도 흔하게 나타나는데, '우리끼리'인데 괜찮겠지라고 생각하는 것도 일종의 문화지체 현상이다.

어느덧 익숙해진 '온라인 교육'의 경우에는 이런 현상이 더욱 입체적으로 드러나고 있다. 2월 말 대구 경북을 중심으로 코로나19 확진자가 급증하고, 해외에서 들어오는 유학생과 여행객들에 대한 불안감이 커지면서, 3월 개학과 개강이 대부분 미뤄졌다. 학교의 문은 얼마 후 온라인으로 열렸다. 구글클래스룸, 줌, e학습터, 온라인클래스 등등 원래부터 있었지만 소수의 사람들만 알고 있고, 소수의 사람들만 이용하던 각종 교육 플랫폼들이 온라인 강의의 통로로 활용되기 시작했다. 모두가 잠시의 멈춤을 강제당하던 그때, 서버를 증설하고 관리하는 업체들은 쏟아지는 호출과 요청에 비명을 지르고 있었다. 오래지 않아서 서버는 증설되고, 온라인 수업이 운영되기 시작했지만, 곳곳에서 문화 지체적 상황들이 돌출되었다.

아이들은 집에서 수업을 보고 듣는데, 집에 있는 아이를 돌봐야 하는 부모는 코로나바이러스가 피해 간다는 부적이라도 손에 쥔 양, 매일같이 변함없이 출근을 해야 했다. 현대사회에서의 학교라는 교육기관과 그곳을 중심으로 운영되는 교육체계는 단순히 '지식 정보'를 전달하기 위해 선생님과 학생이 만나는 대면 공간이라는 의미에 그치지 않는다. 학교는 산업사회의 노동자가 되어야 하는 아빠 엄마의 근로 활동을 위해 아이를 맡아 주는 보육 기관이기도 하다. '교육'이 대학 입시를 위해 가르쳐야 하는 글자와 숫자들 정도라고 생각한 탓인지, 등교 수업이 시작되면서부터 최우선적으로 등교를 허락받은 것은 고등학교 3학년 학생들이었다. 정작 돌봄이 더 절실히 필요한 초등학생들의 등교는 뒤쪽으로 밀려났다. 그나마 초등학생들 가운데, 저학년을 먼저 등교시키는 계획을 세웠지만, 2020년 등교 수업을 가장 많이 한 것은 단연 고3 학생들이었다.

온라인 수업이 보편화되면서, 그동안 학교교육에서 디지털 환경을 멀리해 왔던 풍토와의 괴리도 나타났다. 휴대폰 사용에 대한 규정은 학교마다 조금씩 다르지만, 대부분의 경우, 학생들의 휴대폰 소지를 금지하거나, 등교 때 휴대폰을 제출한 뒤 하교 때 돌려받는 것이 일반적이다. 컴퓨터 활용 교육이 방과 후 과정이나 '정보' 교과목의 일부로 다뤄지고는 있지만, 대부분의 교육 현장에서 '디지털 기기'는 학생들에게 멀리 둬야 할 대상으로 간주되어 왔다. 가정에서도 마찬가지였다. 현실과는 무관하게 아이들이 '스마트폰'이나 '컴퓨터'를 일찌감치 접하게 하는 것은 아이들을 인터넷 중독, 게임 중독에 빠지도록 방치하는 것처럼 여기는 경향이 컸다.

갑작스럽게 온라인 수업이 시작되자, '디지털 포비아' 교사들과 학부모들은 당혹스러웠을 것이다. 아이들이 컴퓨터나 스마트폰을 익숙하게 다루어야 혼자 힘으로 수업을 들을 수 있는 상황이 전개된 것이다. 2학기가 되고 줌Zoom을 비롯한 '실시간' 쌍방향 수업 비중이 커지면서, 디지털 활용 능력의 차이는 더 두드러지게 드러났다.

오프라인의 틀에 가둬진 온라인 수업

콘텐츠 제공형 온라인 수업의 한계는 교수자와 학생이 공유하는 맥락이 사라지고, 상호 피드백이 어렵다는 점이다. 그러나 분명한 장점도 있다. 학생 스스로 능동적으로 수업 수강 시간을 선택할 수 있고, 반복 학습이 가능하다는 점이다. 학생의 수준이나 환경에 따라, 강의의 난이도나 과제의 부담도 자유롭게 선택할 수 있도록 할 수 있다. 그럼에도 교육부와 각 지역 교육청은 장점을 살리고 단점을 보완하는 방침을 세우지 않았다. 근대 교육의 산물인 '정해진 시간'에 '정해진 공간'에서의 '집합 교육'이 가장 바람직한 온라인 수업인 것처럼 규정하고 그것을 권장했다.「교육부, 원격수업 운영 기준 마련 … '실시간 쌍방향 권장'」,《MBN 뉴스》, 2020.3.27 학부모들 역시, 아이들의 일상생활 흐름이 달라졌다면서 우려가 컸던 모양이다. 「21일부터 등교수업 … 유은혜 '학부모 걱정 커 쌍방향 확대'」,《오마이뉴스》, 2020.9.15 이러한 우려들도 이해가 되고, 실시간 쌍방향 교육의 상대적 장점도 분명하다.

문제는 이 과정에서 실시간 쌍방향 수업을 수강해야 하는 학생들의 수업 환경은 별로 고려되지 못했다는 점이다. 실시간 쌍방향 온라인 회의나 강연을 접해 본 사람들이 공통적으로 말하는 것이, 대면 방식에 비해 정신적 스트레스와 피로도가 크다는 것이다. 실시간 쌍방향 수업 위주로 2학기 수업이 채워진 학교의 경우, 학생들은 하루 6시간 정도의 시간을 카메라 앞에 앉아 피로감을 느껴야만 했을 것이다. 물론 카메라를 끄거나, 켜 놓더라도 컴퓨터 화면에 게임이나 웹브라우저를 띄워 놓고 한눈을 파는 경우들도 적지 않았겠지만, 그것을 권장한 것이 아닌 이상 학생들의 과도한 '피로감' 호소에 대한 반론이 될 수는 없는 노릇이다.

20세기 말, 한때 유행했던 말이 있다. 19세기 교실에서, 20세기 교사가, 21세기 아이들을 가르친다는 말이다. 시대 변화에 뒤처진 교육을 비꼬는 표현으로 널리 알려졌다. 서태지가 노래했던 '매일 아침 일곱 시 삼십 분까지 우릴 조그만 교실로 몰아넣고 전국 구백만의 아이들의 머릿속에 모두 똑같은 것만 집어넣고 있'던 교육 현장, 좁은 교실 안에 60명이 넘는 아이들을 욱여넣던 시절과는 분명히 달라진 지금이다. 그럼에도 정해진 시간에 교실에 앉혀 놓듯, 정해진 시간에 접속하도록 하고, 몇 시간 동안 꼼짝없이 그 앞에 앉아 있도록 하는 것이 온라인 수업의 가장 바람직한 형식일까?

[사진2] 여건에 맞는 교육 방식이 필요하다. (출처: 언스플래시, https://unsplash.com/photos/ecELcxmJTk4)

　근본적으로는 온라인 수업에 어울리는 커리큘럼과 교육평가 방법이 새로 구성되어야 한다.* 2020년 1학기는 갑자기 닥친 코로나19로 인해 다른 방법이 없었다고 하더라도, 2학기는 조금 달라질 수 있었을 것이다. 하지만 2021년에도 큰 변화를 기대하기는 어려워 보인다. 수행평가와 시험 평가 방식은 달라진 것이 거의 없다. 온라인 상황에 맞게 어떻게 변화시킬지를 고

---

* 근래 화제가 된, 정은경 질병관리청장이 참여한 논문 「한국에서 학교 재등교 이후 코로나19 아동」은 "감염예방을 위한 관리체계가 사전에 마련되고 준비된 경우, 학교 내 코로나19 전파 위험은 크지 않다"는 주장을 담고 있다. 하지만 이 논문은 2020년 5월부터 7월까지 지역사회 감염이 확산되지 않았을 때의 자료를 바탕으로 한 것이고, 급식 환경에 대한 고려도 부족한 한계가 있다. 여기서 나는 등교 수업보다 온라인 수업이 필요하다고 주장하려는 것이 아니다. 오히려 걱정 없이 등교할 수 있는 날이 오기를 간절히 바란다. 다만 온라인 수업이 불가피하다면, 온라인 환경에 알맞은 교육과 운영, 평가 체계가 준비되어야 한다고 주장하는 것이다.
https://www.piv.or.kr/search.php?where=aview&id=10.14776/piv.2020.27.e23&code=1153PIV&vmode=PUBREADER

민하기보다 원래 해오던 '대면 오프라인 수업'의 틀을 어떻게 최대한 유지시킬 수 있을지를 고민한 것으로 보인다.

장애가 있는 학생들에게 어떤 배려가 필요할지, 가정에 홀로 남겨진 아이들에게 어떻게 '사회적 관계'를 온라인을 통해 가르칠 것인지, 갑작스러운 온라인 수업에 어떤 창의적 아이디어를 적용시킬 수 있을지를 고민하는 교육이 되어야 한다. 얼마 전, 임용시험 학원에서 코로나19 감염이 확진되어 시험장에 못 들어가게 된 응시자「코로나19 확진에 날아간 선생님 꿈..시험 하루 앞두고 '물거품'」, YTN, 2020.11.20.의 사례에 어떤 조치가 필요할지를 고민하는 교육이 되어야 한다. 창의성을 추구하는 교육과 약자를 배려하는 교육을 지향한다면, 코로나19의 상황에서도 그 지향이 꺾여서는 안 된다. 안타깝게도, 2020년의 교육은 오프라인 제도의 틀 안에서 온라인 수업을 수행하려고 했던 오류의 기억이 될 듯하다.

안전을 위해 불안해지는 사람들(1): 택배 기사

코로나19의 대유행 속에서, 감염을 막기 위해서는 무엇보다 접촉을 줄여야 한다. 접촉을 줄이고 활동을 줄이니, 소비도 위축되고 생산도 감소하게 되는 것은 당연한 수순이었다. 전 세계적으로 마이너스 경제성장률이 당연시되는 상황을 맞이한 것은 산업혁명 이후 맞이하는 첫 번째 경험이 아니었을까 싶다.

코로나19로 인해 많은 사람들이 일자리를 잃기도 하고, 업무 자체가 줄어드는 상황을 맞이했지만, 전혀 반대의 상황인 사람들이 있다. 오히려 노동 강도가 극심해진 이들이 있다.

대표적으로 택배 기사들, 역학조사관들, 콜센터 노동자들이 그런 경우들일 것이다. 코로나 방역의 최전선에 있는 역학조사관들은 업무의 책임이 막중하다 보니 꿋꿋하게 버텨 왔지만, 끝없이 길어지는 코로나19의 터널 속에서 번아웃을 겪고 있다고 한다.「새벽4시 퇴근, 꿈에서도 일 … 역학조사관들이 스러진다」,《한겨레》, 2020.11.26 대면 서비스가 위축되면서 자연스럽게 업무가 폭증한 콜센터 노동자들의 경우, 좁고 폐쇄된 공간 안에서 마스크 한 장에 의지한 채 장시간 노동에 내몰리고 있다. 여러 차례 집단감염의 온상까지 되면서 더욱더 큰 고통을 겪고 있다.「콜센터 노동자에게 과태료 대신 휴게 시간을 주세요」,《노컷뉴스》, 2020.11.18

택배 노동자들의 과로에 대해서는 이미 많은 보도가 있었다. 택배연대노조에 따르면 지난 2020년에만 16명의 택배 노동자가 목숨을 잃었다.「택배 노동자 또 '과로사 추정' 사망…올해만 16번째」,《KBS》, 2020.12.23 그때마다 대책 논의가 나오는 듯하지만, 1년이 다 가도록 별다른 변화는 없다.*

한국외식산업연구원의 조사 결과, 2020년 1월부터 9월까지 국내 외식 매장에서 소비한 카드 결제 금액이 전년 대비 10% 감소했다. 8월 2차 확산 기간에 카드 가맹 계약 해지 업체가 14만 곳이 넘었다고 한다. 폐업한 자영업

---

* 이 글을 쓴 이후, 다행스럽게 변화가 있었다. 21년 1월 21일 택배업계 노사는 과로사 방지를 위한 1차 합의문에 서명했다. 택배 분류 작업을 업체의 책임으로 명시했고, 오후 9시 이후 심야 배송을 제한하기로 합의했다.

자의 수인 것이다. 식당 외에도 노래방, PC방, 실내체육시설 등도 큰 피해를 입었지만, 영업 손실에 대한 보상은 미흡한 수준에 그치고 있다.

접촉과 활동을 줄인 소비자를 탓할 수도 없다. 집합 금지 명령이나 영업 제한 조치 자체가 잘못된 것도 아니다. 그러나 반작용과 파급 효과에 대한 고민은 분명히 부족했다. 외식을 줄인 대신, 배달 결제액은 75.4% 증가했다고 한다. 배달과 포장의 증가로 인해 플라스틱 사용이 급증하고, 이에 따라 환경오염 문제가 심각하게 제기되고 있지만, 이에 대한 대처도 미흡하기만 하다. 자영업자들을 돕겠다고 외식지원금 정책을 펴다가 3차 감염 확산을 맞게 되자 배달지원금 정책으로 전환한 것만 해도 정부의 대응이 얼마나 주먹구구식인가를 보여주는 예일 것이다.

안전을 위해 불안해지는 사람들(2): 요양시설의 노인들

코로나19 이후, 가장 심각하고 우울한 곳은 요양병원과 요양원들이다. 잘 알려져 있다시피, 고령의 중증 환자들은 코로나19에 가장 취약한 이들이다. 이들이 모여 있는 곳이 요양병원과 요양원 같은 시설들이다. 전국의 요양병원이 1,500개가 넘고, 요양원은 3,000곳이 넘는다. 요양 시설에 입소하지 않은 분들이 낮 시간을 보내는 주간보호센터데이케어센터와 노인복지관들까지 포함하면 6천 곳이 넘는 것으로 파악된다.

미국의 뉴욕, 이탈리아, 스페인 등 코로나19 피해가 극심한 지역들에서도 이러한 요양 시설들에서 사망자가 가장 많이 나왔다. 우리의 경우에도 전국의 요양 시설에서 끊임없이 집단감염이 발생하고 있다. 선제적 코로나 검사와 면회 금지 조치를 취해 보았지만, 집단감염을 막기는 어려운 상황이다. 그때마다 코호트 격리 조치가 내려지기 일쑤였다.

코호트 격리 조치는 추가적인 지역 사회 감염 확산을 막기 위한 것이지만, 빠른 후속 조치 없이는 '격리'가 아니라 '방치'로 이어질 우려가 있다. 실제로 지난 2020년 12월 부천과 구로의 요양병원에서는 확진된 환자들을 돌보던 의료진까지 줄줄이 감염되는 일이 발생했다.

요양 시설 노인들은 물론, 보호자인 가족들 입장에서도 답답한 상황이다. 감염원과 차단하기 위해 면회를 막는 것은 불가피한 조처인 듯싶지만, 1년 가까이 면회 한 번 하지 못하는 생이별의 상황이 지속되고 있다. 면회 중단이 길어지면서 요양병원의 노인 환자 관리가 부실해져 욕창이 생기거나, 항정신병제 사용이 증가하고 있다는 문제도 제기되었다. 「잠자는 노인들, 요양병원에 무슨 일이」, 《KBS》, 2020.9.11 요양병원 내 항정신병제 처방이 급증한 것은 코로나19에 대한 두려움과 면회 금지 조치로 인해 외로워진 노인들의 정신 건강에 문제가 생긴 것인지, 요양병원 측이 단순히 관리를 편하게 하기 위해 과도한 처방을 한 것인지, 분석하여 밝힐 필요가 있다. 「요양병원 항정약 처방량 급증 왜? 청구 내역 분석 중」, 《메디컬타임즈》, 2020.11.13.

장기화된 코로나19 상황 속에서 요양시설들에 대한 격리와 차단만이 능사가 아니다. 프랑스의 보건생명과학윤리 국가자문위원회CCNE는 2020년 코로나로 인한 방역 조치에 대해 인간의 존엄성에는 '사회적 관계를 유지할 권리'가 있음을 강조하였다.* 격리 조치가 불가피하더라도 보완적 방안이 마련되어야 한다는 것이다. 2008년 장기요양보험제도의 시행 이후, 노인의 돌봄이 '돌봄의 시설화'로 급격히 전환되었지만, 이 시설이 집단 감염에 매우 취약한 '위험 시설'임이 입증되고 있다.** 사회의 고령화와 '돌봄의 공공화'는 이미 되돌리기 어려운 흐름이 되었다. 그렇다면 단순한 수용 인원과 시설의 증가만 주목할 것이 아니라, 물질적, 인적 지원이 더 체계화되어야 한다. 감염병이나 재난에 대비한 상황별 매뉴얼도 더 세심하게 다듬어야 할 것이다.

코로나19로 인해 힘들어진 곳 중 또 하나는 공공병원이다. 공공병원들 다수가 코로나19 전담병원 역할을 하면서 일반 환자 진료를 못하게 되거나, 내원 자체가 줄어드는 상황을 겪었다. 2020년 11월 기준으로, 국내 병원 병상 중 5%에 불과한 공공병원이 코로나19 환자의 80% 이상을 담당하고 치료했다. 조승연, 「보건의료 개혁, 공공병원 확충부터」, 《경향신문》, 2020.11.20 공공병원의 건립 취지상 불가피한 것이라 볼 수 있지만, 운영이 악화된 공공병원의 손실을 보상하는 조치가 미흡하다는 것이 문제다. 「코로나19 최전선 지방의료원, 경영난 심화, 적자 어쩌나」, 《KBS》, 2020.11.11 코로나19의 특성상, 기저 질환 합병증으로 인한 중증 환자가 가장 위험한데, 이들을 협진 체계 속에서 치료할 만한 시설을 갖춘 공공

---

* 조태구·민유기, 「프랑스 의료생명윤리 논의의 사회적 확산」, 『생명, 윤리와 정책』4(2), 2020, 61-89쪽.

** 최동용·오혜인·김준혁, 「코로나19, 노인만 격리하는 정책은 타당한가?」, 『생명, 윤리와 정책』 4(20), 2020, 91-117쪽.

병원이 많지 않다는 것이 더 심각한 문제다. 재난적 상황에서 중증 환자들을 전담할 만큼의 경험, 병상, 의료진, 장비, 시설, 예산 중 그 무엇도 공공병원에 준비되지 않았다.

코로나19 상황 속에서 공공의대를 통한 의사 증원 추진이 의료인 파업과 의대생 휴업 사태를 촉발한 바가 있었다. 당시 정부와 의사단체 사이에 어떤 입장을 지지하느냐의 문제 이전에, 생각해 보아야 할 것이 있다. 공공의대와 공공병원에 대한 의사들의 '불신'에는 현실적으로 일리가 있다. 현재의 '공공병원'이 지향할 만한 모델이 아니기 때문일 것이다. 그러나 '공공유치원'이나 '공공요양시설'들은 과거와 달리 가장 인기 있고 믿을 만한 곳으로 인정받고 있다. 정부는 공공병원에 대한 신뢰를 높일 만한 예산과 정책을 수립해야 할 것이고, 의사들은 자신들에게 주어진 부담과 책임, 보수 모두가 공공의 지원과 희생에 기반한 것임을 잊지 말아야 할 것이다.

언젠가 이 고통의 시간이 지나고 나면, 많은 고통들은 깊은 심연으로 사라질 것이고, 또 다른 많은 것들은 다시 긴밀해질 것을 믿는다. 지금 현재 요양원에 계신 나의 아버지와도 그렇게 되길 간절히 바라고 있다. 하지만 지금 우리가 이 상황을 성찰하는 일을 게을리한다면, 우리는 더 비루하고 부당한 과거로 되돌아가게 될 것이다. 적어도 우리가 되돌리고 싶어 하는 시계는 그곳의 시계는 아닐 것이다.

연대의 지속을 꿈꾸는 상처받은 치유자
─ 20대 확진자의 브이로그 투병기는 무엇을 말하는가?

염원희

거리두기에 지쳐가는 사람들

드디어 코로나19 백신 소식이 들려오지만, 감염병의 완전한 종료까지는 아직 갈 길이 먼 것 같다. 팬데믹 초기, K방역에 자부심을 갖고 질서를 지키던 사람들도 이제 지쳤다는 말을 되뇌는 것을 심심찮게 볼 수 있다. 사회적 거리두기는 자영업자들의 삶을 옥죄지만, 한강 공원은 사람들로 북적이고 늦가을 핼러윈Halloween을 맞아 어느 도시의 밤은 뜨거워진다.

여전히 이 병의 실체를 의심하는 사람들도 있지만, 이미 한국에서도 11월 4일을 기준으로 확진자는 26,807명, 사망자는 472명이 되었다. 코로나19는 실체가 분명하고, 위험성도 명확한 질병이다. 하지만 거리두기에 지친 사람들에게 이러한 사실들은 외면하고 싶은 뉴스가 되어 가는 것 같다. 현재 우리 사회에서 코로나19의 위험성을 누구보다도 잘 아는 사람들은 누구일까?

바로 이 질병에 걸린 확진자일 것이다. 코로나19에 걸려 격리된 사람들, 투병을 하였다가 증상이 완화된 환자, 치료를 통해 완치된 사람들 중 일부는 자신의 경험을 언론과의 인터뷰나 개인 브이로그V-log를 통해 공유하고 있다.

확진자들의 '코밍아웃'

지난 4월부터 '코로나19 확진자 브이로그'나 음성 판정을 받은 '자가격리자 브이로그'가 유튜브YouTube에 업로드되기 시작했다. 브이로그V-log는 '비디오'와 '블로그'의 합성어로, 자신의 일상을 동영상으로 촬영한 영상 콘텐츠, 쉽게 말하면 '영상 일기'이다. 사회적 거리두기로 물리적 거리가 멀어지자 감정적으로라도 연결되고자 하는 인간의 욕망은 더욱 강렬해졌고, 그 결과로 인터넷을 통한 사회적 연결은 강화되고 있다. 브이로그의 주 생산자인 20·30대는 코로나19 투병이 자신의 삶에서 처음 겪는 특별한 경험이기에 기록으로 남기고 싶어 했고, 그 결과로 확진자 브이로그는 유튜브를 통해 쉽게 접할 수 있게 되었다.

확진자 중에서도 비교적 경증이거나 무증상자의 생활을 찍은 영상이 유튜브를 통해 공유되면서 코로나19라는 질병에 대한 경각심을 낮춘다는 우려도 있다. 영상을 통해 보이는 확진자의 모습이 너무 편안해 보인다는 것이다. 그러나 그들의 투병기는 우리가 겪어 본 적 없는 미지의 질병에 대한 구체적 자료라는 점에서 주목할 수밖에 없다. 소소하게는 코로나19 확진을 받고 격리되기 전 준비해야 할 것들에 관한 정보를 제공해 준다는 측면에서도 유용한 콘텐츠이다. 그렇다면 유튜브를 통해 공유되는 투병기에서 코로나 19 환자들은 무엇을 말하고자 하며, 왜 그들의 경험을 공유하려는 것일까?

코로나19 확진자 브이로그는 여러 유튜버들에 의해 업로드되었는데 공통적인 내용은 분명해 보인다. 첫 번째는 확진의 초기 상황이다. 코로나19 진단 과정이나 확진 결과를 통보받았을 때의 심정, 격리를 위해 앰뷸런스를 타고 갈 때의 감정을 소개하기도 한다. 무엇보다 자신이 어떻게 감염되었는지를 반드시 이야기한다. 확진자와의 밀접 접촉자였다거나 외국 대학에 교환학생으로 있다가 귀국하여 확진 판정을 받았다거나, 자신이 어떻게 걸렸는지 모른다는 일명 '깜깜이 환자'도 있었다.

두 번째는 자신이 체험한 코로나19 증상에 대한 상세한 묘사이다. 코로나19의 증상은 경중에 따라 무증상자, 경증 환자, 중증 환자로 나눌 수 있다. 확진자 브이로그는 자신이 겪는 통증에 따라 내용도 차이가 있게 마련이다. 무증상자를 제외한 경증, 중증 환자의 아픔은 영상으로 전달될 때 더욱 고통스럽게 느껴진다. 수많은 투병기가 있지만, 여기서는 확진자 중에서 경증 환자와 중증 환자의 사례를 구체적으로 살펴보려 한다.

먼저 살펴볼 브이로그는 코로나19 경증 환자인 '유튜브 채널 껑디호'의 투병기이다. 주인공은 20대 여성 확진자이며, 경증 환자였기 때문에 입원한 날로부터 매주 영상을 올릴 수 있었다. 영상은 서울의료원 확진자치료실에 격리되었던 1주차부터 후에 증세가 호전되어 생활치료센터로 옮긴 내용까지 총6회로 구성되어 있다.

이 환자에게는 뜬금없는 인후통과 음식 맛이 전혀 느껴지지 않는 증상이 가장 먼저 나타났다고 한다. 병원에 입원한 이틀째부터는 기침, 가래, 발열, 설사, 무기력, 근육통^{특히} _{관절} 통증이 심해졌다. 자신이 느끼는 통증을 "어깨 위에 누가 앉아 있는 느낌처럼 무겁고 팔다리가 저릿하고 힘이 안 들어간다."라고 표현하였다. 2주, 3주 영상에서는 미각과 후각이 제 기능을 하지 못하는 점을 가장 두드러진 증상으로 호소하고 있다. 영상 속에서 그녀는 계속 한식 식사만 하다가 6일 만에 첫 간식으로 요거트를 받았다며 기뻐하지만 아무 맛도 느끼지 못하였고, 2주차에 들어서면서는 미각과 후각의 90%를 잃은 것 같은 느낌이라고 하였다. 7일째에 처음으로 캔커피를 제공받았지만 아무 맛도 느끼지 못했다. 이처럼 이 환자가 느끼는 증상이라고는 코막힘·저혈압·미각과 후각을 잃는 느낌이 전부여서, 8일째에 코로나19 검사를 다시 하였으나 양성으로 판정되었다. 하지만 경증 환자였던 그녀는 격리 상황에서 간단한 워드 작업 등의 업무 처리가 가능한 정도였으므로 상태가 비교적 양호했다고 할 수 있다.

'유튜브 채널 도전하는 복학생^{이정환TV}'을 운영하는 20대 남성은 중증 환자에 속했다. 그는 이미 여러 언론 매체와 인터뷰를 하여 꽤 유명한 사례로 손꼽힌다. 그는 코로나19 관련 브이로그 총 5개를 업로드하였는데, 4월 6일에 올린 첫 영상은 입원 후 22일 만에야 공개하였다. 입원 초반에 증세가 너무 심각하여 영상을 찍을 여력이 없었기 때문이다.

그는 교환학생으로 터키 이스탄불에서 1월부터 4월 3일까지 거주하였는데, 3월 말부터 전 세계적으로 코로나19 환자가 급증하면서 국가가 봉쇄될 수 있다는 두려움이 커져 급작스럽게 한국에 돌아오게 된다. 4월 4일 인천

국제공항으로 입국한 직후에는 인천공항에서 따로 격리되지는 않았고 일단 관용차를 타고 집으로 돌아왔는데, 다음 날 오전 보건소에서 양상 판정을 받았다는 연락을 받았다. 자신은 대단히 건강한 상태라 당황스러웠지만 안내에 따라 무증상자센터로 이동하여 4월 5일 하루를 보냈다. 다음 날인 4월 6일 오전까지는 무증상이었는데, 오후부터 몸이 으슬으슬하고 열이 39도까지 오르기 시작했다. 이때부터 유증상자로 분류되어 서울의료원 코로나 병동에 입원하게 된다. 입원 후 10일 동안의 고통을 '저승사자와 하이파이브한 느낌'이라고 농담처럼 표현했지만 표정은 사뭇 진지했다. 병상에 누워 있으면 몸의 무게에 눌린 등에서 통증이 계속되었고, 한 시간 정도 잠들었다가도 근육통 때문에 다시 깨기를 반복했다.

그가 일명 '코밍아웃: 코로나 확진 커밍아웃'을 한 이유는 무엇일까? 처음 확진 판정을 받았을 때는 주변 사람들의 시선이 두려웠지만, 인스타그램에 자신의 확진 사실을 알리자 오히려 주변에서 격려를 받을 수 있었다고 한다. 그 후 1~2주의 투병 기간을 이겨 내고 3주부터는 비교적 호전되면서 안정을 찾아 푸시업과 같은 운동을 시작하면서 여유를 찾게 되자 자신의 질병 경험을 사람들과 공유해야 한다는 사명감을 갖고 영상을 올리기 시작했다고 한다.

특히 그가 주로 호소하였던 증상은 에이즈 치료제인 칼렉트라^{Kalectra} 부작용이었다. 코로나19를 치료하기 위해 칼렉트라를 복용하게 되면서부터는 밥을 먹으면 구토하였고, 물을 마셔도 바로 몸 밖으로 배출되는 증상을 경험한다. 수분 부족으로 입술이 갈라지고 음식을 흡수하지 못해 설사가 계속되었다. 무엇보다 약을 복용하면서 잠을 거의 못 자 죽음에 대해 생각하게 되었다고 담담하게 고백한다. 다행히도 2주 후에 증상이 완화되어 칼렉트라를 끊고 잠도 잘 수 있게 되고, 구토 증상이 사라지자 밥과 물을 제대로 먹으면서 빠르게 회복되는 것을 느낄 수 있었다. 컨디션이 좋아지니 맑은 정신을 갖게 되었고 그것을 '행복'이라고 느꼈다고 한다. 죽다 살아났다는 느낌이 이런 거구나 싶었다고 하니, 그의 코로나19 경험은 이 질병이 인간의 삶을 어떻게 무너뜨릴 수 있는지 그 위험성을 알 수 있는 중요한 사례이다.

확진자들이 공통적으로 말하는 세 번째는 정신적 고통과 후유증이다. 신체적 고통은 물론 정신적으로도 위축될 수밖에 없는 상황에서, 특히 여러 번의 진단검사에서 계속 '양성' 판정이 나올 때 느끼는 불안감과 좌절감은 환자들의 심리에 크게 영향을 끼쳤다. '유튜브 채널 껑디호'에서도 정신적 스트레스를 이야기한다. 큰 증상이 없는데 3주가 흐른 뒤에도 검사에서 다시 양성 판정을 받자 환자의 심정은 복잡해졌다. 특히 하기도는 음성, 상기도는 양성으로 나오는 특별한 상황이어서, 병원 측에서는 그 다음 날 다시 검사하는 것을 제안했다. 결국 다시 검사하였으나 역시 명확하게 진단되지 않았다. 이 환자는 5일 동안 검사를 세 번 하였고, '회색지대-회색지대-양성'이라는 모호한 진단을 받았다고 한다. 결국 최종적으로 양성으로 판정되어 일상으로 복귀할 기회를 놓쳐 좌절하지만, 영상 속에서 코로나19는 아무것도 아니며 자신은 이겨 낼 수 있다고 다짐하는 모습을 보인다. 그녀는 이 3주차 진단 과정에서 심리적으로 큰 변화를 겪었다고 호소하였다. 산책하는 것과 같은 소소한 일상의 소중함을 느끼게 되었다고 말한다.

"경중 환자일지라도 이 공간이 주는 압박감, 도대체 언제쯤 퇴원할 수 있을까 하는 불안감, 어떻게 해야 될까 하는 답답함 등 엄청난 심리적 스트레스가 생긴답니다. … 그러니 여러분 경중이라 한들 이 고생하시지 않으려면 애초부터 안 걸리는 게 최고랍니다!! 부디 마지막까지 사회적 거리두기와 마스크 착용, 손씻기 등 생활 수칙을 잘 지키셔서 행복하시길 바랄게요." 유튜브 채널 껑디호, <병상일기 3주—날 갖고 노는 코로나, 확진자 심리 상태> 중에서, 2020년 4월 6일

'유튜브 채널 도전하는 복학생 이정환TV'도 간단한 운동을 할 정도로 회복하여 33일 만에 다시 검사했으나 또 양성 판정을 받았다. 결국 그는 총 10번의 검사에서 모두 양성 판정을 받자 우울감이 심해진다. 하지만 우울감에 갇혀 있기 보다는 세상과 소통하며 스스로를 치유할 수 있는 방법을 찾기 시작했다. 그는 인스타그램에 일기 형식으로 피드를 올렸고, 주변 사람들은 그를 위해 사랑과 위로를 아낌없이 표현하며 투병을 응원하였다.

그들이 내 감정을 이해하고 나와 함께 연대해 주는 것만으로도 내 감정의 소용돌이가 잠잠해질 수 있다는 것을 학습했다. 우울이라는 녀석도 그들에게 사랑과 위로를 받는다면 그들도 나를 떠나가지 않을까 하는 생각을 했다. 유튜브 채널 도전하는 복학생, <코로나 환자 우울감 극복기 2편> 중에서, 2020년 5월 25일

또한 이 환자는 자신이 우울감을 극복하는 데 가장 효과적인 방법은 글쓰기였다고 고백했다. 우울감을 느낄 때면 컴퓨터 앞에 앉아 글을 썼는데, 우

울감에 젖어 있는 감정을 쭉 적어 나가는 방법이었다. 글을 쓰다 보면 자신의 우울감의 원인을 찾게 되고, 결국 해결책도 스스로 찾게 되었다. 예를 들면, 자신이 우울감을 느낀 이유는 '양성 판정'을 받았기 때문인데, 이로 인한 우울감을 극복하기 위해 '내가 양성 판정이 나와도 괜찮은 이유'를 적어 나갔다고 한다. 자신의 우울감이 어디서 왔는지 적어 나가는 시간을 통해, 슬픔을 회피하기보다는 마주하는 방식으로 자신의 감정을 피하지 않게 되면서 감정을 좀 더 빨리 해소할 수 있었다. 자신이 어떤 감정을 견디기 싫어하는지 그 문제를 빨리 파악하는 것이 빠른 회복을 위한 방법이란 것을 글쓰기를 통해 스스로 찾아 나갔다.

코로나19 확진자들이 전하고 싶은 말은 무엇일까?

코로나19 확진자의 브이로그에서 공통적으로 등장하는 또 하나는 '가족들에 대한 미안함'이다. 자신이 확진자가 됨으로써 가족들도 2주간 자가격리를 하게 되고 자연스럽게 주변에 확진자의 가족이라는 점이 공개된다. 이로 인해 겪게 될 사람들의 비난 섞인 시선은 가장 두려운 것 중 하나였을 것이다. 또한 가족들의 건강에 나쁜 영향을 주었다는 사실이 확진자들을 괴롭게 했다. 확진자에 대한 편견은 분명히 존재한다. 확진자 브이로그를 업로드하면 "코로나19 걸린 게 자랑이냐?"라는 비난의 댓글이 달리기도 한다. 하지만 그들은 앞으로 같은 질병에 걸릴 수 있는 사람들에게 또는 현재 이 감염병으로 고통을 겪고 있는 다른 환자들에게 도움이 되고 싶어 자신의 이야기를 올린 것이다. 또한 20~30대가 치사율이 낮다는 이유로 경각심이 없다는 점에 문제의식을 갖고, 같은 세대인 20~30대가 자신을 보고 경각심을 갖기를 바라는 마음에서 영상을 올린 것이다.

무엇보다 환자가 느낀 연대의 힘은 그들이 기꺼이 영상을 제작하게 만드는 원동력이었다. 확진자가 되면 격리될 수 있는 환경, 충분한 치료를 받을 수 있는 의료 시스템, 매일 마스크를 쓰면서 조심하는 공동체의 구성원들. 확진자들은 사회적 연대의 힘을 통해 질병을 치유한 자이기에 이제 누구보다도 이러한 연대가 지속되기를 꿈꾼다. 질병으로 인해 고통받았지만 연대의 힘을 통해 극복하였기에, 더욱더 이 연대가 공고히 유지되기를 누구보다도 절실하게 바라고 있다. 확진자에 대한 편견으로 불이익을 받게 될 위험을 무릅쓰고 그들이 공개적으로 대중 앞에 선 이유는 자신이 받은 혜택을 돌려주고 싶은 마음과 자신을 보호해 준 이 사회에 조금이라도 기여하고 싶은 마음 때문이리라. 아팠기에, 상처받았기에 더욱 아픔을 겪는 자를 이해하게 된 그들은 이제 환자에서 치유자로 거듭나려 한다.

상처입은 치유자 Wounded Healer 의 존재

질병으로 인해 고통받았던 환자가 다른 이들을 위해 질병을 고백하는 모습을 보면서 연대의 힘을 되새기게 된다. 그리고 또 한 존재, 서울이라는 도시의 한복판에서 지금도 살아 있는 신화를 만들어 가고 있는 행당동 아기씨당의 '아기씨'가 떠오른다.

[사진1] 붉은 치마(면사포)로 얼굴을 가리고 굿판에 나와 노래하는 행당동 아기씨당 무녀(2013,11,5 필자 촬영)

　　서울특별시 무형문화재 제33호인 '행당동 아기씨당굿'은 두창에 걸려 죽
은 아기씨가 주신主神이다. 이곳에는 옛이야기 하나가 전한다. 옛날에 다섯
명의 공주 아기씨가 전쟁이 나서 피난을 왔다가 이곳에서 두창에 걸렸고,
결국 어느 봄날 찔레꽃을 물고 죽었다. 여기서 찔레꽃이 등장하는 이유는,
찔레나무 열매가 두창에 효과가 있다고 알려진 민간의 약재이기 때문이다.
아직 봄이라 열매를 구할 수 없어서, 아기씨들은 치료 효과도 없는 찔레꽃
만 물고 죽은 것이다.

　　죽은 다섯 명의 아기씨들은 행당동 일대의 여러 마을신으로 좌정하였고,
그중 하나가 행당동 아기씨당이다. 애달픈 아기씨는 마을 사람들이 자신을

위해 마련한 음력 시월 보름 아기씨당굿을 할 때면, 천연두로 인해 얽은 얼굴을 가리려 붉은 치마를 쓰고 굿마당의 한복판으로 나선다. 그러면 오랫동안 마을굿을 지켜 왔던 토박이들이 아기씨에게 다가가 가족의 건강을 빌고, 한 해 동안 담아 둔 작은 소망들을 이야기한다. 한바탕 굿을 하고 나면, 아기씨는 그 소망을 들어주마 약속하고 그 자리를 떠난다. 한낱 질병에 걸려 죽은 자였던 아기씨는 인간의 소망을 들어주는 존재가 되었다. 지금도 행당동 아기씨당에서 그녀의 존재는 유효하다.

아기씨는 단지 질병에 걸린 환자의 위치에 머무르지 않고, 죽음을 통해 신으로 화하여 병자를 치유하는 존재로 거듭났다. 천연두 때문에 얼굴이 얽어 버린 아기씨…. 결국 병을 앓다가 풀숲에서 죽어버린 애달픈 아기씨는 죽어서 사람을 살리는 신이 된 '상처받은 치유자'이다. 그녀가 굿에서 부르는 노래는 환자를 낫게 하는 노래이며, 질병신이 된 그녀는 환자를 위해 존재한다. 아기씨는 상처받은 자로서 오히려 상처를 치유하게 됨으로써 인간의 유한성에 얽매이지 않고 생명의 한계를 극복한 존재가 되었다.

우리 시대의 코로나19 환자들은 현대 의학의 혜택으로 완치 판정을 받고 다시 사회로 돌아와 이제 한 발을 내디디려 하고 있다. 1년 가까이 지속되는 코로나19 팬데믹으로 연대가 느슨해지면서 더 큰 혼란이 야기될 수 있는 지금, 확진자들은 기꺼이 자신의 고통 경험을 공유하면서 사회적 거리두기를 당부하고 있다는 점을 우리는 잊지 말아야 한다. 연대가 지속되기를 희망하며 화면 앞에 선 환자들, 그들은 우리 시대의 '상처입은 치유자'이다.

코로나와 사랑 1

— 우리는 어떻게 다시 사랑하게 되었는가?

조태구

증가하는 가정폭력

"거리는 멀지만 마음은 더 가까운 한가위 보내시길 바랍니다." "이번 추석 황금연휴 5일인데 집에서 쉬니까 참으로 좋네요. ㅋㅋ" 거의 동시에 도착한 이 두 메시지는 분명 동일한 상황을 언급하고 있지만, 그것이 담고 있는 정서는 사뭇 다르다. 메시지가 전제하고 있는 상황은 분명하다. 코로나19가 야기한 팬데믹이라는 예외적 상황 속에서 맞이한 민족 최대의 명절 추석. 정부는 다양한 경로를 통해 국민들에게 이동과 모임, 귀성을 자제해 줄 것을 요청했고, 인천시각장애인 복지센터로부터 온 앞의 메시지도, 가족들과 떨어져 서울에서 홀로 살아가고 있는 후배의 메시지도 이러한 정부의 요청에 응했음을 전제하고 있다. 그러나 앞의 메시지가 이전처럼 친척들이 모이거나 고향을 방문할 수 없는 상황에도 '불구하고' 가족 간에 또 친척 간에 마음만은 가깝기를, 그렇게 마음만은 따뜻하기를 기원하고 있는 반면, 후배의 메시지는 바로 이러한 상황 '덕분에' 마음이 따뜻해졌음을, '참으로' 편안해졌음을 말하고 있다. 연휴 기간 내내 그는 침대 위에 젖은 낙엽처럼 붙어 지내면서 세상을 다 가진 듯 풍요로울 것이며, 천국에 온 듯 편안하리라.

　사회적 거리두기라는 말이 익숙해지면서, 우리는 멀어지는 타인들과의 거리에 대해서는 충분히 얘기했지만, 이 멀어짐에 비례해서 좁혀지는 특수한 사람들 간의 거리에 대해서는 크게 주목하지 않았다. 사람들은 사회 속에서 타인들과 거리를 두면서 가정 내에 머무르는 시간이 늘어났고, 그렇게 가정 내에서 남편과 아내, 아이들 간의 물리적 거리는 전에 없이 좁혀졌다. 문제는 가족 간의 물리적 거리가 가까워졌다는 사실이 가족 간의 정서적 거리마저 가까워졌음을 의미하는 것은 아니라는 점이다. 현시점에서 가족은 아무 거리낌 없이 마스크를 쓰지 않고 서로의 맨얼굴을 마주할 수 있는 유일한 사람들의 관계이지만, 마스크를 쓰지 않은 그 얼굴들이 반드시 사랑스러운 것만은 아니다. 때때로 그 얼굴은 악마의 얼굴일 수도 있다.

　실제로 프랑스에서는 지난 3월 17일 전 국민을 대상으로 격리 조치 confinement*를 시행한 직후부터 가정 폭력이 심각한 사회문제로 부각되었다. 격리 조치가 시행된 지 한 달이 채 되지 않은 지난 4월 6일 프랑스 내무부는 격리 조치 시행 이후, 가정 폭력 관련 신고가 격리 조치 시행 이전보다

＊　프랑스는 3월 17일부터 5월 11일까지 총 55일 동안 전 국민을 대상으로 격리조치를 시행했다. 몇 가지 예외 사안 관련 서류를 작성하여 지참하고 있어야만 이동이 허가되었다.

30% 넘게 증가했다고 발표했다.* 특히 배우자 폭력 violence conjugales 문제가 심각했는데, 프랑스 양성평등부 산하 연구기관 MIPROF Mission interministérielle

pour la protection des femmes victimes de violences et la lutte contre la traite des êtres humains

가 7월 29일 발표한 공식 보고서에 따르면, 격리 조치 기간이었던 3월 중순부터 5월 10일까지 여성폭력신고전화 3919를 통해 접수된 관련 신고는 총 4만 4,235건이었으며, 최고치를 기록한 4월에는 약 2만 9,400건의 신고가 접수되었다. 이 수치는 격리 조치 시행 이전인 2월과 3월에 비해 약 세 배에 달하는 수치이다. 신고의 경로가 오직 3919 전화만 있는 것이 아니라는 점을 고려할 때, 격리 조치 기간에 발생한 배우자 폭력, 한때 그 누구보다 사랑했던, 가해자 스스로는 지금도 그렇다고 생각하는 사람에게 가해진 폭력의 건수는 이보다 훨씬 더 많았을 것임에 틀림없다.

홍미로운 점은 이 보고서가 격리 조치를 배우자 폭력의 발생 원인으로 보고 있지 않다는 점이다. "보건 위기와 그로 인한 격리 조치는 방아쇠 효과를 가졌던 것이 아니라, 차라리 폭로자였다."** 배우자에 의한 폭력은 신고가 이루어지기 이전부터 있었고, 이는 이 기간에 처음으로 신고를 한 많은 여성들이 이미 여러 단체들을 통해 상담을 받은 경험이 있다는 점에서 입증되었

---

* Franceinfo, "Hausse des violences familiales pendant le confinement : "Cette tendance se confirme", indique Christophe Castaner", 2020.4.6.

** MIPROF, "Les violences conjugales pendant le confinement: évaluation, suivi et propositions", 2020, p. 40. https://www.egalite-femmes-hommes.gouv.fr/wp-content/uploads/2020/07/Rapport-violences-conjugales.pdf.

다. 보고서의 작성자인 므와롱-브로 Elisabeth Moiron-Braud는 팬데믹 이전의 정상적인 상황에서 이 피해자 여성들이 사회적 삶을 피난처로서 가지고 있었다는 점을 강조한다. "그녀들은 일하러 가고, 친구들을 볼 수 있었어요. 격리 기간 동안에는 이 모든 것들 중 아무것도 할 수 없었죠."* 가정을 편히 쉴 수 있는 휴식의 공간이라고 정의한다면, 그녀들에게는 사회와 직장이 바로 '가정'이었다. 격리 조치가 그녀들에게 빼앗아 간 것이 바로 이러한 '가정'이었으며, '가정'을 빼앗긴 그녀들은 더 이상 견딜 수가 없었다.

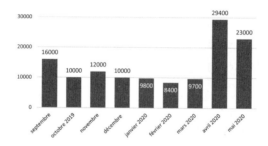

Champ : nombre d'appels au 3919 reçus de septembre 2019 à mai 2020
Source : FNSF - Analyse issue des fiches de données du 3919 - Données arrondies et provisoires
Précision méthodologique : la ligne était accessible du lundi au samedi de 9h à 19h. A partir du dimanche 19 avril et pour faire face à la demande croissante, la ligne a été accessible 7/7j.
Note de lecture : en septembre 2019, les écoutantes de la FNSF ont reçu environ 16 000 appels

2019년 9월부터 2020년 5월 프랑스 여성폭력신고전화 3919에 수신된 통화 수의 변화

---

* Terriennes, Nadia Bouchenni, "France : nette augmentation des signalements de violences conjugales pendant le confinement", TV5MONDE, 2020.8.10. https://information.tv5monde. com/info/france-nette-augmentation-des-signalements-des-violences-conjugales-pendant-le-confinement.

한국이라는 예외

그런데 코로나19로 야기된 가정 폭력, 특히 배우자 폭력 문제는 프랑스만의 문제가 아니다. 미국, 중국, 영국, 스페인, 이탈리아, 호주, 일본 등의 상황도 프랑스와 크게 다르지 않다. 이 점에서 한국은 예외적이다.

한국에서 가장 먼저 가정 폭력 문제의 심각함을 인지하고 통계를 조사하여 발표한 곳은 경찰청이다. 그리고 경찰청이 발표한 통계 결과는 세계적 흐름에서 완전히 벗어난 것이었다. 지난 4월 4일 경찰청이 발표한 자료에 따르면 코로나19의 첫 확진자가 발생한 2020년 1월 20일부터 4월 1일까지 112를 통해 접수된 가정 폭력 신고 건수는 4만 5,065건으로 2019년 같은 기간의 신고 건수 4만 7,378건에 비해 4.9% 감소했다.[*] 세계적 흐름과 정반대로 나타난 이러한 결과에 대해 즉각 비판이 제기되었다. 최선혜 한국여성의전화 여성인권상담소장은 "결론부터 말하자면, 이 같은 수치 비교로 한국의 가정 폭력 발생이 다른 국가와 다르게 줄어들었다고 판단하기는 어렵다."고 말한다. 그에 따르면, 가정 폭력을 신고하지 않는 다양한 "사정들"을 고려해야 하고, 무엇보다 2019년의 같은 기간과 비슷한 상담 건수를 보이고 있는 한국여성의전화의 상담 중 "가정 폭력 상담이 차지하는 비율은 1월

---

[*] 편광현, 「코로나 사태 후 가정폭력 줄었다?… "신고 못하는 위험상황일 수도"」, 『중앙일보』, 2020년 4월 5일. https://news.joins.com/article/23747277.

26%에서 2~3월 40%대로 크게 늘어났다."*

  그러나 2020년 7월 16일 여성가족부와 여성정책연구원이 공동 주최한
〈제4차 코로나19 관련 여성·가족 분야별 릴레이 토론회: 코로나19와 젠더
폭력─가정 폭력 현황과 대응〉에서 이미정 한국여성정책연구원 젠더폭력
안전연구센터 선임연구위원은 "코로나19 팬데믹이 진행되는 기간 한국에
서 가정 폭력 사건이 증가했음을 보여주는 자료는 없다."고 단정했다.** 오히
려 그가 제시한 경찰청 자료에 따르면, 2020년 1월부터 5월까지 전국 경찰
청에 신고된 가정 폭력 신고 건수는 총 9만 4,504건으로 전년도 같은 기간의
9만 7,451건에 비해 3,000건 가까이 줄었으며, 같은 기간 여성긴급전화 1366
을 통해 접수된 가정 폭력 상담 건수는 7만 5,634건으로 전년도[2019년]의 8만
5,065건에 비해 큰 폭으로 줄어들었다. 특히 4월과 5월의 경우에는 2019년
같은 기간과 비교하여 각각 4,245건과 2,440건이 줄어들었다.

  경찰에 신고한 가정 폭력 건수가 줄어든 것보다 훨씬 더 유의미한 폭으로
상담 건수가 줄어들었다는 사실은 코로나19 팬데믹 상황에서 발생한 가정
폭력과 관련하여 다른 해석의 가능성을 차단한다. 다른 여러 나라의 경우와
는 정반대로 한국의 경우, 팬데믹 상황에서 가정 폭력이 줄어들었다. 가정

---

*   최선혜, 「코로나19 상황, 한국에서만 가정폭력 줄었다?」, 『오마이뉴스』, 2020년 4월 14일. http://
    www.ohmynews.com/NWS_Web/View/at_pg.aspx?CNTN_CD=A0002631889
** 이미정, 「코로나19와 가정폭력: 해외사례를 중심으로」, 『제4차 코로나19 관련 여성·가족 분야별
    릴레이 토론회: 코로나19와 젠더폭력-가정폭력 현황과 대응』(세미나자료집), 2020. 7. 16. 18쪽.
    https://www.youtube.com/watch?v=HZ7xZ5nDpEg

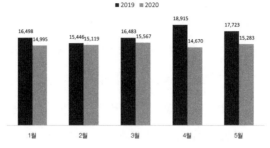

■ 여성긴급전화 1366 상담실적: 2019년과 2020년 1월~5월 기간

■ 2019 ■ 2020

코로나19 발생과 한국의 가정폭력 상담 건수(출처: 이미정, 「코로나19와 가정폭력: 해외사례를 중심으로」, 『제4차 코로나19 관련 여성·가족 분야별 릴레이 토론회: 코로나19와 젠더폭력-가정폭력 현황과 대응』 세미나자료집)

폭력을 경찰에 신고하지 못하는 다양한 "사정들"이 있다는 것이 사실이며, 이 부분에 대해 충분히 고려해야 한다는 주장도 매우 타당하지만, 신고가 아닌 단순한 상담 건수가 큰 폭으로 감소했다는 사실과 관련해서는 고려해야 할 "사정들"이 많아 보이지 않기 때문이다. 거의 유일하게 생각해 볼 만한 사정은, 외국의 여러 가정 폭력 대처 방안들이 전제하고 있는 것처럼, 격리 조치 등으로 인해 가해자와 떨어져 있는 상황이 줄어들게 됨으로써 상담을 요청할 수 있는 조건 자체가 마련되지 않는 경우일 것이다. 그러나 그 어느 나라와 비교해서도 상대적으로 이동이 자유로웠던 한국의 경우에 이러한 가설을 세워 상담 건수의 감소를 설명하려고 시도하는 일은 상당히 어색하다. 실제로 이미정은 한국과 다른 여러 나라의 경우가 서로 같지 않다는 점을 인정하면서, "전면적 봉쇄나 이동제한 조치를 시행하지 않은 점"을 이

러한 차이가 발생한 요인으로 제시하였다.*

그러나 "전면적 봉쇄나 이동제한 조치를 시행하지 않은 점"은 가정 폭력이 줄어들었다는 사실에 대한 충분한 설명이 될 수 없다. 전면적 봉쇄나 이동제한 조치를 시행하지 않았다면, 그렇게 여러 나라들에서 가정 폭력의 증가 원인이 된 조치가 없었다면, 그로부터 귀결되는 자연스러운 결론은 '가정 폭력이 증가하지 않았다'이지, '가정 폭력이 감소하였다'가 아니기 때문이다. "전면적 봉쇄나 이동제한 조치를 시행하지 않은 점"은 가정 폭력이 증가하지 않은 이유에 대한 설명은 될 수 있어도, 가정 폭력이 줄어든 이유에 대한 설명이 될 수는 없다.

사랑을 위한 이상적 거리

이제 연구자들에게는 축복과도 같은 연구 과제가 주어졌다. 이미정이 말한 것처럼 "이러한 감소 현상에 대한 심도 있는 검토와 분석이 필요"하고, 실제로 이 기이한? 현상을 이해하고 설명하기 위해 많은 연구가 다양한 분야에서 다양한 방식으로 이루어질 것이다. 그런데 별다른 근거는 없지만, 희망을 가득 담아 어떤 가설을 세워 볼 수는 없을까? 이러한 현상의 원인은 혹시 사실 너무나 소박하고, 너무나 밋밋하고 맹숭맹숭한 어떤 것, 너무나

---

* 같은 글, 26쪽.

상식적이고 당연해서 따로 생각해 볼 필요도 없는 어떤 것은 혹시 아닐까? 어떤 편견으로 인해 우리는 매우 자연스러운 이 상황을 아주 신기한 무엇으로 여기고 있는 것은 아닐까? 그냥 부부끼리 자주 만나다 보니까, 같이 있는 시간이 늘어나다 보니까 친밀해지고, 친밀해지다 보니까 더 이상 싸울 일이 사라져 버린 것은 아닐까?

가정 폭력과 관련된 한국의 기이한 현상에 대해 임준태 동국대학교 경찰학부 교수는 "가정 폭력은 음주한 남성에 의해 주로 이루어진다."고 전제한 뒤, "실제 폭력이 줄었다면 회식 등 술자리가 줄어 가정 폭력도 줄어든 것"이라고 분석했다.* 가정 폭력이 줄어들었다는 사실 자체를 인정하지 않는 분위기 속에서 나온 임준태의 이 발언은 평가할 만하다. 그러나 이 발언에서 특히 주목할 부분은 회식 등 술자리가 줄었다는 부분이다. 이미정이 제시한 자료에 따르면, 사실 가정 폭력에서 술이 원인이 되는 경우는 남성 가해자의 경우 10%, 여성 가해자의 경우 4%로 비중이 크지 않으며,** 무엇보다 코로나19로 인한 음주량 감소폭은 '홈술'의 폭발적인 증가로 인해 생각보다 크지 않을 것으로 예상된다. 또 마실 사람은 어떠한 이유에서든, 어떠한 조건에서든 기필코 마신다. 달라지는 것은 음주량이 아니라 음주 장소이며, 주목해야 하는 것은 이 장소의 변화, 상황의 전환이다. 술 마시고 알코올에 푹 젖은 채 집으로 돌아와 쓰러지는 상황이 아니라, 집에서 배우자와 함

---

* 편광현, 같은 글.
** 이미정, 같은 글, 23쪽.

께 혹은 배우자가 보는 앞에서 알코올에 서서히 젖어 가는 상황, 이 상황의 전환은 생각보다 많은 것을 뒤바꾼다.

꼭 회식과 술자리만을 말할 필요는 없다. 회식과 술자리는 하나의 상징이다. 코로나19로 인한 사회적 거리두기는 아이들을 학원에서 집으로 돌려보냈고, 직장인들을 가정으로 일찍 귀가시켰다. 주말마다 떠나던 자신만의 취미 생활도, 친구들과 갖던 모임도 줄어들었다. 그 대신 아내와 남편과 아이들과 보내는 시간이 늘어났다. 전면적 봉쇄가 아닌 상대적으로 낮은 수준의 이동제한으로 인해 급진적인 것은 아니지만 어느 정도의 가족 내 거리좁힘이 발생했다. 그리고 사회적 거리두기로 인해 야기된 가정 내 거리좁힘 속에서 사람들은 가정 폭력의 감소라는 현상으로 귀결되는, 너무 멀지도 너무 가깝지도 않은, 가족 간의 이상적인 거리, 균형점을 찾아낸 것인지도 모른다.

가정 폭력의 감소 요인이 실제로 이러한 것이라면, 이는 한국사회에서 가족 간의 거리가, 부부간의 그것이 그동안 너무 멀었다는 사실을 의미할 것이다. 가정 폭력의 위험은 너무 가까워서가 아니라 오히려 너무 멀었기 때문에 존재했다. 프랑스에서 코로나19가 가정 폭력을 증가시킴으로써 현실의 가정이 사실 가정이 아니었음을, 사회가 실질적인 가정의 역할을 수행했음을 폭로했다면, 한국에서 코로나19는 가정 폭력을 감소시킴으로써 한국사회에서 가정이 부재했음을, 간신히 존재하는 허울이었음을 폭로한다. 이제 코로나19는 단지 재앙일 수만은 없다. 코로나19는 우리가 그동안 너무 멀리 떨어져 있었다는 사실을 폭로하고, 코로나19는 우리, 그래, 사랑하는 나의 이들을 다시 우리 곁에 가깝게 끌어당겨 주었다. 따라서 그것은 재앙이 아니다. 아니 재앙이지만 이 재앙 안에도 축복은 있으며, 선물이 있었다.

아직 끝이 보이지는 않지만, 언젠가 이 상황은 종식될 것이고, 보다 정교한 자료와 통계를 통해 이 가설은 검증될 것이다. 그리고 이 가설이 사실로 입증된다면, 우리는 코로나19 이전의 삶 속에서 우리가 너무 멀리 떨어져 살았음을, 내 곁에 있는 사랑스러운 그 혹은 그녀를 너무 멀리 했었다는 사실을 솔직하게 인정해야 할 것이다. 그리고 코로나19라는 재앙이 좁혀 놓은 이 거리를, 이 축복을, 이 선물을, 재앙이 사라진 후에도 보전할 수 있도록 사회적 차원의 노력을 시작해야 할 것이다. 서로가 사랑할 수 있는 적절한 거리의 발견, 코로나 사랑, 그것은 코로나19가 한국사회에 남긴 가장 소중한, 적어도 현시점에서 유일하게 확인 가능한 유산일지도 모른다. 코로나19 시대에 생겨난 두 신조어, '코로나이혼'과 '코로나둥이'. 양자택일의 문제는 아니겠으나 한국사회에서 보다 익숙하게 쓰이게 될 용어는 어떤 것일까? 아내가 잠들어 있는 방문을 열었다가 급히 닫는다. 일단 나에게는 '코로나둥이'는 아닌 듯하다.

코로나와 사랑 2

― 코로나 시대의 연애

조태구

K 교수의 자가격리

K 교수는 2주간의 자가격리에 들어갔다. 코로나 감염 증세를 보인 것은 아니었다. 감염자와 접촉을 했던 것도 아니고, 어디 해외로 출장을 다녀왔던 것도 아니다. 아무리 찾아봐도 그에게는 자가격리를 할 아무런 이유가 없었다. 다만 K 교수에게는 유학 중인 여자 친구가 있었다. 비행기로 10시간이 훌쩍 넘는 거리를 두고 그들은 연애 중이었다. K 교수가 유학을 다녀왔고, 현재 그의 여자 친구가 유학 중인 그 나라에는 연일 감염자가 폭증하고 있었다. 학교와 도서관이 문을 닫았고, 상점과 서점들도, 그들이 자주 가던 카페와 레스토랑도 문을 닫았다. 그녀가 그곳에 머물러야 할 이유는 없었다. 심지어 위험했다. 그래서 그녀는 귀국을 선택했고, K 교수는 2주간의 자가격리를 선택했다. 자그마한 그의 아파트로 그녀를 맞아들였다.

그녀의 부모는 귀국하는 딸의 거처가 고민되던 차였다. 자신의 아파트를 그녀의 자가격리 장소로 사용하는 것이 어떻겠냐는 K 교수의 제안은 과감하고 신선했다. 감염 위험 때문에 뽀뽀도 할 수 없다는 K 교수의 말에는 묘한 설득력이 있었다. 걱정되니 연락을 자주 하라는 말로 딸과 K 교수의 2주간의 자가격리를 허락했다. K 교수는 약속을 지켰다.

그녀가 귀국하기 전까지 K 교수는 틈틈이 술을 사다 찬장에 모아 두었다. 배달 문화가 고도로 발달한 한국에서 다른 생필품들은 모두 손 안에 핸드폰으로 해결되지만, 술만은 예외다. 그리고 K 교수와 그의 여자 친구는 서로를 사랑하는 만큼 술을 사랑했다. 저녁 무렵 상가에 들러 술병에 붙은 라벨을 찬찬히 읽고, 가능하다면 시음도 하면서, 이러저러한 술을 사다 찬장에 모아 두는 일은 기다림의 소소한 즐거움이었다. 술병들이 하나씩 찬장을 채워갈수록 그녀의 귀국 날짜가 조금씩 다가왔다. 이 정도면 충분하겠지 생각할 때쯤, 그녀는 돌아왔다.

공항으로 마중을 나가지는 않았다. K 교수에게는 자동차가 없었고, 있었다고 하더라도 전문 수송 수단을 이용하는 것이 합리적으로 보였다. 비행기가 늦은 밤 시간에 도착한 탓에 버스를 이용할 수는 없었다. 배차 시간까지 기다려야 하는 시간은 너무 길었다. K 교수의 여자 친구는 인천국제공항에서부터 그가 살고 있는 서울의 아파트까지 방역 택시를 타고 왔다. 그녀가 그의 아파트로 들어섰다. 그녀가 와인을 가져왔다. 유학 시절 마셨던 그 와인처럼 맛이 길고 깊었다.

다음 날 아침 가까운 관할 보건소에서 검사를 받고, 주의 사항을 들은 후,

[사진1] 코로나 시대에도 그 이전과 마찬가지로 남녀는 만나고 연애를 하지만, 그 방식은 전보다 더 밀착되고 은밀해졌다.(출처: pixabay, https://pixabay.com/images/id-5604412/)

커다란 주황색 봉투를 하나 받아 들고 아파트로 돌아왔다. 두 사람 뒤로 문이 닫히자, 도심 한복판엔 그들만의 섬이 마련되었다. 불편한 것은 없었다. 갇혀 있었지만, 갇혀 있다는 생각이 들지 않았다. 자발적으로 선택한 일 아닌가. 필요한 것은 언제라도 주문해 받을 수 있었고, 술은 충분히 준비되어 있었다. 하루에 두 번 체온을 측정해서 앱에 기록해야 하는 일이 성가시고, 조금이라도 늦을라치면 꽹꽹 울려 대는 소리가 살짝 신경을 긁었지만 대수롭지는 않았다. 그는 그녀와 함께 있었다.

2주간의 격리 기간이 끝나는 마지막 날 밤, K 교수와 그의 여자 친구는 술을 마셨다. 그간의 다른 밤들과 마찬가지였다. 그러나 이번만은 특별히 수고했다는 말을 덧붙여 보았다. 그리고 다음 날, 가득 찬 주황색 폐기물 봉투를 문 밖에 내놓는 것을 마지막으로 K 교수의 자가격리는 끝이 났다. 그렇게 세상으로 다시 나왔다. 무인도를 벗어나 육지에 발을 딛는 격한 감정은 없었다. 그러나 썩 좋은 기분이었다. 첨단 시설이 갖춰진 무인도에서 보낸 2주간의 시간은 빠르지도 느리지도 않게 흘렀다. 짧지도 길지도 않았다. 2주 동안 사랑하는 그녀와 단 둘이서 도심 속 섬에서 살았다. 꿈이 아닌 현실이었다.

은밀해진 연애

K 교수와의 인터뷰를 바탕으로 작성한 위와 같은 상황은 특별하지만 또 특별하지 않다. 지난 글「코로나와 사랑 1」에서 말했던 것처럼, 사회적 거리두기로 인해 대다수 사람들 간의 거리는 멀어졌지만, 이 멀어짐에 비례해서 좁혀지는 특수한 사람들 간의 거리가 있다. 가족, 특히 부부간의 거리와 함께 연인들 간의 거리는 이 좁혀진 거리의 대표적인 두 사례이다. 꼭 K 교수의 경우처럼 멀리 떨어져 있던 연인이 돌아오는 경우를 말하는 것만은 아니다. 코로나 시대에도 그 이전과 마찬가지로 남녀는 만나고 연애를 하지만, 그 방식은 전보다 더 밀착되고 은밀해졌다.

결혼정보회사 듀오가 지난 6월 22일부터 24일까지 연애 중인 20~30대 미혼 남녀 500명^{남녀 각각 250명}을 대상으로 실시한 '코로나 시대의 연애'에 대한 설문 조사에 따르면, 응답자의 68.0%가 코로나 사태 이후 '데이트 장소로 사람 밀집 지역을 피하고, 지금도 지속 중'이라고 답했으며, 22.6%가 '코로나 19 유행 초기엔 사람 밀집 지역을 피했지만 점차 이전으로 회복 중'이라고 답했다. 응답자의 90%가 넘는 절대다수에게 코로나19로 인한 감염 위험은 데이트 장소를 선택할 때 고려해야 하는 중요 사안이었다. 이런 맥락에서 '호텔, 자취방'40.8%이 압도적인 격차로 코로나 시대 연인들의 주된 데이트 장소 1위로 조사되고, 뒤를 이어 '차 안'21.6%과 '공원·유적지·산'19.8%이 2위와 3위로 조사된 것은 매우 자연스럽다. 60%가 넘는 연인들은 그들만의 섬을 찾고 있다.

이러한 결과는 듀오가 2017년 실시한 유사한 조사 결과와 비교해 보았을 때, 그 차이가 뚜렷하게 드러난다. 2017년 1월 31일부터 2월 16일까지 듀오가 20~30대 미혼 남녀 464명남녀 각각 215명, 249명을 대상으로 실시한 '커플 실내 데이트'에 대한 설문 조사에 따르면, 연인들이 가장 많이 이용하는 데이트 장소는 영화관27.2% · 커피숍20.8% · 레스토랑11.6% 순이었으며, '이성 친구의 집'이라는 답변은 8.5%에 불과했다. 3년 사이 20~30대 응답자들의 인식이 획기적으로 변한 것이 아니라면, 밀착되고 은밀한 데이트 장소에 대한 선호의 원인은 코로나19라고 볼 수밖에 없다.

물론 데이트 횟수 자체가 줄어들기는 했다. 듀오의 2020년 설문 조사에서 응답자의 40.0%는 코로나 사태 이후 '데이트 횟수가 줄어들었고 지금도 지속 중'이라고 답했으며, 30.4%는 '유행 초기엔 데이트 횟수가 줄었지만 현재 점차 코로나19 이전으로 회복 중'이라고 답했다. 좀 더 구체적인 수치로 살펴보면 코로나19 이전에 비해 연인들은 데이트 횟수를 일주일에 평균 1.49일 줄인 것으로 조사되었으며, 감소폭은 일주일에 '2일 감소'21.4% · '1일 감소'15.0% · '3일 감소'14.2% 순이었다. 그러나 코로나 사태 이전에 비해 그 횟수가 줄었더라도 연인들은 여전히 만나고 있다. 그리고 한 번 만났을 때, 그 만남의 방식은 전과 다르다. 코로나 시대의 연인들은 사회적 거리를 두는 만큼 서로에게 가깝게 다가섰고, 그들 둘만이 머물 수 있는 고립된 장소를 찾고 있다. 사실 달리 방법이 없기도 하다. 가능한 한 붐비지 않는 곳에서 차를 마시고 밥을 먹었다고 치자. 아직 헤어지기는 싫지만 영화관도, 술집도, 노래방도, PC방도 문을 닫았다. 감염의 위험 때문에 거리를 돌아다니기에는 왠지 두렵다. 이제 연인들이 갈 만한 장소는 딱 하나뿐이지 않은가? 심지어 그곳에서는 영화도 볼 수 있고, 술도 마실 수 있으며, 노래를 부르거나 오락을 할 수도 있다. 사실 뭐든지 할 수 있다.

만고불변의 진리: 들이대기

이쯤에서 슬퍼지는 것은 연인이 없는 그대들이다. 신형철은 "'뉴노멀'이

[사진2] 코로나 시대의 연인들은 사회적 거리를 두는 만큼 서로에게 가깝게 다가섰고, 그들 둘만이 머물 수 있는 고립된 장소를 찾고 있다.(출처: pixabay, https://pixabay.com/images/id-165406/)

라고 말하면 이전의 모든 것이 '노멀'이 되어 버리는 것처럼, '코로나 시대의 사랑'이라고 말하면 이전에는 사랑이 자명하게 있었던 것처럼 돼 버린다."《문화일보》, 2020.10.26, 「사랑과 연애 ─ 코로나 시대의 '더 여전한 사랑」고 말했다. 그렇다. 없었던 자들에게 '코로나 시대의 사랑'이나 '코로나 시대의 연애'라는 표현 속에 등장하는 '코로나 시대의'라는 규정은 특별한 의미를 갖지 않는다. 연인들이 서로를 꼭 껴안고 사람들이 붐비는 거리를 활보할 때나, 그들만의 섬을 찾아 숨어들었을 때나, 그대들은 혼자 있었다. 텅 빈 거리에서, 코로나19가 비워 낸 거리에서, 그대들이 읽어 낼 수 있는 것은 지금 마주하고 있는 사랑의 부재가, 연애의 부재가 앞으로도 계속될 것이라는 강력한 암시뿐이다.

그렇다고 뾰족한 방법이 있는 것도 아니다. 코로나 시대를 맞아 '데이팅 앱'과 이성 주선 업체 가입자가 급증했다고는 하지만, 이런 앱을 통한 만남은 매번 실패하던 길거리 헌팅보다도 허들이 높다. 목적이 뚜렷한 시스템 속에서 외모와 조건, 이 둘 중 하나가 혹은 이 둘 모두가 뛰어나지 않다면 살아남을 수 없다. 누군가는 이러한 만남의 방식이 코로나 이후, 그리고 앞으로 예견되는 또 다른 '질병 X'의 시대에 만남의 보편적 방식으로 정착될 것이라고 말하지만, 바람직하지 않을뿐더러, 무엇보다 그렇게 될 가능성은 크지 않다. 아무리 인터넷상에서 서로를 오래 알아 왔고, 심지어 사랑한다고 믿는 사람들이라도 결국에는 직접적인 만남을 그 목표로 한다. 그 매개가 되는 것이 무엇이든 중심에는 여전히 직접적인 만남이 위치해 있으며, 이는 인간이 몸을 가진 존재라는 사실, 몸을 통해 세계를 경험한다는 단순한 사실 때문이다. 몸을 가진 존재로서 인간은 악수하지 않은 상대를 완전히 신뢰할 수 없으며, 심지어 사랑할 수는 없다. 그리고 직접적인 만남이 아직 중심에 있는 것이 사실이며, 모든 사회적 만남이 비대면으로 전환될 가능성이 없는 것이라면 기회는 여전히 열려 있다. 직접적 만남 속에는 수치화할 수 없고 통계로 확인할 수 없는 우연이 거주한다.

분명 코로나 시대, 모두가 마스크를 쓰고 안전을 위해 거리를 두는 시대에, 우연한 만남을 기대하기는 어렵고, 지속적인 관계 속에서 조금씩 누군가에게 스며들기를 기대하기도 어렵다. 번개 같은 사랑도, 차츰 쌓여 가는 시간의 두께 속에서 어느 날 불쑥 솟아나는 사랑도 기대하기 어렵다. 연인들은 각자의 섬으로 숨어들었고, 연인이 없는 자들은 각자의 방 안에서 안전하다. 그러나 이는 동시에 이 시대가 고독의 시대이며 외로움의 시대라는 것을 의미한다. 사회적 거리두기를 다른 측면에서 바라보면 거리좁힘인 것과 마찬가지로, 각자가 감당하고 있는 이 시대의 고독은 조용히 쌓여 가는 관계에 대한 갈망일 수도 있다. 코로나 이전에도 사랑이 있었다고 믿는다면, 코로나 시대에 그리고 그 이후에 사랑이 없을 것이라고 믿을 이유는 없다.

문제는 무엇을 할까이다. 그리고 답은 이미 정해져 있다. 동서고금을 통틀어 연애의 기본은 들이댐이다. 누구나 감염체일 수 있는 팬데믹 시대에 이런 들이댐은 위험이 될 수도 있지만, 감염의 위험이 없던 시절이라고 들이댐이 성공을 보장했을 리는 없다. 즉 들이댐의 성공과 실패는 감염의 위험 여부와는 독립적이다. 적어도 절대적이지는 않다. 사랑하기를 원하고 연애하기를 원한다면, 가능한 한 대면 만남을 늘리고 기회를 포착하자. 온라인에는 희망이 없다. 코로나 이전에도 코로나 이후에도 홀로 있을 가능성이 높은 그대들이 기댈 곳은 오직 하나, 직접적 대면에서 발생하는 우발성이다.

지금의 아내와는 커피자판기 앞에서 처음 만났다. "백 원 있어요?" 내가 아내에게 건넨 첫 번째 말이었다. 이 말에 아내는 "없는데요."라고 웃으면서 답했고, 나는 그때 이 사람이 내 사람이 될 것이라는 것을 알았다. 요컨대 그렇다고 아무 때나 들이대면 큰일 난다는 말이다.

조태구 | 경희대학교 HK+통합의료인문학연구단 HK연구교수. 경희대학교를 나와 프랑스 파리-낭떼르 대학파리10대학에서 철학 박사 학위를 받았다. 주요 논문으로는 「미셀 앙리의 구체적 주체성과 몸의 현상학」, 「반이데올로기적 이데올로기-의철학 가능성 논쟁: 부어스와 엥겔하르트를 중심으로」 등이 있다.

일상을 위한 일상

— 코로나 위험과 불안의 관리

장하원

코로나19가 전 세계적으로 유행하면서 우리 모두의 일상은 크고 작은 변화를 겪었다. 환자와 의료진은 방역의 최전선에서 새로운 바이러스에 대항하는 갖가지 방식들을 새로 익히고 실천해야 했다. 하지만 운 좋게 코로나19 바이러스와 직접적으로 접하지 않은 사람들도 바이러스의 '위험'과 사투를 벌여야 했다. 대면 접촉을 가능한 한 줄이고, 손을 자주 씻고, 평상시에 마스크를 쓰는 등 언제 어디서 감염될지 모르는 바이러스를 피하기 위해, 또 내 몸 어딘가에 붙어 있던 바이러스가 코나 입으로 들어가기 전에 그것을 씻어 내기 위해 노력해야 했다. 그러나 이렇게 방역 수칙들을 지키는 것 외에도 해야 할 일들은 많았다. 코로나19의 실체를 이해하기 위해 갖가지 정보를 수집하는 일, 내가 갔던 장소와 가야 할 장소의 안전을 검토하는 일, 가정에서 사용하는 방역 도구들이 떨어지지 않게 준비하는 일, 가족의 건강을 지키기 위해 식단을 꾸리고 개개인의 청결을 단속하는 일, 보육 재난 가운데

아이와 업무를 동시에 돌보는 일… 이러한 일들이 모여 이루어진 일상은 새
로운 바이러스에 더해, 이에 관한 정보·위험·불확실성·불안·공포·낙인·책
임 등을 관리하는 하루하루였다. 이번 글에서는 내가 겪은 코로나를 써 내
려가면서 코로나 시대에 돌봄을 요하는 수많은 것들을 돌아보려고 한다.

코로나 없는 코로나 앓기

바이러스 없이도 질병은 그 위험을 감지하는 것으로 시작된다. 코로나19
바이러스 자체는 서로 다른 장소에 있는 사람들에게 시차를 두고 도달하는
데, 2020년 1월 말 한국에서 코로나19 확진자가 기하급수적으로 늘고 있을
때 나의 몸은 '코로나 청정 지역'인 캐나다 몬트리올에 있었다. 하지만 그때
부터 나는 코로나19를 상당히 집중적으로 겪었는데, 나의 가족과 친구들이
살고 있는 한국의 상황에 촉각을 곤두세우고 있었기 때문이다. 매일 아침
코로나19를 다루는 한국 뉴스들을 훑어보고, 확진자의 동선을 살피며 가족
과 친구가 사는 지역이 안전한지 살펴봤다. 이전보다 더 자주 안부를 묻는
전화를 걸었고, 마스크를 온라인으로 구매하여 부모님 댁으로 배송시켰다.
몸은 몬트리올에 있으면서 온 정신은 한국에 쏠려 있었던 덕분에, 당시 캐
나다 시민들은 거들떠보지도 않았던 마스크와 소독용품을 미리 준비했고,
중국인 친구의 조언을 듣고는 쌀과 몇몇 통조림 식품을 평소보다 많이 사
두기도 했다. 이처럼 당시 몬트리올에서 나를 포함한 한국인이나 아시아 다
른 국가에 가족과 친지를 남겨 둔 사람들은 현지인들보다 훨씬 먼저 코로나

19 사태를 경험했다.

한국의 코로나19에 대응하여 내가 할 수 있는 일은 너무나 적었고, 그것은 불안감으로 이어졌다. 한국과 캐나다의 각종 매체를 통해 코로나19의 주요 증상과 전염력·사망률 등에 대한 정보를 읽으면서, 기저 질환 여부와 종류, 그리고 나이가 회복 여부를 가르는 가장 중요한 요소라는 점을 알게 되었다. 내가 원격으로 처리할 수 있었던 것은 부모님 댁에 마스크와 손소독제가 떨어지지 않게 하는 것이었고, 친지들에게 전화를 걸어 손씻기와 마스크 착용을 신신당부하는 것밖에 없었다. 그러나 70대 중반에 접어든 양가 부모님에 대한 걱정을 떨칠 수 없었는데, 특히 한국의 가족이 만약 코로나19에 걸린다면 캐나다에 있는 내가 할 수 있는 것이 없다는 점이 암담하게 느껴졌다. 부모님이 코로나에 걸릴까 봐 전전긍긍하는 날 보며 남편은 일어나지도 않을 일을 미리 걱정한다며 못마땅해했다. 몬트리올에서의 일상은 겉보기에 이전과 똑같이 평온했으나, 나는 한국의 팬데믹 상황을 지구 반대편에서 바라보며 바이러스가 없이도 그야말로 시름시름 '코로나'를 앓았다.

캐나다의 코로나, 한국의 코로나

머지않아 몬트리올에도 코로나19 확진자 수가 급격히 늘면서 나는 캐나다 코로나의 핫스팟에 놓이게 됐다. 캐나다는 옆 나라 미국에 비해서는 코로나19의 상승세가 훨씬 덜 가파른 편이었지만, 캐나다 전 지역 중 퀘백주,

그중에서도 인구 밀도가 높은 도시 지역인 몬트리올의 확진자 숫자는 다른 지역들에 비해 훨씬 높게 나타났다. 한국과 달리, 퀘백주를 비롯한 캐나다 주들에서는 락다운 정책이 시행되었고, 필수적인 의료 기관과 식자재와 생필품을 취급하는 상점, 테이크아웃이 가능한 외식 업체를 제외한 모든 사업장은 문을 닫았다. 학교와 보육 기관이 휴업에 들어가면서 필수 노동 분야의 근무자를 제외하고는 자녀를 기관에 보낼 수 없었다. 나는 남편, 아이와 함께 모든 것이 멈춘 몬트리올 땅에 몇 개월 동안 머물게 되었다.

생소하지만 즐거운 공간이었던 몬트리올은 코로나19 확산이 시작되자 아이를 데리고 무사히 탈출해야 할 위험 지대가 되었다. 수시로 몬트리올 지역 신문사 사이트에 들어가 코로나19와 관련된 뉴스를 훑어보면서, 코로나19에 걸린 사람들이 어느 지역에 얼마나 분포되어 있는지, 환자의 관리가 잘 이루어지고 있는지, 병원의 병상은 얼마나 남아 있는지 살펴보며, 나와 가족이 코로나에 걸릴 위험과 제때 치료를 받을 수 있을지를 따져 보았다. 또, 사재기 때문에 먹거리나 생필품을 구하지 못할 위험이 있는지 살펴보고, 혹시라도 입출국에 법적 제한이 생기거나 한국행 비행기 표가 없어지지 않았는지 확인했다. 특히, 몬트리올에 코로나19가 급격히 확산되던 초기에 아시아인을 대상으로 하는 범죄가 수차례 일어났는데, 이때는 새로운 질병보다는 아시아인에 대한 혐오가 두려워 며칠 동안 집 안에 틀어박혀 있었다. 몬트리올에 거의 1년간 머무르며 나름대로 적응을 한 상태였지만, 코로나19 사태라는 예외적인 상황은 그 사회에 대해 내가 모르는 것들을 상기시키고 불안감을 증폭시켰다. 몬트리올이 봉쇄되지는 않을지, 병상이 모자랄

때 나와 같은 외국인도 입원할 수 있을지, 내가 위급할 때 영어나 불어를 쓰는 의료진과 잘 소통할 수 있을지, 갑자기 사재기가 벌어져 생필품이 부족해지면 어떻게 해야 할지, 내가 미처 파악하지 못한 사건 사고가 있지는 않은지, 코로나19가 퍼져 가는 몬트리올에서 내가 예측하고 관리해야 하는 위험은 감염의 확률에 국한되는 것이 아니었다.

예외적인 락다운 상황에 어느 정도 적응이 된 뒤에도, 외국인인 나에게 코로나19는 '캐나다에서는 절대 걸리면 안 되는 병'이었다. 모든 만남이 중지된 상태에서 나와 가족이 코로나19에 걸릴 확률은 거의 없는 상태였고 그와 함께 초반의 두려움은 어느 정도 잦아들었지만, 그럼에도 불구하고 아주 작은 감염의 가능성도 없애기 위해 노력했다. 장을 보는 횟수를 비롯해 사람을 마주치는 외출을 최소로 줄이고, 집 밖에서 들여온 모든 것들을 소독하는 데 에너지를 쏟았다. 열흘이나 보름에 한 번 장을 봐 온 물품은 먼저 소독약으로 표면을 닦았고, 평소보다 2~3배 많이 구입한 식재료가 너무 빨리 상하지 않도록 한 번 먹을 양으로 소분해서 냉동실에 넣었다. 산책을 가서도 수시로 손을 소독하고, 다녀온 뒤에는 머리끝부터 발끝까지 씻고 소독했다.

코로나19를 예방하는 것은 어디서나 중요하겠지만, 아마 한국에 있었다면 이렇게까지 조심하지는 않았을 것이다. 한국에서는 코로나19에 걸렸을 때 의지할 수 있는 사람들이 있고, 병원과 의료 체계를 알고 있으며, 모르는 것이나 잘 해결되지 않는 문제가 있어도 쉽게 해결책을 찾을 자신이 있었다. 하지만 캐나다에서는, 코로나 검사부터 치료까지 모든 의료 서비스가 무료이고, 락다운 정책과 사회적 거리두기가 전면적으로 추진되고, 병상이 안정적으로 운영되고 있음을 확인한 뒤에도, 코로나19가 훨씬 크고 대비하기 어려운 문제로 느껴졌다. 또한, 코로나19뿐 아니라 캐나다 생활도 처음인 나에게 락다운 정책이 언제까지 이어질지 예측하기도 어려웠고, 더군다나 캐나다에서 락다운이 풀리고 보육 기관이나 학교가 문을 열더라도 과연마음 놓고 아이를 유치원에 보낼 수 있을지 의구심이 들었다. 그 사회가 어느 정도 안전하다고 평가하고 규제를 거두는 영역에서도, 이방인인 나는 계속해서 불안감을 느낄 수밖에 없었다. 캐나다에 일시적으로 거주하던 한국인 지인들은 "코로나에 걸리더라도 한국에 가서 걸려야 한다."라며 한국행을 앞당겼다. 이들이 귀국을 택한 이유는 치료비나 코로나 확진자의 비율때문이라기보다는, 바이러스 감염 자체보다 더 예측할 수 없고 관리할 수없는 것들로 인한 불안감 때문이었을 것이다. 결국 나의 가족도 예정되어있었던 귀국 일정을 앞당기기로 했다.

건강을 이루는 물질들을 관리하기

한국에 오자마자 싸워야 할 것은 코로나 감염의 위험뿐 아니라, 가족의일상을 이루는 인풋과 아웃풋이었다. 특히 2주간의 격리 기간에는 집을 벗어나지 않은 채 나와 남편, 아이가 먹어 치우는 끼니와 그로부터 나오는 쓰레기들을 처리해야 했다. 격리라는 특수한 상황에서 평소에는 금세 집 밖으로 내보내졌던 것들이 제한된 공간에 쌓이자, 우리의 생활을 구성하는 물질들이 한꺼번에 눈앞에 펼쳐졌다. 집으로는 수많은 식자재들과 생필품들, 그리고 그것들의 이송을 가능하게 하는 포장재들이 유입되었다. 나는 이러한 물류의 연쇄가 원활하게 돌아가도록 때맞춰 각종 온라인 쇼핑몰에서 며칠 치 끼니를 만들기 위한 재료와 온갖 소모품을 주문했다. 또한, 격리 기간에는 아무것도 집 밖으로 배출할 수 없기 때문에 엄청난 양의 쓰레기를 관리하는 것이 중요한 숙제였다. 나는 쾌적한 환경을 유지하기 위해, 빠른 속도로 쌓여 가는 택배 상자들과 음식물 쓰레기의 부피를 줄이는 데 심혈을 기울였다. 2주간의 격리 기간이 끝난 뒤에도 쓰레기가 집 안에 머무는 시간을 제외하고는 비슷한 일상이 계속되었다.

한편, 가족의 건강 관리자로서 나는 코로나 시대에 몇 가지 새로운 방역 업무를 담당하게 되었다. 일단 밖으로부터 들어온 모든 것들을 적절히 소독하는 작업이 추가됐다. 어린아이를 키우는 나와 지인들은 '맘카페에서 알려준 대로' 주문한 제품이나 외출 시 사용했던 물품을 희석된 알코올로 한 번씩 닦았다. 엄마들과의 온라인 대화창에는 며칠에 한 번씩 특가로 나온 마스크를 구매할 수 있는 쇼핑몰 링크가 올라왔다. 아이가 아주 어릴 때 기저귀나 분유 특가 상품을 공유하던 것이 이제는 마스크와 소독제로 바뀐 것이다. 코로나19 사태 이전에도 온라인 구매는 우리 사회의 대표적인 소비 형태였으며, 많은 가정에서 먹거리나 생필품, 특히 자녀와 관련된 물품들은 주로 엄마들이 구매하는 경향이 있다. 특히 코로나19라는 감염병이 도는 상황에 대부분의 물품을 온라인상에서 사게 되면서, 나는 가정의 먹거리와 생필품의 재고를 관리하는 책임자로서 이전보다 훨씬 더 자주 온라인 쇼핑몰을 들락거렸다.

여기에 더해, 내가 맡은 중요한 임무는 우리집의 개개인들을 '방역의 주체'로 키워 내는 일이었다. 예를 들어, 이들에게 마스크를 챙겨 쓰는 습관이 들기 전까지는 현관 근처에 둔 마스크를 가족들이 제대로 쓰고 나가도록 단속해야 했다. 어린아이의 경우에는 얼굴에 꼭 맞는 마스크를 찾기 위해 여러 종류의 마스크를 사서 시험해 보고, 마스크 착용법을 연습시키고, 마스크를 손으로 만지지 말라고 당부해야 했다. 나의 '잔소리'가 없으면, 아무렇게나 벗어 둔 마스크를 내가 쓰레기통에 넣지 않으면, 일회용 마스크는 불멸할지도 모른다. 이 외에도 기침할 때의 예절이나 손을 씻는 올바른 방법, 어디는 가고 어디는 가지 않는 것들, 이 모든 것들에 대해 적어도 우리 가족 중에서는 내가 제일 먼저 챙기고 가르치고 때로는 애원해야 했다. 가족들에게 '예민하다'는 핀잔을 들어 가며 세 사람의 일상을 규제했는데, 이는 단지 코로나19라는 새로운 질병이 무서워서만은 아니었다. 코로나로 인해 이미 수많은 업무들이 더해진 나의 일과 시간표에, 신종 질병이든 지나가는 감기든 우리 중 아픈 누군가를 돌볼 여유는 없었다.

아플 확률을 관리한다는 것

아이를 키우면서 나는 세상의 수많은 질병과 건강 문제들에 훨씬 민감하게 반응하게 되었다. 아이의 건강과 안전을 지키기 위해 각종 병에 관해 알고 적절히 대응하는 것은 코로나 이전에도 엄마인 나에게 중요한 임무로 주어졌다. 코로나19와 같은 새로운 질병이 도는 일은 드물지만, 그 외에도 피해야 할 병과 그것을 위해 알아야 할 것과 해야 할 일들은 무궁무진하다. 다양한 매체를 통해 계절별로 도는 유행병이나 내가 사는 지역의 어린이집과 초등학교에 도는 전염병에 대해 파악하고, 아이가 병에 걸리지 않도록 손발을 자주 씻기고 가습기를 틀고 청소와 소독을 더 자주 하고 세끼 식단과 과일 먹이기에 신경을 쓴다.

한편, 워킹맘인 나에게는 아이가 아플 확률과 나의 커리어를 저울질하는 선택의 순간이 자주 생긴다. 아이가 아파서 통째로 일을 못 하게 될 날들을 대비하여 아이가 어린이집에 가는 일수와 시간을 최대한 늘리고, 아이가 '조금' 아픈 날에는 자연스러운 회복을 기대하며 하루 더 어린이집에 아이를 맡기는 '나쁜' 엄마가 되기를 선택한다. 코로나19라는 신종 질병의 등장은 이러한 선택을 더욱 어렵게 만든다. 현재 내 아이가 만 5세인 것이 그나마 다행이랄까. 아이를 초등학교에 보내는 엄마들은 코로나19로 인해 개학이 연기되고 이후 등교 일수가 줄어들고 온라인 중심의 교육 프로그램이 활용되면서 그야말로 '돌봄 재난'을 겪었지만, 어린이집의 휴원이 계속되는 와중에도 나에게는 '긴급보육' 카드가 있었다. 구청과 어린이집에서 보내온 문서에는 '가정 돌봄이 가능한 경우에는 어린이집 이용을 최대한 자제하고 긴급보육은 반드시 보육 서비스가 필요한 경우에만 이용'하라는 당부가 적혀 있었다. 일차적으로는 재택근무 가능 여부와 그날 해야 할 업무의 종류와 양을 따져 보며 가정 돌봄이 불가능하다고 판단되는 날에는 아이를 긴급보육 시스템에 맡겼다. 하지만 새로운 질병이라는 거대한 위험 앞에서, 나는 오늘 이 시간이 정말로 가정 돌봄이 불가능한 경우인지, 낮은 확률이라도 아이가 새로운 질병에 걸릴 가능성을 감수할 정도로 내가 하는 일이 중요한지 끊임없이 의심해야 했다.

이러한 이유로 나의 근태와 실적은 매일의 코로나19 상황과 맞물려 있었다. 구청 알림에는 매일매일 확진자 정보가 떴고, 내가 사는 지역은 오랜 기간 서울에서 확진자의 수가 가장 많은 곳이었다. 한편으로는 어린이집 선생님에게 나의 사정을 이해시키고 또 한편으로는 그날그날 어린이집이 안전할지 가늠해 보면서, 아슬아슬 살얼음판을 걷는 마음으로 아이를 어린이집에 보냈다. 어린이집과 같은 건물에 있는 교회나 인근 초등학교에서 확진자가 나온 뒤에는, 며칠간 재택근무를 하면서 아이를 집에 데리고 있었다. 업무 효율이 떨어지더라도 재택근무를 선택할 수 있는 처지에 감사했지만, 재택근무라는 선택지가 있었기 때문에 아이를 긴급보육에 맡기는 날 내가 감당해야 할 죄책감은 더욱 컸다. 하루라도 아이의 안전을 '완벽히' 지키고 밀린 업무를 밤새워 처리할지, 아니면 아이의 건강을 '아주 조금' 포기하고 일에 집중할 시간을 얻는 대신 그에 따라오는 불안과 죄책감을 추스를지, 이 두 가지를 번갈아 택하며 나의 일상이 만들어졌다.

팬데믹 상황에서는 어린이집뿐 아니라 평소 외출을 결정할 때에도 정보 수집과 그에 기초한 판단이 중요해진다. 코로나19가 시작된 초반부터 다른 엄마들과의 단체 채팅방이나 맘카페에서는 각 지역의 확진자의 동선 정보가 공유되었다. 엄마들은 아이와 가도 되는 곳과 그렇지 않은 곳을 구분하기 위해서 하루하루 늘어나는 확진자에 대한 정보를 입수했고, 매일의 코로나 상황을 중심에 놓고 아이를 기관에 보내도 될지 함께 고민했다. 한편으로 엄마들은 서로의 '불필요한' 외출을 단속하기도 하는데, 아이를 데리고 자주 바깥에 나가는 엄마는 자녀의 건강뿐 아니라 아이와 같은 반인 다른 아이들의 건강도 담보로 잡는다는 비난을 받는다. 코로나에 대해 알아야 할 것을 알고 이에 맞춰 실천할 책임은 엄마에 국한되지 않는데, 할머니가 집회에 다녀오는 바람에 손주도 코로나19에 걸렸다는 뉴스는 어떤 상황에서도 피할 수 없는 돌봄의 시간보다는 모성이 부족한 할머니를 먼저 떠올리게 만든다. 코로나 시대에 아이를 비롯한 노약자를 돌보는 직종이나 상황에 있는 사람들은 이러한 비난과 죄책감에 대비하여 스스로의 동선을 더 엄격히 제한하게 된다.

이처럼 내가 겪은 코로나19는 단지 새로운 바이러스나 그로 인한 질병에 국한되지 않았다. 내가 사는 지역에 바이러스가 당도하기 전에도 코로나는 정보로, 불안으로 엄습해 오며, 그 위험의 크기는 처한 상황에 따라 달리 감각된다. 몸과 마음의 건강은 수많은 물질과 육체적, 정신적 노동을 필요로 하며, 특히 새로운 질병을 예방한다는 것은 그와 연관된 갖가지 지식과 정보, 불확실성과 두려움, 낙인과 죄책감, 계속되는 선택과 그에 대한 책임을 돌보는 것이기도 하다. 코로나 시대에 더 많은 이들이 매여 있는 일상적 실천들을 돌아볼 때, 우리는 코로나19를 더 잘 관리할 수 있을 것이다.

마스크가 답이다

―마스크가 방역 도구가 되기까지

장하원

포스트 코로나 시대, 우리는 하루 종일 마스크와 함께하게 되었다. 외출 시 마스크를 착용하는 것이 필수가 되면서 마스크는 가정에서 떨어지지 않게 준비해야 할 생필품이 되었다. 초반에는 마스크를 오래 쓰고 있기가 힘들어 마스크를 벗고 숨 돌릴 틈을 찾기도 했지만, 생각보다 금방 우리 몸은 마스크에 적응했다. 마스크의 종류도 다양해졌고 마스크를 선택하는 기준이나 요령도 생겼다. 붐비는 장소를 들를 때면 KF80이나 KF94 등급의 마스크를 썼지만, 사람 간 거리가 충분한 곳에 가거나 마스크를 한참 쓰고 있어야 하는 날에는 숨쉬기 편한 비말 마스크를 택했다. 마스크와 관련된 물품도 늘어났는데, 초반에는 마스크를 따로 담는 보관함을 쓰다가, 이내 마스크를 넣었다 뺐다 하는 것도 번거로워 마스크 줄을 사용하게 되었다. 이렇게 마스크는 아침부터 저녁까지 나에게 붙어 있다.

필수품으로 자리 잡은 마스크의 권위 또한 강력하다. 현재 우리 사회에서 마스크는 코로나19 문제를 풀어낼 '답'이자 '백신'으로 추켜세워진다. 일례로, 수원 시청에서는 시민들이 마스크를 착용한 사진을 모아 마스크를 일상적으로 쓰는 것이 중요하다는 점을 홍보하는 광고를 만들어 수원역 앞에 게시했는데, 여기에는 '마스크가 답이다'라는 문구가 쓰여 있다.* 한 의료 전문가는 코로나19 백신이 나오기 전까지는 마스크가 코로나19를 예방해 주는 '최고의 백신'이라고 강조했다.** 물론 이런 말들은 마스크가 코로나19 감염을 완벽히 막아 준다고 주장하는 것이 아니라, 마스크 쓰기가 코로나19 시대의 중요한 방역 수칙이라는 것을 강조하는 것이다. 마스크를 착용하는 것은 손씻기나 사회적 거리두기와 함께 우리 모두가 열심히 지켜야 할 규칙으로 확고히 자리 잡았다. 그렇다면 이쯤에서, 우리 사회에서 마스크가 효과적인 방역 도구로 거듭나는 과정을 추적해 볼 필요가 있다. 마스크는 어떻게 코로나19 팬데믹을 해결하는 '답'이 되었을까? 코로나19라는 새로운 질병에 대해 마스크가 갖는 효과는 언제, 어디서, 어떻게 입증되었을까?

---

* "수원시 '마스크가 답이다' 캠페인 눈길" (e수원뉴스, 2020. 9. 2)
  (https://news.suwon.go.kr/?p=86&viewMode=view&reqIdx=202009021431576025)
** "코로나19 최고의 백신은 마스크... 고위험군 이 주사 맞아라?: 감염병 전문가 김우주 교수 JTBC '차이나는 클라스'서 공개" (파이낸셜 뉴스, 2020. 3. 11)
  (https://www.fnnews.com/news/202003111035541547)

마스크에 대한 '과학적' 증거들

코로나19 사태 초기부터 마스크는 논쟁의 중심에 있었다. 지금은 많은 국가에서 아무 증상이 없는 일반 시민들에게도 마스크를 착용하라고 권고하거나 의무화하고 있지만, 정말로 건강한 사람이 마스크를 쓰는 것이 필요한지, 또 왜 필요한지에 대해서는 초기에는 물론 지금도 서로 다른 의견들이 공존한다. 어떤 사람들은 마스크가 바이러스가 포함된 비말를 막아 준다고 주장하지만, 또 다른 이들은 마스크가 외부로부터 들어오는 바이러스를 차단해 주지는 못하지만 감염된 사람의 비말이 밖으로 나오는 것을 방지함으로써 코로나19의 확산을 억제한다고 설명한다. 이렇게 마스크의 이런저런 효과를 꼽는 입장과 달리, 한편에서는 코로나19를 예방하는 데에는 마스크 착용이 별다른 효과가 없을 뿐만 아니라 호흡곤란부터 손씻기를 게을리하는 부작용까지 낳을 수 있다며 마스크를 맹신해서는 안 된다고 강조한다.

마스크의 효과에 관한 갖가지 주장들은 일차적으로 과학과 의학 분야에서 생산된 증거들과 연결되어 있다. 코로나19는 새로운 질병이기 때문에, 사태 초반에는 이에 대해 마스크가 갖는 효과를 직접적으로 보여주는 연구들은 없었다. 이러한 상황에서 연구자들은 다양한 방법으로 코로나19에 대한 마스크의 효과를 이해하고자 했다. 어떤 연구자들은 다른 호흡기 질환에 대한 선행 문헌들을 검토해서 코로나19의 확산에 있어서 마스크가 지닐 효과를 추정했으며, 다른 한편에서는 코로나19의 초기 사례들을 분석하여 마스크의 역할을 평가했다. 마스크의 기능도 여러 차원에서 평가되었다. 많은 연구들에서 마스크는 감염원 통제 source control, 즉 호흡기 질환에 걸린 환자의 비말이 외부로 새어나가지 않게 막아 주는 기능을 하는 대상으로, 이를 통해 특정한 질병의 확산이 얼마나 억제되는지가 분석되었다. 그러나 다른 연구들에서 마스크는 외부의 바이러스를 막아주는 대상으로 설정되었으며, 마스크의 재료나 등급, 착용 방식 등에 따라 각종 바이러스를 포함하는 다양한 크기의 비말이 얼마나 잘 차단되는지가 시험되었다. 각각의 연구가 이루어지는 조건도 다양했는데, 어떤 연구들은 실험실에서 호흡기 질환을 일으키는 바이러스와 비말을 사용하여 마스크의 효능을 시험했고, 또 다른 연구들은 실제로 환자들이 있었던 병원이나 가정 등에서의 사례들을 대상으로 삼았다. 또한, 마스크 착용 여부 외에 다른 조건을 통제한 연구가 있는가 하면, 여러 방역 수칙들이 동시에 사용된 사례들을 분석하여 마스크가 팬데믹을 막는 데 얼마나 기여했는지 추정한 연구도 있었다.

이러한 연구들이 하나의 결론으로 모아지기는 어려웠다. 마스크에 대한 각종 연구들은 각기 다른 전제와 목표, 조건 등을 지니고 있었고, 그로부터 도출된 증거들을 기반으로 연구자들은 상이한 평가를 내렸다. 어떤 연구자들은 지금까지 이루어진 연구들에 기초하여 일반 대중의 마스크 착용이 코로나19의 전파를 막는 데에 "잠재적으로 효과적 potentially effective"이라고 결론내렸다.* 아직 코로나19를 대상으로 마스크의 효과를 '완벽히' 입증하지

---

* Trisha Greenhalgh et al.(2020), "Face masks for the public during the covid-19 crisis," BMJ 369: m1435.

는 못했더라도, 마스크가 이전의 다양한 호흡기 질환들의 전파를 방지했음을 보여주는 연구들을 종합해 볼 때 코로나19에 대해서도 유사한 결과가 나타나리라고 본 것이다. 또한, 이들 연구자들은 마스크가 상대적으로 싸고 간단한 물품이기 때문에, 코로나19 팬데믹 상황에서 일반 대중들에게 마스크 착용을 권하는 것은 큰 비용과 부작용 없이 질병의 전파 속도를 늦추는 합리적인 정책적 결정이라고 보았다. 그러나 한편에서는 아직 실제로 코로나19 팬데믹을 대상으로 삼아 마스크의 효과를 입증한 '과학적 증거scientific evidence'가 없다며 더 많은 연구가 필요하다고 강조했다.* 이러한 입장의 연구자들은 건강한 사람이 마스크를 썼을 때 코로나19의 확산이 저지되었다는 것을 직접적으로 보여주는 연구가 없다는 사실을 강조하면서, 엄밀한 증거에 기반하지 않는 공중 보건 권고는 오히려 혼란이나 부작용을 일으킬 수 있다고 경고했다. 이처럼 코로나19와 마스크의 관계에 관한 과학적 사실은 하나가 아니었고, 그와 연관된 증거들의 지위와 가치도 다양했다.

---

*   Keshini Madara Marasinghe (2020pre), "A systematic review investigating the effectiveness of face mask use in limiting the spread of COVID-19 among medically not diagnosed individuals: shedding light on current recommendations provided to individuals not medically diagnosed with COVID-19," Version 2. Research Square 2020.[Preprint.] (https://www.researchsquare.com/article/rs-16701/v2)

정책 영역의 마스크, 대중 영역의 마스크

마스크는 과학의 영역뿐 아니라 정책과 대중의 영역에서도 논쟁적 대상이었다. 특히 한국에서는 코로나19 사태 초기부터 마스크를 둘러싼 서로 다른 의견들과 실행들이 등장하면서 갈등이 일어났다. 초기에 질병관리본부 이하 질본는 "기침 등 호흡기 증상 시 마스크 착용하기"를 코로나19의 예방 수칙으로 삼고 있었는데, 이는 건강한 사람이 코로나19를 예방하기 위해 마스크를 쓸 필요는 없다는 세계보건기구World Health Organization, WHO의 관점을 따른 것이었다. 이러한 질본의 지침과 그 근거가 된 WHO의 지침에서 마스크는 호흡기 증상이 있는 사람이 내뿜는 비말이 밖으로 나가는 것을 방지하는 도구로, 환자들이 마스크를 쓰면 환자의 비말과 그 속에 포함된 바이러스가 확산되지 않기 때문에 다른 이들은 감염되지 않는다. 따라서 마스크를 써야 하는 대상은 호흡기 질환을 지닌 환자에 국한되었으며, 환자를 돌보는 의료진이나 보호자 등을 제외한 건강한 사람은 코로나19를 예방하기 위해 굳이 마스크를 쓸 필요가 없었다. 이러한 WHO의 지침은 독감·신종플루·사스SARS·메르스MERS 등 지금까지 유행해 온 호흡기 감염 질환들에서 한결같이 유지된 것으로, 이번 코로나19 사태에도 수개월간 강조되었다. 이에 더해 WHO는 각 정부로 하여금 일반인의 광범위한 마스크 착용이 어떤 효과를 내는지 연구할 것을 요청했는데, 마스크가 코로나19의 확산을 막는다는 실질적인 증거가 확보되기 전까지는 마스크 착용을 권할 수 없다고 본 것이다.

그러나 당시 우리 사회 시민들에게 마스크는 이러한 정책적 영역에서의 마스크와 완전히 다른 사물이었다. 방역 당국의 권고가 무색하게도 한국에서는 많은 사람들이 호흡기 증상이 없이도 마스크를 썼다. 코로나19 확진자가 소수에 불과했던 사태 초기부터 보건용 마스크의 수요는 급증하는데, 이는 이번 팬데믹이 시작되기 전부터 우리 사회에 마스크에 대한 특정한 믿음이 형성되어 있었음을 시사한다. 여러 연구자들은 이때 대중들에게 마스크는 새로운 바이러스와 질병으로부터 스스로를 보호할 수 있는 도구로 간주되었다고 지적한다. 우리나라를 비롯한 동아시아 나라들에서는 서구사회에 비해 마스크가 훨씬 일상적인 물건으로 자리 잡고 있었는데, 특히 우리나라의 경우 2000년대 후반 미세먼지 문제를 겪으며 마스크 착용이 생활화되어 있었다. 수년간 미세먼지가 심한 날이면 보건용 마스크를 쓰는 습관을 갖게 된 시민들에게, 새로운 질병의 시대에 마스크는 또 한 번 외부의 오염원을 차단해 줄 것으로 기대되는 보호 장치였던 것이다.*

시민들의 불안과 마스크 수요가 지나치게 높아지는 가운데, 한국의 방역 당국과 여러 전문가들은 2월까지는 대체로 WHO와 질본의 마스크 사용 지침을 알리는 데 주력했다. 1월 27일, 질본에서는 '호흡기 증상이 있으면' 마스크를 착용하는 것이 코로나19의 예방 수칙이라는 점을 강조했고, 2월 중

---

* 김재형(2020), 「마스크 불확실성 시대의 마스크 시민권」, 추지현 엮음(2020), 『마스크가 말해주는 것들』, 돌베개; 김희원, 최형섭(2020), 「마스크 사태와 위험」, 황승식 외 지음(2020), 『과학잡지 에피』 12호, 이음; 홍성욱(2020), 「코로나 마스크의 다면성」, 고등과학원 웹진 『HORIZON』, 고등과학원.(https://horizon.kias.re.kr/14772/).

의 정례 브리핑에서도 유사한 기조를 이어갔다.* 2월 12일에는 식품의약품 안전처^{이하 식약처}와 대한의사협회에서도 '마스크 사용 권고 사항'을 발표하였 는데, KF80 등급 이상의 보건용 마스크는 호흡기 증상이 있거나 감염 의심 자를 돌보는 경우에만 쓰면 된다고 명시했다. 이러한 입장은 당시 다른 국 가들에서 마스크가 코로나를 예방해 주지 않는다는 점을 적극적으로 홍보 한 것과 공명한다. 몇몇 전문가들도 바이러스를 막기 위해 마스크를 쓰는 것은 "주술이나 부적에 가깝다."라며 건강한 사람이 마스크를 쓰는 것에 반 대했다.** 이들 전문가에게 대다수 시민들이 마스크를 쓰는 현상은 코로나바 이러스와 마스크에 대한 오해에 기인하는 것이었으며, 따라서 이를 불식시 키기 위해 노력했던 것이다.

상충하는 의견들과 '마스크 대란'

하지만 코로나19 사태 초기에 정부 부처나 전문가들의 의견이 항상 한목 소리였던 것은 아니었다. 중요한 예로 2020년 1월 29일 식약처장은 마스크 생산 업체를 점검하는 가운데 "코로나바이러스 감염 예방에 KF94, KF99 마

---

* 질병관리본부, "신종코로나바이러스감염증 국내 발생 현황 (2월 10일, 정례브리핑)", 2020. 2. 10. (https://www.cdc.go.kr/board/board.es?mid=a20501000000&bid=0015&act=view&list_ no=366139&tag=&nPage=1)

** "길거리에서, 무더위에도 마스크 꼭 써야 하나" (신동아 뉴스, 2020. 4. 26) (https://shindonga.donga.com/List/3/8801010086/13/2045369/1)

스크를 쓰라."라고 말했다.* 질본의 지침이 기침 등 호흡기 증상이 있는 사람을 마스크 착용 대상으로 삼았다면, 식약처에서는 아무 증상이 없는 사람도 바이러스 감염을 피하기 위해서는 일정 등급 이상의 마스크를 써야 한다고 강조한 것이다. 2월 중에도 전문가별로 마스크에 대한 서로 다른 의견들이 제시되었는데, 같은 감염내과 분야의 전문가라도 어떤 이는 KF 등급이 있는 일회용 마스크를 권하는가 하면 한편에서는 면 마스크도 충분히 도움이 된다고 언급했다.** 어쨌든 이들 전문가들은 일상생활을 할 때도 면 마스크든 보건용 마스크든 어떤 마스크라도 쓰는 것이 안 쓰는 것보다는 낫다며, 당시 방역 당국의 권고와는 다른 의견을 내놓았다.

이러한 전문가 의견보다 더 큰 효력이 있었던 것은 실제로 마스크를 쓰거나 쓰지 않은 사람들의 사례에 대한 언론 보도였을 것이다. 코로나19 사태 초기에 확진 판정을 받은 '17번 확진자'는 '마스크의 힘'을 보여주는 대표적 사례로 부각되었다.*** 그는 싱가포르에서 1월 24일 귀국한 뒤 이틀 후부터 발열 증상이 나타나 병원을 찾는데, 그 전 이틀 동안 대구를 방문하면서 대다수의 장소와 집 안에서까지 마스크를 착용했다고 알려졌다. 이후 해당 기간

---

* "코로나바이러스 감염 예방에 'KF94', 'KF99' 마스크 써야" (HIT 뉴스, 2020. 1. 29)
(http://www.hitnews.co.kr/news/articleView.html?idxno=14499)
** "서울대병원 교수가 밝히는, 코로나19 '마스크' 오해와 진실" (헬스조선 뉴스, 2020. 2. 12)
(https://m.health.chosun.com/svc/news_view.html?contid=2020021201814);
"'면 마스크'도 예방 효과 있다는데… 주의할 점은?" (JTBC 뉴스, 2020. 2. 8)
(http://news.jtbc.joins.com/article/article.aspx?news_id=NB11933524)
*** "17번 확진자가 보여준 '마스크의 힘'… 접촉 14명 모두 음성" (조선일보 뉴스, 2020. 2. 10)
(https://news.chosun.com/site/data/html_dir/2020/02/10/2020021000269.html)

에 접촉한 사람 14명이 모두 음성으로 판명되면서 이 사례는 코로나19에 감염된 사람이 마스크를 상시 착용하여 전염을 막은 모범 사례로 꼽혔다. 이와 반대로, 어떤 사례들은 마스크를 쓰지 않고 확진자와 같은 공간에 머무르거나 짧은 대화를 나누는 과정에서 코로나19에 걸렸다고 해석되면서 언론에 보도되었다.* 마스크를 쓰고도 코로나19에 감염된 사례들도 종종 언론을 통해 보도되었지만, 이는 마스크를 '올바르게' 착용해야 한다는 지적이나 마스크 착용 외에 거리두기나 손씻기를 철저히 하라는 주문과 함께 제시되었다. 언론 보도에서 마스크의 효력은 전제되거나 입증되거나 기대되는 것이었지, 반증되는 것은 아니었던 것이다.

이러한 상황에서 우리 사회에서는 코로나19 사태 초기부터 마스크 쓰기가 적극적으로 실천되었다. 코로나19의 전염 경로나 전염력, 예방법이나 치료법 등 새로운 질병에 대해 확실히 알려진 것이 많지 않은 상태에서, 사람들은 확진자의 숫자와 동선에 대해 매일 듣게 되었다. 2월 중순 이후 급격히 늘어나는 확진자 수와 그들이 거쳐 간 복잡한 동선을 보면서도 질병을 피할 예방책은 확실치 않은 상황에서, 사람들은 마스크를 열심히 쓰기 시작했다. 정부 부처들과 전문가들의 상이한 의견들이 코로나19의 불확실성과 그에 대한 불안감을 강화했다면, 마스크 사례에 대한 보도는 마스크에 대한 믿음을 강화시켰을 것이다. 결국 2월 하순에 이르자 마스크 공급량이 사람들의

---

* "아파트 엘리베이터서 확진자 동승… 마스크 안쓴 40대, 1분새 감염됐다" (동아일보 뉴스, 2020. 2. 29) (https://www.donga.com/news/View?gid=99932732&date=20200229)

수요를 따라가지 못하면서 소위 '마스크 대란'이 일어났다.

대중적 실천에 수렴하는 정책들

이처럼 사람들이 마스크를 열심히 사용하고 또 요구하는 가운데, 한국에서는 마스크의 효과를 둘러싼 논쟁이 비교적 빨리 사그라들었다. 2020년 3월 3일 질본과 식약처에서는 마스크 착용 권장 대상을 '지역사회 일반인'으로 확대하고 사용 가능한 마스크의 종류와 사용법을 안내하는 개정안을 발표했다.* 전염병의 예방과 관리 분야에서 권위 있는 국제기구의 권고를 하달하는 것이 마스크 대란을 잠재우지 못하고 계속해서 갈등을 일으키자, 결국 3월 초 마스크를 쓰려는 시민들의 욕구와 상황에 맞춘 마스크 착용 권고안을 다시 발표한 것이다. 이 권고안에서는 면 마스크를 사용할 것을 권하고 보건용 마스크를 재사용하는 방법을 안내했는데, 이는 당시 마스크를 구하려는 시민들의 욕구를 마스크 공급량이 충족시키지 못하는 상황을 고려하여 만들어진 조치였다고 볼 수 있다.

중요한 점은 이렇게 수정된 마스크 사용 지침은 대다수 국민들이 마스크를 쓰는 실질적인 상황에 맞춰 만들어진 것이라는 점이다. 한국에서는 국제기구와 정부, 방역 부처가 건강한 사람은 마스크를 쓸 필요가 없다고 강조

---

* 식품의약품안전처, 질병관리본부, "마스크 사용 권고사항 개정", 2020. 3. 3

할 때에도 많은 사람들이 마스크를 쓰기 시작했고, 이어진 마스크 수급난에 대처하는 가운데 마스크 정책이 조정될 수밖에 없었다. 마스크 사용 권고 사항을 개정하여 보도하면서도 질본의 기본적인 입장은 처음과 크게 다르지 않았는데, 당시 정례 브리핑에서는 '마스크의 경우 기침을 하는 사람이 본인한테서 나가는 비말을 타인에게 가는 것을 막기 위해서 마스크를 쓰는 것이 전문가들이 하나같이 얘기하고 있는 정석'이라고 강조하며 사회적 거리두기나 손씻기를 마스크 착용보다 더욱 중요하게 부각했다. 이는 당시 질본이 감염원 통제를 넘어서는 마스크의 효과를 크게 기대하지 않았다는 점을 반영하며, 이때 많은 사람들이 외부의 바이러스를 차단하기 위해 마스크를 쓰던 것과는 다른 전제에 기초한 것이었다. 결국 당시의 개정안은 마스크의 방역 효과에 대한 기대치가 달라져서라기보다는, 마스크를 둘러싼 사회적 갈등을 관리하는 데 일차적인 목표가 있었다고 볼 수 있다.

이에 더해, 한국 정부는 국민들의 마스크 소비에 발맞추기 위해 노력해야 했다. 1월부터 마스크 판매량이 급증하고 2월 하순에 '마스크 대란'이 일어나자, 정부는 전 국민을 대상으로 마스크를 원활히 공급하기 위해 마스크 생산과 분배를 안정시키는 방안들을 만드는 데 힘썼다.* 우선, 마스크의 국내 생산량과 수입량을 늘리고 해외 수출 물량을 줄임으로써 국내에서 사용할 수 있는 마스크 물량을 증대시켰다. 한편으로는 출생 연도에 따라 지정

---

* "문재인 대통령, 관료들에 마스크 수급난 질책 "대책 강구"" (HIT 뉴스, 2020. 3. 1)
  (http://www.hitnews.co.kr/news/articleView.html?idxno=15294)

된 장소에서 '공적 마스크'를 구매하도록 하는 새로운 마스크 분배 시스템이 만들어졌다. 마스크 수급난이 일시에 해소되지는 않았지만, 수년에 걸쳐 미세먼지용 마스크 시장이 형성되어 온 우리나라에서는 비교적 빨리 마스크 수급이 안정되었다. 마스크 수요가 갑자기 증가하여 우여곡절을 겪긴 했지만, 어쨌든 다른 사회에 비해 더 많은 사람들이 더 일찍부터 마스크를 쓸 수 있는 물질적, 제도적 기반이 실현된 것이다.

이렇게 우리 사회에서 마스크 수급이 안정되는 동안, 점점 코로나19의 무증상 감염이 사실로 받아들여지고 마스크 권고 정책을 변경하는 나라들이 늘어났다. 미국 질병통제예방센터 Centers for Disease Control and Prevention, CDC 에서는 2020년 4월 3일 일반인의 마스크 착용이 불필요하다는 기존 입장을 번복하면서, 미국 시민들에게 면 마스크 착용을 권했다.[*] 당시 많은 전문가들은 코로나19가 무증상 상태에서도 감염이 가능하다는 점을 강조하기 시작했다. 한편, 해외 언론에서 동아시아 국가들에서 시민들이 마스크를 열심히 쓰는 사례들을 보도하면서, 마스크가 코로나19의 확산을 막는 방편이 될 수 있다는 해석을 제시했다.[**] 이러한 분위기 속에서 WHO 역시 6월 5일 건강한 사람도 마스크를 쓸 것을 권고했는데, 이는 WHO가 호흡기 질환을 대상으

---

[*] CDC, "Recomendations for Cloth Face Covers", 2020. 4. 3.

[**] Motoko Rich, "Is the Secret to Japan's Virus Success Right in Front of Its Face?" (New York Times, 2020. 6. 6)
(https://www.nytimes.com/2020/06/06/world/asia/japan-coronavirus-masks.html)

로 하는 마스크 사용 지침의 내용을 처음으로 바꾼 것이었다.* 코로나19의
무증상 감염이 점점 확실해지는 가운데, 마스크는 건강한 사람이라도 자신
이 감염자일 경우를 대비해 써야 하는 것이 되었다.

　6월경부터 우리나라 방역 당국은 마스크의 효력을 특히 강조한다. 권위
있는 의약학 학술지인 『The Lancet』에 발표된 결과를 들어, 정은경 중앙방역
대책본부장은 '마스크 착용과 2미터 이상의 물리적 거리두기로 코로나19를
예방할 수 있다는 근거'가 과학적으로 확인되었다고 언급했다. 7월 17일에
는 질본에서 마스크를 쓰지 않으면 감염의 위험이 5배 증가한다며 2미터 이
상 거리두기가 되지 않는 실내에서는 반드시 마스크를 써야 한다고 강조했
다. 급기야 7월 18일에는 권준욱 부본부장은 정례 브리핑을 통해 "코로나19
와 관련해 잘 알지 못할 때, 마스크 착용 부분의 경우 당시 세계보건기구나
각국의 지침대로 말씀드렸던 점을 항상 머리 숙여 죄송하게 생각을 한다."라
고 말했다.** 코로나19 사태 초기에 호흡기 질환이 있는 사람에게만 마스크를
쓰라고 지침을 내렸던 것은 옳지 못한 결정이었다고 못박은 것이다.

---

* World Health Organization, "Coronavirus Disease (COVID-19) Advice for the Public: When and How to Use Masks" (2020. 6. 8) (https://www.who.int/emergencies/diseases/novel-coronavirus-2019/advice-for-public/when-and-how-to-use-masks)

** "질본, 137일만에 공식 사과.."마스크, WHO 지침대로 말해 죄송"" (뉴시스, 2020. 7. 18) (https://news.v.daum.net/v/20200718152632975)

일상적으로 생산되는 증거들

우리나라에서 대다수 사람들이 마스크를 쓰고 일상생활을 하는 가운데, 마스크의 효과를 '입증'하는 사례들도 계속해서 등장한다. 코로나19 사태 초기부터 번호가 붙은 확진자와 그의 접촉자들은 세밀한 동선 곳곳에서 마스크를 착용했는지 여부가 관찰되었고, 이렇게 마스크 착용 사례들과 마스크 미착용 사례들이 쌓여 갔다. 초기에는 이러한 사례들이 주로 언론 보도를 통해 대중에게 알려졌지만, 시간이 지나자 방역 당국의 공식적인 발표에서도 이러한 사례들이 마스크의 효과를 보여주는 것으로 제시되었다. 7월 중순에는 질본의 보도 자료에서 차량·병원·교회 등에서 확진자와 접촉자 모두가 마스크를 착용한 결과 추가 감염이 최소화된 경우들이 예시로 등장하면서, 마스크 착용이 "나의 침방울비말이 다른 사람에게 전파되는 것을 막아 주고, 다른 사람의 침방울을 통한 코로나19의 전파로부터 나를 보호할 수 있는 가장 효과적인 예방 수단이다."라고 강조되었다. 8월 중에는 마스크를 쓴 경우와 쓰지 않은 경우 감염 여부가 달라지는 사례들을 예시로 들며, 방역 당국은 마스크 쓰기를 가장 중요한 방역 수칙으로 꼽았다. 이러한 질본의 발표는 다시 언론 보도로 이어져 사람들에게 '마스크의 힘'을 각인시켰다.*

---

* "첫째도, 둘째도.. 거듭 확인된 '마스크의 힘'" (연합뉴스, 2020. 8. 22)
  (https://news.v.daum.net/v/20200822182930064)

2020년 12월 현재 마스크 착용은 우리나라에서 바람직한 시민으로서 지켜야 할 중요한 방역 수칙이자 의무가 되었다. 우리 사회에서 마스크가 코로나19 팬데믹을 해결할 답이 되기까지, 코로나19의 실체와 감염 경로, 그에 개입할 수 있는 마스크의 효과 등에 대한 과학적 연구 성과들만 기여한 것은 아니다. 뒤돌아 평가해 보면, 개개인이 마스크를 쓰는 행위는 의도했든 그렇지 않든 이타적인 동시에 과학적인 실천이었다고도 볼 수 있다. 마스크가 나의 바이러스나 남의 바이러스를 막아 주었다는 점에서가 아니라, 바이러스의 확산을 저지시킬 수 있는 하나의 방법을 지지하는 일종의 '증거들'을 만들어 냈다는 점에서 말이다. 지금 마스크를 쓰는, 또는 쓰지 않는 사람들의 일상은 다시 어떤 종류의 증거를 생산해 낼 것이며, 이것은 다시금 마스크의 효력을 새롭게 구성할 것이다.

장하원 | 경희대학교 HK+통합의료인문학연구단 HK연구교수. 서울대학교 생물자원공학부에서 학부와 석사를 미치고 서울대 과학사 및 과학철학 협동과정에서 과학기술학을 전공했다. 『'다른 아이'의 구성: 한국의 자폐증 감지, 진단, 치료의 네트워크』라는 논문으로 박사 학위를 받았으며, 공저로 『21세기 교양, 과학기술과 사회』 등이 있다.

코로나 시대, 개신교는 왜 '혐오의 종교'가 되었나?

— 개신교는 쇄신이 필요하다

최우석

전염병이 창궐한 오늘날에 개신교회가 보여준 행태는 실망을 넘어 분노를 일으키기에 충분했습니다. 연일 언론 보도, 인터넷 등 각종 매체를 통해 전해지는 개신교회들의 만행을 일일이 열거하지 않겠습니다. 전례 없는 코로나바이러스가 나도는 위기 속에서 개신교는 사람들의 눈살을 찌푸리게 만드는 일을 '가지가지' 하고 있습니다. 세상의 빛과 소금이 되어야 할 사랑의 종교가 어쩌다 이 지경이 되었을까요? 이미 많은 사람들은 개신교회가 보여준 말도 안 되는 행태들을 잘 알고 있기에 '기독교'라는 말만 들어도 혀를 찹니다. 개신교는 이제 '개독교'를 넘어서 부끄러운 종교로서 '괴愧독교'라고 혹은 괴뢰 종교로서 '괴傀독교'라고 불리는 실정입니다.

오늘날의 한국 교회는 초기 기독교의 모습을 재현한다고 볼 수 없습니다. 독일의 한 역사신학자는 기독교의 역사는 '타락의 역사'라고 밝힌 바 있는데, 한국의 개신교회는 이러한 타락의 사례를 보여주는 것은 아닌지 모르겠습니다. 도스토옙스키의 『까라마조프 씨네 형제들』에서 나온 '대심문관' 이야기처럼 예수가 한국에 재림하여도 개신교 목사는 "왜 여기에 와서 우리를 괴롭히느냐. 다시 돌아가라."라고, "하나님, 까불면 죽어."라고 이야기할 것 같습니다. 제 체감으로 볼 때 불과 십수 년 전만 해도 스스로를 개신교 신자라고 밝히는 일은 '착한 사람'의 모습으로 내비쳤지만, 오늘날은 '독선적이고 말이 안 통하는 사람'으로 비칩니다. 지하철 1호선, 서울역, 혹은 강남역 거리에서 사람들을 인상 쓰게 만드는 '예수천당 불신지옥' 구호만큼이나 "저는 크리스천입니다."라는 고백이 참으로 부끄러울 따름입니다.

물론, 각종 미디어 속에 드러난 개신교회의 이상한 모습은 "일부 교회의 극단적 행동에 불과하다."라고 이야기하는 사람이 있을 겁니다. 개신교회에 대한 왜곡된 이미지가 일부 과격한 교회들에 의해 전파된 것이라고 말이죠. 이렇게 교회를 옹호하는 사람들은 여전히 "모든 교회가 그런 게 아니다."라고 주장합니다. 하지만 이는 일부 교회의 폐단으로만 치부할 문제가 아닙니다. 제가 볼 때 한국의 개신교회는 일찌감치 '눈 가리고 아웅' 하는 격으로 우리 사회에 자리매김해 왔기 때문입니다. 사람들에게 이제 기독교는 이상한 종교가 아닌 혐오의 종교로서 인식되고 있습니다. 오늘날 개신교회는 어쩌다 혐오의 종교가 되었을까요? 전염병이 창궐하는 수난의 시대 속에서 교회는 왜 빛을 발하지 못하는 걸까요?

이 글은 잘못된 사견私見일 수 있습니다. 그렇기에 지금 이 글을 읽고 계신 분께 당부의 말씀을 드립니다. 행여 분노하지 마시길 바란다고 말이죠. 저의 좁은 식견이 그럴싸하게 서술된 글일 수 있다는 점을 다시 한 번 밝힙니다. 종교인의 분노는 극단으로 가기 쉽습니다. 몇 주 전 '땅 밟기'라는 이름으로 역사를 자랑하는 전통 사찰에 불을 질러 버린 개신교인의 만행이 제게도 일어날까 두렵습니다. 다른 종교이기는 하지만 알라를 모독했다는 이유로 사람을 죽이는 종교인의 행태는 종교인의 분노가 쉽게 극단으로 가는 사례를 보여 줍니다.

상식을 잃은 개신교회

종교는 한 사람의 정체성을 이루는 소중한 것임을 잘 알고 있습니다. 저역시 제 정체성을 기독교에서 찾습니다. 저는 '가나안 신자'이지만 스스로를 기독교인이라고 믿습니다. 그래서 이 글을 쓰면서도 저는 제 정체성이부정되는 것 같아 마음이 아픕니다. 그럼에도 이렇게 개신교에 대해 비판적으로 고찰하는 이유는 오늘날 개신교회에 필요한 것은 '쇄신刷新'이라고 생각하기 때문입니다. 예수의 복음이 세상에 더욱 전파되기 위해 필요한 게무엇인지를 깊이 성찰해야 하지 않을까요? "참된 기독교인이라면 땅끝까지전하라."라는 말씀을 어떻게 실현할 수 있을지를 돌아봐야 하지 않을까요?

예수의 복음을 전한다는 것은 사람들을 어떤 방식으로든 설득하는 일과다르지 않다고 생각합니다. 일찍이 예수가 이 땅에 오기 전부터 아리스토텔레스는 〈수사학〉이라는 글에서 사람들을 설득하는 세 가지 요소를 말했습니다. 그것은 '로고스logos', '에토스ethos', '파토스pathos'입니다. 타인을 설득하려면 전달되는 말이 논리적으로 타당해야 하고로고스, 말하는 사람 역시 그러한 말의 일관된 모습과 성품을 보여야 하며에토스, 전달되는 이야기가 감정을 고무시키는 힘을 가져야 합니다파토스. 아리스토텔레스는 설득에는 적어도 이 세 요소가 필요하다고 보았습니다. 세 요소가 충분할 때 설득할 수도 설득될 수도 있는 겁니다. 제가 볼 때 오늘날 한국의 개신교는 이러한 설득의 요소를 모두 잃었습니다. 물론 이러한 요소를 가졌던 적도 있습니다. '눈 가리고 아웅' 하는 식으로 말이죠.

1907년 '평양대부흥운동' 이후로부터 1990년대까지의 부흥 집회의 목사는 기적과 신비의 카리스마로 사람들의 감정을 고무시켰으며, 설득력 있는 말로써 사람들의 마음을 감화시켰습니다. 당연히 부흥회를 이끄는 목사의 성품은 전혀 의심할 문제가 아니었습니다. 부흥회의 감동은 주일예배로 이어졌으며 이러한 연속선상에서 많은 사람들은 교회 신자가 되었던 것 같습니다. 한국사회에 자본주의가 급격하게 뿌리를 내리는 속도만큼이나 개신교 신자의 수도 기하급수적으로 증가했습니다. 가령 세계 최대라고 자랑하는 여의도의 한 대형 교회 목사는 '영혼의 구원·몸의 구원·물질의 구원'이라는 3박자 구원론을 내세웠는데, 이는 경제성장 시기와 맞물려 많은 사람들의 마음을 사로잡았습니다. 참된 신앙인은 건강은 물론 물질적인 축복까지 받을 수 있었기에 개신교는 현세에서나 내세에서나 축복을 전하는 종교로서 사람들의 마음을 사로잡았습니다.

교회의 성장에는 다양한 이유가 있을 겁니다. 하지만 교회가 전하는 이야기가 많은 사람들에게 설득력 있게 전달되었기에 개신교회가 성장할 수 있었을 겁니다. 그런데 안타깝게도 현재의 상황에서 한국의 개신교는 이와 같은 설득의 세 요소를 모두 잃은 상태로 보입니다. 사람들은 이제 개신교에서 발을 돌리고 있습니다. 오늘날 개신교 기독교는 전혀 설득적이지도, 감동적이지도 않은 종교가 되어 버렸습니다. 예전만큼 기적과 신비의 카리스마는 보이지 않습니다. 그 이유는 여러 가지겠지만 설득력을 잃은 교회의 가르침에 사람들이 회의하기 시작했을 뿐만 아니라 교회를 대체하는 다른 것들이 많아졌기 때문으로 보입니다.

교회가 내세우는 이야기가 설득적이지 않은 이유를 언급하기에 앞서 우리는 교회의 대체재를 쉽게 떠올릴 수 있습니다. 예를 들면, 사람들은 마음의 안식을 얻기 위해 교회에 가기보다 '김창옥' 강사의 힐링 콘서트와 같은 소통 전문가의 강연이나 인문학 콘서트를 찾고 있습니다. 편안하게 집에서 유튜브 채널로 이러한 강연을 손쉽게 접할 수 있는 시대이니 굳이 쉬는 날에 교회로 가는 수고를 할 이유가 없습니다. 물질의 구원을 위해서는 '빠숑'의 부동산 강연이나 전문 주식투자가의 강연을 찾지 교회에 가지 않습니다. 하나님의 축복으로 물질적 부를 바라기보다 사람들은 부동산이나 주식투자 강연 속에서 부를 찾습니다. 사람들은 자식의 성공을 위해 대입 설명회나 유학 박람회를 찾지 교회 목사를 만나지 않습니다. 이처럼 사람들이 등 돌리는 추세를 극복하고자 개신교회는 유명 연예인을 대동해 부흥 집회를 열어 보지만, 이마저도 사람들의 발길을 되돌리는 데에 한계가 있어 보입니다. 코로나 시대 집합금지가 원칙임에도 불구하고 기어코 부흥 집회를 강행하는 일부 교회의 모습은 더욱 사람들의 혐오감만 부추기고 있습니다. 사람들의 상식을 벗어나는 이와 같은 행동은 '교회를 죽이려는 세상의 논리에 맞서

군건하게 믿음을 고수하자'라는 신념 아래 더 강조될 것으로 보입니다.

교회는 최근 다른 교회에 출석하는 신자를 모으기에 급급할 뿐 새로운 신자를 확보하는 데에 어려움이 있어 보입니다. 자신이 출석하는 교회의 신자 수가 늘었다고 해도 어둠 속에서 휘파람을 부는 격은 아닐까요? 교회는 그 본질과는 다르게 끽해야 '고소영고려대·소망교회·영남 출신의 사례처럼 '교맥교회인맥'을 쌓거나 청년들이 이성의 짝을 찾는 장소 정도로 변모하고 있습니다. 하지만 이마저도 새로운 대체재로 인해 위협받을 것입니다.

다시 설득력의 이야기로 돌아와 봅시다. 저는 앞서 오늘날 개신교회가 설득력논리·품성·감성을 잃었다고 말씀드렸습니다. 이에 대해 혹자는 예수의 복음은 설득으로 전파되는 게 아니라 선포되는 것, '귀 있는 자들만이 듣는 것' 혹은 바울의 체험과 같이 성령의 기름부음은 이미 은혜와 함께 정해진 것이라고 내세울 수 있습니다. 하나님의 말씀은, 사람들이 논리적으로 설득되는 게 아니라고 말이죠. '오직 믿음sola fide'만을 혹은 '오직 은총sola gratia'만을 강조하면서 그리스도의 복음이란 그 자체로 이미 완전무결한 것이기에 굳이 설득하고자 애쓸 필요가 없다고 말할 겁니다. 예정설처럼 구원받을 자는 이미 하나님의 계획 속에 있기에 복음을 듣지 않을 사람은 어쩔 수 없는 결과를 맞이할 거라고 말입니다. 여기에는 "너희는 불신지옥의 뜨거운 맛을 보게 될 거야."라는 분노와 조소가 담겨 있는 것 같아 섬뜩하기도 합니다.

하지만 문제는 복음은 전해야 하는 것이고, 그리스도의 사도로서 변증해야 하는 것이라는 데에 있습니다. 오직 믿음과 은총 외에도 '오직 성경만으로sola scriptura'에서 성경이 무엇인지를 알려야 하지 않을까요? 저는 여기에서 개신교 기독교의 근본 문제가 있다고 봅니다. 성서가 무엇인지, 교회가 무엇인지를 오늘날 많은 사람들이 이미 알고 있음에도 불구하고 이에 관한 질문을 원천적으로 차단하는 게 개신교의 문제라고 생각합니다. 여전히 상식적인 물음을 교회에서 제기할 수 없습니다. 교회에서 교리에 반하거나 기존의 전통적 개신교 사상과 대조되는 이야기를 하면 그 사람은 '미혹된 사람'으로 규정되기 십상입니다. 이성적인 물음도 제기할 수 없게 만들어 비상식적인 행위를 일삼는 행태를 교회가 보여 주고 있는 건 아닌지요?

세상을 '악'으로 규정하며 세상과 전혀 소통하려 하지 않는 태도, 하나님의 나라와 지상의 나라를 구분 지어 세상은 하나님의 말씀을 모르는 곳, 아직 교화되지 않은 곳, 사탄의 유혹에 따라 잘못된 지식으로 하나님을 곡해하는 곳이라고 보는 태도는 여전한 것 같습니다. 그래서인지 개신교 신자들은 공공장소에서 주위의 시선도 아랑곳하지 않고 소리 지르는 게 소명이라고 생각하는 것 같습니다.

과거보다 오늘날 사람들은 충분히 교육을 받습니다. 그뿐만 아니라 오늘날은 넘쳐 나는 정보와 쉽게 접할 수 있는 다양한 이야기에 노출되어 있습니다. 이 말은 교회가 과거처럼 '눈 가리고 아웅' 하는 식으로 있어서는 안 된다는 사실을 말해 줍니다. 21세기 사람들은 개신교 기독교를 향해 합리적인 다양한 질문을 던지지만 개신교는 이에 대해 설득적인 해답을 제시하지 못하고 있습니다. 오히려 교회는 독단적 신앙만을 고수하고 있습니다. 이점이 사람들이 교회를 가지 않는 이유가 아닐까요? 특히 많은 정보에 노출된 젊은 계층이 교회에 등을 돌린 이유가 아닐까요? 교회는 설득력 있게 사람들과 소통해야 합니다.

방향을 잃은 개신교회

현시점의 개신교회는 신앙의 변증을 제대로 내세우지 못하고 있습니다. 한국사회에서 '목사 되기란 식은 죽 먹기'라는 조소가 있듯, 아무나 목사를 해서 그런지 예배 시간의 말씀은 질 낮은 수준입니다. 빤스를 내려야 나의 성도라고 말하는 사람이 한국 개신교회의 수장이 되는 현실이니 더 말할 것도 없겠습니다. 예배 강단에 선 개신교회 목사들로부터 제대로 된 신학적 변증을 기대하기란 하늘을 쳐다보면서 UFO가 지나가길 바라는 것과 다를 바 없습니다.

간단한 질문을 던져 보겠습니다. "교회는 왜 이렇게 많은가요?" 서울 도심 상공에서 바라본 밤 풍경에서 눈에 띄는 건 편의점보다 많다는 교회의 붉은빛 십자가입니다. 오늘날 일부 사람들은 밤에 보이는 첨탑 위 붉은 십자가가 거슬린다고 말합니다. 그렇습니다. 교회는 너무나 많습니다. 개신교의 숫자는 단순히 많은 것을 떠나 그 종류도 너무 다양합니다. 장로교, 감리교, 침례교, 성결교 등. 장로교만 하더라도 기장, 예장합동, 예장통합, 고신 등 수없이 나뉩니다. 오죽하면 교회가 넘치니 "신도 수 100명 이상을 보장하는 교회 매매' 광고도 쉽사리 볼 수 있는 것 아니겠습니까? 매매의 대상이 된 교회, 임대 수익에 혈안을 올리는 교회, 세습을 아무렇지 않게 일삼는 대형 교회의 모습을 보면서 도대체 어느 교회로 가야 할지 의문입니다. 아마도 각 교회의 담임 목사는 자신의 교회에 오라고 손 흔들 것 같습니다. 허나 "우리 교회 말고 다른 노회, 다른 교단, 다른 종파에 가세요, 왜냐하면 거기에도 똑같이 예수의 복음을 가르치니 괜찮습니다."라고 자신 있게 말할 수 있는 목사가 있을까요?

다시 질문해 보겠습니다. "목사님, 왜 이렇게 교회가 많은가요? 제가 이 교회에서 정말로 참된 진리를 얻을 수 있나요?" 똑같이 예수를 그리스도라고 가르치는 가톨릭, 성공회, 루터교 혹은 정교회에 가지 않는다고 쳐도 도대체 왜 개신교를 선택해야 할까요? 똑같은 예수를 믿는 사람들인데 저들은 지옥에 가나요? 도대체 어느 개신교회를 선택해야 하는 걸까요? 어느 교회를 가야 참된 복음을 듣게 될 수 있을까요? 각각의 개신교회는 저마다 속해 있는 자기 교단의 복음이 참되다고 하지 않을까요? 그럴 때 각 교단이 내세우는 믿음이 어느 근거에서 온당하다고 판단할 수 있을까요? 다른 교단이나 교회가 아닌 출석한 교회, 소속된 종파의 가르침만이 참된 진리라고 어떻게 알 수 있을까요? 그냥 믿어야 하는 걸까요? 아니면 장로회나, 감리교나, 침례교나 성결교나 아무래도 상관없는 것인가요?

감리교 신자인 친한 이웃이 어느 날 자신의 교회에 출석할 것을 제게 종용한다고 쳐 봅시다. 이에 설득되어 제가 출석하는 교회나 교단을 바꾸기로 마음먹었다고 해 봅시다. 이는 괜찮은 일일까요? 물론, 혹자는 개신교 내에서 이 교회 저 교회 어디든 출석해도 괜찮다고 말할 겁니다. 그렇다고 해도 우리는 다시 질문을 던질 수 있습니다. 그처럼 에큐메니컬한 태도를 취한다고 해도 여전히 질문은 꼬리를 물고 있는데, 우리는 왜 가톨릭은 안 되는지,

왜 성공회나 루터교는 안 되는지 물을 수 있습니다. 이 교회, 이 교단, 이 종파는 되고, 왜 저 교회, 저 교단, 저 종파는 왜 안 되는지요? 역사 속에서 성장해 온 교회의 수만큼이나 신앙의 수도 다양한 것 같습니다. 우리는 그중에서 무엇이 참인지를 어떻게 확신할 수 있을까요? 개신교회는 이렇게 다양한 교회 속에서 참된 그리스도의 복음이 어디에 있는지를 설득적으로 제시하지 못하고 있습니다.

진리가 우리를 자유롭게 만든다고 하지만 참된 진리가 어느 교회에 있는지 잘 모르겠습니다. 교회를 선택하는 일은 참으로 어려운 일입니다. 그래서인지 사람들은 재미있고 맛있는 게 난무하는 상황에서 굳이 골치 아프게 교회에 나갈 필요를 느끼지 않는 것 같습니다. 이런 상황에 혹자는 다음과 같이 말할 것 같습니다. "문제는 교회가 아니다! 진리는 교회에 있지 않고 하나님의 말씀에 있다!"라고 말이죠. 이쯤에서 우리는 또 다른 질문을 던질 수 있습니다. "그렇다면 『성서』는 왜 이렇게 다양할까요?" 하고 말이죠. 하나님의 말씀을 담고 있다는 『성경』은 왜 이렇게 다양할까요? 가톨릭, 성공회, 정교회, 개신교 등 성경은 저마다 조금씩 혹은 크게 상이한 차이가 있는데 도대체 어느 성경이 참된 하나님의 말씀을 담고 있는 걸까요?

제가 교회에 출석할 때 놀라움을 감출 수 없던 사실 중 하나는 대다수의 신자들이 『성서』는 과거로부터 지금까지 일점일획도 변치 않은 채 고스란히 전해졌다고 믿는 점이었습니다. 『성서』의 작자가 누구이며 어떤 방식으로 형성되었는지를 알려고 하지 않았을 뿐만 아니라 이에 대해 역사적으로 검토하려 들면 이단으로 규정되기 십상이었습니다. 신앙의 토대를 지탱해 줄 『성서』를 도대체 누가 썼으며, 어떻게 형성되어 오늘날까지 전해지게 되었는지를 살피는 건 신앙인의 기본적인 태도가 아닐까요? 제 경험에 따르면 교회에서 이처럼 『성서』를 바라보는 것은 금기 사항을 어기는 일과 같습니다.

사실 『성서』에 대해 조금만 관심을 기울여도 우리는 『성서』의 형성 과정에서 발생했을 편집들을 쉽게 확인할 수 있습니다. 이는 인터넷에서, 학술 서적에서, 신학과 관련된 학술 논문을 통해서 금방 확인할 수 있습니다. 『성서』는 분명 편집되고 해석된 것입니다. 이는 부정될 수 없는 엄연한 사실입니다. 오죽하면 도올 김용옥도 "나는 예수입니다."라고 말했겠습니까. 도올은 이단일까요? 아닙니다. 『성서』에서 말하는 예수의 의미는 다양하게 해석될 수 있다고 강조하는 것입니다.

『성서』는 해석에 대한 이해가 전통으로 만들어지면서 우리에게 전승된 것입니다. 『성서』가 편집되었다는 말은 『성서』의 무오류성이 부정되는 거라고 생각될 수 있습니다. 개신교는 『성서』가 해석에 따라 달라질 수 있다는 가능성을 열어 두기 싫어합니다. 저는 이 글에서 모든 해석을 용인하자, 혹은 각종 여러 '사이비?' 교단의 이야기에도 귀를 기울이자고 말하는 게 아닙니다. 오히려 제가 말씀드리고 싶은 것은 이와 같은 사정에서 '개신교회는 소통을 해야 한다'는 점입니다. 여전히 개신교회는 사람들을 '종교 문맹아'로 보며 손바닥으로 달을 가린 채 달이 없다고 주장하고 있습니다. 사람들은 다양한 정보를 손쉽게 얻을 수 있는데도 말이죠.

이쯤에서 간단한 질문을 던져 보겠습니다. "『성서』는 누가 썼을까요?" 예수가 쓴 글도 아닌 『성서』의 이야기가 참된 하나님의 말씀이라고 어떻게 믿을 수 있을까요? 개신교회는 『성서』의 형성 과정을 열어 둔 채 이야기하지 않습니다. 대체적으로 개신교에서는 순환논증만을 펼칠 뿐입니다. 『성경』 말씀을 믿어야 한다." 왜냐하면 "『성경』은 하나님의 말씀으로 쓰인 것이기 때문이다." 『성경』은 왜 하나님의 말씀이냐? "하나님의 말씀인 『성경』이 그렇게 말하고 있기 때문이다."라는 식으로 말이죠.

제 경험에 따르면 『성서』에 대한 철학적, 역사적 탐색은 교회 밖에서나 할 일이지 교회 안에서 해서는 안 될 일입니다. 누군가 "목사님, 『성경』에서 예수는 직접적으로 성삼위일체를 이야기하지 않았는데, 왜 성삼위일체를 믿어야 할까요?" 하고 묻는다면 목사는 이를 답할 때 분명 『성서』를 해석해야 합니다. 왜냐하면 '성삼위일체'라고 아무리 찬송을 불러도 『성서』에서 성삼위일체는 나오지 않기 때문입니다. 해석이 필요함에도 해석의 불필요성을 강조하는 모순된 행위가 근본에서부터 나오지만 교회는 애써 이를 부인하고 있습니다. '예수천국 불신지옥'만 해도 그렇습니다. 도대체 천국은 어떤 곳일까요? 하나님의 나라는 기쁨만 가득한 곳인가요? 슬픔이 있어야 기쁨이 있기 마련인데, 기쁨과 찬송만이 가득한 곳을 저는 도무지 이해할 수 없습니다. 일찍이 소크라테스는 슬픔을 모르는 삶은 갑각류와 같은 삶이 아니냐고 반문한 적이 있습니다. 또 만일에 우리가 죽고 영혼만 남는다면 우리는 어떤 모습일까요? 죽기 직전의 모습일까요? 아니면 아기의 모습일까요?

일부 신약학자들은 『신약성서』의 「마태복음」, 「마가복음」, 「누가복음」, 그리고 「요한복음」조차 서로 다르다고 이야기합니다. 자세히 보면 아시겠지만 「마태복음」과 「누가복음」에서 기술하는 예수의 출생은 서로 다르게 이야기되고 있습니다. 그 외에도 각기 내용에서 조금씩 다른 부분을 찾을 수 있는데, 도대체 왜 그런 걸까요? 어느 쪽의 이야기가 사실일까요? 이때에도 해석이 필요하지 않을까요?

더 나아가 『코이네 헬라어 성경』을 거쳐, 『불가타 성경』에서 다양한 말로 번역되는 과정을 거치면서 『성서』는 그 내용이 조금씩 변하였습니다. '번역은 제2의 창작' 혹은 '번역은 반역反逆'이라고 하는데, 수없이 많은 번역을 거치면서 『성서』는 새롭게 창작되거나 반역된 건 아닐까요? 단어의 의미, 명칭, 문법, 비유 등 수많은 버전들이 있음에도 불구하고 이 모든 『성서』의 기술들이 상이하지 않다고 여길 수 있는 근거는 어디에 있는 걸까요? 오늘날 우리에게 전해진 『성서』가 하나의 '정경canon'이 되기까지 아무런 변화가 없었을까요?

우리는 다음의 질문도 던져 볼 수 있습니다. 앞서 말씀드린 1945년에 발견된 문서, 즉 예수의 말씀 자료 114개를 모아 놓은 '도마복음서'는 왜 『성서』로 인정받지 못할까요? 『구약성서』를 뺀 『신약성서』만 하더라도 협의에 의해 만들어진 것이 분명한데, 그렇다면 그러한 협의는 누가 한 것일까요? 그러한 협의가 누구에 의해 만들어졌고 도대체 왜 진리라고 받아들여야 할까요? 신약학자들은 이 외에도 공관복음서의 원천 자료로서 'Q어록집'을 제시하기도 합니다. 개신교 신자 중 과연 이런 어록집을 교회로부터 들을 수 있는 사람이 있었을까요?

지금까지 두서없이 질문을 막 던졌습니다. 아마도 제가 여태까지 제시한 질문들은 이미 신학적으로 답변되었을 수도 있습니다. 왜냐하면 이러한 질문들은 합리적 이성을 가진 사람이라면 누구나 가질 수 있는 질문이기 때문입니다. 하지만 신학적 답변이 있다고 해도 그러한 답변이 교회로부터 이야기되지는 않는 것 같습니다. 기존의 신앙에 의심을 던지는 말들을 우리는 예배 시간에 들을 수 있을까요? 부족하지만 제 짧은 경험에 비추어 볼 때 제시된 질문들에 대해 속 시원하게 답해 주는 목사를 찾는 것은 어려운 일이었습니다. 개신교회는 누구나 물을 법한 이런 질문들에 대해 설득력 있게 대답할 수 있어야 하지 않을까요? 개신교회로부터 로고스는 안드로메다만큼이나 멀리 떨어져 있습니다.

로고스뿐만이 아닙니다. 에토스와 파토스의 상실은 말할 것도 없습니다. 교회 목사의 '성'과 관련된 각종 범죄 행위는 익숙한 뉴스거리입니다. 유명한 목사들이 성범죄를 저지르고도 아무렇지 않게 목회 활동을 이어 가는 분통 터질 일만 가득합니다. "은혜가 많은 곳에 죄도 많다."라는 『성서』의 말을 인용하며 변명만 늘어놓을 뿐이니 목회자에게 피해자의 절규와 눈물은 아무것도 아닌가 봅니다. 코로나바이러스가 유행하는 가운데 비상식적인 언행을 일삼으며 사람들을 선동하는 사람이 목사이니, 누가 목회자의 품위를 신뢰하겠습니까? 상식이 있는 사람이라면 세습 문제뿐만 아니라 각종 비리의 최전선에 있는 교회에 누가 발을 들이고 싶겠습니까? 사랑을 실천하는 교회의 모습보다는 십일조, 건축헌금 등 돈만을 밝히는 교회의 모습을 사람들은 쉽게 떠올립니다. 제가 한때 출석했던 교회에서는 비공식적으로 '유월절헌금'이란 게 있었습니다. 신앙심이 깊은 신자가 자신이 1월 한 달에 얻은 모든 수익을 헌금하는 게 유월절헌금입니다. 예배 시간에 목사가 "○○○ 집사님 유월절헌금을 하나님께 드렸습니다."라고 말할 때 저는 정말 아찔했습니다. 자본이 목적이 된 전도된 사회의 모습은 교회에서도 예외가 아니었습니다.

정리하겠습니다. 상식적으로 누구나 제기할 수 있는 합리적 질문에 그동안 한국 개신교회는 눈을 가리고 입을 닫고 귀를 막아 버리는 태도를 고수해 왔습니다. 개신교 기독교는 왜 혐오의 종교가 되었는가 하는 질문에 저는 교회가 설득력을 완전히 잃은 채 사람들의 상식과 사회에 반하는 행동을 일삼고 있기 때문이라고 판단합니다. 비대면 시대에 직접적인 소통이 힘든 상황에서 더욱 소통을 추구해야 하는 게 기독교가 나아가야 할 방향이 아닐까요? 위기의 한국 개신교 기독교는 세상과 더욱 소통할 때, 사람들과 합리적으로 설득력 있는 대화를 할 때 혐오의 딱지를 뗄 수 있지 않을까요? 교회 건물만 키울 게 아니라 대화의 폭을 넓혀야 할 때입니다. 그리스도의 사랑은 타자와 마주하면서부터 시작되는 것이라 믿습니다. 한국사회에서 교회는 빛과 소금이었습니다. 하지만 코로나 위기 속에서 교회는 다시 세상을 향한 빛과 소금이 되고자 더 노력해야 합니다. 위기의 시대에 사람들과 소통하며 사랑으로 극복하는 교회의 모습을 기대해 봅니다.

최우석 | 경희대학교 HK+통합의료인문학연구단 HK연구교수. 서강대학교를 나와 경희대학교에서 철학 박사 학위를 받았다. 주요 논문으로 「'의료인'의 의무윤리와 덕윤리의 상보적 이해: 펠레그리노를 중심으로」, 「후설의 후기 윤리학의'인격자' 이해」 등이 있다.

DECAMERON

모아보기 - 해외

코로나 블루?

─ 팬데믹과 미국사회의 정신 건강

미국

신지혜

2020년의 코로나19를 두고 여러 신조어가 눈길을 끈다. 그중 하나는 '코로나 블루'로, 사회적 거리두기가 장기화되고 모임이나 활동 반경에 제약이 생기면서 우울감을 호소하는 사람이 늘어났기 때문에 관심을 받고 있다. 코로나 블루를 대체할 쉬운 우리말로 '코로나 우울'을 사용하기도 한다. 코로나 블루는 팬데믹으로 인한 정신 건강의 위기에 경각심을 불러일으키며 심리방역의 필요성을 강조한다. 따라서 현재 한국 정부에서는 심리방역을 위해 국가트라우마센터, 교육부, 여성가족부, 농림축산식품부 등이 심리 지원에 나서 경제적 취약 계층과 다문화가족을 포함한 한국사회의 여러 구성원을 지원하고 있다. 2020년 9월부터는 대한적십자사 주관으로 온라인 '마음

토닥토닥 캠페인'이 진행 중이다.* 범정부적 노력 외에도 서울대학교 의과대학과 서울아산병원 등 전문 기관이 코로나 블루에 관한 영상을 여러 채널에 올려 관련 정보를 제공하고 있다.

'코로나 블루'가 비단 한국에서만 사용되는 말은 아니다. 올바른 영어 표기는 Corona blues나 Covid-19 blues^{Covid blues, Pandemic blues 등도 쓰인다}로 여러 나라에서 이 용어를 제목으로 하는 언론 보도가 나오고 있다. 영어의 '블루'는 계절이나 상황에 따라 우울감이 왔다 가는 현상을 일컫는데, 우울감을 느끼는 것^{feeling blue}과 우울증^{depression}에는 차이가 있다. 우울감을 느낄 때는 일상생활이 가능하고 별다른 치료 없이도 상황이 나아지게 마련이지만, 우울증을 겪을 시에는 슬픈 감정이나 피로가 계속되고 신체적으로도 체중 감소, 수면 장애 등이 나타난다. 그렇다면 코로나19 시대에 우리가 느끼는 감정은 무엇일까? 우울감일까, 우울증일까? 팬데믹으로 자가격리가 장기화되면서 미국 대중매체 역시 '코비드 블루스'나 '팬데믹 블루스'의 해소 방안을 다룬다. 하지만 대부분 독자의 시선을 끌기 위해 제목에 포함하거나 동음어**로 사용할 뿐, 코로나19와 관련된 정신적 문제를 다룰 때는 '정신 건강^{mental health}'이라는 용어를 통해 우울감, 불안감, 스트레스, 공포, 약물 남

---

*   [보도참고자료] 코로나바이러스감염증-19 중앙재난안전대책본부 정례브리핑(9.18) 4.코로나 우울 지원현황 및 계획
     http://ncov.mohw.go.kr/tcmBoardView.do?brdId=&brdGubun=&dataGubun=&ncvContSeq=359943&contSeq=359943&board_id=140&gubun=BDJ
** 이 경우, blues는 보통 블루스 음악을 뜻한다. 음악을 들으면서 코로나19의 스트레스를 날려버리라든지, 음악 행사를 개최한다는 기사 등에 주로 쓰인다.

용 등 다양한 증상을 소개하고 제때 전문 기관의 도움을 받으라고 권한다. 팬데믹 시기의 정신 건강 문제를 다루는 미국 정부 정책이나 전문 학술 연구에서도 '블루'라는 용어는 거의 쓰이지 않는다.

코로나19와 정신 건강: 소외된 이주 노동자

말로 정확히 표현할 수 없는 고통에 이름을 붙여 주는 것은 현황을 파악하고 이해하는 데 매우 중요하다. 쉽고 간단한 용어를 사용하여 사회에 만연한 정신 질환의 스티그마를 지우고 의료 서비스 접근성을 높인다는 점에서도 신조어의 효용을 무시할 수 없다. 그러나 '코로나 블루,' '코로나 우울,' 이외에도 최근 등장한 코로나 '레드'나 '블랙'은 개개인을 실제로 위협하는 정신 질환이나 정신 건강의 문제를 축소한다. 코로나19를 경험하는 많은 이들에게 우울은 그저 스쳐 지나가는 감정이 아니라 구체적인 대책과 대응이 필요한 현실이다. 따라서 정확한 용어를 사용하고, 정확한 대상을 지칭하여 정신 건강 문제를 직시할 필요가 있다. 한국 정부는 코로나 블루에서 벗어날 수 있도록 콜센터를 구축하고, 심각한 경우 지역 정신의학과와 연계하여 도움을 받을 수 있는 시스템을 마련했다고 밝혔다. 또한 취약 계층의 심리 방역도 지원하겠다고 발표했다. 하지만 현 정부의 지원 현황과 계획만 봐서는 정신 건강을 지키기 위한 대책이 어느 정도 마련되어 있으며, 누가 지원과 혜택을 받을 수 있는지 분명치 않다.

코로나19 이전에도 정신 건강의 문제는 분명 존재했고, 정부의 지원을 모두가 다 누릴 수 있는 것도 아니었다. 무엇보다 한국사회에서 가장 소외된 계층이라 할 수 있는 이주 노동자의 정신 건강에는 예나 지금이나 위협이 많다. 향수병, 고립감, 노동 환경의 스트레스 외에도 사회적 차별과 경제난, 법적 신분에 따른 제약이 덧붙여져 자살까지 이르는 경우도 드물지 않다. 팬데믹의 시기에는 경제를 뒷받침하는 산업 일꾼인 이주 노동자의 보호가 그 어느 때보다 중요하다. 이주한 국가에서는 이들이 차별받지 않도록 주의를 기울여야 하며, 모국 역시 송금액의 감소로 인한 어려움이 없도록 대처가 필요하다. 2020년 8월 IOM국제이주기구과 ICC국제상공회의소는 이주 노동자의 권리를 보호하기 위한 지침을 제시했다. 젠더나 이주 지위와 관계없이 모든 노동자를 '평등·존엄·존중'에 기초하여 대우해야 하며, 다섯 가지 범주인 1 신체와 정신 건강, 2 생활과 노동조건, 3 경제적 지원, 4 윤리적 고용, 5 공급 과정의 투명성을 고려해야 한다.* 이 중 첫 번째 범주인 건강의 문제, 특히 정신 건강은 WHO 역시 최근에 위험을 경고한 분야로 코로나19 시대의 사회적 불평등이 극명하게 드러나는 영역이라고 할 수 있다. 어느 사회에서나 이주 노동자는 다양한 모습을 보인다. 그러나 이들이 겪고 있는 위기는 그다지 다르지 않다. 법적 신분에 문제가 없는 이주민도 외국인 유학생도 정신 건강의 문제를 호소하고 있지만, 적절한 의료서비스나 대처 방안을 찾을수 없어 자력으로 어려움에서 빠져나와야 하는 상황이다. 미등록 이주민의

---

* "New Guidance for Protecting Migrants Workers during the Coronavirus Pandemic," *UN News*, 2020.8.10, https://news.un.org/en/story/2020/08/1069862

경우, 신분에 따른 차별과 추방의 위협이 정신 건강을 악화시킨다. 민간 지원 단체와 자원봉사 시설이 여러모로 이주민들을 돕고 있지만, 이들의 정신 건강을 개선하기 위해서는 다중 언어의 지원, 보험 미가입자의 비용 문제, 접근성 확대 같은 큰 장벽을 넘어야 한다.

미국의 코로나19 대처: 미등록 이민자의 상황

그렇다면 정신 건강의 측면에서 미국의 상황은 어떠한가? 코로나19의 대처에서 드러난 미국 의료 체제의 실패는 널리 알려진 바다. 감염 여부를 진단하는 것부터가 수월하지 않은 데다, 확진을 받아도 심각한 상태가 아니면 입원 대신 자가 치료로 끝나는 사례가 많으며, 입원이 필요한 환자도 제때 적절한 치료를 받지 못하고 있다. 무엇보다 코로나19는 한국의 이주 노동자에 비견될 만한 집단인 이민자, 특히 불법 이민자^{이하 미등록 이민자}의 불안정한 상황을 낱낱이 드러냈다. 이민 노동자는 코로나바이러스에 노출되기 쉬운 필수 직군에서 서비스업 종사자, 돌봄 노동자, 의료시설 노동자로 일하고 있다. 필수직 노동자 비중이 높은 흑인과 라틴계 이민자는 사회적 거리두기가 어렵고 팬데믹으로 해고를 당할 확률이 높으며 제때 의료 서비스를 받지 못하기 때문에 기저 질환이 악화되는 등 더 큰 고난을 경험한다. 이들은 사회를 지탱하는 데 필수적인 인적 자원이지만 정부로부터 적절한 도움이나 지원을 받지 못한다. 지원 프로그램이 제공될 때에도 이민자의 신분이 항상 걸림돌이 된다. 2020년 2월부터 트럼프 정부의 '생활보호 대상자' 규정*이 시행되자, 미국에 불법으로 체류하고 있는 이민자 가정에서는 자녀들이 훗날 미국 시민이 될 자격을 빼앗길까 두려워 기존의 지원 프로그램까지 탈퇴하는 상황이다. 한편, 라틴계 이민자는 코로나19 감염에 백인보다 더 취약하지만 사망률은 낮은데, 이들의 건강 상태가 좋아서라기보다는 젊은 층 인구가 상대적으로 많아 회복이 빠르기 때문이다. 물론 추방을 두려워하여 치료받기를 꺼린 결과 코로나19 통계에 정확히 반영되지 않았을 가능성도 고려해야 한다. 라틴계 이민자의 건강을 설명하는 용어로 '멕시칸 패러독스Mexican Paradox'가 있다. 미국에 거주하는 멕시코 이민자와 멕시코에 남아 있는 사람의 건강을 비교할 때, 멕시코에 남은 이들의 건강 상태가 더 좋다는 데에서 나온 용어인데 멕시칸 패러독스는 정신 건강에도 적용된다. 코로나19로 이동이 차단되어 가족이나 친지로부터 심리적 지원을 받지 못하게 되면서 이민 전보다 이민 후의 정신 건강이 훨씬 악화되고 있기 때문이다. 최근에는 코로나19로 인해 앞으로 미국에서 75,000여 명이 약물 과다 복용이나 자살로 생을 마감할 가능성이 있다는 연구 결과도 나왔다.** 게다가 미국사회의 인종차별과 갈등이 심화되면서 미국 내 소수 인종의 정신 건강 위기를 우려하는 단체도 늘고 있다.

---

* 2019년 8월에 통과된 규정으로 저소득층의 미국 이민을 제한하며 기존 이민자가 비자를 연장하거나 이민자 신분을 변경할 때에도 '생활보호 대상자' 여부를 확인하는 등 제약을 두었다.

** Well Being Trust(웰빙 재단), https://wellbeingtrust.org/areas-of-focus/policy-and-advocacy/reports/projected-deaths-of-despair-during-covid-19/

팬데믹의 걷잡을 수 없는 전파를 보며, 많은 국가가 세계 최대 강대국인 미국의 실체가 드러났다고 비판의 목소리를 높였다. 그러나 건강 서비스의 실제 제공 여부와 감당 여력을 떠나, 미국의 주정부, 지방정부와 민간단체는 코로나19 확산 때부터 다방면으로 방역 활동에 나서 왔다. 연방정부의 방침을 그저 따르기보다 지방정부별로 다양한 프로그램을 추진하고 있는데, 이는 거주민의 보건을 주정부에서 담당해 왔던 미국의 역사적 전통과도 연계된다. 일례로 현재 주정부와 카운티에서 제공하는 코비드-19 보조 프로그램은 연방정부의 '생활보호 대상자' 요건에서 제외되기 때문에 미래에 이민 신분을 조정코자 할 때 영향을 미치지 않는다. 정부에서 식료품, 주거비 등 현금 지원을 받거나 정부 비용으로 장기간 의료 서비스를 받지 않는 한 문제가 없다는 것이다. 코로나19 시대의 한국 상황과 비교해 주목할 만한 프로그램은 정신 건강 관련 대책이다. 정신 건강 의료 서비스의 역사가 오래된 미국은 더 적극적으로 대책과 방안을 마련하고 있다. 주정부, 지방정부, 카운티 단위로 지역 거주민의 정신 건강을 돌보기 위한 여러 프로그램이 준비되어 있으며, 가장 소외된 계층인 미등록 이민자의 정신 건강을 보호해야 한다는 인식이 부각되고 있다. 구체적으로 심리방역 방안을 세우는 것 외에도 현재 상황에 경각심을 불러일으키고 정보의 접근성을 개선하기 위한 노력이 엿보인다.

미국의 정신 건강 서비스: 원격의료와 지역 프로그램

정신 건강 측면에서 코로나19 이후 미국 의료 체제의 가장 큰 변화는 원격의료telehealth, telemedicine라 하겠다. 미국은 1993년 원격의료를 합법화했고, 팬데믹을 맞아 대면 진료와 동등한 보험 수가를 제공하는 등, 원격의료를 장려하고 있다. 무엇보다 정신 건강의 위기를 해결하기 위해, 코로나19 이전에도 치료를 제때 받지 않거나 받을 수 없었던 소수 인종 집단은 물론 합법·불법 이민자에게 도움이 될 만한 원격의료 시스템을 구축하려는 시도가 계속되고 있다. 대체로 거주 공간이 좁아 상담 시 사생활 보호가 어렵고, 인터넷 접속 비용이나 속도의 문제, 적절한 원격의료 도구의 유무 등이 접근성을 떨어뜨린다는 단점이 있지만, 2020년 3월 이후 많은 의료 서비스 제공자가 원격의료로 전환하는 중이다. 특히 정신 건강 영역의 원격의료 확대가 좋은 평가를 받고 있는데, 2020년 9월에는 코로나19 발생 전보다 서비스 제공이 12배 증가했다는 조사 결과도 나왔다. 원격의료는 환자는 물론이고, 재택근무를 하며 자녀를 돌보아야 하는 정신 건강 의료 서비스 제공자에게도 혜택을 준다.* 그러나 미등록 이민자의 경우, 다른 취약 계층과 비교해서도 비용·시간·장소 면에서 원격의료에 접근할 여력이 현저히 떨어지기 때문에 정신 건

---

* "COVID-19 Sparks 12-fold Increase in Remote Delivery of Mental Health Care across the US," *Science News*, Virginia Commonwealth University, 2020.9.02, https://www.sciencedaily.com/releases/2020/09/200902161705.htm

강 부문 원격의료의 단기적 효용성에 대해서는 의문이 남는다.

코로나19로 인해 전 세계적으로 정신 건강 서비스가 원활하게 이루어지지 않거나 축소되는 실정이다. 물론 미국도 예외는 아니다. 그러나 원격의료의 확대 외에도 취약 계층의 정신 건강을 보호하기 위한 미국 지방정부의 대책에 주목할 만하다. 미등록 이민자의 경우, 공공의료 서비스를 받을 곳은 보통 병원 응급실뿐이지만, 주정부, 지방정부, 카운티 단위로 이민자 신분과 관계없이 여러 프로그램을 소개해 서비스를 제공하고 있다. 라틴계 거주자와 이민자 비율이 높은 애리조나주는 영어와 스페인어로 의사소통이 가능한 상담사가 상주하여 접근성을 높였으며, 미등록 이민자에게도 서비스를 제공한다. 미시간주는 안전망 클리닉 Safety Nets Clinics이라는 지역사회 건강 클리닉을 통해 적은 비용만을 받거나 무료로 정신 건강을 비롯한 의료 서비스를 제공하고 있으며, 30여 개 이상의 상담 언어를 사용한다. 뉴욕시에서는 헬스케어와 웰빙 Health Care and Wellbeing 프로그램 중 NYC Well이 이민자 신분과 상관없이 뉴욕시 거주자라면 누구에게나 200여 개 이상의 언어로 무료 서비스를 제공한다. 문자 메시지나 온라인 대화도 가능하다. 뉴욕주 역시 심리방역을 위해 무료 상담 서비스를 제공하고 있다. 캘리포니아주는 2020년 5월 미국에서 처음으로 미등록 이민자에게도 인당 500달러, 가구당 천 달러씩 총 1억 2500만 달러의 코로나바이러스 지원금을 지급했다. 정신 건강과 직접적인 관련이 없다 해도 재정 부담을 다소나마 덜어 주어 스트레스와 불안감을 줄인다는 점에서 정식 의료서비스 이상의 의의를 지닌다. 이 외에도 다른 주와 마찬가지로 주립 대학이나 지역 병원을 중심으로 모든 이민자를 대상으로 하는 다중 언어 정신 건강 의료서비스가 운영되고 있다.

언어나 비용의 장벽이 사라진 후에도 미등록 이민자가 의료 서비스를 찾지 않을 확률은 여전히 높다. 무엇보다 의료 서비스를 사용하면 신분이 밝혀져 추방당할지 모른다는 공포가 미등록 이민자는 물론이요, 합법적 이민자의 서비스 이용률까지 낮추는 실정이다. 신분이 노출되지 않는다고 아무리 안심을 시켜도 오래된 공포는 쉽게 사라지지 않는다. 자살률 역시 예년보다 높아지고 있다. 젊은 층과 라틴계, 흑인이 자살의 위협에 가장 취약하며, 이 중 젊은 층에서는 미성년 입국자 추방 유예제도DACA의 혜택을 받는 미등록 이민자 학생에게 정신 건강의 위기가 가장 심하게 나타난다.* 이러한 상황에서 원격의료를 확대하고 무료로 다양한 상담 서비스를 제공한들, 취약 계층이 실제 얼만큼이나 정신 건강 의료 서비스의 혜택을 받을 수 있을지 확실치 않다. 한편, 여기서 눈에 띄는 점은 코로나19가 끝나면 우울감이나 스트레스, 불안감이 사라지리라는 막연한 기대를 버리고 미국사회가 적극적으로 대응책을 모색하고 있다는 것이다. 이들이 다루고자 하는 문제는 일시적인 '코로나 블루blues'가 아니라 미래에 더 큰 화를 불러올 것이 틀림없는 정신 건강의 위기이다. 코로나19가 종식되어도 정신 건강 분야에서

---

* Liji Thomas, "Mental Health of Undocumented College Students Worst Hit by COVID-19 Pandemic," *News-Medical.net*, 2020.10.05, https://www.news-medical.net/news/20201005/Mental-health-of-undocumented-college-students-worst-hit-by-COVID-19-pandemic.aspx

새로운 팬데믹이 시작되리라는 예측이 쏟아져 나오고 있다. 전문가들은 코로나19의 경험으로 인해 미국에서 외상후장애PTSD 사례가 늘어날 것이며, 약물 남용이 이전보다 심각해질 것이라고 경고한다. 또한 코로나19로 새로 발생하는 환자보다 이미 전부터 정신 질환을 앓고 있던 사람들이 더 심각한 위험에 노출된다는 연구도 있어 장기적인 대응의 필요성이 강조된다.

코로나 블루? 취약 계층의 정신 건강 문제

최근 한국에서는 20~30대 여성이 코로나 블루에 가장 취약하다는 기사가 나왔다. 노인들 역시 다른 이들과 교류할 수 있는 단체 활동이나 복지 서비스 이용에 제약을 받아 우울감에 시달린다는 조사도 있다. 여러 면에서 이들보다 더 소외된 이주 노동자 또한 일자리를 잃거나 고향으로 돌아가는 길이 막히고 신분이 불안정해지는 등 통제할 수 없는 상황에 절망하고 있다. 과연 이 모든 상황을 코로나 블루로 설명할 수 있을까? 이들의 우울·불안·공포가 몇 주나 몇 달에 그치지 않고 '극단적 선택'으로 이어져 사회의 근간을 좀먹고 있다면 더 이상 '블루'라는 용어로 현재를 설명해서는 안 된다. 우리 사회의 취약 계층이 경험하고 있는 것은 시간이 지나면 사라질 우울감이나 불안감이 아니라, 제대로 치료하지 않을 시 오랫동안 큰 혼란을 야기할 사회적 문제이다. 코로나 블루 대책을 강조하는 과정에서 팬데믹의 타격을 더 크게 받은 기존 정신 질환자의 존재가 지워지고 있다는 점도 간과할 수 없다. 정부와 자치단체가 심리방역 프로그램을 마련하고 있지만, 일회성 모임이나 활동을 산발적으로 개시하기보다는 미국의 여러 프로그램에서처럼 각자의 상황에 맞는 구체적이고 장기적인 대응책을 제공해야 할 것이다. 이와 더불어 한국사회의 취약 계층과 소외된 집단을 돌아보고, 이들의 정신과 신체 건강을 보호하려는 노력을 확대해야 할 때이다.

코로나19의 종식은 가능한가?

— 중국의 코로나19 종식 선언을 둘러싼 진실과 허구

중국

유연실

중국 정부의 코로나19 종식 선언의 정치적 목적은 무엇인가?

중국 정부는 2020년 9월 8일 코로나19의 종식을 선언하였다. 2019년 12월 30일 우한武漢의 화난華南 수산시장에서 처음 감염자가 발생한 시점으로부터 9개월 만의 일이며, 2020년 1월 23일 우한시에 대한 전면적 도시봉쇄가 단행된 지 7개월 반 만에 거둔 '성과'라고 할 수 있다. 중국 정부는 "9월 7일 24시까지 자치구와 직할시를 포함한 31개 성省의 누적 확진자는 85,144명, 사망자는 4,634명이며, 8월 7일부터 한 달 가까이 코로나19 국내 신규 확진자가 발생하지 않았다."*라고 밝혔다. 이처럼 중국 내 코로나19 확산세가 현

---

* 「北京無新增: 9月8日新冠肺炎疫情最新情況通報」,《國家衛生健康委員會官方網站》, http://med. china.com.cn/content/pid/201873/tid/1026

격히 둔화하면서, 중국 정부는 '전국 코로나19 방역 투쟁 표창대회^{이하 표창대회} ^{로 약칭}'를 개최하여, 코로나19 방역 투쟁의 승리를 자축하였다.

시진핑^{習近平} 국가주석은 베이징 인민대회당에서 열린 표창대회에서 1시간 10분에 걸쳐 긴 담화문을 발표하였다. 이를 통해 코로나19와의 투쟁에 헌신한 당과 간부, 의료 종사자·군인·경찰·언론인·해외 동포·인민들의 노고에 대해 공식적인 감사를 표시하였다.

> 지난 8개월 동안 우리 당은 단결하여 전국 각 민족과 인민을 이끌고 손에 땀을 쥐게 하는 방역 전쟁을 치렀습니다. 우리는 힘겨운 역사적 고난을 겪으며 많은 노력을 기울여 코로나19와의 방역 투쟁에서 중대한 전략적 성과를 거뒀습니다. 그리고 인류와 질병의 투쟁사에 또 한 차례 용감한 장거^{壯舉}를 창조하였습니다.
>
> 오늘 우리는 전국 코로나19 방역 투쟁 표창대회를 성대하게 개최하여, 뛰어난 공헌을 한 모범 인물에게 공화국 훈장과 국가 명예 칭호를 수여하고, 방역에 선진적 모범을 보인 개인과 집단을 표창하고자 합니다. 우리는 위대한 방역 정신을 선양하고, 전면적인 샤오캉^{少康} 사회를 건설하며, 새로운 시대의 중국적 특색의 사회주의의 위대한 승리를 쟁취하기 위해 꾸준히 분투할 것입니다.[*]

---

* 「習近平: 在全國抗擊新冠肺炎疫情表彰大會上的講話」, 《新華網》 2020년 9월 8일, http://www. xinhuanet.com/politics/2020-09/08/c_1210790162.htm

위 연설문에서 시진핑 주석은 전쟁·투쟁·성과·승리 등의 용어를 여러 차례 사용하며, 코로나19와의 '전쟁'에서 공산당 중앙을 중심으로 국가적 역량을 결집하여 감염병을 효과적으로 통제할 수 있었다고 강조하였다. 또한 인민이 코로나19와의 전쟁을 '승리'로 이끈 주역이라고 치켜세우면서, 위대한 인민의 희생정신과 애국심을 치하하였다. 아울러 시진핑 주석은 코로나19의 방역 투쟁에서 획득한 중대한 전략적 성과는 "중국 공산당의 지도력과 사회주의 제도의 탁월한 우월성, 중국 인민과 중화민족의 위대한 역량, 중화 문명의 심오한 문화적 저력이다."라고 자부하였다. 이와 같은 자부심을 토대로 시진핑 주석은 '사회주의 현대화' 국가를 건설하기 위한 역사적 발걸음을 멈추지 않을 것이라고 천명하였다. 같은 날《인민일보人民日報》는 〈난공불락의 강대한 힘을 응집시키다凝聚起堅不可摧的強大力量〉, 〈결정적 순간에 중대한 결정을 내리다關鍵時刻的關鍵抉擇〉, 〈시련 속에서 부흥의 힘을 단련하다在磨難中砥礪復興力量〉* 등을 1면에 톱기사로 내보내며, 시진핑 주석이 코로나19 대응 과정에서 보여준 지도력을 부각시켰다. 또한 중국중앙방송CCTV과 같은 관영 매체에서도 "14억 중국 인민이 방역 투쟁의 위대한 전사였다."라고 보도하며, 중국이 코로나19와의 험난한 방역 투쟁을 통해

---

* 汪曉東·張音·錢一彬, 「凝聚起堅不可摧的強大力量: 習近平總書記關於打贏疫情防控的人民戰爭總體戰阻擊戰重要論述綜述」, 《人民日報》 2020년 9월 8일 1면; 「關鍵時刻的關鍵抉擇: 習近平總書記作出關閉離漢通道重大決策綜述」, 《人民日報》 2020년 9월 8일 1면; 新華社記者 鄭偉·胡浩·林暉·趙文君·陳聰, 「在磨難中砥礪複興力量: 中國抗擊新冠肺炎疫情偉大鬥爭啟示錄」, 《人民日報》 2020년 9월 8일 1면.

"감염병을 극복할 수 있다는 확신과 능력을 전 세계에 보여주었다."*라고 찬양하였다.

9월 8일 표창대회에서 시진핑 주석은 방역 업무를 총괄한 중난산鐘南山, 84세 공정원 원사에게 공화국 훈장, 장바이리張伯禮·장딩위張定宇·천웨이陳薇 공정원 원사에게 인민영웅 훈장을 수여했다. 이 외에도 선진개인先進個人 1,499명, 선진집단先進集體 500개와 우수공산당원優秀共產黨員 200명, 선진기층당조직先進基層黨組織 150개가 표창장을 수여받았다. 중국 공산당은 개인과 집단에게 표창장을 수여하는 사유에 대해서 다음과 같이 공포하였다.

이들의 선진적 사적과 숭고한 정신은 공산당이 전심전력을 다해 인민을 위해 봉사한다는 근본적인 취지를 견지하고 있다는 것을 명확히 보여 주었다. 이들은 인민지상人民至上·생명지상生命至上의 가치를 생동감 있게 보여 주었으며, 중국 공산당이 투쟁을 두려워하지 않고 용감하게 승리하는 정치적 품격을 보여 주었다. 이들은 공산당의 엄밀한 조직력·행동력·전투력을 충분히 보여주었다. 공산당 중앙의 호소에 응하여 각급 당 조직과 수많은 당원·간부들은 모두 표창을 받은 전국 우수공산당원과 전국 선진기층당조직을 본보기로 삼아 시진핑의 새로운 시대의 중국적 특색의 사회주의 사상을 깊이 있게 학습하고 관철시키며, 공산당의 이론과 노선 방침을 성실하게 관철시키고, 이상적인 신

---

* 「(數字看中國抗疫成就)14億中國人民都是抗擊疫情的偉大戰士」,《央視網》 2020년 9월 8일, http://news.cctv.com/2020/09/08/ARTIov9Verl5lc8U5jrNViYP200908.shtml

념을 확고히 하여 공산당에 충성을 바쳐야 한다.[*]

이처럼 중국 공산당은 표창대회를 통해 '인민을 최우선으로 생각하고, 생명을 가장 중시'하는 이미지를 부각시킴으로써 시진핑 정권에 대한 국민적 불만을 무마시키고, 시진핑의 국정 철학인 '중화민족의 위대한 부흥'이라는 '중국몽'을 실현하기 위해 공산당원의 충성심을 결집시키고자 하였다. 어떤 면에서 중국 정부가 서둘러 코로나19의 종식 선언을 한 것은 당내 갈등을 무마시키고, 경제적·정치적 재도약을 통해서 시진핑과 공산당의 추락한 권위를 회복하려는 의도가 강하게 작용했다고 할 수 있다.

진정한 방역의 영웅은 누구인가?

중국 정부의 '눈 가리고 아웅' 하는 식의 '승리' 선언에 대해 중국 국민들의 시선은 싸늘하기만 했다. 주된 이유는 표창을 받은 인물에 대한 국민적 공감대가 형성되지 못했기 때문이었다. 공화국 훈장을 받은 중난산은 호흡기 질환 전문가로 2003년 사스SARS 유행 당시 효과적인 치료법을 찾아내면서 국민적 '영웅'으로 떠올랐던 인물이다. 그는 사스 방역의 공로를 인정받아 '2003년 중국을 감동시킨 10대 인물' 가운데 한 명으로 선정되었으며, 2007

---

* 「中共中央關於表彰全國優秀共產黨員和全國先進基層黨組織的決定」,《新華社》 2020년 9월 8일, http://www.gov.cn/zhengce/2020-09/08/content_5541749.htm

모아보기 - 해외 —— 361

년에는 호흡기 질병 국가중점실험실 주임으로 임명되었다. 2020년 코로나 19가 확산되자 1월 21일 국가위생건강위원회 산하 고급 전문가 그룹의 단장으로 임명되어 우한시의 코로나19 유행에 대한 역학조사를 실시하고, 9개월 동안 중국의 방역 업무를 총괄하였다.

그런데 중난산은 3월 언론 브리핑에서 "코로나19 감염이 중국에서 발생했지만, 그 발원지가 중국이 아닐 수도 있다."라고 강조하면서 국제사회의 '중국 책임론'을 강하게 부정했다. 또한 그는 표창대회에서 "국가 위생사업이 왕성하게 발전하고, 중화인민공화국이 번영·부강해진 것에 대해 자부심을 느낀다."라고 하면서, "시진핑 동지를 핵심으로 한 당 중앙과 긴밀히 협조해서 모든 국민의 건강과 중국몽을 실현시키기 위해서 노력하겠다."*라고 포부를 밝혔다. 이처럼 중난산이 중국 정부의 방역 정책을 주도적으로 선전하고, 공산당의 실수와 과오를 은폐하는 데 앞장섰던 인물이라는 점에서 공화국훈장의 수여는 논란의 여지가 있었다. 이 때문에 한 중국 여배우는 자신의 웨이보微博, 중국판 트위터에 중난산을 향해 "코로나19가 확산되자 하루 종일 카메라 렌즈 앞에 서 있기 바쁘시던데, 연구 성과는 냈나요? 약은 개발하셨나요? 몇 명의 환자를 치료하셨나요? 방역에 대해 어떤 합리적인 건의를 제기하셨나요? 우한에는 얼마나 계셨나요?"**등의 비난을 쏟아부으며, 그가

---

* 「"共和國勳章"獲得者鍾南山: 敢醫敢言, 生命至上」, 《廣州文明網》 2020년 9월 9일, http://gdgz. wenming.cn/2020index/yw/202009/t20200909_6706280.html
** 김은경, 「"당신이 뭘했다고" 코로나 영웅 비판했다가 역적된 중국 여배우」, 《조선일보》 2020년 11월 30일.

코로나19 방역에 어떤 공적을 세웠는지에 대해 근본적인 의문을 제기했다.

중국 정부가 공산당의 방역 정책에 협조한 인물들만 선정하여 표창장을 수여했을 때, 대부분의 중국인들이 코로나19 방역 영웅으로 머릿속에 떠올린 인물은 리원량李文亮, 34세이었다. 그는 2019년 12월 30일 코로나19 감염병의 외부 공개를 주도한 의료진 가운데 한 명으로, 1월 3일 우한 공안국公安局에 소환되어 허위 사실을 유포한 혐의로 경고와 훈계 조치를 받았다. 이후 그는 방역 최전선에서 환자들을 돌보다가 자신도 감염되어 2월 6일 사망했다. 중국 정부는 4월 2일 그에게 '열사' 칭호를 하사하고, 4월 20일에는 '중국청년 5·4 훈장'을 수여하였다. 이 훈장은 1919년 5월 4일 청년들의 애국적 제국주의 투쟁을 기념하기 위한 것으로, 14에서 40세 이하의 목숨을 바쳐 국가와 사회에 헌신한 우수 청년들에게 주어지는 최고 영예의 상이기도 하다. 그러나 이 당시 중국 공산당은 리원량을 '허위사실 유포죄'로 처벌했던 것에 대해서는 언급하지 않은 채, 오로지 '용감하게 근거리서 환자 접촉', '5일 연속 야근' 등 단순한 사실만을 나열함으로써 리원량의 조언을 받아들여 초기에 감염병의 확산을 저지하지 않았던 정부의 과오에 대해서는 침묵으로 일관했다.

9월 8일 표창대회 담화문을 통해 시진핑 주석은 "코로나19에 저항하기 위해서 용감하게 헌신한 열사들에게, 코로나19로 인해 불행하게 재난을 당한 동포들에게 깊은 그리움과 침통한 애도를 표한다."라고 하였을 뿐, 구체적인 희생자에 대한 언급은 회피하였다. 표창대회에서 리원량이 언급되지 않은 것에 대해서 중국의 네티즌들은 "국가는 당신에게 메달을 빚졌다."라며 50만 건의 추모 댓글을 달았다. 일부 네티즌은 "표창대회에 당신은 없었지만, 인민의 마음속에 당신은 영원히 존재한다.", "당신에게 하나의 영예도 주지 못해 매우 죄송합니다. 제가 국가를 대신해서 내부 고발자였던 당신에게 경의를 표합니다."* 등의 댓글을 달아 그를 진정한 코로나19 영웅으로 추켜세웠다. 이 외에도 "이 세상에 하늘이 내린 영웅은 없다. 단지 위험을 무릅쓰고 용감히 나선 보통 사람이 있을 뿐이다."라거나 "정의는 때때로 늦게 올뿐, 오지 않은 적은 없다."**라는 문구를 통해, 중국 공산당의 언론통제와 진실의 은폐에 대해서 분노를 표출하였다. 그러므로 중국인들에게 코로나19의 진정한 방역 '영웅'은 국가가 내세운 중난산이 아니라 권력에 맞서 진실을 전달하기 위해 노력했던 리원량이라고 해도 과언이 아닐 것이다.

[사진1] 이 세상에 하늘이 내린 영웅은 없다. 단지 위험을 무릅쓰고 용감히 나선 보통 사람이 있을 뿐이다.(面對李文亮醫生的去世除了憤怒我們還應該看到什麽, 출처: https://www.bilibili.com/read/cv4598465)

---

* 이종섭, 「'코로나 종식' 표창대회⋯중국인들은 숨진 의사 리원량을 떠올렸다」,《경향신문》2020년 9월 10일.

** 「天亮了, 李文亮走了」, https://cj.sina.com.cn/articles/view/1191050205/46fdfbdd02700l0ez

과연 중국식 도시봉쇄를 성공한 방역 모델이라 할 수 있는가?

시진핑 주석은 표창대회에서 중국 공산당이 신속하게 인민전쟁·총력전·저지전을 벌여, "1개월 남짓한 짧은 시간에 전염병을 초동 단계에서 억제하고, 2개월 만에 중국의 하루 신규 확진자 수를 한 자릿수 이내로 통제했으며, 3개월 무렵에는 우한 방어전과 후베이 방어전의 결정적 성과를 거두었다."라고 자평했다. 그렇다면 코로나19의 세 가지 방역 모델 가운데 하나인 스웨덴의 집단면역 실험이 실패로 끝나고, 대한민국의 K방역이 최근 1,000명을 웃도는 확진자가 발생하여 12월 16일 기준 위기에 빠진 지금 중국의 도시봉쇄가 가장 성공적인 방역 모델이라고 할 수 있는가?

중국은 코로나19가 확산되자 2020년 1월 23일 우한시와 후베이성에 도시봉쇄를 단행하였다. 도시봉쇄 조치가 내려지면서 우한시를 떠나는 모든 항공편·기차·장거리 버스 운행이 중단되었으며, 우한 시내 대중교통의 운행도 중단되었다. 또한 2월 11일부터는 우한 시내의 모든 주택에 대해 '봉쇄관리'를 실시하여, 가구당 1장씩 '임시통행증'을 발급하고, 3일에 한 번만 외출을 허용하는 조치를 시행했다. 아울러 2월 말부터는 우한 전체 주민에 대해 핵산검사를 실시하여 선제적으로 감염 경로를 차단하기 위해 주력하였다. 이와 같은 강력한 도시봉쇄·이동제한·핵산검사를 통해 지역 감염을 방지하는 전략은 3월부터 효과를 발휘하였다. 그 결과 3월 25일 우한시를 제외한 후베이성의 봉쇄 조치가 해제되었으며, 우한시도 76일이 지난 4월 8일에 도시봉쇄가 완전히 해제되었다. 우한과 후베이성의 도시봉쇄가 비민주적이고 전체주의적 방식으로 이루어졌지만, 어떤 면에서 강력한 도시봉쇄로 지역적 감염 전파를 빠른 시일 내에 차단하고 코로나19를 조속하게 진압할 수 있었던 것도 사실이다.

중국 정부는 우한과 후베이의 도시봉쇄에 대해 "코로나19 방역 저지전의 주요 격전지로서, 우한의 승리는 후베이의 승리, 후베이의 승리는 전국의 승리를 이끌었다."라고 평가하였다. 이에 대해 중국 정부가 내세운 주요한 성과 지표를 숫자로 제시하면 다음과 같다.

* 1월 24일부터 3월 8일까지 346진 국가의료대, 4만 2600명의 의료인과 900여 명의 공공위생 요원이 후베이성으로 달려왔다. 19개 성에서 1:1로 지원해서 성으로 도시를 포위하였으며, 우한을 제외하고 16개 도시에서 후베이성을 지원하였다.

* 4만 명의 건설자와 수천 대의 기계 설비를 동원하여 단 10일 만에 병상 1,000개를 갖춘 훠선산火神山병원을 건설하고, 단 12일 만에 병상 1,600개의 레이선산雷神山병원을 건설하였다. 단 10일 만에 16곳의 야전병원方艙醫院을 건설하였고, 1만 4000여 개의 병상을 확보하였다.

* 코로나19의 확산으로 인민의 생명 안전이 위급한 시기에 전국에서 3,900여만 명의 당원과 간부가 방역 최전선에서 투쟁하였다.

* 5월 31일까지 전국에서 881만 명의 자원봉사자가 참여하여, 46만 곳 이상의 분야에서 서비스를 제공하며, 2억 9000만 시간 넘게 봉사하였다.

* 8월 7일 24시까지 31개 성·자치구·직할시와 신장생산건설병단新疆生産建設

兵團의 코로나19 전체 치료율은 93.5%에 달했다. 이 가운데 우한에서 80세 이상 노인 2,500여 명의 치료 성공률은 70%에 달했으며, 100세 이상 노인 7명이 완쾌하여 병원에서 퇴원하였다. 그중 연령이 가장 높은 사람은 108세였다.

✻ 전국 코로나19 중증 환자의 1인당 평균 치료비는 15만 원인민폐을 초과하였으며, 소수의 위급한 중증 환자의 치료 비용은 심지어 100만 원을 초과하였다. 이 비용은 국가가 모두 부담하였다.

✻ 1월 27일부터 7월 30일까지 전국에서 철도·고속도로·수로·항공·우편택배 등의 운송 방식으로 후베이 지역에 141만 9800톤의 방역 물품과 생필품을 운송하였다. … 6월 말까지 코로나19 방역 자금으로 1756억 원을 배정하였다.*

이처럼 중국 정부는 코로나19의 방역 성과를 통계 수치로 제시하며 관영 매체를 통해 대대적으로 선전하였다. 중국 정부는 위의 통계 수치가 코로나19 방역 전쟁에 대한 '답안'이라고 내세우며, 중국의 험난했던 여정이 코로나19와의 투쟁에서 승리할 수 있다는 확신과 역량을 전 세계에 보여주었다고 과시하였다.

그러나 중국은 코로나19로 인한 정확한 희생자 수와 사회·경제적 손실에 대해서는 통계 수치를 제시하지 않았다. 홍콩에서 발행하는 《사우스차이나

---

* 「(數字看中國抗疫成就) 14億中國人民都是抗擊疫情的偉大戰士」,《央視網》2020년 9월 8일, http://news.cctv.com/2020/09/08/ARTIov9Verl5lc8U5jrNViYP200908.shtml

모닝포스트^{SCMP}》는 "2020년 1월과 2월 두 달 동안 코로나19로 발생한 중국의 경제적 손실은 1850억 달러^{224조}이며, GDP도 3~4% 감소했다."*라고 분석했다. 또한 지난 5월 14일 아시아개발은행^{ADB}은 '코로나19 팬데믹으로 인한 세계 경제 손실 규모가 최소 5조 8000억 달러^{7131조 7000억 원}에서, 많게는 8조 8000억 달러에 이를 것'**이라고 전망했다. 만약 중국 정부가 초기에 코로나19의 발생 사실을 은폐하지 않고 적절한 통제 조치를 실시했다면, 세계는 현재와 같은 코로나19의 위험에 처하지는 않았을 것이다. 중국이 1월 23일 우한 봉쇄령을 내리기 전에 이미 500여만 명이 국내외로 이동함으로써 코로나19의 전 세계적 확산이 가속화된 점을 고려한다면, 중국 정부가 초기 대응 실패에 대한 책임으로부터 자유로울 수 없는 것은 분명하다.

이 외에도 2달 이상을 도시봉쇄 상황에서 바이러스 감염과 죽음의 위협에 시달리며 하루하루를 견뎌 나갔던 우한과 후베이성 시민들의 공포스런 경험은 잊을 수 없는 정신적 트라우마를 남겼다. 만약 중국 정부가 코로나19의 극복 과정에서 시민들이 어떻게 일상을 포기했고, 공동체의 이익을 위해 개인이 어떠한 희생을 감수했는지에 대해서는 철저하게 외면한 채 '승리'만을 외친다면 이는 더 큰 권력에 대한 불신을 초래할 것이다. 그러므로 재미 중국인들이 설립한 '신종폐렴배상금청구 법률자문단' 양잔칭^{楊占靑} 대표

---

* 박희준, 「신종코로나로 중국 경제 1850억 달러(224조) 손실… GDP 3~4%포인트 감소」,《글로벌 비즈》2020년 2월 22일.
** 이현승, 「ADB "코로나로 세계 경제 손실, 최대 1경원 넘을 수도"」,《조선비즈》2020년 5월 15일.

는 "전염병 은폐를 여전히 부인하고, 배상을 청구하는 피해자 가족들을 오히려 압박하고 피해자들의 눈물을 외면하면서 은폐 가담자들을 대대적으로 표창한다는 건 정말 납득하기 어렵다. 피해자를 두 번 죽이는 일이라고 생각한다."*라고 주장하며, 중국 정부의 공식적 사과와 피해 보상을 촉구했다.

중국 정부가 코로나19의 종식을 선언했지만, 이후에도 산발적인 감염이 곳곳에서 발생하고 있다. 중국 정부는 무증상 감염자를 코로나19 확진자로 간주하지 않기 때문에 이로 인한 위험이 도처에 잠복해 있다. 이와 같은 고려를 하지 않은 채, 중국은 10월 1일 국경절 연휴 기간에 여행을 활성화하기 위해 전국 명승지 1,500여 곳에 무료 입장 또는 입장권 할인을 실시하였고, 8일간의 연휴 동안 대략 6억 명이 국내 여행을 한 것으로 집계되었다.** 또한 코로나19 종식 선언으로 인해 대중들의 경각심이 사라지면서 '노마스크' 대규모 파티를 즐기는 사람들도 증가하여 코로나19 재확산의 조짐이 나타나기 시작했다. 10월부터 신장위구르자치구에서 확진자가 발생해서, 12월에는 헤이룽장黑龍江·쓰촨四川·지린吉林 등지에서 연이어 확진자가 나왔다.*** 중국 정부는 확진자가 단지 3명만 발생해도 대규모 핵산검사와 지역봉쇄를 단행으로써, 제2의 우한 사태를 막기 위해 '압도적인 선제 조치' 전략을 펼치

* 한동훈, 「중국 공산당, 코로나 방역 공로자 표창대회…우한 시민들 "이 시국에 시상식?"」, 《THE EPOCH TIMES》 2020년 9월 9일.
** 「중국, 코로나19 진짜 극복?…국경절 6억명 국내여행」, 《한국경제TV》 2020년 10월 8일.
*** 정지우, 「청정 자랑하던 中 '도시봉쇄', 홍콩은 '도시탈출'」, 《파이낸셜뉴스》 2020년 12월 14일.

고 있다.* 그러나 국내외 언론 매체에서는 중국 정부가 너무 성급하게 '승리' 선언을 함으로써 코로나19의 재확산을 자초했다는 비난을 제기하고 있다. 시진핑 주석은 9월 8일 열린 표창대회에서 코로나19와의 방역 투쟁을 통해서 "중국의 정신, 중국의 역량, 중국의 책임을 충분히 보여 주었다."라고 주장하였다. 그러나 코로나19 재확산의 조짐이 다시 나타나고 있는 현재, 과연 중국이 보여준 도시봉쇄 모델의 성과와 교훈이 무엇인지 의문을 제기하지 않을 수 없다. 중국 정부가 코로나19의 방역 승리를 자축하며 성급하게 샴페인을 터뜨린 것이 오히려 중국의 정신·중국의 역량·중국의 책임을 망각하고, 일상을 포기하며 국가의 방역 정책에 동조한 국민들의 희생을 헛되게 한 것은 아닌가 하는 우려를 지울 수 없다.

유연실 | 목포대학교 사학과 조교수. HK+통합의료인문학연구단 일반연구원. 전남대학교 사학과를 나와 중국 상하이 푸단대학에서 역사학 박사 학위를 받았다. 주요 논문으로는 「중국 근현대 의료사 연구의 새로운 흐름과 동향」, 「1950년대 중국의 파블로프 학설 수용과 의료 체계의 변화」 등이 있다.

---

* 이해준, 「확진자 3명 나와도 도시 봉쇄 … 중국 "우한 반복 안된다"」, 《중앙일보》 2020년 12월 14일.

매뉴얼 뒤의 일본
— 일본의 코로나19 대응

김승래

매뉴얼의 일본과 코로나19

일본은 철저한 매뉴얼에 입각한 사회 시스템으로 익히 알려져 왔다. 동북아에서 가장 빠르게 근대국가를 완성한 일본은, 고도 성장기를 거치며 더더욱 그러한 이미지를 굳혀 갔다. 체계적이고 합리적인 제도에 입각한 성공적인 근대국가의 이미지였다. 즉 일본에 관한 담론 속에서 매뉴얼이란 근대성의 상징이었다고 할 수 있을 것이다.

그런데 코로나19 팬데믹이 거의 1년을 향해 가는 지금 이 시점에, 일본의 코로나19 대응에서 합리성이나 체계를 발견하기는 어렵다. 일본 정부는 감염자 통계를 바탕으로 일본은 잘 대처해 나가고 있음을 강조하고 있다. 하지만 다이아몬드 프린세스 호의 대규모 감염 사태에 대한 대응은 일본의 코로나19 대응 능력에 의문을 불러일으키기에 충분했다. PCR검사의 부족은 물론, 검사를 효율적으로 시행할 리소스의 부족도 심각하다는 점이 드러났다. 정책의 정보 공개 청구에 대해 제대로 된 정보를 공개하지 않는 불투명성도 있었다.

일본의 이러한 대응에 대해서는 수많은 비판이 있었다. PCR검사의 확충 요구를 중심으로, 고질적인 관료제에 대한 비판도 있었다. 그러나 그러한 비판들은 제대로 받아들여지지 않았고, 현재에 이르게 되었다.

본문에서는 일본의 코로나19 대응에 대해, 가장 급격한 변화가 일어났던 2월부터 5월 말까지의 기간을 중심으로 정리해 보도록 한다. 이를 통해 매뉴얼로 상징되어 온 일본의 시스템이 어떻게 코로나19에 대응해 왔는지, 그리고 그 가운데 드러난 문제들의 원인은 무엇이었는지 검토해 보는 것을 목표로 한다.

사스의 성공, 코로나19의 실패

'미즈기와 대책의 파탄'

크루즈선 다이아몬드 프린세스 호는 2020년 2월 3일 일본 요코하마橫浜 항에 입항하였다. 1월 25일 홍콩에서 하선한 승객이 코로나19에 감염되었다는 사실이 알려졌기 때문이었다. 일본 후생노동성은 즉시 바이러스 검사와 검역 등을 시작하였다.

《NHK》의 보도에 의하면, 당시 일본 정부에서는 선내 감염의 정도에 대해 굉장히 낙관적으로 판단하고 있었다. 일부 정부 고관은 홍콩에서 하선하여 감염 사실이 알려진 해당 승객만이 유일한 감염자일 것이라고 생각하고 있었다.

그러나 2월 5일 알려진 검사 결과는 정반대의 상황을 제시했다. 우선적으로 검사 결과가 도착한 31명 중 10명이 양성이었다. 예상 외의 결과에 긴급히 스가 요시히데菅義偉 당시 관방장관과 가토 가쓰노부加藤勝信 후생노동대신, 아카바 가즈요시赤羽一嘉 국토교통대신을 중심으로 한 회의가 소집되었다. 회의의 결과는 같은 날 가토 대신의 기자회견을 통해 발표되었다. 이는 곧 14일간의 선내 격리였다.

선내 격리는 곧 기존의 '미즈기와 대책水際対策'의 일환이었다. 이는 문자 그대로 물가 즉 국경에서 막는다는 뜻으로, 일본이 2003년 사스SARS에 대처할 때도 이용되었던 정책이다. 당시 일본은 비교적 성공적으로 사스에 대처하였고, 국내적으로 이는 미즈기와 대책의 성공 사례로서 기억되었다.

따라서 미즈기와 대책의 채택 자체는 자연스러운 결과라고 볼 수도 있었다. 문제는 크루즈선이라는 환경이었다. 이후 일본 정부에서도 인정한 바이지만, 크루즈선 내에서의 검역은 관련 학계에서도 난색을 표하는 어려운 케이스였다. 특히 다이아몬드 프린세스 호는 승무원을 포함해 3천 명이 넘는 대인원을 수용한 대형 크루즈 여객선으로서, 탑승객 중에는 다수의 외국인이 포함되어 있었다. 이에 따라 다이아몬드 프린세스 호는 자연스럽게 전 세계 언론과 정부 기관의 주목을 받게 되었다. 그러나 이는 '미즈기와 대책의 파탄'으로 불리는 결과를 낳았다. 일본 정부는 선내 격리를 법적으로 뒷받침하기 위해 정령政令 개정안까지 발표하며 미즈기와 대책에 총력을 쏟

왔다. 그러나 승객만이 아니라 검역관까지 감염된 사실이 알려지면서, 일본 내에는 불안감이 점차 확산되기 시작하였다.

불신의 확대

다이아몬드 프린세스 호의 선내 격리와 검역 과정에 대해, 일본 국내외를 막론하고, 많은 언론들이 다양한 비판을 보도하였다. 이들 비판은 대체로 경험 부족의 문제, 전문가회의의 문제, 체계적인 검역 활동 여부, 선내 격리 의 유용성에 관한 의문으로 요약할 수 있다.

경험 부족에 대한 비판은 대체로 외신과 외국 정부에 의해 이루어진 것으로서, 사실상 일본의 전염병 대응 능력에 대한 비판과 불신이라고 볼 수 있었다. 실제로 미국은 2월 17일 전세기를 보내 자국민을 귀국시켰고, 한국을 포함한 다른 국가들도 그 뒤를 따랐다. 일본 정부는 이러한 비판에 대해 선적과 선주가 일본이 아닌데도 일본이 모든 책임을 뒤집어쓰고 있다는 관점을 견지했다.

다음으로 거론할 전문가회의는 일본 정부가 소집하는 일종의 자문 기구이다. 일본 정부에는 미국의 CDC^{Centers for Disease Control and Prevention, 질병통제} ^{예방센터}나 한국의 질병관리청^{당시 질병관리본부}과 같은 전염병 전문 대응 기관이 존재하지 않는다. 대신 후생노동성이 산하의 재해 파견 의료팀^{DMAT}을 파견하는 방식을 기본으로, 사안에 따라 전문가회의라는 자문 기구를 소집한다.

그러나 전문가회의가 소집되어 첫 회의가 열린 것은 2월 16일로서, 이미 격리 시작 열흘 이상이 지난 뒤였다. 이날의 회의에서 논의된 것은 주로 진료와 상담의 기준이었다. 그런데 2월 18일 감염증 대책 전문인 이와타 겐타로岩田健太郎 고베대학 교수가 임시로 DMAT의 자격을 받아 선내를 돌아본 뒤, 자신의 유튜브 채널을 통해 생중계로 선내의 상황을 폭로하였다《아사히신문》, 2월 19일. 이와타 교수는 선내의 상황에 대해 '처참하다'고 표현하며, 사실상 감염증을 막을 수 없는 상황이라고 주장하였다. 심지어 그는 자신이 그런 문제점을 지적하자 승선한 지 몇 시간 만에 배에서 내리게 되었다며, 정부의 개입을 의심하기도 하였다. 크루즈 선내의 상황이 거의 알려지지 않은 상태에서 이 방송은 외신으로도 보도되며 큰 화제가 되었다. 전문가회의는 지금까지의 일본 정부의 대응에 대해 '적절했다'고 평가하는 입장을 발표하였으나, 논란은 진화되지 않았다.

이와타 교수가 지적한 문제점은 간단히 말해 선내에서 안전 지역과 위험 지역의 구분, 감염자와 비감염자의 동선 구분 등 전염병 관리의 기본적인 조치마저도 제대로 이루어지지 않았다는 점이었다. 이에 대해 하시모토 가쿠橋本岳 당시 후생노동성 부대신은 선내에서 감염자와 비감염자의 동선 구분이 잘 이루어지고 있다는 증거 사진을 공개하였으나, 오히려 그 사진이 이와타 교수의 주장을 증명하는 것으로서 받아들여져 물의를 빚기도 하였다.

이러한 가운데 선내 격리의 유용성에 대한 의문은 더욱 커져만 갔다. 정부는 미즈기와 대책을 이유로 선내 격리를 주장해 왔으나, 투명하지 못한 정보 공개, 자문 기구의 신뢰성에 대한 국민의 불신감, 설득력 없는 증거를 토대로 신뢰를 요구하는 정부의 태도는 국민의 불안을 부채질할 따름이었다. 이러한 불안감은 일본 정부가 크루즈선 탑승객 중 최종 음성으로 판단하여 귀가시킨 인원 중 일부가 귀가 후 양성 판정을 받으면서 최고조에 달했다《도쿄신문》, 2월 23일.

결론적으로, 크루즈선 사태를 중심으로 벌어진 다양한 문제들은 일본 정부의 전염병 대응 능력과 시스템 그 자체에 대한 국민의 불신감과 함께, 그 과정에서의 정보 공개의 불투명성을 잘 보여주고 있다고 할 수 있다.

뒷북만 치는 정부 : 긴급사태 선언

일본의 긴급사태 선언은 비교적 늦은 시기에 이루어졌다. 국내 감염 첫 사례의 발견이 1월 중순이고, 크루즈선 사태가 2월 초에 시작되었으나, 실제 긴급사태 선언이 이루어진 것은 4월 7일이었다. 물론 이사이 일본 정부가 아무런 조치도 취하지 않은 것은 아니다. 크루즈선 사태와는 별개로, 일본 정부는 전문가회의를 통해 진료와 상담 기준을 발표하거나 클러스터 감염 대책반을 설치하는 등 다양한 활동을 하였다. 또한 2월 20일에는 이벤트 중지 권고가, 26일에는 아베 신조安倍晋三 당시 수상이 직접 이벤트 중지를 요청하였다. 향후 2주간이 고비라고 하는 전문가회의의 2월 24일 발표에 따라 3월 2일부터 일본의 봄방학 기간 전체에 걸쳐 임시 휴교를 요청하기도 하였다.

그럼에도 불구하고 실제로는 정부가 계속 '뒷북後手後手'만 치고 있다는 비판이 계속되었다. 이것은 긴급사태 선언의 시점과 관련이 있다. 유럽과 북미에서의 강력한 확산세는 일본 내에도 상당한 위기감을 불러일으켰다. 영국이나 프랑스, 미국 등에서도 외출 제한과 상업 활동 시간의 제한 등을 포함한 강력한 락다운 조치를 채택하는 것을 목격하면서, 이것이 일본에서도 발생할 수 있다는 인식이 대두되었다. 이에 따라 일본 내에서도 강력한 대응책, 사실상의 락다운 조치가 필요한 것이 아니냐는 목소리가 나왔다.

그러한 가운데 3월 10일 신종 인플루엔자 등 대책 특별 조치법 개정안의 제출에 맞추어 이른바 '역사적 긴급사태' 지정이 이루어졌다. 그러나 이것은 실질적인 코로나19 대응 조치가 아닌 정부 내 공문서 관리 가이드라인이었다. 예를 들어 일본 정부는 이 가이드라인을 근거로 코로나19와 관련된 결정을 내릴 권한을 가진 회의를 '신종 코로나바이러스 감염증 대책 본부新型 コロナウイルス対策本部'로서, 권한을 가지지 못한 회의를 흔히 전문가회의라고 부르는 '신종 코로나바이러스 감염증 대책 전문가회의新型コロナウイルス対策専門家会議'로서 파악하는 견해를 제시하였다.

3월 14일 특별 조치법의 시행 이후에도 실제 긴급사태 선언이 이루어지지 않자, 자연히 언론은 아베 수상이 언제 락다운 또는 그에 준하는 대응책을 동반한 긴급사태 선언을 발할 것인지에 주목하였다. 그러나 이에 대해 아베 수상은 "아직 그럴 상황이 아니다."라는 입장만 반복하였다. 3월 28일 아베 수상은 기자회견에서 위험한 상황이 계속되고 있다는 인식을 나타내면서도, 현시점은 긴급사태 선언을 할 상황이 아니라는 관점을 재확인하였다《니혼게이자이신문》, 3월 28일.

결국 긴급사태 선언은 4월 7일에 이루어지게 되지만, 팬데믹 선언으로부터 약 한 달이나 지난 시점이었기에 지나치게 느린 대응이라는 비판이 가해졌다. 일각에서는 아베 수상의 대표적인 정책인 아베노믹스의 성과가 날아가 버릴 것을 우려해 주저하였다고 해석하기도 하였다. 또한 정작 발령된 긴급사태 선언의 내용이 불요불급不要不急의 귀성이나 여행 등 현 밖으로의 이동 자제, 사재기를 하지 않는 냉정한 태도의 유지와 외출의 자숙自肅과 같은 한정적인 내용에 그쳐, 여전히 그 실효성에 의문이 남았다.

비효율성과 불투명성 : 급부금과 아베노마스크

일본의 코로나19 급부금 정책

급부금給付金과 아베노마스크アベノマスク는 일본이 시행한 대표적인 코로나19 대응책이라고 할 수 있다. 그러나 시행 후 이들 정책 모두 예상치 못한 심각한 문제들에 직면해야만 했다. 특히 이 문제점들은 사실 모두 일본사회가 지금까지 가졌던 문제점들에 기인한 것이라는 공통점이 있었다.

먼저 일본의 코로나19 급부금은 한국의 코로나19 관련 재난지원금에 해당한다. 한국에서도 정부와 지자체에 따라 다양한 형태가 존재하지만, 대체로 한국보다 범위가 넓으며, 상품권이나 지역화폐로 지급하는 경우도 없이 전액 현금으로 지급된다. 특히 '특별 정액 급부금特別定額給付金'이란 명목으로 주민대장을 근거로 외국인을 포함해 일괄 10만 엔을 지급하기도 하였다. 또한 이 급부금은 개개인이 거주지의 지자체에 인터넷 또는 우편으로 신청하면, 지자체의 검증을 거쳐 지정된 계좌에 입금되는 간단한 구조이다. 이 과정에서 아베 정부가 추진한 일종의 주민등록증 제도인 마이 넘버 카드マイナ

ンバーカードの 사본을 첨부할 필요가 있으나, 그 외 복잡한 서류 작업은 필요하지 않다. 즉 신청 과정 자체는 크게 복잡하지 않다. 따라서 이 특별 정액 급부금은 긴급사태 선언 이후 본격적으로 코로나19 대응을 하기 시작한 일본 정부의 상징적인 대책 중 하나라고 할 수 있다.

문제는 정책 자체가 아닌, 그 실행 과정에서 드러났다. 예를 들어 상술한 특별 정액 급부금은 우편 신청과 인터넷 신청의 양쪽을 동시에 운영한다. 그렇게 본다면 배송에 물리적 시간이 필요한 우편 신청보다는 인터넷 신청이 더 간편하고 빠를 것이라고 예상할 수 있다. 하지만, 실제로는 우편 신청을 한 쪽이 더 빨리 급부금을 받는 결과가 속출하였다. 그 원인은 지자체의 전산화 정도와 관련 전산 시스템 자체의 문제에 있었다. 언론 보도에 따르면 지자체마다 보유하고 있는 컴퓨터가 부족해 새로 컴퓨터를 구매하여 반입한 경우가 있었으며, 또한 특별 정액 급부금 관련 업무에 사용해야 하는 각종 전산 시스템들 간에 호환이 되지 않는 문제도 있었다. 특히 이 호환성의 문제로 인해, 각각의 사안을 확인하는 데에 적어도 2인 1조로 편성하여 복수의 시스템을 확인해야 하는 문제도 있었다. 게다가 최초 신청 시 인터넷상에서 서류의 불비나 입력 오류 등의 문제가 파악되지 않아, 접수를 받은 후 직원들이 수작업으로 대조해 가며 확인해야 했다. 그 결과 수기로 작성하며 여러 차례 확인하게 되는 우편 신청의 경우보다 확인과 검증 작업에 훨씬 더 많은 시간이 소요될 수밖에 없었다.

또한 신청 절차가 비교적 복잡하지 않은 것은 사실 상술한 특별 정액 급부금뿐으로, 다른 종류의 보조금들은 신청 절차가 지나치게 복잡하다는 비판이 속출하였다. 특히 이러한 보조금들은 매장 임대료 보조나 직원 임금 지원과 같이 대체로 자영업자 등에 대한 보조금이 주를 이루는데, 한 차례 간소화하였음에도 불구하고 절차가 복잡하여 혜택을 받기 어렵다는 의견이 많았다.

이러한 모습은 기존에 지적되어 온 일본의 문서 행정에 대한 비판과 겹치는 부분이 많다. 예를 들어 일본은 문서 행정을 지나치게 중시해 온 탓에 여전히 도장에 대한 의존도가 굉장히 높으며, 행정 전산화 역시 상당히 느린 편이다. 특히 이 행정의 전산화 부문에서 일본은 선진국 중에서는 그다지 높은 순위를 차지하고 있다고는 할 수 없다. 유엔 경제사회국UNDESA이 코로나19 팬데믹 기간 중인 7월 10일 유엔 가맹국 193개국을 대상으로 행한 전자정부화 수준에 대한 조사 결과에 따르면, 일본은 2018년의 10위에서 4계단 하락한 14위를 기록하였다. 그 자체로는 나쁜 순위라고는 할 수 없으나, 지난번 조사에서 낮은 순위를 기록하였던 국가들의 성장 속도에 비해 크게 뒤쳐졌기 때문에, 종합적으로 판단할 때 IT화의 속도가 더딘 것은 분명하다. 그리고 그 원인을 문서를 중시하는 일본 행정에서 찾는 것은 크게 잘못된 관점은 아닐 것이다.

아베노마스크

한편 코로나19와 관련된 일본 정부의 대응책들을 이야기할 때 아베노마스크는 빼놓을 수 없는 주제이다. 사실 가장 상징적으로 현대 일본의 문제점을 보여주는 사안이라고도 할 수 있는 것이 바로 이 아베노마스크를 둘러싼 문제들이다.

우선 아베노마스크는 본래 이 정책을 부르는 정식 명칭이 아니다. 이 정책은 일회용 마스크의 수요 폭증에 따른 일시적 공급 문제와 사재기 문제를 해결하기 위해 아베 정부가 추진한 전 국민 면 마스크 2매 보급 정책이었다. 이 내용은 4월 7일 결정된 신종 코로나바이러스 감염증 긴급 경제 대책에 포함된 것으로, 총 4백억 엔 이상이 투입되는 사업이었다. 이에 대해 정책 자체의 효용성을 의심하는 비판이 쏟아졌다. 비판의 이유는 면 마스크의 재사용 가능성 여부나 마스크 보급 자체의 효용성 여부 등 다양했지만, 결국 정부가 의미 없는 정책에 막대한 예산을 투입한다는 판단에서는 모두 일치하였다. 그 결과 트위터 등 SNS를 중심으로 등장한 패러디가 바로 아베노마스크라는 명칭이다. 명백히 아베 수상의 대표적인 정책인 아베노믹스를 패러디한 것으로,《블룸버그》등 외신에서도 이러한 비판에 대해 보도할 정도로 주목받았다《블룸버그》, 4월 2일. 그 결과 아베노마스크라는 명칭이 사실상 해당 정책의 대명사처럼 되어 버렸다.

그런데 만일 배부된 마스크가 바이러스 대책으로서 굉장히 유효한 성능을 가지고 있었다면 이러한 비판이 이렇게까지 광범위하게 확산되지 못했을 것이다. 또는 적어도 빠르게 전 국민에게 배부되었다면 마스크 사재기와 전매로 인한 공급 부족이 완전히 해소될 때까지 시간을 버는 역할이라도 할 수 있었을 것이다. 하지만 아베노마스크는 이 둘 모두에서 실패하였다. 우선 마스크 배부에 지나치게 시간이 오래 걸렸다. 정책이 결정된 것이 4월 7일이지만, 지방은 물론 도쿄도에서도 5월 말이 되어서야 대부분의 배부가 완료된 정도였으며, 일부에서는 6월까지 기다려야만 하였다. 이 시기는 이미 시중에서도 마스크의 공급난이 어느 정도 해소된 뒤였기에, 이미 필요성이 없어졌다는 불만이 나왔다.

마스크 자체의 성능 면에도 상당한 문제가 있었다. 아베노마스크는 가로 13.5센티, 세로 9.5센티로서, 시판 일회용 마스크보다 상당히 작은 크기였다. 이에 따라 착용 후 입을 벌리기만 해도 벗겨진다고 지적받기도 하였다. 아베 수상은 한동안 직접 이 마스크를 착용하며 선전에 힘썼지만, 효용성에 관한 비판은 수그러들지 않았다.

그러나 가장 큰 문제들은 배부 이후에 나왔다. 우선 특히 임부용으로 배포된 아베노마스크를 중심으로 변색이나 벌레 먹은 자국 등 불량품이 속출하였다. 이 분량에 대해 정부는 빠르게 수거하고 재배포 조치를 취하였지만, 사업을 수주한 업체에 대한 부정 의혹까지 발생하였다. 기존에 전혀 실적이 없던 업체에 생산을 맡겼다는 의혹이었다《아카하타》, 5월 2일. 수주한 6사 모두 수의계약으로 진행하였다는 점은 동일하였으나, 30억 엔 이상의 분량을 배당받은 이 업체는 과거 마스크 생산 실적이 없었고, 반면 공명당公明党의 한 의원과 친교가 있다는 점이 보도되었다.

또한, 비교적 최근까지로 시점을 조금 옮겨 볼 경우, 일본의 고질적인 공문서 관리 문제와도 연결되었다. 일본의 공문서 관리 문제란, 곧 폐쇄적이기로 유명한 일본의 관료들이나 정치가들이 국정 운영과 각 부처의 운영에 관한 정보를 공개하려 하지 않으며, 경우에 따라서는 임의로 정보를 파기하거나 훼손하기까지 하는 것을 말한다. 대표적인 것이 바로 '구로누리黑塗り'

로서, 즉 정보 공개 청구에 따라 공개될 문서의 문자를 전부 검게 칠해 알아볼 수 없도록 만드는 행위가 있다. 이러한 구로누리는 최근에도 일본 육상자위대의 남수단 유엔평화유지군 파견 중 교전 기록을 은폐할 목적으로 상황 일지인 일보日報의 내용을 은폐하는 데 사용되기도 하였다.

이러한 구로누리는 코로나19 정국에서도 등장하였다. 고베가쿠인대학神戶学院大学의 가미와키 히로시上脇博之 교수는 9월 28일 국가에 대해 아베노마스크의 매수와 단가를 공개하지 않는 건 위법이라며 제소하며 정보 공개를 요구하였다. 이에 대해 후생노동성에서 공개한 자료는 이미 대부분이 구로누리가 된 상태였다. 그런데 그중 일부분에 칠이 누락되어, 결국 단가가 1장에 143엔이었다는 사실이 발각되었다《닛칸 겐다이》, 9월 29일. 이는 마스크 한 장의 가격으로는 상당히 높은 가격이었고, 다시금 유착 의혹이 불거지게 되었다.

이런 무수한 비판에도 불구하고 정부는 마스크 배부 정책을 지속하였다. 그러나 그 결과는 매우 실망스러운 것이었다. 여론조사 결과 아베노마스크의 사용률이 고작 3.5%에 불과했던 것이다《니혼게이자이신문》, 8월 13일. 사실 이미 대부분의 국민들은 코로나19의 유행 직후부터 사용해 온 부직포 마스크를 계속 사용하였으며, 애초에 마스크 공급 문제도 여름을 지나며 빠르게 해소되어 갔기 때문에 이는 당연한 결과였다.

이와 같이 급부금과 아베노마스크는 일본의 정책 결정자들과 그것을 운용해 온 관료들의 문제점을 여실히 드러내 주었다. 이 문제들은 일본의 고질적인 문제점으로서, 코로나19에 대한 대응 속에서 다시금 부각되었다고 할 수 있다.

왜 드라이브 스루는 안 되는가 : PCR검사 체제의 문제

검사 체제의 확충 문제

이처럼 일본에서 코로나19와 관련하여 다양한 문제가 발생한 배경에는, 근본적으로 급속한 감염 확산에 대해 제때 대응하지 못하였다는 문제가 있다. 일본에서 흔히 '검사 체제의 확충檢査体制の拡充' 문제로 불린다.

일본의 경우, 우선 초기에 1일 검사 능력이 심각히 부족하였다. 2월 12일의 시점에서 일본의 1일 검사 능력은 300건 정도였다. 이후 검사 능력은 꾸준히 증가하여, 11월 7일 현재에는 1일 검사 능력이 약 7만 7천 건, 실제 검사 수 1일 약 2만 8천 건을 기록하고 있다후생노동성, 11월 7일. 그렇다면 적어도 검사 능력 확충의 부분에서 일본 정부는 장기간 상당히 노력해 왔다고 볼 수 있지만, 여기에 대해 문제를 제기하는 목소리가 적지 않다. 즉, 검사 능력을 늘리는 정부에 대해, 왜 검사 능력이 늘어나지 않느냐는 비판이 이어지고 있는 것이다. 이는 1일 검사 능력과 실제 1일 검사 수의 큰 차이로부터 그 원인을 찾을 수 있다. 상술한 11월 7일의 검사 능력과 실제 검사 수의 차이는 약 4만 9천 건에 달한다. 이러한 대량의 잉여 검사 능력의 존재는 하루 이틀의 일이 아니다. 4월 28일 스가 관방 장관은 기자회견에서 1일 검사 능력 약 1만 5천 건을 확보하였다고 발표하였다. 그러나 4월 30일 후생노동성 발표에 따르면 1일 PCR검사 실시 건수는 전일비 1,354건 증가에 그쳤다. 여기서 일본의 PCR검사 능력은 효율성 면에 심각한 문제가 있을 수 있다는 추측이 가능해진다.

실제로 일본의 이러한 검사 체제의 확충 문제에 대한 비판은 PCR검사의 효율성 제고를 요구하는 비판이다. 여기엔 다양한 문제가 연관되어 있다. 우선 보건소에서 환자를 지나치게 선별하기에 검사가 제대로 이루어지지 않았다. 미열이 있거나 위험 지역 도항 이력이 있는 정도로는 검사 의뢰를 받지 않는 경우가 지속적으로 발생하였다. 이에 따라 일선 의사들을 중심으로 PCR검사의 기준을 낮춰야 한다는 요구가 나왔다. 그런데 이에 대해 정부에서는 보건소에서 검사 기준을 지나치게 높게 해석하고 있을 뿐이라며, 현행 기준으로도 문제가 없다는 입장을 밝혀 책임을 보건소에 떠넘겨 버렸다. 당연히 이러한 입장은 받아들여지지 않았고, PCR검사를 늘려야 한다는 의견은 계속 확산되었다.

그런데 이에 대해 PCR검사의 증가는 현 상황에서 의료 붕괴로 이어질 수밖에 없다는 견해가 첨예하게 맞섰다. PCR검사의 정확도에 대한 불신에 근거한 의료 붕괴론이었다. 이는 한국에도 소개된 바 있는 내용으로, 즉 PCR검사의 결과에는 위양성과 위음성이 나올 확률이 있으므로 신뢰할 수 없다는 관점이다. 그 결과 PCR검사를 늘려 양성 환자를 점점 더 많이 의료기관에 격리시킬 경우, 위양성인 사례까지 입원시키게 되어 최종적으로 의료 붕괴를 초래하게 된다는 논리이다. 특히 일본 국내에서 확산이 시작된 3월경에는, 소프트뱅크 손정의 회장이 무상으로 PCR검사 키트 100만 개를 제공하겠다는 제안을 하였다. 그런데 인터넷상의 여론이 의료 붕괴를 초래할 것이라며 반대한 결과, 손 회장이 이 제안을 철회하였다. 일본 정부 역시 무턱대고 검사를 늘리는 것은 의료 붕괴를 일으킬 뿐이라는 입장이었으며, 일부 언론은 검사 증대를 꾀한 한국 등 국가들이 이미 의료 붕괴에 처해 있다는 가짜 뉴스를 전파하기도 하였다.

그렇게 논란이 계속되는 가운데, 일본 정부는 항원 항체 검사의 도입에 적극적인 자세를 보였다. 감염 실태의 파악이 제대로 되고 있지 않다는 지적이 계속되는 가운데, 실제 감염 현황을 파악할 방안으로서 도입이 검토되었다《니혼게이자이신문》, 4월 17일. 그러나 이를 둘러싸고 각각의 효용에 관한 논쟁이 발생하기도 하였다.

비효율적인 검사

동시에, PCR검사의 수행 방식에도 문제가 있었다. 최초 일본은 한국 정부에서 실시한 드라이브 스루 등의 다양한 PCR검사 방식에 대해 "검사원의 감염 방호가 되지 않는다."거나 "오히려 감염을 확산시킬 우려가 있다."며 비판하였으며, 그 결과 이러한 방식들을 도입하는 데 매우 부정적인 태도를 취했다. 그러나 당시 일본의 PCR검사는 보건소 등을 통해 각지의 연구 시설 등에서 수행하였는데, 대부분이 수작업으로 이루어져 검사의 양을 늘릴 수 없는 상태였다. 이에 대해 언론에서는, 외국에서는 일본제 전자동 검사 장비를 사용하는데 정작 개발한 일본에서만 사용하지 못하고 있다며 꼬집기도 하였다. 그러는 사이 효율성의 제고는 이루어지기 어려웠다.

한편, 효율성의 문제는 보건소의 작업 방식에도 존재하였다. 지역 보건소에서는 PCR검사의 결과 집계를 후생노동성에 보고하는 역할도 담당해 왔다. 그런데 보건소의 집계 내역에서 대규모의 오류가 연이어 발생하였다《마이니치신문》, 5월 22일. 그 원인으로서, 결과 집계가 모두 수기로 이루어진다는 점, 보건소로의 검사 결과 통보는 팩스로 이루어진다는 점, 보건소에 따라 팩스가 1대뿐인 경우도 있다는 점 등 열악한 상황이 알려졌다. 또한 이러한 보건소의 상황은, 전문가회의에서 실제 감염자 수는 불명이라고 발언한 뒤였기 때문에 더욱 문제시되었다《아사히신문》, 5월 11일. 그런데 이즈음 일본 정부가 취한 입장은 감염자 통계에 의하면 현재 감염을 통제하고 있다고 생각된다는 것이었다. 그 결과, 정작 집계에는 오류가 있으며 정부 조언 기구인 전문가회의에서도 실제 감염자 수는 불명이라고 보고 있음에도 불구하고, 정부에서는 오류가 있는 통계를 근거로 감염자 수는 통제되고 있다는 지극히 모순적인 결론이 나오게 되었다. 자연히 검사 통계와 정부 발표를 믿을 수 없다는 불만이 확산되었으며, 이는 PCR검사 체제의 확충을 강력하게 요구하는 밑바탕이 되었다.

결론적으로, 일본 정부는 PCR검사를 효율적으로 행하기 위한 체제 확립보다는, 대외적으로 공표하기 좋은 1일 최대 가능 검사 수를 늘리는 것에만 집중해 왔다. 그러는 사이 일부 언론은 의료 붕괴론을 중심으로 PCR검사의 효용에 대해 의문을 제기하는 데에 집중하였다. 실제 현장의 보건소에서는 비효율적인 업무 방식으로 인한 문제가 속출하였으나, 이러한 부분은 크게 조명되지 못했다. 오히려 정부는 검사 체제의 효율성을 제고하기보다는 감염이 통제되고 있다는 관점 아래 검사의 절대량만을 늘려 왔으며, 이는 비효율적인 검사 체제하에 궁극적으로 감염이 효율적으로 통제되지 못하도록 만들었다.

매뉴얼의 이면 : 비효율적 시스템과 불투명한 관료제

다이아몬드 프린세스 호의 사건에서, 일본 정부는 불투명한 정보 공개와 미즈기와 대책을 관철시킴으로써 국가의 전염병 대응 시스템에 대한 국내외의 불신을 불러일으켰다. 긴급사태 선언을 주저하면서 올림픽을 우선하는 게 아니냐는 의혹을 유발하였으며, 정작 발효된 긴급사태 선언의 내용 역시 실효성이 의문스러웠다. 또한 재난급부금이나 마스크는 제때 배부되지 못하거나 불량품이 속출하여 별다른 실효성이 없었다. PCR검사의 확충 문제에서도 비록 절대적인 양은 지속적으로 늘려 왔으나, 효율적인 검사 체제의 부재로 실제 1일 검사 수의 증가에는 상당한 시일이 걸렸다.

무엇보다도 그 과정에서 나타난 정보 공개의 불투명성은 공문서 관리와 관련된 일본 관료제의 고질적인 문제점이었다. 아베노마스크의 단가 공개 요구에 대해 공개된 문서의 내용이 검게 칠해져 있었던 것과 같은 문제는 전문가회의 회의록에 대한 정보공개 청구에서도 나타났다. 8월 20일 보도된 바에 의하면, 정보공개 청구에 의해 공개된 2회분의 전문가회의 회의록은 38페이지 분량이었으나, 그 대부분이 검게 칠해져 내용을 알 수 없는 상태였다. 이와 같은 구로누리의 문제는 불투명하고 비효율적이며 한편으로는 관료 시스템만이 정보를 독점한다는 점에서 권위주의적이기도 한 일본

근대성의 이면을 여실히 보여주고 있다.

결론적으로, 일본 정부의 코로나19 대응에서 가장 문제시된 부분은 투명하고 효율적인 대응 체제를 만드는 부분에 있다고 볼 수 있다. 그러나 그것은 코로나19 대응에서 새롭게 나타난 문제가 아니었다. 코로나19는 단지 본래 불투명하게 가려져 있던 부분을 분명히 밝혀 주었을 뿐이다.

김승래 | 도쿄대학 문학부 대학원 아시아 문화 연구 전공 아시아사 전문분야 박사과정. 논문으로 「1910년대 상해(上海) 공공조계(公共租界) 공부국(工部局)의 시정 권력 강화 과정 - 독일, 오스트리아 거류민문제(居留民問題)를 중심으로」가 있다.

우리 안의 감염병학적 오리엔탈리즘*

— 코로나19와 차별의 시선

영국

김정란

팬데믹의 시작

2020년 3월 23일, 코로나19 신규 확진자와 사망자의 빠른 증가 추세를 막기 위해 영국 정부는 봉쇄 조치lockdown를 단행했다. 그보다 앞선 16일, 코로나19 관련 영국 정부의 과학 분야 자문위원이자 임페리얼 칼리지 런던 Imperial College London의 감염병학 교수인 닐 퍼거슨Neil Ferguson과 그의 연구팀은 예측 모델을 발표했는데, 만약 정부가 아무런 정책도 수행하지 않으면 3개월 동안 영국 국민의 81%가 코로나19에 감염되고 사망자는 51만 명에 이

---

* 감염병학적 오리엔탈리즘 (Epidemiological Orientalism)이란 용어는 Nükhet Varlık의 논문에서 차용한 것이다(Nükhet Varlık, Rethinking the history of plague in the time of COVID-19, *Centaurus*, 2020, 62, 285-293).

를 것이라고 추정했다. 또한 정부가 봉쇄령과 같은 강력한 방역 조치를 내리지 않고 감염병의 완화mitigation를 목표로 하는 기조를 유지해도 약 25만 명 정도의 사망자를 낼 것이라고 예측했다. 이 연구 결과를 수용한 보리스 존슨 총리는 영국의 코로나19 대책을 '완화형'에서 '억제형'으로 급선회하며 전국적으로 봉쇄령을 내리기에 이른다. 봉쇄 조치의 내용을 보면, 매우 한정된 목적을 제외하고 사람들은 집에 머물러야 하고, 필수품을 판매하는 곳식료품점·의약품점·주유소·자전거가게·가정용품점·철물점 등을 제외한 모든 상점은 문을 닫아야 하며, 공개적으로 두 명 이상이 모이는 모든 모임이 금지되었다. 이러한 봉쇄 조치로 인해 연구소 출근이 크게 제한된 필자도 이때부터 재택근무를 시작하게 되었다.

1월 중순까지 영국 정부는 신종 감염병인 코로나19의 예방 조치에 미온적이었으나, 21일 미국의 질병통제예방센터CDC가 미국 내 첫 코로나19 감염 사례를 공식 발표하면서 방역 기조가 바뀌기 시작했다. 미국의 최초 감염자는 같은 달 15일 우한에서 워싱턴으로 돌아온 미국인 남성으로 귀국 후 4일이 지난 19일부터 감염 증상이 나타난 것으로 보고되었다. 미국에서 첫 확진 사례가 보고된 다음 날인 1월 22일, 영국정부는 해당 감염병의 위험 수준을 '매우 낮음'에서 '낮음'으로 격상하였다. 그 결과, 히드로공항은 추가 임상 지원을 받게 되고 매주 우한에서 들어오는 3개의 직항편에 대한 감시를 강화하기 시작했다. 그로부터 9일 후인 1월 31일, 영국에서 처음으로 코로나19 확진자 2명이 확인되었는데, 이들은 가족으로 요크의 한 호텔에 머물고 있던 중국인이었다. 2월 6일, 싱가포르에서 프랑스를 거쳐 영국으로 돌아온 남성이 세 번째 확진자로 보고되면서, 같은 날 영국 보건 당국은 더욱 강화된 방역 지침을 세우게 되었다. 그 내용을 보면, 한국·중국·일본·태국·홍콩·대만·싱가포르·말레이시아·마카오에서 영국으로 입국한 후 14일 이내에 기침·발열·호흡곤란 증상이 있을 경우 자가격리를 하고 NHS^{National Health Service} 111번으로 전화 신고를 할 것과 지난 14일 이내에 우한 또는 후베이성에서 영국으로 입국한 경우 외부 출입을 하지 말고 NHS 111번으로 전화 신고할 것이었다.

2월 6일은 한국에서 20, 21, 22, 23번째 확진자가 연이어 보고된 날이다. 그리고 같은 날, 22번째 코로나19 확진자의 아들이 한 달 일정으로 관광을 위해 영국에 1월 26일 입국했다는 한국 언론사의 보도가 잇따랐다. 영국 주재 대한민국 대사관은 이 일과 관련해 영국 내 한국인들이 피해를 입지 않을까 하는 우려와 함께 주의 사항을 발신했다. 왜냐하면 코로나19가 중국을 벗어나 다른 지역으로 퍼지기 시작하면서 영국은 물론 다른 서방국가에서 중국인들을 비롯한 아시아인들에 대한 인종차별 정서가 심해졌고, 때로는 폭력을 동반하는 혐오 범죄도 발생하고 있었기 때문이다. 2월 18일, 31번째 확진자가 보고된 이후 한국에서는 신규 확진자 숫자가 급속히 증가했고, 한국은 곧 중국을 제외하고 코로나19 확진자 숫자가 가장 많은 나라가 되었다.

유럽에서 가장 먼저 빠른 확진자 수의 증가를 경험하게 된 이탈리아의 경우를 살펴보면, 1월 30일 로마를 여행 중이던 중국인 여행객 2명이 코로나19 확진 판정을 받으면서 이탈리아 내의 첫 확진 사례가 되었다. 첫 사례 보고 직후 이탈리아 정부는 코로나바이러스 확산을 막기 위해 중국을 오가는 모든 항공편을 중단시켰는데, 유럽연합 국가 중에서는 처음으로 이러한 강력한 예방 조치를 단행했다. 그러나 이탈리아 정부의 바람과 달리 2월 하순에 들어 북부 이탈리아를 중심으로 코로나19 신규 확진자 숫자가 급격히 늘어나게 되었고, 3월 12일에는 중국 다음으로 세계에서 가장 많은 확진자와 사망자를 기록하는 나라가 되었다. 이란에서도 2월 하순부터 코로나19 확진자와 사망자가 보고되기 시작했는데, 같은 달 27일에는 중국을 제외하고 코로나19로 인한 사망자가 가장 많은 나라가 되었다. 당시 주변국인 이라크·쿠웨이트·바레인·파키스탄 등에서는 이란을 자국에서 발생하는 코로나19 유행의 원인으로 지목했다.*

봉쇄 조치 Lockdown : 낯선 풍경이 펼쳐지다

이렇게 중국에서 시작된 코로나19가 점차 주변국은 물론 미국과 유럽으로 퍼져 나가게 되었고, 영국에서도 2월 하순부터 확진자가 늘어나기 시작했다. 세계보건기구 WHO가 코로나19의 팬데믹을 공식 선언하고 하루가 지난 3월 12일 기준 영국의 총 확진자 수는 신규 확진자 130명을 추가해 590명을 기록했다. 영국에서는 3월 초부터 서서히 사재기 panic buying 현상이 빚어지기 시작했는데, 파스타나 밀가루는 물론 화장지와 비누 등 일상용품을 구

---

* "코로나19: 지도와 그래프로 한 눈에 보는 전세계 현황", *BBC 코리아*, 2020.03.04.

[사진1] 슈퍼마켓에 들어가기 위해 순서를 기다리는 사람들
(사진 제공: 재영 한인 교포 이수희 님, 2020년 4월 4일 촬영)

하기가 매우 힘들어졌다. 마스크와 손소독제는 이미 어디에서도 구할 수 없는 상황이었다. 몇몇 슈퍼마켓 체인은 수요가 많은 품목에 대해서 소비자에게 구입 제한을 가하기 시작했고, 특정한 시간대를 정해서 의료 관계자들이나 노약자들이 불편 없이 쇼핑을 할 수 있도록 배려했다. 2미터 간격의 사회적 거리두기 실천으로 한 번에 상점에 들어갈 수 있는 인원도 제한되었다. 그 결과, 줄을 서서 차례대로 슈퍼마켓에 들어가는 것이 일상화되었다^{그림1}.

3월 중순에 들어 영국의 드럭스토어 체인인 부츠^{Boots} 매장 앞에는 NHS가 배포한 코로나19 관련 경고문이 붙기 시작했다. 그 내용을 보면 '지난 14일 내에 이란과 중국의 후베이성 그리고 한국의 특정 지역^{대구·청도·경산}에서 영국으로 들어온 사람이나 3월 9일 이후 이탈리아에서 영국으로 돌아온 사람들은 본인과 다른 이들을 보호하기 위해 증상이 없더라도 매장으로 들어

오지 말고 집으로 돌아갈 것'을 권고하였다 . 동네 부츠 매장 앞에서 그 포스터를 마주했을 때, 특정 국적의 사람들을 지목한 것은 아니지만 어쩐지 심리적으로 위축되는 기분이 들었다. 3월 초부터 출퇴근 시 마스크를 쓰고 다니기 시작했는데, 가끔 길에서 이상한 표정으로 쳐다보며 지나가는 사람들이 생겨나서 그랬는지 모른다. 영국에서 일을 한 지 8년 차에 접어들면서 처음으로 느껴 보는 씁쓸한 기분이었다.

"한국의 방역 성공은 전근대적인 가치의 산물인가?"

영국에서 봉쇄 조치가 내려진 즈음, 한국에서는 정부와 산하기관의 신속한 방역 조치와 투명한 정보 제공, 의료진들의 헌신적인 노력, 그리고 국민들의 자발적인 방역 협조로 바이러스의 확산 추세가 꺾이고 있었다. 박능후 보건복지부 장관은 3월 27일 세계보건기구가 개최하는 코로나19 정례 브리핑에 참석해서 한국의 코로나19 방역 현황을 설명했다. WHO 사무차장인 마이크 라이언은 한국이 보여주는 '환자의 조기 발견, 접촉자의 신속 격리, 시민들의 자발적 참여'는 코로나19에 대응하는 데 있어 WHO가 추구하는 모든 요소와 전략을 잘 구현한 것이라 평가했다.* 이후 외신은 한국이 거두고 있는 성공적인 방역에 대해 앞다퉈 보도했고, 국제 학술지에 한국의

---

* "한국의 코로나19 방역 대응 경험에 쏠린 40개국의 눈", *Medical Observer*, 2020.03.28.

코로나19 방역과 관련된 논문이 잇따라 발표되었다. 그 내용을 보면 한국이 방역에 성공할 수 있었던 이유로 2015년 메르스MERS 유행의 뼈아픈 경험을 발판 삼아 신속하고 전방위적으로 코로나19 대응을 준비한 한국 정부의 탁월함과 고도화된 기술을 이용한 발 빠른 진단과 추적 시스템, 그리고 민주 시민들의 적극적인 방역 협조를 한결같이 꼽았다. 특히, 영국을 비롯한 다른 여러 나라들이 채택한 봉쇄 조치 없이도 방역 관리 통제력을 빠르게 회복하면서 신규 확진자의 증가 추세를 감소시켰다는 것에 주목했다. 코로나19 팬데믹으로 인해 전 세계적으로 경제 침체가 매우 심각한 가운데, 한국만이 경제와 방역 두 마리의 토끼를 다 잡았다는 평가를 받게 된 것이다.* 반면, 영국의 경우 코로나19 팬데믹과 봉쇄 조치로 인해 2020년도 2분기 경제 성장률이 마이너스 20.4%를 기록했다. 실업률 역시 2009년 이후 가장 큰 증가를 보였는데, 코로나19 팬데믹이 시작된 이후부터 8월 중순까지 영국 내에서 73만 개의 일자리가 감축되었다.** 실제로 '코로나19로 죽든가 굶어 죽든가 마찬가지'라는 탄식이 여기저기서 터져 나오는 상황이었다.

---

* "Special Report: Italy and South Korea virus outbreaks reveal disparity in deaths and tactics", *Reuters*, 2020.03.13; "Coronavirus: How South Korea 'crushed' the curve", *BBC*, 2020.05.09; Ariadne Labs, Emerging COVID-19 success story: South Korea learned the lessons of MERS, *Exemplars in Global Health*, 30 June, 2020 (https://ourworldindata.org/covid-exemplar-south-korea); Keith Cooper, Prepared for the worst - how South Korea fought off COVID-19, *BMA*, 20 July, 2020; "Covid-19 has crushed everybody's economy - Except for South Korea's", *FP*, 2020.09.16.

** "UK unemployment figures see biggest hike since 2009 as 730,000 jobs cut since start of coronavirus pandemic", *Evening Standard*, 2020.08.11.

한편에서는 한국 사람들이 방역에 자발적으로 참여하는 것을 두고 유교 문화와 같은 전통적 가치에 기인한 것이라는 분석을 내놓는 기사들도 있었다. 왠지 한국이 방역에 성공을 거두고 있는 것도 한편으로는 한국^{동양}의 오랜 관습이나 관성에 의한 것이 아니겠냐는 서구사회의 편견에 기인한 분석처럼 들린다. 영국의 대표적인 일간지《가디언 The Guardian》은 4월 11일 자 기사 〈코로나바이러스: 새롭게 재편될 세계 질서하에서 누가 승자와 패자가 될 것인가?Coronavirus: who will be winners and losers in new world order?〉에서, 한국인 철학자 한병철이《엘 파이스 El País》에 기고한 글 중에 '일본, 한국, 중국, 홍콩, 대만, 싱가폴과 같은 아시아 국가들이 유럽 국가들보다 코로나19 방역에 성공할 수 있는 이유가 유교주의적 전통에 기초한 권위주의적 사고를 지닌 나라들이기 때문'이라는 부분을 인용하며 뿌리 깊은 서구의 오리엔탈리즘적 사고에 힘을 실었다. 그러나 서울 주재 BBC 특파원 로라 비커 Laura Bicker 기자는 4월 11일 본인의 트위터에 "한국 사람들이 사회적 거리두기를 지키는 것이 유교주의 때문이라고 하는 말을 듣지 마세요. 한국은 민주주의를 위해 싸워 왔고, 대통령을 탄핵시킨 나라입니다."라고 적으며 한국인들의 자발적인 방역 참여와 높은 시민의식을 폄훼하는 외신들의 분석에 일침을 가했다. 내 생각도 그렇다. 한국 사람들이 권위에 순종적이라서 방역 수칙을 따르는 것이 아니다. 개인의 작은 희생을 통해 나와 내 가족 그리고 사회 공동체의 안전을 추구하고, 코로나19 팬데믹을 빨리 종식시키기 위해 현재의 불편함을 감수하는 것이다.

그뿐만 아니라, 한국의 방역 조치는 사생활 침해의 논란이 있다는 비판이 더해지기도 했다. 과학사와 그 문화적 측면에 대한 연구 논문을 게재하는 국제 학술지 『센타우르스Centaurus』가 발행한 코로나19 특별호에 실린 논문 「Asian tigers and the Chinese dragon: Competition and collaboration between sentinels of pandemics from SARS to COVID-19」에서도 한국의 성공적인 방역에 대해 설명하면서 개인 정보 취득과 부분적 공표를 두고 개인의 자유 침해에 대한 논의는 거의 이루어지지 않았다는 부정적 평가를 덧붙였다.* 물론 한국의 「감염병의 예방 및 관리에 관한 법률」은 「개인정보보호법」보다 우선하고, 확진자의 동선을 알리기 위해 일부 정보를 공개하고 있는 것은 사실이다. 그러나 개인을 특정하는 정보는 공개하지 않는다. 또한 개인 정보는 질병관리청을 비롯한 방역을 담당하는 기관에 의해서 수집·분석되며 다른 용도로 사용되지 못하도록 엄격하게 관리되고 있다. 그뿐만 아니라 개인 정보 침해의 피해를 최소화하기 위해 공지 방식도 계속 보완해 나가고 있는 중이다. 한국의 방역을 두고 원색적인 비판이 프랑스 유력 경제신문에 실리기도 했다. 4월 6일 《레제코 Les Echos》의 온라인판에 독자 투고로 실린 글에서 기고자는 한국의 확진자 동선 추적을 통한 방역망 구축에 대해 비판하면서 한국을 감시와 밀고의 국가라고 힐난했다. 그리고 프랑스가 한국의 감염자 동선 추적과 유사한 방식을 검토하는 것에 반대하

---

*   Frédéric Keck, Asian tigers and the Chinese dragon: Competition and collaboration between sentinels of pandemics from SARS to COVID-19, *Centaurus*, 2020, 62, 311-320.

며 한국은 개인의 자유를 경시해 온 나라라는 말을 덧붙였다.* 당시 프랑스는 코로나19 확산을 막기 위해 통행과 경제활동의 자유를 제한하는 극단적인 조치를 취하고 있는 상태였다. 그럼에도 불구하고 4월 중순에 들어 누적 확진자가 13만 명에 이르렀고, 치명률도 10%가 넘은 상태였다. 당시 봉쇄 조치로 인해 일과 일상에 큰 제약을 받던 나에게 이러한 비판은 서양인들의 알맹이 없는 우월감으로밖에 들리지 않았다. 익명성이 보장된 확진자 동선 공개를 통해 봉쇄 조치 없이 효과적으로 방역을 실시하는 국가와, 사람들의 일상생활과 경제활동을 크게 제한하면서도 감염자와 사망자의 증가 추세를 늦추지 못하는 국가 중, 어느 곳의 국민이 더 안전하고 자유로운 삶을 영위하고 있는지 묻고 싶었다.

혐오 범죄Hate crime의 급증

소위 서양 지식인들의 우월감이나 한국과 아시아에 대한 편견보다 나를 괴롭게 만든 것은 따로 있었다. 바로 코로나19 팬데믹이 시작된 이후 아시아 사람들에게 직접적으로 가해지는 차별과 혐오 범죄의 증가였다. 영국은 인종차별에 대해 문제의식이 높은 편인데, 소수·유색 인종BAME, Black, Asian and Minority Ethnic이 오랫동안 겪어 온 기회의 불평등을 해소하기 위해 다방면

---

* "프랑스 변호사의 "한국은 감시·밀고국가" 기고에 정부 반박", 연합뉴스, 2020.04.12.

[사진2] 인종차별에 맞서 활동하는 단체의 홍보물
(2020년 7월 18일 필자 촬영)

으로 노력하고 있다. 또한 반유대주의 anti-semitism 문제나 난민에 대한 차별·혐오 이슈 역시 정치·사회적 의제로 활발히 다뤄지고 있다. 영국 내에서도 옥스포드는 다양한 인종과 국적의 사람들이 모여 살고 있는 곳으로, 인종차별에 대한 문제의식이 다른 지역보다 강한 편이다. 옥스포드대학도 최근 인종평등 태스크포스 Race Equality Task Force를 발족해서 인종주의 문제에 적극 대처해 나가려고 하고 있다. 역사분과 The Faculty of History만 하더라도 필자가 참여하고 있는 인종평등 전문위원회 Race Equality Working Group는 수업은 물론 지역 연계 사업에서도 인종 간 불평등을 해소하기 위해 노력을 기울이고 있다. 그러나 동아시아인들에 대한 인종차별 문제는 여전히 사각지대에 놓여 있고, 코로나19 팬데믹 하에서 이들에 대한 증오 범죄 hate crime가 속출하고 있음에도 크게 의제화되지 못하는 듯한 인상이 강하다 그림2.

옥스포드에서도 인종차별 피해를 호소하는 아시아계 사람들이 늘어났다. 한국 유학생들 중에 길을 걷다 인종차별적 말을 듣거나 심지어 신체적 위협을 당하는 경우도 발생했다. 중국인이나 한국인 자녀들이 학교에서 '코로나'라는 별명으로 놀림을 당한다는 가슴 아픈 이야기도 들려왔다. 2020년 4월 독일에서도, 한국인 유학생 부부가 베를린의 지하철역에서 한 무리의 외국인들에게 '코로나'라고 불리우며 비웃음과 함께 성희롱을 당하는 일이 벌어졌는데, 출동했던 경찰이 '코로나'라고 부르는 것은 인종차별이 아니라고 대수롭지 않게 넘긴 사건이 일어났다. 주독 한국 대사관 측이 이 사건에 개입하고 나서야 경찰이 사건을 접수하는 매우 소극적인 태도를 보인 것이다.* 박은하 주 영국 대사는 4월 12일《스카이뉴스》와의 인터뷰에서 한국의 코로나19 방역 성과에 대해 이야기를 나눈 후 마지막으로 "코로나19로 아시아인들에 대한 혐오와 인종차별이 곳곳에서 목도된다."며 '문명화된 사회에서 절대 용납될 수 없는 행위'라고 지적했다. 그리고 연대와 협조가 있어야만 팬데믹을 극복할 수 있다고 강조했다.**

우리 안의 감염병학적 오리엔탈리즘

역사적으로 감염병이 대유행을 하며 한 사회를 휩쓸 때마다 사람들은 감염병의 공포를 특정 대상에 대해 비난이나 혐오로 표출하기도 했다. 데이

---

*　"[특파원 시선] '코로나'라고 부르는게 인종차별이 아니라고요?", 연합뉴스, 2020.04.29.
**　"How is South Korea beating coronavirus?", *Sky News*, 2020.04.12.

비드 존스David S. Jones의 지적에 따르면, 이러한 비난에 대한 담론은 기존의 종교나 인종, 민족, 계급 그리고 젠더 간의 대립을 바탕으로 한다.* 특히 서구사회는 오랫동안 아시아를 페스트나 콜레라와 같은 감염병의 온상이자 서구사회의 안전을 위협하는 존재로 인식해 왔다. 더불어 아시아인들은 생명을 위협하는 질병에 노출된 상태에서도 자신들의 건강이나 위생 문제를 이해하지 못하고 해결할 수도 없는 집단으로 묘사해 왔다. 이처럼 서구사회는 유럽 중심주의에 입각하여 감염병학적 오리엔탈리즘Epidemiological Orientalism이라는 인식을 공유하며 아시아의 문제를 건강의 문제로 연결 지어 다루어 왔다.** 1851년부터 개최되기 시작한 국제위생회의International Sanitary Conference의 목적도 무역에 대한 규제는 완화하면서 아시아에서 전파되는 감염병을 효율적으로 차단해 나가기 위해 의견을 조율하는 것이었다. 1891년에 세워진 캘리포니아의 앤젤섬 검역소Angel Island Quarantine Station, California에서는 콜레라, 페스트, 천연두의 유행이 '의심되는 지역'주로 중국, 일본 그리고 여타 아시아 지역에서 오는 승객들을 선제적으로 억류하고 면밀하게 검역을 실시했다. 검역관들은 엑스레이와 현미경을 이용하여 병원체의 유무를 살폈고, 신체검사를 통해 장애가 있는지 확인했다.*** 즉, 아시아에서 건너오

---

* David S. Jones, Covid-19, history, and humility, *Centaurus*, 2020, 62, 370-380.
** Nükhet Varlık, Rethinking the history of plague in the time of COVID-19.
*** Nayan Shah, "The Empire of Medical Investigation on Angel Island, California", in Alison Bashford (ed) *Quarantine: Local & Global Histories* (London: Palgrave, 2016), pp. 103-120.

는 '병원성 요소들'을 걸러 내는 작업을 통해 사회 내부의 안전을 확보하고 자 한 것이다. 감염병적 오리엔탈리즘은 용어의 구분으로 구체화되기도 했 는데, 예를 들어 19세기 콜레라가 세계적으로 대유행할 때 영국에서는 '아시 아 콜레라Asiatic cholera'와 '잉글리시 콜레라English cholera'를 구분하여 사용하 기도 했다. 전자는 인도에서부터 전파되어 온 매우 치명적인 신종 감염병이 라는 뜻을, 후자는 구토와 설사를 동반하는 위장 질환 정도의 의미를 담은 것이었다.*

코로나19의 대유행을 겪으면서 서구사회에서 가장 노골적으로 비난의 대상이 된 것은 바이러스의 시작점이라 알려진 중국이다. 코로나19 대유행 이후 일반 대중들뿐만 아니라 세계적으로 영향력이 있는 인물들까지 중국 에 대한 혐오의 말을 내뱉는 경우를 종종 목도한다. 미국의 트럼프 대통령 은 코로나바이러스를 두고 '중국 바이러스'나 '외국 바이러스'라고 칭하며 반중 정서와 외국인 혐오를 동시에 드러냈다. 가수 브라이언 아담스는 코 로나19 팬데믹으로 런던의 로열 앨버트 홀에서 예정되었던 콘서트가 취소 되자, "박쥐를 먹고 재래시장에서 야생동물을 사고파는 일부 사람들 때문에 퍼진 바이러스로 전 세계 사람들이 고통받는다."라는 원색적인 비난을 인 스타그램에 올리기도 했다.** 물론 코로나19 팬데믹을 두고 중국인들에 대한

---

* Christopher Hamlin, *Cholera: The Biography* (Oxford: Oxford University Press, 2009), 19, 45-46.

** "Coronavirus: Bryan Adams attacks China as 'bat eating, virus making' source", *The Guardian*, 2020.05.12.

혐오를 여과 없이 드러내는 행태가 서구에서만 일어나는 것은 아니다. 코로나19 유행 초기인 1월 23일, 한국에서도 '중국인 입국 금지 요청'이라는 제목의 청원이 청와대 국민청원 게시판에 올라와 5일 만에 53만 5천 명이 넘는 동의를 얻었다.* 중국인 입국금지를 통해 감염원을 차단하라는 요구가 야당 정치인들 사이에서도 쏟아져 나왔다.**

그러나 중국인 입국 금지나 중국 국경 폐쇄로 감염병을 차단할 수 있다는 과학적 근거가 빈약하고, 오히려 불법적인 방법을 통한 입국이 늘어나 관의 통제가 미치지 못하는 곳에서 감염이 발생할 가능성이 높다. 무엇보다도, 방역을 이유로 실시되는 특정 지역과 국민에 대한 국경 봉쇄 또는 입국 제한은 낙인찍기stigmatization의 부작용을 초래할 수 있고, 해당 방역 정책이 완화 또는 해제된 후에도 그 집단에 대한 오명이 지속될 수 있다.*** 여행과 무역에 대한 규제를 최소화하면서도 감염병에 대한 효율적인 대응에 협력해 나가는 것이 1951년 WHO 회원국이 국제위생규정을 채택한 이후 지금까지 이어져 온 원칙이라는 것을 잊어서는 안 된다.**** 그뿐만 아니라, 인종차별에

---

* "신종 코로나: 일상에 불안 닥치자 '중국인 입국 금지 청원'과 '노 차이나'가 등장했다", *BBC 코리아*, 2020.01.28.

** "중국인 입국 금지 왜 안 하나" 공포·혐오 부추기는 보수 야당", *경향신문*, 2020.01.28.

*** Carlos Blanco, Melanie M. Wall, and Mark Olfson, Psychological Aspects of the COVID-19 Pandemic, *Journal of General Internal Medicine*, 2020, 35-9, 2757-2759.

**** Kelley Lee, Catherine Z. Worsnop, Karen A. Grépin, and Adam Kamradt-Scott, Global coordination on cross-border travel and trade measures crucial to COVID-19 response, *The Lancet*, 2020, 395, 1593-1595.

기인한 적개심은 공중 보건상에도 부정적인 영향을 미친다. 우선 대중의 분노가 특정 집단으로 향하다 보면, 공중위생 개선이나 의료 불평등 해결, 감염병에 대한 지식의 전파 등 감염병이 발생하고 대유행하면서 발생하는 피해를 최소화하기 위한 근본적인 해결을 촉구하는 데 소홀해질 수 있기 때문이다. 또한 병에 걸렸을 때 쏟아질 비난을 우려해 감염 사실을 숨기는 사람들이 늘어날 수 있고, 그로 인해 환자 자신과 주변인들을 더욱 위험에 빠뜨리는 결과를 낳게 된다.*

피아 구분이 아닌 포용적 연대로

영국은 지난 11월 5일부터 4주간 제2차 전국 봉쇄 조치에 들어갔다. 여름에 접어들면서 제1차 봉쇄 조치가 크게 완화되었지만 9월부터 다시 신규 확진자가 증가 추세를 보이기 시작했고, 10월 하순 들어 일일 신규 확진자가 2만 명을 넘어서는 날들이 많아졌다. 10월 31일 누적 확진자가 100만 명을 넘어서면서 정부는 제2차 전국 봉쇄령을 단행하겠다고 예고했다. 다행히 며칠 전, 화이자Pfizer와 바이오엔텍 에스이BioNTech SE가 개발하는 코로나19 백신이 임상 3상 시험의 중간 결과에서 90% 이상의 감염 예방 효과를

---

* Gilbert C. Gee, Marguerite J. Ro, and Anne W. Rimoin, Seven Reasons to Care About Racism and COVID-19 and Seven Things to Do to Stop It, *American Journal of Public Health*, 2020, 110-7, 954-956.

보인다는 고무적인 소식이 들려왔다. 옥스포드대학교와 아스트라제네카가 공동 개발 중인 코로나바이러스 백신도 실험에서 56~69세의 건강한 성인과 70세 이상의 건강한 성인에게 강력한 면역반응이 확인되었다. 이 실험 결과는 코로나19로 인한 사망에 가장 취약한 그룹 중 하나가 해당 백신으로 면역력을 구축할 수 있음을 시사한다.* 그러나 백신과 감염병 전문가들은 백신이 출시되려면 최종적으로 안전성과 효과성이 검증되어야 한다고 입을 모은다. 더욱이, 코로나19 백신 개발이 완벽한 해결책 magic bullet은 아닐 것이라는 예측도 덧붙었다. 왜냐하면 백신이 개발된다고 하더라도 집단 면역이 생성되려면 적어도 전 세계 인구의 60% 이상이 백신을 맞아야 하는데, 한 번에 공급할 수 있는 수량이 제한적이라 대다수의 인구에게 접종하기까지 오랜 시간이 소요되기 때문이다. 게다가 항체가 형성된 후 언제까지 유지되는지도 아직 불분명한 상태다. 그러므로 적어도 2021년까지는 지금처럼 마스크 착용과 사회적 거리두기 등의 방역 조치를 이어 나가야 할 것이라 전망하고 있다.**

우리는 언제 끝날지 모를 지난한 여정의 한가운데에 서 있다. 이럴 때일수록, 감염병의 생물학적 위험성을 뛰어넘는 과장된 공포와 불안을 야기하

---

* https://www.ox.ac.uk/news/2020-11-19-oxford-coronavirus-vaccine-produces-strong-immune-response-older-adults.

** "Is Pfizer's vaccine a 'magic bullet?' Scientists warn masks, distancing may last well into 2021", *The Boston Globe*, 2020.11.09; "Covid: Vaccine or no vaccine, we have to get through this first", *BBC*, 2020.11.14; "화이자 백신 개발에도 "끝까지 자체 개발" 이유는?", *YTN*, 2020.11.14.

지 않도록 경계해야 한다. 또한 피아 구분을 통해 '우리'라는 경계 밖의 존재들에 대해 배타성을 드러내는 행위를 멈춰야 한다. 그렇지 않으면, 감염병이 일으키는 고통보다 더 큰 상흔을 낳는 불행을 초래하게 될 것이다. 지금 우리에게 필요한 것은 포용적 연대라는 것을 잊지 말아야 한다.

김정란 | 옥스포드대학교 The Faculty of History 소속 연구원으로 일본의 고베대학 대학원 인문학연구과에서 박사 학위를 취득했다.현재 "Invisible crises neglected histories: Malaria in Asia, 1900-present" (Wellcome Trust Investigator Award)를 주제로 제국일본 내에서의 말라리아에 대한 연구를 진행하고 있다. 대표적인 관련 논문으로 'Malaria and Colonialism: Korea c.1876-c.1945', Social History of Medicine (Vol. 29, 2016, 360-383) 가 있다.

로마에서 서울까지

― 이탈리아 봉쇄령과 한국에서의 자가격리

이탈리아

박경웅

자가격리라는 횡단 열차

로마 생활을 마치고 한국에 돌아갈 때는 시베리아 횡단 열차를 탈 생각이라고 주변 사람들에게 말하곤 했었다. 불가능한 일도 아니었다. 저가 항공편을 이용하여 로마에서 모스크바까지 간 다음, 7일 동안 달려 블라디보스토크까지 간다는 열차를 타면 되는 것이었다. 아직은 북한을 통과할 수 없으므로 마지막 단계에서 다시 비행기를 타야 하겠지만, 미리 예약만 잘해둔다면, 로마에서 인천으로 바로 가는 비행기보다 삯이 더 비싸지도 않을 터였다. 이건 그냥 해 보는 이야기가 아니라 정말 진지하게 추진해 볼 만한 귀국 여정임에 틀림없었다. 적어도 코로나19 팬데믹이 닥치기 전까지는.

귀국하자마자 정부의 방역 지침에 따라 14일 동안의 자가격리를 하면서 나는 이탈리아와 한국 사이 그 어디쯤의 시공간을 천천히 통과하고 있는 것 같다는 생각이 들었다. 인천공항에서 곧바로 이동하여 자가격리를 하게 된 장소는 강원도 철원군에 마련된 외딴 빈집이었다. 차창 밖으로 갖가지 풍경을 보여 주지도 않고 덜컹거리며 달리지도 않지만, 시베리아 횡단 열차보다 2배쯤 더 느린 속도로 이탈리아에서 한국으로 서서히 이동하는 '자가격리'라는 시공간 횡단 열차를 탄 셈이었다. 다채로웠을 차창 밖 풍경을 대신해 준 것은 넷플릭스로 본 몇 편의 한국 드라마와 지난 2년 4개월 동안의 유학 생활에 대한 추억과 상념이었다. 특히 코로나19 팬데믹이라는, 아직도 끝나지 않았을 뿐만 아니라 이제 시작에 불과하다고도 하는 이 초유의 사태가 지난 몇 개월 동안 나와 주변의 삶을 어떻게 변화시켰는지 그리고 앞으로 펼쳐질 삶에 어떻게 영향을 끼칠지에 대한 두서없는 생각들이 계속해서 떠올랐다.

놀랍게도, 아니 어쩌면 당연하게도, 다시 찾은 한국의 풍경은 전혀 낯설지가 않았다. 로마나 서울이나 할 것 없이 사람들이 죄다 마스크를 쓰고 있어서만은 아니었다. 머나먼 다른 나라, 다른 세상에 있다가 돌아온 느낌보다는 며칠 여행 갔다가 엊그제 돌아온 듯 모든 것들이 익숙했고 자연스럽기만 했다. 물론 그것은 해외에 체류한 기간이 얼마 되지 않아서일 수 있다. 2년 4개월은 그 나라 사람들의 문화와 정서, 고유한 삶의 양식을 깊이 이해하거나 거기에 자신의 삶을 뿌리내리고 동화시키기에는 턱없이 짧은 시간이다. 게다가 2019년 여름 두 달 동안 나는 한국에 잠시 들어와 있기도 했다. 그렇지만 단지 내가 한국을 떠나 있었던 시간이 그리 길지 않았다는 것에 못지않게, 2년여 만에 다시 시작하는 한국 생활이 이토록 익숙하게만 느껴지는 데에는 또 다른 분명한 이유가 있었다. 그것은 내가 머나먼 딴 세상에 가 있었던 것이 전혀 아니었다는 사실이다. 교통수단의 발달로 쉽게 오갈 수 있다는 의미에서뿐만 아니라 고도로 발달된 정보 통신 기술의 혜택을 누리며 나는 언제든지 한국의 상황과 맥락에 접속할 수 있었다는 의미에서, 나는 이탈리아 로마에 살고 있으면서도 여전히 한국에 살고 있었던 것이다.

과거에는 몇 년씩 외국 생활을 하고 돌아온 사람들이라면 '개그콘서트' 같은 코미디 프로그램을 감상하는 데 한동안 어려움을 겪는다고들 했다. 함께 보는 사람들이 아무리 폭소를 터뜨려도 웃음 포인트가 무엇인지 몰라 같이 웃을 수 없기 때문이었다. 해외에서 산다는 것이 완전히 다른 세상이나 전혀 다른 맥락에서 살아야 한다는 것을 의미하던 시절에는, 귀국하고 나면 코미디 유행어뿐만 아니라 그사이에 바뀐 한국의 많은 것들을 업데이트하고 새로 익히는 과정이 필요할 수밖에 없었다. 그러나 오늘날에는 마음만 먹으면 얼마든지 자기 나라에서 일어나는 거의 모든 소식을 실시간으로 따라갈 수 있다. 인터넷이 연결된 노트북이나 스마트폰 한 대만 있으면 되는 것이다.

가족이나 친구들과 소식을 주고받는 일에서도 그렇다. 이탈리아에 간 지 두세 달이 지났을 무렵부터 나는 매주 일요일마다 정해진 시간에 부모님과 화상통화를 하기 시작했다. 화상통화를 하기 위해서 컴퓨터에 프로그램을 설치하고 카메라와 마이크 등을 갖추는 등 번거로운 과정을 거쳐야만 하는 시절이 있었는데, 이제는 남녀노소 할 것 없이 누구나 전문가 수준으로 활용하는 '카카오톡'으로도 복잡한 과정 하나 없이 화상통화를 할 수 있다. 과거에는 국제전화로 목소리만 들을 수 있어도 감지덕지였을 것이고 그나마 전화비 걱정에 마음 놓고 충분히 대화를 나누지도 못했을 것이다. 게다가 음성통화와 화상통화는 그 소통의 질에서 확실히 큰 차이가 있다. 실제로 만나는 것에 비할 바는 아니라 하더라도 서로의 얼굴을 보고 눈빛을 교환하며 대화를 나눌 수 있다는 것, 그것도 비용이나 시간에 거의 구애받지 않고 마음만 먹으면 언제든지 만날 수 있다는 것이 서로의 존재를 얼마나 가깝게 느끼게 해 줄 수 있는지 몸소 체험할 수 있었다. 부모님과의 화상통화는 곧 결혼한 동생네 가족까지 참여하는 정기적인 온라인 가족 모임으로 발전하였고, 내가 한국에 돌아온 지금까지도 이어지고 있다.

봉쇄령이 내려진 이탈리아

2020년 3월 5일부터 모든 수업이 중단된다는 소식이 들려온 지 며칠 지나지 않아 이탈리아 전역에 봉쇄령이 내려졌다. 2주 예정이었던 봉쇄 기간은 자꾸만 연장되었다. 5월 18일이 되어서야 나는 두 달 만에 처음으로 집 밖으로 나와 볼 수 있었다. 그사이 나는 이전부터 해 오던 가족과의 화상통화 이외에 두 가지 다른 종류의 비대면 만남을 새롭게 경험하게 되었다. 하나는 화상회의 형식의 소모임이었고 다른 하나는 갑자기 비대면 방식으로 변경된 학교 수업이었다.

온라인 소모임을 함께한 사람들은 나와 마찬가지로 한국에서 로마로 파견되어 공부하거나 일하면서 지내고 있는 천주교 성직자와 수도자들이었다. 로마 시내 각기 다른 공동체에 흩어져서 지내고 있었지만, 같은 수도회 소속일 뿐만 아니라 서로 걸어서 다닐 수 있는 가까운 거리에 있었기에, 봉쇄령이 내려지기 전까지만 해도 자주 만나서 식사도 같이하며 회포를 풀곤 했었는데, 이탈리아에서 신종 코로나19 바이러스 확진자와 사망자 숫자가 가파르게 증가함에 따라 갑작스레 내려진 봉쇄 조치에 별안간 각자 살고 있는 수도원 건물에 갇힌 것과 다름없는 신세가 된 것이었다. 바로 이때 한 신부님의 제안으로 화상회의를 시작하게 되었다. 이 회의는 매주 일요일 오후에 약 1시간에 걸쳐 모두 7명이 약 5분에서 10분씩 돌아가며 자신이 살고 있는 곳의 구체적인 상황과 이에 대한 자신의 생각이나 마음의 움직임 등을 공유하는 시간으로 자리 잡았고, 곧 스페인의 각기 다른 두 도시에서 유학하고 있던 2명이 합류하여 모두 9명이 참여하는 모임이 되었다.

이 모임은 봉쇄와 고립의 시간을 보내야 하는 우리 9명 모두에게 적지 않은 힘과 위로가 되었다. 화상회의라는 것이 가능하다는 것은 예전부터 알고 있었지만 나와는 별로 상관이 없는 일로 여겼던 것 같다. 코로나19 팬데믹이 초래한 새로운 상황이 강제하지 않았다면 굳이 필요성을 느끼거나 시도해 보지도 않았을 것이었다. 그렇지만 막상 화상회의 형식의 만남을 가져 보니 평소에 해 오던 대면 모임과는 또 다른 차원에서 깊은 만남이 이루어질 수도 있다는 것을 체험하게 되었다. 물리적으로 떨어져 있지만 여전히 공동체로서 서로가 연결되어 있다는 것을 더 실감나게 느낄 수 있을 뿐만 아니라 평소보다 더 집중해서 한 사람 한 사람의 목소리에 귀를 기울이는 시간이 되었던 것이다.

한편, 온라인 수업을 통해서 이루어진 비대면 형식의 만남에서는 소규모의 화상회의에서 맛보았던 그런 깊이 있는 만남을 체험할 수 없었다. 오히려 그 반대로 기존의 전통적인 대면 수업에서 이루어지던 교사와 학생, 학생과 학생 간의 소통과 교감의 밀도가 더 약해진 것 같았다.

휴교령이 내려진 것은 개강한 지 3주가 채 지나지 않았을 때였다. 어떤 교수는 재빨리 온라인 화상회의실을 개설하여 학생들을 초대했고, 다른 교수는 별다른 대체 수업 없이 평소보다 더 많은 과제를 내주는 것으로 그 학기의 나머지 수업을 대신했다. 이 두 가지 방법을 모두 활용하는 교수도 있었다. 즉, 처음에는 읽을거리와 함께 새로운 과제를 부과하는 것으로 수업을 대신하려 했지만, 학기 중반부터는 비대면 형식의 온라인 강의를 시작한 것이었다. 강의실에서 이루어지는 전통적인 방식의 대면 수업이 갑자기 불가능해진 상황에서 임기응변에 가깝게 마련된 비대면 수업이니만큼 여러모로 아쉬운 점이 없을 수가 없었다. 이것은 이탈리아뿐만 아니라 우리나라를 포함한 전 세계의 학교 현장이 동시에 맞닥뜨린 숙제이기도 했다. 어쩌면 지금으로서는 수업이 중단되지 않고 계속되는 것이 가능하다는 것만으로도 만족하고 감사해야 할 일인지도 모르겠다. 앞으로 원격 교육이 점점 더 일반화되고 더욱 효율적으로 교육이 이루어질 수 있는 방향으로 발전되겠지만 비대면 원격 수업이 기존의 교육 방식을 완전히 대체할 수 있을 것 같지 않다는 생각이 들었다.

코로나19 팬데믹을 겪으면서 새롭게 경험하게 된 현상이 한 가지 더 있다면 그것은 텅 비어 버린 로마 시내의 거리 풍경이었다. 봉쇄 조치를 실시하거나 사회적 거리두기를 강화한 전 세계 모든 곳에서 일어난 현상이기도 하겠지만, 로마에서 직접 지켜본 모습은 신기함을 넘어서 충격으로 다가왔다.

로마에 있는 동안 내가 살았던 집은 판테온과 트레비 분수의 중간 즈음에 위치해 있었다. 판테온이나 트레비 분수뿐만 아니라 수많은 관광 명소와 유적지가 밀집되어 있는, 로마의 중심지나 다름없는 곳이어서, 건물을 나서는 순간 사시사철 끊이지 않고 전 세계에서 찾아드는 관광객들의 물결을 맞닥뜨릴 수밖에 없는 곳이었다. 워낙 오래전부터도 로마는 수많은 사람들이 몰려드는 국제적인 도시로 위상이 높았겠지만, '글로벌 투어리즘', '오버 투어리즘'과 같은 용어가 생겨날 정도로 압도적인 숫자의 관광객들이 몰려든 것은 비교적 최근부터였을 것이다. 해외여행이 점점 더 쉬워지고 보편화되면서 해외여행 한 번쯤은 해 보지 않은 사람이 없을 뿐만 아니라 매년 한 차례 이상씩 해외여행을 떠나는 사람도 갈수록 많아진 것이 우리나라만의 이야기가 아닐 테니까. 로마의 명소라면 어디서나 한국인이나 중국인 여행객들을 마주치게 마련이었지만 그래도 압도적인 비율은 다른 유럽 각국에서 오는 여행객들이 차지하고 있는 것 같긴 했다. 유럽 사람들에게도 아름다운 자연 경관뿐만 아니라 역사적인 유물과 예술을 풍부하게 간직하고 있는 이탈리아는 저가 항공편은 물론이고 자동차나 기차를 이용해서도 쉽게 다녀갈 수 있는 대표적인 여행지일 테니 말이다. 가끔은 우리나라의 경주처럼 유럽에 있는 대부분의 중고등학생들이 최소한 한 번씩은 로마로 수학여행을 오는 게 아닌가 하는 생각이 들 정도였다. 경주와 다른 점이라면 성수기와 비수기의 구분이 별로 의미가 없을 만큼 끊임없이 방문객들의 물결이 이어진다는 것이었다.

그런 로마가 3월 중순 내려진 봉쇄 조치와 함께 마치 버려진 것처럼 적막한 도시가 되어 버렸다. 나 역시 집 밖으로 나갈 수 없었기에 여러 관광 명소를 직접 찾아가 확인해 볼 수는 없었고 텔레비전이나 신문으로만 볼 수 있었지만, 늘 사람들로 붐비던 집 주변 골목에서 항상 심지어는 밤중에도 들려오는 시끌벅적한 소음이 사라진 것만으로도 이 놀라운 변화를 충분히 실감할 수 있었다.

귀환이 아닌 귀환

5월이 되자 엄격한 봉쇄 조치가 완화되면서 길거리에 사람들이 다니기 시작했고, 주변 유럽 국가에서 오는 관광객들을 받기 시작하면서 7, 8월에는 다시금 거리에 사람들이 붐비기도 했다. 그렇지만 다른 대륙에서 오는 관광객들이 아무도 없었고 아직 끝나지 않은 팬데믹 상황으로 여행 열기가 한풀 꺾여 있었기에 코로나 이전 수준의 혼잡함은 더 이상 볼 수 없었다. 관광객들을 상대로 장사를 해야 하는 사람들에게는 미안하지만, 나는 이 정도의 관광객 숫자가 적당하지 않나 하는 생각이 들었다. 길거리뿐만 아니라 유적지와 박물관, 미술관에는 여전히 적지 않은 사람들이 있었지만 쾌적하고 편안하게 그곳을 즐기기에 알맞은 숫자만 남은 셈이었다. 그렇다고 해서 앞으로는 더 많은 사람들이 여행의 기회를 누리지 못하는 방향으로 나아가는 것이 바람직한 것이냐는 질문에는 쉽게 답하지 못하겠다. 언젠가 코로나19 팬데믹이 종식된다면 사람들이 금세 다시 예전과 같이 여행을 다닐까, 아니면 더 이상 예전과 같이 여행을 다니지 않게 될까? 이것도 두고 볼 일이다.

그런데 한 가지 분명한 사실은 코로나19 바이러스가 그토록 빨리 전 세계로 퍼지게 된 주된 이유 가운데 하나가 바로 사람들의 광범위한 이동이 과거와는 비교할 수 없을 정도로 활발해졌기 때문이라는 것이다. 더 많은 사람들이 더 쉽게 대륙을 넘나들며 이곳에서 저곳으로 이동하게 될수록 인류가 서로를 더욱 가깝게 느끼며 다 함께 발전과 번영으로 나아갈 수도 있지만, 한편 그로 인하여 코로나19뿐만 아니라 이보다 더 나쁘고 심각한 것들도 더욱 신속하게 퍼져 나가 인류 전체의 안녕을 위협하는 데에까지 쉽사리 이를 수 있다는 사실이 참으로 역설적으로 다가온다.

　코로나19 감염 전파를 피하기 위해 사람들의 이동이 제한될 수밖에 없었던 상황으로 인하여 재택근무나 원격 교육과 같은 비대면 접촉이 더 급속하고 광범위하게 보편화되고 있는 현상도 무척 역설적이다. 코로나19가 사람들이 서로 만나지 못하게 만들었다고 해도 맞는 말이고, 코로나19가 사람들을 이전보다 더 깊이 그리고 더 광범위하게 연결시켜 주고 있다고 해도 틀린 말이 아닌 것이다. 우리의 관계 맺음 방식만 놓고 보더라도 어떤 근본적인 변화가 일어나고 있다는 것은 분명한다. 과연 어디에서 어디까지 어떻게 어떤 모습으로 변화할 것인가, 그리고 변화하지 않을 것은 무엇인가? 어느 누구도 자신 있게 대답할 수 없는 문제이다. 그저 가끔 섣부른 예측을 해 보며 과연 어떻게 펼쳐질지 지켜볼 뿐이다.

　내가 로마를 떠날 무렵, 이탈리아뿐만 아니라 대부분의 유럽 국가에서 코로나19 바이러스 신규 확진자 숫자가 가파르게 증가하기 시작했다. 이탈리아 정부도 마스크 착용 의무를 부과하고 단계를 점점 올려 가며 방역 조치를 강화하기 시작했다. 나는 더 오래 머무를 이유를 찾지 못하고 로마를 탈출하는 심정으로 귀국길에 올랐다. 아마도 코로나19 팬데믹이 아니었으면 굳이 서둘러 돌아오려고 하지 않았겠지만 그 상황에서는 로마에 더 있어 봤자 어디 멀리 다니지도 못한 채 주로 집 안에만 있어야 할 게 뻔했다.

그런데 귀국 후 자가격리를 마칠 무렵인 11월 중순부터 우리나라에서도 확진자가 계속 늘어나기 시작했다. 우리나라의 방역 정책이 다른 나라에 비해 매우 성공적이어서 이탈리아보다는 훨씬 안전할 것이라 생각했는데 그렇지만도 않은 상황이 되어 가고 있는 것이다. 우리나라의 확진자와 사망자 숫자는 아직 미국이나 유럽과는 비교도 할 수 없을 정도로 적은 수준이지만 코로나19에 대한 불안감과 긴장감은 조금도 덜하지 않은 것 같다. 나도 자연스레 외출을 자제하게 되었다. 지인과의 만남이 취소되거나 연기되면서 비대면 만남이 계속 이어지고 있으니, 시차가 맞지 않았던 점을 제외하면 내가 아직 로마에 있는 것과 무엇이 얼마나 다른가 하는 생각마저 들게 된다. 과연 나는 2년여 전 떠나왔던 그 한국에 도착할 수 있을 것인가, 그리고 코로나19가 활짝 열어 놓은 비대면 접촉의 시대는 앞으로 어떻게 펼쳐질 것인가 하는 막막한 질문과 함께.

박경웅 | 천주교 사제(예수회 소속). 서강대학교 국어국문학과를 졸업하고 석사 학위를 받았으며, 이후 서강대학교 신학대학원에서 신학 석사 학위, 로마 교황청립 그레고리오 대학교에서 영성신학 석사 학위(S.T.L.)를 받았다. 현재 수원 장안구에 위치한 〈말씀의 집〉에서 피정 지도를 하고 있다.

비대면의 환대

─ 감염시대의 윤리에 대한 단상

프랑스

김헌중

귀국

코로나바이러스의 범세계적 유행이 아프리카의 내전 뉴스만큼이나 아득히 멀게만 느껴졌다.

3월 17일은 프랑스가 코로나로 인해서 대대적인 봉쇄령confinement을 시행한 이후, 생필품을 산다든지, 진료를 받는다든지 등의 7가지 목적을 제외한 사적인 외출이 금지되었다. 그런 와중에도 내가 외출을, 그것도 귀국을 결심한 이유는 내 상태가 점점 악화되고 있다는 점에 있었다. 3월 20일경부터 나는 발열, 오한, 두통, 근육통에 시달렸다. 처음에는 단순한 몸살이겠거니 생각했다. 나는 항상 환절기에 몸살을 겪으니까. 그렇지만 일주일이 지나도 몸살 기운은 사라지지 않았다. 내 상태는 나빠져만 갔다. 열은 고열이 되었고, 몸에는 힘이 없었고, 근육통으로 인해서 몸은 뒤틀리는 것 같았다.

죽을 것처럼 고통스러웠다. 해열제 없이는 잠도 청할 수 없었다. 게다가 식욕마저 사라졌다. 한국행 비행기에 탑승하기 일주일 전부터 음식이 먹히지 않았다. 그 바람에 일주일 만에 체중 5킬로그램을 잃고 말았다. 그리고 소리가 예사롭지 않은 기침이 동반되기 시작되었다. 그때야 직감했다. 내 몸살이 보통 몸살이 아님을.

그렇지만 그 당시 프랑스에서 치료받는 것은 불가능했다. 의료진, 병동이 부족한 것은 둘째 치더라도, 마스크와 손세정제를 의료인이 아닌 이상 구하기 힘들다는 것도 차치하더라도, 코로나 증상 유무를 판별하는 PCR검사를 받는 것마저도 쉽지 않았다. 검사 시행 빈도수도 적었을 뿐만 아니라 검사를 받고자 하는 사람들도 많았기 때문에, 내 검사가 뒤로 밀릴 것은 뻔했다. 귀국은 내가 살고자 한다면 어쩔 수 없는 선택이었다. 그래서 봉쇄령 이후 4월 5일 첫 외출을 감행할 수밖에 없었다.

봉쇄령 이후의 외출은 그 전의 외출과는 달랐다. 비단 봉쇄령으로 인해서 거리에는 사람이 거의 없고, 경찰이 거리에 드문드문 나온 사람들을 검문하고 있기 때문만은 아니었다. 봉쇄령이 가는 겨울과 오는 봄을 막지 못했다는 것 때문만은 아니었다. 코로나가 창궐한 세상에서는 거리와 공공장소에서 얼굴을 드러내는 것이 허용되지 않았기 때문이다. 모두 코와 입을 의무적으로 가려야 했다. 나 역시 마찬가지였다. 마스크를 구할 수 없었으므로, 손수건으로 입과 코를 도적처럼 가려야 했다.

공항에서도 사람들 모두 마스크로 입과 코를 가린 상태였다. 공항에서 얼굴을 드러낼 수 있는 경우는 출입국 심사할 때뿐이었다. 그 이외의 이유로 얼굴을 드러낼 수는 없었다. 공공장소에서 얼굴을 드러내는 것은 예의에 어긋나는 것 이상의 일이 되었고, 공공의 안전을 위험에 빠뜨릴지도 모르는 일이 되어 버렸다. 너무나도 일상적이고 자연스러웠던 일이 너무나도 큰 위험성을 내포한 일로 바뀌어 버렸다.

비행기 안에서도 사정은 다르지 않았다. 스튜어드나 스튜어디스들은 얼굴을 가렸을 뿐만 아니라, 방호복마저 착용하고 있었다. 승객들 중에서도 얼굴을 가리지 않은 사람이 없었다. 나 역시 마찬가지였다. 비행기를 타는 내내 발열·두통·근육통에 시달리면서도, 얼굴을 가리던 손수건이 내려가는 것에 주의를 거듭했다. 이런 내가 안쓰러웠는지, 스튜어디스가 마스크를 하나 챙겨 주었다. 2020년 들어 처음 본 그 마스크는 대한항공 최고의 기내 서비스라고 해도 과언이 아닐 것이다.

인천공항에 입국해서도 사정은 마찬가지였다. 공항검역대에서 일하시는 분들의 얼굴은 물론이거니와 검역관들을 보조하는 군인들의 얼굴 역시 모두 마스크로 가려져 있었다. 더욱이 나와 같은 유증상자들을 문진하는 의사들은 우주인처럼 방호복으로 온몸을 가리고 있었다. 눈은 보이지만 투명한 고글로 가려져 있었다. 게다가 증상이 있는 사람들을 공항검역소와 임시 격리 숙소까지 태워 주는 버스 기사도 방호복 차림이었다. 유증상자들을 검사하는 검역관들도, 임시 격리 숙소를 관리하는 직원들도 모두 방호복 차림이었다.

임시 격리소에서 하루를 머문 후, 나는 코로나 확진자로 판명됐다. 나는 엄마와 상의한 끝에 코로나 전담병원 중 우리 집에서 가장 가까운 서울의료원에 입원하기로 결정했다. 코로나 환자가 직접 움직여서 병원에 입원하는 것은 불가하므로 환자는 구급차를 타야만 했다. 나를 병원까지 데려다줬던 구급대원들 역시 방호복 차림이었다.

1시간 30분 정도 걸려서 서울의료원에 도착한 나를 맞이하던 간호사 역시 방호복 차림이었다. 나는 그 간호사를 따라서 검사실로 갔다. CT, 엑스레이 촬영, 피검사 후에 내 입원실이 결정되었다. 코로나 병동에서 나를 데리러 온 간호사 역시 방호복 차림이었다. 나는 간호사를 따라서 13층의 코로나 병동에 입성했다. 코로나 병동으로 들어가는 길은 마치 국정원이나 군대의 작전지휘실에 들어가는 느낌이었다. 문도 삼중 문이었고, 병동에 들어가기 위해서는 비밀번호가 필요했기 때문이다. 코로나 병동은 그 어떤 누구라고 해도, 심지어 대통령이라고 해도 함부로 출입할 수 있는 곳이 아니었다.

코로나의 나라

나는 그 코로나 병동을 코로나의 나라라고 부른다. 코로나 병동은 코로나바이러스 감염 여부와 병의 경중이 여권 지참을 대신하는 폐쇄적인 나라이다.

코로나의 나라는 격리의 제국이다. 특히 나처럼 독실을 쓰게 된다면 더더욱 격리를 실감하게 된다. 방호복을 입은 의사와 간호사는 PCR검사, 피검사, 엑스레이 촬영의 목적이나 식사 배달, 의료폐기물 수거 등의 용무가 있을 때를 제외한다면 병실을 방문하지 않는다. 청소해 주시는 아주머니는 일주일에 한 번만 병실을 찾아온다. 그 이외에는 환자의 삶과 밀접하게 관련된 분들, 가령 의료폐기물을 치우시는 분들이나 코로나 환자들의 도시락을 만들어 주시는 분들의 목소리조차 들을 수 없는 곳이 코로나 병동이다.

코로나 환자는 입원할 때부터 퇴원할 때까지 병실에 격리된다. 그렇기 때문에 거의 모든 소통은 인터폰을 통해서 이루어진다. 하루 세 번, 아침·점심·저녁으로 환자는 스스로 체온·혈압·맥박·산소포화도를 측정한 후 간호사실에 인터폰으로 알려 줘야 한다. 가끔 PCR검사·피검사·엑스레이 촬영 등이 있는 날, 의사가 검사 결과를 인터폰으로 알려 주곤 한다. 물이나 약 같은 필수품이 필요하면, 인터폰으로 간호사실에 요청해야 한다. 그러면 식사 시간이나 폐기물 치우는 시간에 맞춰서 간호사가 가져다준다. 그 잠깐의 시간들을 제외하면 폐렴이 꽤나 심했던 나는 병실에 혼자 있어야 했다.

가끔 그런 생각을 했다. 독실은 혼자 써서 독실이 아니라 고독해서 독실이 아닐까? 아무리 내가 내성적 성격이라고 할지라도, 처음 보는 사람들을 불편해하는 성격이라고 할지라도, 고독이 사무치고 사람의 인기척이 그리울 때가 없을 리가 없었다. 논문을 고쳐도, 텔레비전을 보아도, 책을 읽어도, 장기를 두어도, 바둑을 연구해도, 채워지지 않는 그리움이 불쑥 나를 사로잡을 때가 있었다. 그런 날에 나는 병실 근처를 지나가는 발소리에도 신경을 곤두세우곤 했다. 방호복과 덧신이 병원 바닥에 사뿐사뿐 쓸리는 소리에 기대를 하곤 했다. 그 발소리가 내 병실에서 멀어질 때 항상 실망하고 우울해하곤 했다.

퇴원 날, 격리의 제국을 떠나는 날에도 나를 치료해 준 주치의 선생님, 담당 의사분들과 간호사분들에게 인사 한마디조차도 건넬 수 없었다. 고마운 사람들에게 고맙다고 인사할 기회마저 코로나에 빼앗기고 말았다. 그 대신 나의 퇴원 수속을 도와준 병원 직원분께 세상에서 가장 공손하게 인사를 드렸다. 그분께 드린 인사가 의료진분들, 청소해 주시는 분들, 내가 한 번도 본 적이 없지만, 나의 입원 생활을 묵묵히 지탱해 준 분들, 나아가 국가 방역에 일조해 주시는 분들에게 닿기를 바라며. 조만간 코로나가 종식되기를 기원하면서 나는 동생이 운전하는 차에 올랐다. 동생의 얼굴, 그리고 집에서 기다리던 부모님의 얼굴을 직접 본 것은 보름 뒤 자가격리를 끝낸 다음이었다.

격리와 비대면

현재 코로나를 앓는 세계에서는, 코로나 감염 여부와 상관없이 누구에게나 코로나라는 전염병이 큰 의미로 다가올 것이다. 나 역시 마찬가지이다. 특히 코로나 환자였던 나에게 코로나는 충격적이고 다각적인 의미의 경험으로 다가온다. 이 경험을 여러 측면에서 이야기할 수 있겠지만, 우선 코로나는 나에게 비대면과 격리의 체험이다.

완치 판정 후 5개월이 지난 지금, 비대면과 격리는 일상이 되어 버린 것만 같다. 2020년 초만 하더라도 마스크 착용에 회의적이었던 프랑스마저도 마스크 쓰기를 의무화하고 있다. 또 10월 중순부터 심각해진 확진자 수의 증가 때문에 프랑스의 대통령은 야간통행금지couvre-feu를 거쳐서 다시 재봉쇄령reconfinement을 시행할 것을 10월 28일 천명했고, 10월 30일부터 프랑스는 전면적인 재봉쇄에 들어갔다. 비단 프랑스만 그런 것이 아니다. 유럽 전역, 아니 전 세계가 그러하다. 세계는 격리와 비대면을 살아 내고 있다.

이런 상황 속에서 나는 철학을 토대로 격리와 비대면의 경험을 생각해 보는 중이다. 철학도의 나쁜 버릇이 도진 것 같다. 철학 전공자나 연구자들에게 경험은 경험만으로 머물지 않으니까. 물론 아직 생각이 잘 여물지는 않았다. 세계적으로 코로나는 아직 현재진행형이고, 개인적으로 나는 코로나 후유증에 시달리고 있기 때문이다. 끝나지 않은 것에 대해서 생각하는 것은 언제나 어렵다. 그렇지만 이 여물지 않은 생각을 내 나름대로 붙들고 있다. 최근 5년 동안 들여다본 레비나스의 철학, 특히 얼굴 visage과 대면 face-à-face 을 통해서 강력한 전염병이 유발한 비대면을, 코로나 시대를 스스로의 화두로 삼고 있다.

얼굴과 대면

레비나스 Levinas, Emmanuel, 1906-1995의 형이상학, 윤리학에서 가장 중요한 지점은 바로 얼굴이라고 해도 과언이 아니다. 얼굴이 레비나스의 윤리의 복판에 있다는 사실은 그 누구도 부정할 수가 없다. 그런데 레비나스의 얼굴은 우리가 일상적인 의미에서 이해하는 얼굴이 아니다. 레비나스의 얼굴은 일상의 차원을 벗어난다. 즉, 얼굴은 형식 forme이나 내용 contenu의 차원에서 파악될 수 없다. 얼굴은 형식에 국한되는 내용이 아니다. 항상 얼굴은 형식과 내용을 초월한다. 왜냐하면 레비나스에게 얼굴은 언제나 너머 au-delà에서 오기 때문이다. 물론, 그 너머는 세계의 너머이다. 그렇기에 얼굴은 이해될 수 없다. 이해는 특히 현상학적인 의미에서 세계 안에서만 가능하며, 얼굴은 세계의 안락repos을 뒤흔들기 때문이다. 얼굴은 동일화의 세계를 뒤흔들고 나아가 찢어 놓는다déchirer. 이런 이유에서 얼굴은 이해될 수 없으며, 의식에 앞선다.

이러한 얼굴은 나의 얼굴이기 이전에 타인의 얼굴이다. 타인은 얼굴을 통해서만 드러난다. 그런데 앞서 말한 것처럼 얼굴은 이해될 수 없다는 점에서, 얼굴은 의식이 특유의 지향성으로 겨냥할 수 있는 대상이 아니다. 이런 얼굴은 의식의 동일성에 사로잡히지 않고 타인autrui의 타자성으로만 표현될 수 있다. 그래서 레비나스는 얼굴을 시각적으로 인식될 수 없는 것이라고 여긴다. 레비나스에게 얼굴은 보는 것도 보이는 것도 아니다. 얼굴은 들리는 것이며, 말씀parole이며 언어langage이다.

그런 얼굴은 레비나스에 따르면 얼굴은 만남rencontre의 사건이다. 다시 말해서, 얼굴은 대면에서만 드러난다. 얼굴은 나라는 주체가 그 얼굴을 마주할 때에만 얼굴일 수가 있다. 그 대면 속에서 얼굴은 내가 말하기 전에 말한다. 여기에서 일종의 대화dialogue가 성립된다. 그렇지만 이런 대화는 일상적인 의미의 대화가 아니다. 일상적인 대화는 상호주관성intersubjecitivité이나 상호성reciprocité에 바탕을 두고 있다. 그런 의미에서 일상적 차원에서 나는 너에게 먼저 말을 걸 수 있다. 그렇지만 레비나스의 대화는 상호주관성이나 상호성에 기반을 둔 대화가 아니다. 이런 대화에서는 타인의 말이 나의 말에 앞선다. 우선 타인이 내게 말을 건다. 나는 일단 그 말을 들어야 한다.

타인의 얼굴은 내가 타인을 앞설 수 없다는 점에서 최초의 언어이다. 그렇다면 이 최초의 언어는 무엇인가? 이 최초의 언어는 그저 진술이 아니다. 나에게 어떤 명령을 부과하는 목소리이다. 이 목소리는 구체적으로 "살해하지 말라. Tu ne meurtras pas."의 언어이다. 이 살인 금지의 명령은 레비나스에게는 타인의 목숨을 구원하는 책임의 명령이다. 이 책임은 무한한 책임이다. 나는 내가 나 스스로를 책임지기에 앞서서 타인에 대해서 무한한 책임을 질 수밖에 없다. 나는 내가 잘못한 일 너머를 책임져야 하며, 타인의 모든 잘못과 과오까지도 책임져야 한다. 이러한 책임을 통해서만 나는 자기soi로 드러나게 된다.

이러한 책임의 부과는 다른 방향에서도 바라볼 수 있다. 레비나스는 그의 주저 『전체성과 무한Totalité et infini 』에서 집maison을 이야기했다. 레비나스는 집을 이야기하며 집이 단지 자기의 안락을 위한 집chez soi, 그래서 그 안락함 속에서 구성되고 구축되는 내면으로만 기능하지 않는다고 역설했다. 집은 자기를 위한pour soi 것이 아니다. 오히려 타인을 위한pour autrui 것이다. 집의 문과 창문은 타인을 향한 열림이다. 이러한 열림을 레비나스는 타인을 맞이함accueil d'autrui 이라고 불렀다. 다시 말해서 집은 타인을 향해 열린 환대hospitalité의 장이다.

요약하자면, 레비나스의 윤리학에서 얼굴이 내리는 최초의 언어는 타인의 환대에 대한 강력한 요청이라고 할 수 있다. 내가 타인의 얼굴을 맞이함은 환대를 의미할 수밖에 없다.

코로나바이러스와 윤리

앞서 말한 것처럼 요즘 나의 화두 중 하나는 어떻게 레비나스의 윤리학으로부터 코로나의 시국, 특히 비대면의 문화를 읽어 낼 수 있을지에 대한 고민이다.

프랑스에서 코로나바이러스에 감염되어서 한국에서 완치할 때까지, 그리고 코로나 후유증을 앓는 지금까지도 나는 사람들의 얼굴을 제대로 본 적이 없다. 그동안 내가 본 사람들의 얼굴은 모두 가려져 있었다. 마스크로 얼굴만 가린 사람도 있었고, 방호복으로 전신을 가린 사람들도 있었다.

얼굴을 또는 전신을 가린 상태로 무언가를 해야 하는 것은 매우 어려운 일이다. 나의 경우 마스크를 쓰고 30분이 넘어가면 몹시도 숨을 헐떡인다. 코로나바이러스 감염 후유증으로 인해서 폐가 아직 온전하게 기능하지 못하기 때문이다. 그 잠깐도 내게는 몹시 힘든 시간이다. 마스크를 쓰고 장시간 일해야 하는 사람들은 내가 상상할 수 없을 정도로 힘들 것이다. 하물며 방호복을 입고 일해야 하는, 방역 최전선에 서 있는 사람들의 고충은 헤아리기조차 어렵다.

그렇지만 그 얼굴과 몸을 가리고 일하는 사람들은 언제나 성심성의를 다했다. 비행기에서 내게 마스크를 준 승무원부터, 공항에 상주하는 검역관들, 군인들, 임시격리소 관계자들, 나를 병원까지 데려다준 119 구급대원들, 병원에서 만난 의사들, 간호사들, 청소하시는 아주머니들, 그리고 폐기물을 처리하시는 분들, 환자들의 식사를 책임지시는 분들, 그 외에 내가 모르는 사이 나의 병원 생활에 큰 도움을 주신 분들… 이분들이 없었다면 나는, 코로나로 위독한 환자들은 모두 죽음으로 내몰렸을 것이다. 그들은 환자들을 구하기 위해서 최선을 다했고, 다하고 있고, 다할 것이다. 레비나스적으로 말한다면, 이분들은 환자에게 무한한 책임감을 가지고 환자들, 나아가 모든 사람들을 환대하시는 분들이다.

그러니까 나는 현재의 비대면이 결코 레비나스가 말하는, 존재론적 비윤리나 전쟁으로 환원될 수 없다고 생각한다. 코로나가 유발한 비대면의 문화는 어쩌면 새로운 형태의 대면 문화일지도 모른다. 현재의 비대면은 레비나스적인 의미에서는 여전히 윤리적이다.

어쩌면 마스크는 이 새로운 비대면의 책임, 비대면의 환대를 의미하는 것일지도 모르겠다. 물론 마스크는 착용자가 병에 걸리지 않을 목적으로 착용하기도 하지만, 마스크의 본질은 비말 차단에 있다. 비말이 멀리 퍼져 나가지 못하게 하기 위함에 있다. 그러니까 마스크 착용은 타인이 병에 걸리지 않게, 죽음으로부터 위협받지 않게 하려는 목적이 더 강하다.

그런 점에서 다시 한 번 레비나스의 얼굴에 대해서 생각해 볼 필요가 있을 것 같다. 현재의 비대면은 레비나스적인 의미에서는 여전히 대면이다. 얼굴은 보이지 않고, 이 보이지 않는 얼굴을 맞이하고, 환대하고, 얼굴의 주인인 타인을 죽음에서 구하려고 하는 모든 윤리적 움직임이 코로나로 어려운 시국에 엿보이고 있다. 아니, 더 잘 목격되고 있다.

코로나는 일상을 곤란하고 고단하게 하고 있다. 그렇지만 일상의 곤란함과 고단함이 윤리의 붕괴로 이어지지는 않는 것 같다. 전대미문의 어려운 상황 속에서 사람들은 아직도 윤리적인 것 같다. 아니, 전대미문의 상황이기 때문에 사람들의 윤리성과 도덕성이 더 잘 드러나는 것일지도 모르겠다. 그 윤리성과 도덕성이 사회와 세계를 지탱하고 있다는 생각을 어렴풋이나마 한다. 어려운 상황에 처할수록 사람들은 타인을 환대하는 법을 배워 가는 것 같다.

김헌중 | 연세대학교 철학과와 국어국문학과에서 학사 학위를 취득했다. 이후 파리 소르본 대학에서 철학 석사 학위를 받았다. 파리 낭테르 대학 철학 박사과정을 밟고 있다.

경희대학교 인문학연구원 HK+통합의료인문학연구단
통합의료인문학 교양총서 02

코로나19 데카메론 2

등록 1994.7.1 제1-1071
1쇄 발행 2021년 2월 15일

지은이   경희대학교 인문학연구원 HK+통합의료인문학연구단
펴낸이   박길수
편집장   소경희
편 집   조영준
관 리   위현정
디자인   이주향
펴낸곳   도서출판 모시는사람들
         03147 서울시 종로구 삼일대로 457(경운동 수운회관) 1207호
전 화   02-735-7173, 02-737-7173 / 팩스 02-730-7173
홈페이지   http://www.mosinsaram.com/

인 쇄   (주)성광인쇄(031-942-4814)
배 본   문화유통북스(031-937-6100)

이 저서는 2019년 대한민국 교육부와 한국연구재단의 지원을 받아 수행된 연구임
NRF-2019S1A6A3A04058286